PHIL KNIGHT

Nunca te pares

Phil Knight es el fundador de Nike, Inc. y uno de los líderes empresariales más influyentes del mundo. Trabajó como director general de la empresa entre 1964 y 2004, y continúa hasta la fecha como presidente de su consejo de administración. Vive en Oregón con su esposa, Penny.

Nunca te pares

PHIL KNIGHT

Nunca te pares

Autobiografía del fundador de Nike

TRADUCCIÓN DE EFRÉN DEL
Valle Peñamil y Francisco José Ramos Mena

VINTAGE ESPAÑOL
Una división de Penguin Random House LLC
Nueva York

PRIMERA EDICIÓN VINTAGE ESPAÑOL, FEBRERO 2017

Copyright de la traducción © 2016 por
Efrén del Valle Peñamil y Francisco J. Ramos Mena

Todos los derechos reservados. Publicado en coedición con
Penguin Random House Grupo Editorial, S.A., Barcelona, en los
Estados Unidos de América por Vintage Español, una división de Penguin
Random House LLC, New York, y distribuido in Canadá por Random House
of Canada, una división de Penguin Random House Ltd., Toronto. Originalmente publicado en ingles como *Shoe Dog: A Memoir by the Creator of Nike*
por Scribner, un sello de Simon & Schuster, New York, New York, en 2016.
Copyright © 2016 por Phil Knight. Esta traducción originalmente publicada
en España por Penguin Random House Grupo Editorial, S.A., Barcelona,
en 2016. Copyright de la presente edición © 2016 por Penguin
Random House Grupo Editorial, S.A., Barcelona.

Vintage es una marca registrada y Vintage Español y su colofón
son marcas de Penguin Random House LLC.

Información de catalogación de publicaciones disponible
en la Biblioteca del Congreso de los Estados Unidos.

Vintage Español ISBN en tapa blanda: 978-0-525-43354-5

Para venta exclusiva en EE.UU., Canadá, Puerto Rico y Filipinas.

www.vintageespanol.com

Impreso en los Estados Unidos de América
10 9 8 7 6 5 4 3 2 1

A mis nietos, para que sepan

En la mente del principiante hay muchas posibilidades; en la del experto hay pocas.

SHUNRYU SUZUKI,
Mente zen, mente de principiante

Amanecer

Me levanté antes que nadie, antes que los pájaros, antes que el sol. Me tomé una taza de café, engullí una tostada, me puse los pantalones cortos y la sudadera, y me até las zapatillas verdes de correr. Luego me deslicé en silencio por la puerta trasera.

Estiré las piernas, los tendones de las corvas, las lumbares, y solté un gemido mientras me dirigía dando unos primeros pasos vacilantes en el frescor de la calle hacia la niebla. ¿Por qué resulta siempre tan difícil ponerse en marcha?

No había coches, ni gente, ningún atisbo de vida. Aunque los árboles parecían extrañamente conscientes de mi presencia, estaba absolutamente solo, el mundo entero me pertenecía. Pero, claro, aquello era Oregón. Allí los árboles siempre parecían saber. Los árboles siempre te cubrían.

«¡Qué hermoso lugar para haber nacido!», pensé, mirando atentamente a mi alrededor. Apacible, verde, tranquilo… Me sentía orgulloso de considerarlo mi hogar, de ser oriundo de la pequeña Portland. Sin embargo, experimenté también cierta sensación de pesar. Aunque hermoso, hay quien consideraba que Oregón era el típico sitio donde nunca había sucedido nada importante, y donde ni siquiera era probable que sucediera. Si nosotros los oregonianos éramos famosos por algo, era por la antiquísima senda que habíamos tenido que abrir para llegar hasta aquí. Desde entonces, las cosas habían sido bastante anodinas.

El mejor profesor que tuve nunca, uno de los hombres más brillantes que he conocido, hablaba con frecuencia de aquella senda. «Es nuestro patrimonio», gruñía. Nuestro carácter, nuestro destino… nuestro ADN. «Los cobardes nunca emprendieron el viaje», me decía, «y los débiles fueron muriendo por el camino; quedamos nosotros.»

Nosotros. Según mi profesor, a lo largo de aquel sendero se había descubierto alguna rara veta de espíritu pionero; un desmedido optimismo unido a una reducida capacidad para albergar pesimismo; y nuestra tarea como oregonianos era mantener viva aquella veta.

Yo asentía con la cabeza, mostrándole todo mi respeto. Me caía bien. Pero a veces cuando me alejaba pensaba: «¡Caray, pero si no es más que un camino de tierra!».

Aquella brumosa mañana, aquella trascendental mañana de 1962, yo acababa de recorrer mi propia senda: había regresado a casa después de pasar siete largos años fuera. Era raro volver, verse azotado de nuevo por la lluvia diaria. Más extraño aún era volver a vivir con mis padres y mis hermanas gemelas, dormir en mi cama de la infancia. A altas horas de la noche, solía tenderme boca arriba y mientras observaba con atención mis libros de texto de la universidad, mis trofeos y premios del instituto, pensaba: «¿Ese soy yo? ¿Todavía?».

Apreté el paso. Mi aliento formaba bocanadas redondas y heladas que se arremolinaban en la niebla. Saboreé aquel despertar físico, aquel fabuloso momento que antecede a la lucidez mental, cuando los miembros y las articulaciones empiezan a desentumecerse y el cuerpo comienza a derretirse. De sólido a líquido.

«Más rápido», me dije. «Más rápido.»

«En teoría, soy un adulto», pensé. Me había licenciado en una buena universidad, la Universidad de Oregón. Tenía un máster en una importante escuela de negocios, Stanford. Había sobrevivido un año entero en el ejército estadounidense, en Fort Lewis y Fort Eustis. Mi expediente decía que era un soldado culto, consumado, un hombre de veinticuatro años hecho y derecho… «Entonces ¿por qué? ¿Por qué todavía me siento como un niño?», me pregunté.

Y lo que es peor, como el niño tímido, pálido y flacucho de siempre.

Tal vez fuera porque todavía no había experimentado nada de la vida. Y mucho menos su infinidad de tentaciones y emociones. Nunca me había fumado un cigarrillo, no había probado ninguna droga. Jamás había quebrantado una norma, y ya no digamos una ley. Acababa de arrancar la década de 1960, la era de la rebelión, y yo era la única persona de todo Estados Unidos que todavía no se había rebelado contra nada. No recordaba ni una sola vez en la que me hubiera dejado llevar o hubiera hecho algo inesperado.

Ni siquiera había estado nunca con una chica.

Solía darle vueltas a lo que yo no era por una razón muy simple: era lo que mejor conocía. Me habría resultado difícil definir qué o quién era, o podría llegar a ser. Como todos mis amigos, quería tener éxito. Pero a diferencia de ellos, yo no sabía qué significaba eso. ¿Dinero? Quizá. ¿Una esposa? ¿Hijos? ¿Una casa? Desde luego, si tenía suerte. Esos eran los objetivos que me habían inculcado, y una parte de mí aspiraba a ellos de manera instintiva. Pero en el fondo buscaba otra cosa, algo más. Tenía la dolorosa sensación de que nuestro tiempo es breve, más de lo que pensamos, tan breve como una carrera matutina, y quería dotar de valor al mío. Y de sentido. Y de creatividad. Y darle importancia. Y que sobre todo fuera… distinto.

Quería dejar mi huella en el mundo.

Quería ganar.

No, eso no es cierto. Simplemente no quería perder.

Y entonces ocurrió. Mientras mi joven corazón empezaba a palpitar con fuerza y mis pulmones rosados se expandían como las alas de un pájaro, mientras los árboles adquirían un difuso contorno verdoso, lo vi todo ante mí, vi con claridad lo que quería que fuera mi vida: un juego.

«Sí, eso es», pensé. Esa es la palabra. El secreto de la felicidad —como había sospechado siempre—, la esencia de la belleza o de la verdad, o todo cuanto necesitamos saber de ellas, radica en algún punto de ese momento en que la pelota está en el aire, de ese momento en que los dos boxeadores sienten que se aproxima el toque de la campana, de ese momento en que los corredores se acercan a la línea de meta y la muchedumbre se levanta a la vez. Hay una especie de exultante lucidez en ese vibrante medio segundo que precede a la victoria y la derrota. Yo quería que eso, fuera lo que fuese, constituyera mi vida, mi cotidianeidad.

En diferentes ocasiones había fantaseado con la idea de llegar a ser un gran novelista, periodista o estadista. Pero mi sueño siempre había sido convertirme en un atleta de élite. Por desgracia, el destino me hizo bueno, pero no extraordinario. A mis veinticuatro años me había resignado finalmente a ese hecho. En mi época de estudiante había corrido en pista en Oregón, y había destacado, al obtener distinciones en tres de un total de cuatro años. Pero ahí se acabó la historia. Ahora, mientras empezaba a tragarme un vigorizante kilómetro tras otro, a razón de seis minutos cada uno, mientras el sol naciente incendiaba las agujas más bajas de los pinos, me pregunté: «¿Y si hubiera algún modo de sentir lo mismo que los atletas sin necesidad de ser uno de ellos? ¿De jugar todo el tiempo, en lugar de trabajar? O bien de disfrutar tanto del trabajo que este llegue a convertirse en un juego».

¡En el mundo había demasiada guerra, dolor y miseria! ¡La rutina diaria era agotadora y a menudo muy injusta! Quizá la respuesta era apostar por un sueño prodigioso e improbable que pareciera digno, divertido, adecuado, y perseguirlo con la firme dedicación y determinación de un atleta, pensé. Nos guste o no, la vida es un juego. Quien rechaza esa verdad, quien simplemente se niega a jugar, se queda en el banquillo, y yo no quería que eso me pasara. Era precisamente lo que quería evitar a toda costa.

Lo cual me llevó, como ocurría siempre, a mi idea descabellada. «Puede que deba intentarlo. ¿Quizá podría… funcionar?», pensé.

Quizá.

«No, no», pensé, mientras corría más y más deprisa, como si estuviera persiguiendo a alguien al mismo tiempo que me perseguían a mí. «Funcionará. Bien sabe Dios que haré que funcione. Nada de quizás».

De repente me vi sonriendo. Casi riendo. Empapado en sudor, moviéndome con más elegancia y ligereza que nunca, vi mi idea descabellada resplandeciendo ante mí, y de repente ya no me parecía tan absurda. Ni siquiera me parecía una idea, sino un lugar, una persona o alguna fuerza vital que existía desde mucho antes que yo. Era independiente de mí, pero también formaba parte de mí. Me esperaba, pero también se escondía. Puede que esto suene un poco pomposo y absurdo. Pero así fue cómo me sentí entonces.

O tal vez no. Quizá mi memoria distorsione aquel momento de inspiración, o condense muchos de esos instantes en uno solo. O puede que si lo hubo, no se debiera más que a la euforia del corredor. No lo sé. No podría asegurarlo. Muchas de las cosas de aquellos días, y de los meses y años en los que poco a poco se fueron materializando, se han desvanecido, como aquellas bocanadas de vaho redondeas y heladas. Rostros, números, decisiones que antaño parecieron apremiantes e irrevocables, todo ello ha desaparecido.

Lo que permance, sin embargo, es esta reconfortante certeza, esta implacable verdad que nunca desaparecerá. A los veinticuatro años se me ocurrió una idea descabellada, y de algún modo, pese al vértigo de la angustia existencial, el miedo al futuro y las dudas sobre mí mismo, algo que sufren todos los hombres y mujeres hacia la mitad de la veintena, pensé que el mundo se había forjado a base de ideas descabelladas. La historia es una larga procesión de ellas. El germen de todo lo que más me gustaba —los libros, el deporte, la democracia, la libre empresa— había sido una idea descabellada.

En realidad, pocas cosas eran tan descabelladas como mi favorita: correr. Resulta duro. Doloroso. Arriesgado. Pocas veces tiene recompensa y esta está lejos de poder garantizarse. Cuando corres alrededor de una pista elíptica, o a lo largo de una carretera solitaria, no te diriges a ningún destino concreto. Al menos, ninguno que pueda justificar el esfuerzo. El propio acto en sí mismo se convierte en el destino. Y no solo porque no haya una línea de meta, sino porque debes ser tú quien la defina. Sean cuales sean el placer o los beneficios que obtengas corriendo, tienes que encontrarlos en tu interior. Todo consiste en cómo lo encuadres, en cómo te lo vendas a ti mismo.

Todo corredor lo sabe. Corres y corres, kilómetro tras kilómetro, y nunca sabes exactamente por qué. Te dices a ti mismo que te diriges hacia alguna meta, que buscas un subidón, pero en realidad lo haces porque lo contrario, parar, te aterroriza.

De modo que aquella mañana de 1962 me dije a mí mismo: «No importa que los demás piensen que tu idea es descabellada… tú sigue. No te detengas. No pares hasta que llegues a tu destino, y tampoco te preocupes por dónde se encuentre este. Pase lo que pase, no te detengas».

Como si hubiera caído del cielo, ese fue el consejo precoz, profético y apremiante que conseguí darme a mí mismo, y que de algún modo he logrado seguir. Cincuenta años después, creo que es la mejor recomendación —tal vez la única— que cualquiera de nosotros debería dar jamás.

PRIMERA PARTE

Aquí, como ves, has de correr tanto como puedas
para permanecer en el mismo sitio. Si quieres llegar
a alguna otra parte tienes que correr por lo menos
el doble de rápido.

LEWIS CARROLL,
A través del espejo

1962

Cuando le expuse el tema a mi padre, cuando reuní el valor para hablarle de mi idea descabellada, me aseguré de hacerlo en las primeras horas de la noche. Con papá ese era siempre el mejor momento. Era entonces cuando estaba relajado después de haber cenado bien, y se recostaba en su sillón reclinable de vinilo en el rincón del televisor. Si echo la cabeza hacia atrás y cierro los ojos, todavía puedo oír las risas del público y las sintonías musicales enlatadas de sus programas favoritos, los westerns *Caravana* y *Rawhide*.

Pero el que más le gustaba era el del cómico Red Buttons. Cada episodio empezaba con Red cantando: «¡Jo jo, ji ji… están pasando cosas extrañas!».

Puse una silla de respaldo recto a su lado, solté una risa lánguida y esperé al siguiente corte publicitario. Había ensayado mentalmente mi discurso, una y otra vez, sobre todo el principio: «Eh… papá, ¿te acuerdas de aquello que se me ocurrió en Stanford…?».

Fue durante una de las últimas asignaturas de la carrera, un seminario sobre espíritu emprendedor. Hice un trabajo de investigación sobre calzado, y este pasó de ser una tarea normal y corriente a convertirse en algo que me obsesionó sobremanera. Al ser corredor, sabía algo sobre zapatillas de atletismo. Por mi afición al mundo empresarial, sabía que las cámaras fotográficas japonesas habían irrumpido con fuerza en el mercado de la fotografía, antes dominado por los alemanes. Y en mi tesis argumentaba que podía suceder lo mismo con el sector de las zapatillas para correr. La idea me interesó, luego me inspiró y por último me cautivó. ¡Parecía algo tan obvio, tan simple, tan potencialmente tremendo…!

Dediqué semanas y semanas a aquel trabajo. Me instalé en la biblioteca, y devoré todo cuanto encontré sobre importación y exportación, y acerca de cómo montar una empresa. Finalmente, como se requería, hice una exposición oral ante mis compañeros de clase, que por su parte reaccionaron con un formal aburrimiento. No me hicieron ni una sola pregunta. Acogieron mi pasión e intensidad con fatigosos suspiros y miradas perdidas.

El profesor consideró que mi descabellada idea era buena: me puso un sobresaliente. Pero ahí terminó la historia. Al menos eso se suponía. En realidad nunca dejé de pensar en aquel trabajo. Durante el resto del tiempo que pasé en Stanford, en cada una de mis carreras matutinas y hasta aquel momento en que me encontré en el rincón del televisor, había considerado la posibilidad de irme a Japón, buscar una empresa de calzado, y ofertarles mi plan descabellado, con la esperanza de que mostraran una reacción más entusiasta que mis compañeros, y quisieran asociarse con un chico tímido, pálido y flacucho del apacible Oregón.

También había barajado la idea de dar un exótico rodeo durante mi ruta de ida y vuelta en Japón. «¿Cómo voy a dejar mi huella en el mundo si no voy ahí fuera y lo veo?», pensaba. «Antes de una carrera importante, uno siempre quiere recorrer la pista andando, por lo que un viaje de mochilero alrededor del globo puede que sea justo lo que necesito», razonaba. Por aquel entonces no existían las listas de cosas que hay que hacer antes de morir, pero supongo que eso se acercaría a lo que yo tenía en mente. Antes de morir, hacerme demasiado viejo o verme absorbido por las minucias cotidianas, quería visitar los lugares más bonitos y maravillosos del planeta.

Y los más sagrados. Desde luego, quería probar otras comidas, escuchar otras lenguas, sumergirme en otras culturas, pero lo que realmente ansiaba era la Conexión con mayúscula. Quería experimentar lo que los chinos llaman *tao*, los griegos *logos*, los hindúes *jñana*, los budistas *dharma*. Lo que los cristianos llaman espíritu.

«Antes de emprender el viaje de mi propia vida, dejadme comprender el gran viaje de la humanidad. Dejadme explorar los templos, las iglesias y los santuarios más imponentes, los ríos y las cumbres montañosas sagrados. Dejadme sentir la presencia de... ¿Dios?», pensaba.

«Sí», me dije, «sí». «A falta de otra palabra mejor: Dios.»

Pero antes necesitaba la aprobación de mi padre.

Es más, necesitaría su dinero.

Ya le había mencionado mi intención de hacer un largo viaje el año anterior, y él pareció conforme. Pero seguro que ya no se acordaba de eso. Y es probable que yo estuviera forzando un poco las cosas al añadir a la propuesta original mi idea absurda, aquel estrambótico viaje.... ¿a Japón? ¿Para montar una empresa? Una pérdida de tiempo y de dinero.

A buen seguro él lo consideraría ir demasiado lejos.

Además de ser endiabladamente caro. Yo tenía algunos ahorros del ejército y de varios trabajos a tiempo parcial que había desempeñado durante los últimos veranos. Pero lo más importante es que planeaba vender mi coche, un MG negro cereza de 1960 con neumáticos de carreras y doble árbol de levas (el mismo coche que conducía Elvis en *Amor en Hawái*). Todo junto ascendía a mil quinientos dólares, por lo que todavía me faltaba otro de los grandes, le dije a mi padre. Él movió la cabeza, «¡ajá!», «¡vaya!», y desvió rápidamente la mirada del televisor hacia mí, y luego otra vez hacia televisor, mientras yo se lo explicaba todo.

¿Recuerdas lo que hablamos, papá? ¿Que te dije que quería ver el mundo?

¿El Himalaya? ¿Las pirámides?

¿El Mar Muerto, Papá? ¿El Mar Muerto?

Bueno, ¡je, je!, pues es que también estoy pensando en hacer un alto en Japón. ¿Te acuerdas de mi plan descabellado? ¿Lo de las zapatillas para correr japonesas? ¿Sí? Pues podría ser algo grande, papá. Algo grande.

Estaba cargando las tintas, adoptando un estilo de venta agresivo, muy agresivo, porque odiaba vender, y porque no tenía ninguna posibilidad. Mi padre acababa de soltar cientos de dólares a la Universidad de Oregón y varios miles más a Stanford. Era el editor del *Oregon Journal*, un trabajo estable que cubría las necesidades básicas, incluida nuestra espaciosa casa blanca en Claybourne Street, en el barrio más tranquilo de Portland, Eastmoreland. Pero no nadábamos en la abundancia

Sin contar con que estábamos en 1962. Por entonces la Tierra era más grande. Aunque los humanos habían empezado a orbitar el planeta en cápsulas, el noventa por ciento de los estadounidenses todavía no había viajado nunca en un avión. El norteamericano medio, hombre o mujer, no se había aventurado nunca a más de cien kilómetros de la puerta de su casa, de modo que la mera mención de un viaje largo en avión acobardaría a cualquier padre, especialmente al mío, y más teniendo en cuenta que su predecesor en el periódico había muerto en un accidente de aviación.

Aparte del dinero y de las preocupaciones por la seguridad, todo el asunto se revelaba bastante poco práctico. Yo era consciente de que veintiséis de cada veintisiete nuevas empresas fracasaban, y mi padre también, y la idea de asumir un riesgo tan colosal iba en contra de lo que él representaba. En muchos aspectos, era un episcopaliano convencional, un creyente de Jesucristo. Sin embargo, también adoraba a otra deidad secreta: la respetabilidad. Casa colonial, bella esposa, hijos obedientes… Mi padre disfrutaba teniendo todo eso, pero lo que realmente le gustaba era que sus amigos y vecinos supieran que lo tenía. Ser admirado. Dar cada día unas vigorosas brazadas en la corriente más fuerte. Por lo que dar la vuelta al mundo en un pajarraco simplemente no tenía sentido para él. Eso no se hacía. Desde luego, no los respetables hijos de los hombres respetables. Eso era algo que hacían los hijos de otro tipo de gente. Algo que hacían los *beatniks* y los *hipsters*.

Es posible que la principal razón de la fijación de mi padre con la honorabilidad fuera el miedo a su caos interior. Yo lo sentía así, visceralmente, porque de vez en cuando ese caos brotaba a borbotones. Sin previo aviso, a altas horas de la noche, sonaba el teléfono del vestíbulo, y cuando contestaba siempre me encontraba con la misma voz áspera al otro extremo de la línea.

—Ven a buscar a tu viejo.

Yo me ponía el impermeable —parecía que, en esas noches, siempre caía una lluvia fina—, y conducía hacia el centro de la ciudad, al club adonde iba mi padre. Recuerdo aquel lugar tan claramente como me acuerdo de mi propia habitación. Tenía un siglo de antigüedad, unas librerías de roble que iban del suelo al techo y unos sillones orejeros; parecía la sala de estar de una casa de campo inglesa. En otras palabras: extremadamente respetable.

Siempre encontraba a mi padre sentado a la misma mesa, en el mismo sillón. Siempre le ayudaba a ponerse en pie con delicadeza.

—¿Estás bien, papá?

—¡Claro que sí!

Siempre lo guiaba hasta el coche, y durante todo el camino a casa fingíamos que no pasaba nada. Él mantenía una postura perfectamente erguida, casi regia, y hablábamos de deportes, porque hablar de deportes era el modo que yo tenía de distraerme, de calmarme, en los momentos de tensión.

A mi padre también le gustaban. Los deportes eran algo respetable.

Por estas y una docena de otras razones yo esperaba que él acogiera mi propuesta en el rincón de la tele frunciendo el ceño y soltando un rápido desaire: «¡Ja, ja, la idea descabellada! ¡Ni lo sueñes, Buck!». (Mi nombre de pila es Philip, pero mi padre siempre me llamaba Buck. De hecho, empezó a llamarme Buck ya desde antes de nacer. Mi madre me contó que cogió la costumbre de acariciarle el vientre y preguntarle: «¿Cómo está hoy el pequeño Buck?».) Sin embargo, cuando dejé de hablar, mi padre se balanceó hacia delante en su sillón reclinable de vinilo y me lanzó una mirada divertida. Me dijo que él siempre se había arrepentido de no haber viajado más cuando era joven. Que un viaje podría ser justo el colofón perfecto para mi educación. Me dijo muchas cosas, todas ellas centradas más en el viaje que en mi idea descabellada, pero yo no tenía la menor intención de rebatirle nada. Ni de quejarme, porque a fin de cuentas me estaba dando su bendición. Y su dinero.

—Vale —concluyó—. Vale, Buck. De acuerdo.

Le di las gracias y hui del rincón antes de que tuviera la oportunidad de cambiar de opinión. Solo más tarde comprendí, no sin cierto sentimiento de culpa, que el hecho de que mi padre no hubiera viajado era una de las razones, quizá la principal, de que yo quisiera hacerlo: aquel viaje, aquella idea descabellada, sería una forma segura de convertirme en alguien distinto a él. Alguien menos respetable.

O quizá no menos respetable, pero sí menos obsesionado con la respetabilidad.

El resto de la familia no se mostró tan comprensivo. Cuando mi abuela se enteró de mi itinerario, hubo un elemento en particular que la horrorizó:

—¡Japón! —exclamó—. ¡Pero, Buck, si solo hace unos años que los japos querían matarnos! ¿Es que ya no te acuerdas? ¡Pearl Harbor! ¡Pretendían conquistar el mundo! ¡Algunos de ellos todavía no saben que perdieron! ¡Están escondidos! Podrían secuestrarte, Buck. Sacarte los ojos. Son famosos por eso… ¡Tus ojos!

Yo quería a la madre de mi madre, la llamábamos mamá Hatfield. Y entendía su miedo. Japón era casi el lugar concebible más alejado de Roseburg, Oregón, la población agraria donde ella había nacido y donde había vivido toda su vida. Yo me había pasado muchos veranos allí, con ella y papá Hatfield. Nos sentábamos cada noche en el porche, escuchando como el croar de las ranas toro competía con la radio de consola, que a comienzos de la década de 1940 siempre estaba sintonizada con las noticias de la guerra.

Noticias que siempre eran malas.

Los japoneses —se nos decía repetidamente— no habían perdido una guerra en dos mil seiscientos años, y desde luego no parecía que fueran a hacerlo ahora. Batalla tras batalla, sufríamos una derrota tras otra. Finalmente, un día de 1942, Gabriel Heatter, de la

cadena Mutual Broadcasting, abrió su reportaje radiofónico nocturno con un grito estridente:

—¡Buenas noches a todos! ¡Esta noche traigo buenas noticias!

Por fin los estadounidenses habían ganado un combate decisivo.
Los más críticos aguijonearon a Heatter por su descarado optimismo, por abandonar toda pretensión de objetividad periodística, pero
el odio que la opinión pública sentía por Japón eran tan intenso que
la mayoría de la gente le aclamó como a un héroe popular. Desde
entonces abriría todas sus emisiones del mismo modo:

—¡Esta noche traigo buenas noticias!

Ese es uno de mis recuerdos más tempranos. Mamá y papá Hatfield a mi lado en aquel porche, papá pelando una manzana Gra-
venstein con su navaja y dándome un trozo, luego comiéndose uno
él, dándome otro, y así sucesivamente hasta que el ritmo con el que
mondaba la manzana disminuía de manera drástica. Empezaba Heatter. «¡Chis! ¡Silencio!» Todavía puedo vernos a todos masticando y
contemplando el cielo nocturno, tan obsesionados con Japón que
casi esperábamos ver Zeros japoneses cruzando por delante de Sirio.
No resulta sorprendente, pues, que la primera vez que me subí a un
avión, a los cinco años, preguntara:

—Papá, ¿van a derribarnos los japos?

Aunque mamá Hatfield hizo que se me erizara el pelo del cogote, le dije que no se preocupara, que iba a estar bien. Que incluso le
llevaría un quimono.

A mis hermanas gemelas, Jeanne y Joanne, cuatro años más pequeñas que yo, no pareció preocuparles lo más mínimo adónde iba
o lo que iba hacer.

Y recuerdo que mi madre no dijo nada. Rara vez lo hacía. Pero
esta había algo distinto en su silencio. Equivalía a consentimiento.
Incluso a orgullo.

Pasé semanas leyendo, planificando, preparando el viaje. Hice largas
carreras, reflexionando sobre cada detalle mientras competía con

los gansos salvajes que volaban por encima de mí. Sus apretadas formaciones en forma de «V»... Había leído en algún sitio que los gansos que iban detrás, los que viajaban en la cola, tenían que esforzarse un veinte por ciento menos que los de cabeza. Eso es algo que todo corredor sabe. Los que van delante siempre son los que más trabajan y se arriesgan.

Mucho antes de abordar a mi padre, había decidido que sería bueno tener un compañero de viaje, y que ese debía ser Carter, uno de mis condiscípulos de Stanford. Aunque había sido una estrella de las anillas en la Universidad William Jewell, no era el típico deportista. Llevaba unas gruesas gafas y leía libros. Buenos libros. Era fácil hablar con él, y también permanecer en silencio: dos cualidades igualmente importantes en un amigo. Y esenciales en un compañero de viaje.

Pero Carter se rio en mis propias narices. Cuando le presenté la lista de lugares que quería ver —Hawái, Tokio, Hong Kong, Yangon, Calcuta, Bombay, ciudad Ho Chi Minh, Katmandú, El Cairo, Estambul, Atenas, Jordania, Jerusalén, Nairobi, Roma, París, Viena, Berlín Oeste, Berlín Este, Munich, Londres— se quedó perplejo y se echó a reír a carcajadas. Abochornado, yo bajé la cabeza y empecé a excusarme. Entonces, sin dejar de reír, me dijo:

—¡Qué genial idea, Buck!

Alcé la vista. No estaba riéndose de mí, sino de alegría, de júbilo. Estaba impresionado. Hacían falta pelotas para montar un itinerario así, me dijo. Pelotas. Quería venir conmigo.

Días después obtuvo el visto bueno y un préstamo de su padre. Carter nunca se complicaba la vida. Si se te cruza una oportunidad, aprovéchala: así era él. Me dije que podía aprender mucho de un tío como Carter mientras dábamos la vuelta al mundo.

Cada uno se preparó una maleta y una mochila. Nos prometimos llevar lo indispensable. Unos pares de vaqueros, unas camisetas. Zapatillas para correr, botines de ante, gafas de sol, más un par de pantalones cortos.

Yo metí también un buen traje: uno de dos botones de color

verde de la marca Brooks Brothers. Por si podía llevar a la práctica mi idea descabellada.

El 7 de septiembre de 1962, Carter y yo nos metimos en su viejo y desvencijado Chevy y nos alejamos a toda velocidad por la Interestatal 5, atravesando el valle de Willamette y la boscosa parte baja de Oregón, era como si te hundieras en las raíces de un árbol. Entramos rápidamente en el extremo de California, repleto de pinos, cruzamos verdes puertos de alta montaña, y luego bajamos y bajamos hasta que mucho después de medianoche entramos en San Francisco, que estaba cubierta de niebla. Durante varios días nos alojamos con amigos, dormíamos en el suelo, y luego nos acercamos a Stanford y fuimos a consigna a recoger algunas cosas de Carter. Por último nos pasamos por una licorería y compramos dos billetes rebajados de Standard Airlines a Honolulú. Solo de ida, ochenta pavos.

Daba la sensación de que únicamente hubieran transcurrido unos minutos cuando llegamos a la arenosa pista del aeropuerto de Oahu. Mientras rodábamos por ella, miramos hacia arriba y pensamos: «Este no es el mismo cielo de casa».

Una hilera de hermosas muchachas vino hacia nosotros. De mirada dulce, tez olivácea y descalzas, tenían unas caderas extremadamente flexibles, con las que meneaban y hacían girar sus faldas de hierba ante nuestros ojos. Carter y yo nos miramos el uno al otro y poco a poco se nos fue dibujando una sonrisa de oreja a oreja.

Cogimos un taxi para ir a la playa de Waikiki y nos registramos en un motel situado justo enfrente del mar. Con un solo movimiento dejamos caer nuestros equipajes y nos pusimos los trajes de baño. «¡Te echo una carrera hasta el agua!»

En cuanto mis pies tocaron la arena grité y me reí y me quité las playeras, y luego corrí directo hacia las olas. No me detuve hasta que la espuma me llegó hasta el cuello. Me zambullí hacia el fondo, hasta llegar a tocarlo, y luego emergí jadeando y riendo, y me puse a hacer el muerto. Finalmente me topé con la orilla y me dejé caer en la arena, sonriendo a los pájaros y a las nubes. Debía de parecer un paciente fugado de un psiquiátrico. Carter, ahora sentado a mi lado, tenía la misma expresión de chiflado.

—Deberíamos quedarnos aquí —dije—. ¿Qué prisa hay en marcharse?

—¿Y qué pasa con el plan? —respondió Carter—. ¿El de dar la vuelta al mundo?

—Cambio de planes.

Carter sonrió.

—Me parece genial, Buck.

Así que buscamos un trabajo. Vender enciclopedias puerta a puerta. Nada sofisticado, ciertamente, pero ¡qué demonios! Como no empezábamos a trabajar hasta las siete de la tarde, teníamos un montón de tiempo para surfear. De pronto nada era más importante que aprender a hacer surf. Tras unos pocos intentos era capaz de mantenerme de pie en la tabla, y al cabo de unas semanas ya era bueno. Muy bueno.

Gracias a nuestro empleo, dejamos la habitación del motel y nos alquilamos un apartamento, un estudio amueblado con dos camas, una de verdad y otra de pega: una especie de tabla de planchar que se desplegaba de la pared. Carter, que era más alto y pesado, se quedó la cama de verdad, mientras que a mí me tocó la tabla de planchar. No me importó. Después de un día de surf y de vender enciclopedias, seguido de un recorrido por los bares hasta altas horas de la noche, podría haberme quedado dormido en la hoguera de una *luau*. El alquiler era de cien pavos al mes, y lo pagábamos a medias.

La vida era una delicia. Un paraíso. Salvo por un pequeño inconveniente: yo era incapaz de vender enciclopedias.

Me resultaba imposible vender enciclopedias para salvar mi vida. Era como si, a medida que cumplía años, me fuera volviendo más tímido; y la evidencia de mi extrema timidez solía incomodar a los extraños. De modo que si vender cualquier cosa ya me habría resultado un auténtico reto, vender enciclopedias, que en Hawái eran

casi tan populares como los mosquitos y los estadounidenses conti-
nentales, era para mí un auténtico calvario. Independientemente de
lo hábil o lo convincente que lograra mostrarme al pronunciar las
frases clave que nos habían enseñado durante nuestra breve sesión
de formación («Chicos, decid a la gente que vosotros no vendéis
enciclopedias: vosotros vendéis un vasto compendio del conocimiento humano… ¡las respuestas a las preguntas de la vida!»), siempre
obtenía la misma respuesta.

«¡Lárgate, chaval!»

Si mi timidez me convertía en un mal vendedor de enciclopedias,
mi naturaleza me hacía despreciar dicha profesión. No estaba hecho
para aguantar grandes dosis de rechazo. Lo sabía desde mi primer
año de instituto, cuando me echaron del equipo del béisbol. Un
pequeño revés en el gran esquema, pero que a mí me dejó de una
pieza. Era la primera vez que tomaba verdadera conciencia de que
no le podemos gustar a todo el mundo, de que no todas las personas
nos aceptarán y de que a menudo se nos aparta justo cuando más
necesitamos que cuenten con nosotros.

Nunca olvidaré ese día. Arrastrando mi bate por la acera, fui
tambaleándome a casa y me escondí en mi cuarto, donde estuve
lloroso y deprimido durante unas dos semanas, hasta que mi madre
vino al lado de mi cama y me dijo:

—¡Ya basta!

Luego me instó a que intentara otra cosa.

—¿Como qué? —gemí apoyado en mi almohada.

—¿Qué me dices del atletismo? —dijo ella.

—¿Atletismo? —pregunté.

—Tú corres rápido, Buck.

—¿Sí? —pregunté de nuevo, incorporándome.

De modo que empecé a practicar atletismo. Y descubrí que podía hacerlo. Y que nadie me disuadiría.

Ahora renuncié a vender enciclopedias, y al viejo y familiar rechazo que ello entrañaba, y revisé de nuevo las ofertas de empleo.
De inmediato descubrí un pequeño anuncio dentro de un grueso

recuadro negro: «Se necesita vendedor de valores». Pensé que sin duda me iría mejor con eso. Al fin y al cabo tenía un máster. Y antes de salir de viaje había tenido una entrevista bastante fructífera en la empresa bursátil Dean Witter.

Investigué un poco y descubrí que aquel empleo tenía dos cosas que merecían la pena. La primera, que trabajaría para la compañía Investors Overseas Services, dirigida por Bernard Cornfeld, uno de los empresarios más famosos de la década de 1960. La segunda, que la empresa estaba en el último piso de una hermosa torre situada junto a la playa. Ventanas de seis metros que daban a un mar de color turquesa. Ambas cosas me atraían, y me hicieron tomarme más en serio la entrevista. Y, tras varias semanas sin conseguir que nadie me comprara una enciclopedia, convencí al equipo de Cornfeld de que apostara por mí.

El extraordinario éxito de Cornfeld, más aquellas impresionantes vistas, hizo posible que la mayoría de los días me olvidara de que las instalaciones de la empresa eran poco más que un cuarto de calderas. Cornfeld era conocido por preguntar a sus empleados si de verdad estaban seguros de que querían hacerse ricos, y cada día una docena de jóvenes voraces demostraban que en efecto lo deseaban, que lo deseaban de verdad. Con ferocidad, con desenfreno, hacían añicos los teléfonos y las perspectivas de la venta en frío, y luchaban desesperadamente por conseguir entrevistas cara a cara.

Yo no era un orador brillante. Ni siquiera era un orador. Pero sabía de números, y conocía el producto: los Fondos Dreyfus. Es más, sabía cómo ser sincero. Y a la gente eso parecía gustarle. No tardé en programar unas cuantas reuniones y en cerrar unas cuantas ventas. En una semana había ganado lo suficiente en comisiones para pagar mi parte del alquiler durante los seis meses siguientes, y todavía me quedaba mucho para gastármelo en cera para tablas de surf.

Casi todos mis ingresos discrecionales iban a parar a los garitos de la playa. Los turistas solían frecuentar los centros turísticos de lujo, cuyos nombres parecían conjuros —el Moana, el Halekulani—, pero Carter y yo preferíamos los garitos. Nos gustaba sentarnos con nuestros colegas *beachniks* y locos del surf, buscavidas y vagabundos, sintiéndonos orgullosos de lo único que teníamos a nuestro favor: la geografía. ¡Aquellos pobres pringados del continente!, solíamos exclamar. ¡Aquellos pobres diablos que caminaban sonámbulos por sus vidas monótonas, abrigados contra el frío y la lluvia! ¿Por qué no pueden ser como nosotros? ¿Por qué no pueden vivir el presente?

Nuestro *carpe diem* se veía acrecentado por el hecho de que el fin del mundo se acercaba. Durante semanas se había establecido una tregua nuclear con los soviéticos. Estos tenían tres docenas de misiles en Cuba, Estados Unidos quería que se los llevaran de allí, y los dos bandos habían lanzado su ultimátum. Las negociaciones habían terminado y la tercera guerra mundial podía comenzar en cualquier momento. Según los periódicos, empezarían a caer misiles del cielo hoy mismo a última hora. Mañana como muy tarde. El mundo era Pompeya, y el volcán ya escupía ceniza. «¡Bueno!», coincidíamos todos los clientes de los garitos, «cuando termine la humanidad este será un sitio tan bueno como cualquier otro para ver cómo se elevan las nubes en forma de hongo. ¡*Aloha*, civilización!»

Y entonces —¡sorpresa!— el mundo se salvó. Pasó la crisis. El cielo pareció suspirar de alivio mientras el aire se volvía de repente más nítido y calmado. Luego siguió un perfecto otoño hawaiano. Días de complacencia y algo cercano a la dicha.

A ello le siguió una intensa agitación. Una noche dejé mi cerveza sobre la barra y me volví hacia Carter.

—Puede que haya llegado el momento de abandonar Shangri-La —le dije.

No me esforcé mucho en convencerle: no creí necesario hacerlo. Estaba claro que era hora de continuar con el plan. Pero Carter frunció el ceño y se acarició la barbilla.

—¡Vaya, Buck, no lo tengo claro!

Había conocido a una chica. Una hermosa adolescente hawaia-

na con largas y bronceadas piernas y unos ojos de color negro azabache, como las muchachas que habían ido a recibirnos al avión, la
clase de chica con la que yo soñaba y que nunca tendría. Él quería
quedarse, ¿y cómo podía discutírselo?

Le dije que lo entendía, pero me quedé hecho polvo. Salí del bar
y me fui a dar un largo paseo por la playa. «Se acabó lo que se daba»,
me dije.

Lo último que quería era recoger mis cosas y regresar a Oregón.
Pero tampoco podía imaginarme recorriendo el mundo solo. «Vuel-
ve a casa», me decía una tenue voz interior. «Búscate un trabajo
normal. Sé una persona normal.»

Entonces oí otra voz igual de tenue, e igual de enfática. «No, no
vuelvas. Sigue adelante. No te detengas.»

Al día siguiente di aviso en el cuarto de calderas de que me iba
con las preceptivas dos semanas de antelación.

—¡Qué lástima, Buck! —me dijo uno de los jefes—. Tenías un
verdadero futuro como vendedor.

—¡Dios no lo quiera! —murmuré.

Aquella tarde, en una agencia de viajes situada un poco más
abajo en la misma manzana, compré un billete de avión abierto,
válido durante un año para cualquier línea aérea y destino. Una
especie de pase Eurail del cielo. El día de Acción de Gracias de 1962
cogí mi mochila y le estreché la mano a Carter.

—Buck —me dijo—, no te dejes enredar.

El capitán se dirigió a los pasajeros en un rapidísimo japonés, y yo
empecé a sudar. Miré por la ventanilla el brillante círculo rojo del
ala. «Mamá Hatfield tenía razón», pensé. Estábamos en guerra con
aquella gente. Corregidor, la Marcha de la Muerte de Bataán, la
Violación de Nankín… ¿y ahora iba yo a montar una suerte de empresa allí?

¿Una idea descabellada? Pues quizá sí era descabellada de
verdad.

No obstante, ya era demasiado tarde para buscar ayuda profesional. El avión chirriaba por la pista de despegue, para luego rugir sobre las playas de color harina de maíz de Hawái. Miré hacia abajo, a los enormes volcanes, que se iban haciendo cada vez más y más pequeños. Ya no había vuelta atrás.

Como era Acción de Gracias, en el avión sirvieron pavo, acompañado de relleno y salsa de arándano. Y puesto que íbamos rumbo a Japón, había también atún crudo, sopa de miso y sake caliente. Me lo comí todo mientras leía los libros que había metido en la mochila: *El guardián entre el centeno* y *El almuerzo desnudo*. Me identificaba con Holden Caulfield, el introvertido adolescente que busca su lugar en el mundo, pero Burroughs directamente me desbordaba: «El comerciante de droga no vende su producto al consumidor, vende el consumidor a su producto».

Demasiado para mí. Me quedé dormido. Cuando desperté habíamos iniciado un pronunciado y rápido descenso. Por debajo de nosotros se extendía una Tokio asombrosamente luminosa. El Ginza, por ejemplo, parecía un árbol de Navidad.

De camino a mi hotel, en cambio, solo veía oscuridad. Había enormes sectores de la ciudad negros como el carbón.

—Guerra —me dijo el taxista—. Muchos edificios todavía bomba.

Los B-29 estadounidenses. Las superfortalezas. En el verano de 1944, a lo largo de varias noches, oleadas de ellos lanzaron trescientos cuarenta mil kilogramos de bombas, la mayoría de ellas llenas de gasolina y gelatina inflamable. Gran parte de Tokio, una de las ciudades más antiguas del mundo, estaba construida de madera, de modo que las bombas desataron un huracán de fuego. Alrededor de trescientas mil personas fueron quemadas vivas, al instante, cuatro veces más que las que murieron en Hiroshima. Más de un millón sufrieron espantosas heridas. Y casi el ochenta por ciento de los edificios se desintegraron. Durante un largo y solemne momento ni el taxista ni yo dijimos nada. No había nada de lo que hablar.

Finalmente se detuvo en la dirección que yo llevaba escrita en mi cuaderno. Un sórdido hostal. Más que sórdido. Había hecho la reserva con la American Express, a ojos cerrados; un error, comprendí ahora. Crucé la acera llena de hoyos y entré en un edificio que parecía estar a punto de derrumbarse.

Tras el mostrador de la recepción una anciana japonesa pareció inclinarse hacia mí. Pero advertí que en realidad no lo hacía, sino que estaba encorvada por la edad, como un árbol erosionado por muchas tormentas. Lentamente me condujo a mi habitación, que era más bien un cubículo. Una estera tipo tatami, una mesa coja, y nada más. No me importó. Apenas noté que el tatami era tan delgado como una oblea. Me incliné ante la anciana encorvada para darle las buenas noches. «*Oyasumi nasai.*» Me acurruqué sobre la estera y me quedé dormido.

Horas más tarde me desperté en un cuarto inundado de luz. Me arrastré hasta a la ventana. Al parecer me hallaba en una especie de barrio industrial en la periferia de la ciudad, lleno de muelles y fábricas, que debió de haber sido uno de los principales objetivos de los B-29. Mirara donde mirase solo veía desolación. Edificios agrietados y derrumbados. Manzanas y manzanas arrasadas. Desintegradas.

Por suerte, mi padre conocía a gente en Tokio, incluyendo a un grupo de estadounidenses que trabajaban en United Press International. Cogí un taxi hasta allí, y me recibieron como si fuera de la familia. Me dieron café y roscón, y cuando les dije donde había pasado la noche se echaron a reír. Me hicieron una reserva en un hotel limpio y decente. Luego me anotaron los nombres de varios sitios buenos para comer.

«¿Qué demonios estás haciendo en Tokio?» Les expliqué que estaba dando la vuelta al mundo. A continuación les hablé de mi descabellada idea. «¡Vaya!», exclamaron, con la mirada un tanto perpleja. Entonces me hablaron de dos antiguos soldados estadounidenses que llevaban una revista mensual llamada *Importer*.

—Cuéntaselo a los colegas de *Importer* antes de cometer alguna imprudencia —me dijeron.

Les prometí que lo haría. Pero primero quería ver la ciudad.

Con mi guía turística y mi cámara Minolta en mano, busqué los pocos monumentos que habían sobrevivido a la guerra, los templos y santuarios más antiguos. Pasé horas sentado en bancos de jardines amurallados, leyendo sobre las religiones dominantes de Japón, el budismo y el sintoísmo. Me maravillé ante el concepto de *kensho*, o *satori*: la iluminación que se produce en un destello, un estallido cegador. Algo parecido al flash de mi Minolta. Eso me gustó. Era lo que yo quería.

Pero antes debía cambiar todo mi planteamiento. Era un pensador lineal y, según el zen, el pensamiento lineal no es más que una ilusión, una de las muchas que nos hacen infelices. Según el zen, la realidad no es lineal. No hay futuro, no hay pasado. Todo es ahora.

Daba la sensación de que en todas las religiones el yo fuera un obstáculo, un enemigo. Y sin embargo el zen declara claramente que el yo no existe. El yo es un espejismo, un sueño febril, y nuestra obstinada creencia en su realidad no solo malgasta la vida, sino que también la acorta. El yo es la descarada mentira que nos contamos a diario y la felicidad requiere ver más allá de dicha mentira, desenmascararla. «Estudiar el yo es olvidar el yo», decía Dogen, un maestro zen del siglo XIII. La voz interior, las voces externas, todo es lo mismo. No hay líneas divisorias.

Sobre todo cuando se compite. La victoria, según el zen, «llega cuando nos olvidamos del yo y del adversario, que son las dos mitades de un todo. Todo esto se expone con claridad meridiana en el libro *Zen en el arte del tiro con arco*:

> La perfección en el arte de la espada se alcanza [...] cuando el corazón deja de preocuparse por el yo y el tú, por el adversario y su espada, por la propia espada y por cómo blandirla [...] Todo es vacuidad: el propio yo, la espada centelleante y el brazo que la esgrime. Aun el pensamiento mismo de la vacuidad ya no permanece.

Me daba vueltas todo, así que decidí concederme un respiro, visitar un lugar muy poco zen, de hecho el más anti-zen de todo Japón, un enclave donde los hombres se centraban en el yo y nada más que en el yo: la Bolsa de Tokio (Tōshō). Situada en un edificio de mármol de aspecto románico con grandes columnas de estilo griego, desde el otro lado de la calle parecía un banco anodino de alguna tranquila ciudad de Kansas. Por dentro, en cambio, era como un gallinero. Cientos de hombres agitaban los brazos, se tiraban del pelo, gritaban. Era la versión depravada del cuarto de calderas de Cornfeld.

No podía apartar la vista de aquello. Observaba todo con atención y me pregunté: «¿De esto es de lo que va la historia? ¿De verdad?». Me gustaba el dinero tanto como al tío que tenía al lado. Pero no quería que mi vida se basara solo en eso.

Después de mi visita a Tōshō necesitaba paz. Me sumergí profundamente en el silencioso corazón de la ciudad, el jardín del emperador decimonónico Meiji y su emperatriz, un espacio concebido para alcanzar un inmenso poder espiritual. Me senté, contemplativo, reverente, bajo el balanceo de los gingkos, al lado de una hermosa puerta *torii*. Leí en mi guía turística que una puerta *torii* suele ser una entrada a lugares sagrados, de modo que me dediqué a disfrutar de su santidad, de su serenidad, tratando de empaparme de todo aquello.

A la mañana siguiente me até mis zapatillas de deporte y me fui corriendo a Tsukiji, el mercado de pescado más grande del mundo. Era como una versión de la Bolsa, pero con gambas en lugar de acciones. Observé a los ancianos pescadores extender sus capturas en carros de madera y regatear con comerciantes de rostro impenetrable. Aquella noche cogí un autobús en dirección norte, hacia la región de los lagos, en los montes Hakone, un lugar que inspiró a muchos de los grandes poetas zen. «No puedes recorrer el camino hasta que te hayas convertido en el camino», decía Buda, y yo me quedé impresionado ante la senda que serpenteaba desde los cristalinos lagos hasta el monte Fuji, un triángulo perfecto rodeado de nubes y cubierto de nieve que a mí me pareció idéntico al monte

Hood de Oregón. Los japoneses creen que ascender al Fuji es una experiencia mística, un ritual de celebración, y yo me sentí embargado por el deseo de subirlo en aquel mismo momento. Quería llegar a las nubes. Pero decidí esperar: volvería cuando tuviera algo que celebrar.

Cuando llegué a Tokio fui al *Importer*. Al principio me dio la impresión de que los exsoldados que lo dirigían, dos tipos musculosos, de cuello grueso y sumamente ocupados, me iban a echar la bronca por interrumpirles y hacerles perder el tiempo; pero al cabo de unos minutos su hosca apariencia se desvaneció y se mostraron cordiales, amables y encantados de conocer a un compatriota. Hablamos sobre todo de deportes. «¿Puedes creer que los Yankees han vuelto a ganarlo todo? ¿Y qué hay de ese tal Willie Mays? No hay nadie mejor. Desde luego, que no lo hay.»

Luego me contaron su historia.

Eran los primeros estadounidenses que conocía a los que les gustaba Japón. Llegaron allí durante la Ocupación, los hechizó su cultura, su comida, sus mujeres, y cuando terminó su período de servicio en el ejército no pudieron marcharse. De modo que montaron una revista de importación en un momento en que a nadie, en ningún sitio, le interesaba importar nada japonés, y de algún modo consiguieron mantenerla a flote durante diecisiete años.

Les expliqué mi idea descabellada y me escucharon con cierto interés. Hicieron café y me invitaron a sentarme. ¿Había alguna línea concreta de zapatillas japonesas en la que yo hubiera pensado de cara a su importación?, me preguntaron.

Les dije que me gustaban las Tiger, una marca con un bonito diseño fabricada por Onitsuka Co. en Kobe, la ciudad más grande del sur de Japón.

—Sí, sí, las conocemos —me dijeron.

Les conté que pensaba ir allí para entrevistarme en persona con la gente de Onitsuka.

—En ese caso harías bien en aprender algunas cosas acerca de cómo negociar con los japoneses —me dijeron los exsoldados.

»La clave es no mostrarse insistente. No actúes como el típico norteamericano gilipollas, el típico *gaijin*:* grosero, ruidoso, agresivo, que no acepta un no por respuesta. Los japoneses no reaccionan bien a las técnicas de venta agresivas. Aquí las negociaciones tienden a ser suaves, basadas en la resistencia. Mira cuánto tiempo les costó a los estadounidenses y a los rusos convencer a Hirohito de que se rindiera. E incluso cuando lo hizo, cuando su país quedó reducido a un montón de cenizas, ¿qué fue lo que le dijo a su pueblo? "La guerra no ha evolucionado en beneficio de Japón." Es una cultura del subterfugio. Nadie te rechaza de frente. Nadie te dice nunca directamente que no. Pero tampoco que sí. Dan rodeos, emplean frases sin un sujeto u objeto claros. No te desalientes, pero no te muestres arrogante. Podrías salir del despacho de un hombre pensando que la has pifiado cuando en realidad está dispuesto a hacer un trato. Y podrías salir creyendo que has cerrado un acuerdo cuando en realidad te han rechazado. Nunca se sabe.

Fruncí el ceño. Yo no era buen negociador ni teniéndolo todo a mi favor. ¿Y ahora iba a tener que negociar en una especie de sala de los espejos de feria? ¿Donde no se aplicaban las reglas normales?

Tras una hora de aquel desconcertante tutorial, estreché la mano a los exsoldados y me despedí. Sintiendo de repente que no podía esperar, que tenía que actuar con rapidez, mientras todavía tuviera frescas sus palabras, corrí hacia mi hotel, lo metí todo en mi pequeña maleta y en mi mochila, y telefoneé a Onitsuka para concertar una cita.

Aquella misma tarde cogí un tren rumbo al sur.

Japón era famoso por su impecable orden y limpieza. La literatura, la filosofía, la moda, la vida doméstica, todo lo japonés era maravi-

---

* Término con el que los japoneses se refieren a los extranjeros y que algunos consideran insultante o irrespetuoso. *(N. del T.)*

llosamente puro y sobrio. Minimalista. «No esperes nada, no busques nada, no te aferres a nada»: los inmortales poetas japoneses habían escrito líneas que parecían pulidas y pulidas hasta que brillaban como el filo de la espada de un samurái, o como las piedras de un arroyo de montaña. Impoluto.

«Entonces ¿por qué este tren a Kobe está tan asqueroso?», me pregunté.

El suelo estaba lleno de hojas de periódico y de colillas. Encima de los asientos, había pieles de naranja y periódicos desechados. Y lo que era peor, todos los vagones estaban abarrotados. Apenas había espacio para permanecer de pie.

Encontré una agarradera junto a una ventana y me colgué de ella durante siete horas mientras el tren se balanceaba y avanzaba lentamente a través de aldeas remotas y de granjas no más grandes que un patio trasero medio de Portland. El viaje fue largo, pero ni mis piernas ni mi paciencia se agotaron. Estaba demasiado concentrado repasando una y otra vez mi tutorial con los exsoldados.

Cuando llegué, reservé una pequeña habitación en un *ryokan* barato. Mi cita en Onitsuka era a la mañana siguiente a primera hora, de modo que me tendí de inmediato en el tatami. Pero estaba demasiado nervioso para dormirme. Me pasé casi toda la noche dando vueltas sobre la estera, y al amanecer me levanté fatigado y contemplé mi demacrado y soñoliento reflejo en el espejo. Después de afeitarme, me puse mi traje verde Brooks Brothers y me dediqué unas palabras de ánimo a mí mismo.

«Eres capaz. Ten confianza. Puedes hacerlo.»

«Puedes hacerlo.»

Luego me dirigí al lugar equivocado.

Me presenté en la sala de exposición de Onitsuka, cuando en realidad me esperaban en la fábrica de Onitsuka, al otro extremo de la ciudad. Paré un taxi y corrí hacia allí, frenético; llegué media hora tarde. Un grupo de cuatro ejecutivos me recibió en el vestíbulo como si nada. Se inclinaron. Yo me incliné. Uno de ellos se adelantó. Me dijo que se llamaba Ken Miyazaki y que querían enseñarme las instalaciones.

Era la primera fábrica de calzado que había visto nunca. Todo lo que había allí me pareció interesante. Hasta musical. Cada vez que se moldeaba un zapato, la horma metálica caía al suelo con un tintineo argentino, un melódico cling-clong. Cada pocos segundos, cling-clong, cling-clong, como el concierto de un zapatero. Los ejecutivos también parecían disfrutar. Me sonreían y se sonreían entre ellos.

Pasamos por el departamento de Contabilidad. Todos los presentes, hombres y mujeres, saltaron de sus sillas y se inclinaron al unísono, un gesto de *kei*, de respeto hacia el magnate norteamericano. Yo había leído que precisamente la palabra inglesa para «magnate», *tycoon*, provenía del término japonés *taikun*, que significa «caudillo militar». No sabía cómo agradecer su *kei*. Si inclinarme o no, que es siempre la duda en Japón. Sonreí levemente e hice media reverencia, y luego seguí andando.

Los ejecutivos me explicaron que producían quince mil pares de zapatos al mes.

—¡Impresionante! —les dije, sin saber si aquello era mucho o poco.

Luego me llevaron a una sala de reuniones y me señalaron una silla a la cabecera de una larga mesa.

—Señor Knight —dijo alguien—, aquí.

El sitio de honor. Más *kei*. Ellos se distribuyeron alrededor de la mesa, se arreglaron los nudos de las corbatas y se quedaron mirándome. Había llegado el momento de la verdad.

Había ensayado aquella escena mentalmente muchas veces, del mismo modo que había ensayado cada carrera en la que había corrido mucho antes de oír el disparo de salida. Pero ahora me daba cuenta de que aquello no era ninguna carrera. Existe cierto instinto primario que te lleva a compararlo todo —la vida, los negocios, las aventuras— a una carrera. A menudo, sin embargo, esa metáfora resulta inadecuada: solo puede servirte hasta cierto punto.

Incapaz de recordar lo que quería decir, ni por qué estaba allí, respiré varias veces con rapidez. Todo dependía de que estuviera a la altura de las circunstancias. Todo. Si no lo hacía, si fracasaba, estaría condenado a pasar el resto de mis días vendiendo enciclopedias, o fondos mutuos, o alguna otra tontería que me importaba un bledo. Decepcionaría a mis padres, a mi escuela, a mi ciudad natal. A mí mismo.

Observé los rostros en torno a la mesa. Todas las veces que había imaginado aquella escena había omitido un elemento crucial. No había sabido prever cuán presente iba a estar la Segunda Guerra Mundial en aquella sala. La guerra estaba allí, a nuestro lado, entre nosotros, añadiendo un trasfondo a cada palabra que pronunciábamos. «¡Buenas noches a todos! ¡Esta noche traigo buenas noticias!»

Y sin embargo, al mismo tiempo no lo estaba. Gracias a su capacidad de recuperación, de su estoica aceptación de la derrota y de la heroica reconstrucción de su nación, los japoneses habían dejado atrás limpiamente la guerra. Por no mencionar que esos ejecutivos eran jóvenes, como yo, y saltaba a la vista que sentían que esta no tenía nada que ver con ellos.

Por otra parte, sus padres y sus tíos habían intentado matar a los míos.

Por otra parte, el pasado pasado estaba.

Por otra parte, toda esa cuestión de ganar y perder, que enturbia y complica tantos acuerdos, se hace aún más complicada cuando los potenciales ganadores y perdedores han estado recientemente implicados, aunque sea a través de terceros y de antepasados, en una conflagración global.

Toda esa interferencia, esa fluctuante confusión sobre la guerra y la paz, creaba una especie de zumbido de bajo volumen en mi cabeza, un aturdimiento para el que no estaba preparado. El realista que había en mí quería reconocerlo; el idealista lo apartaba a un lado. Tosí tapándome la boca con el puño.

—Caballeros… —empecé.

En ese momento me interrumpió el señor Miyazaki:

—Señor Knight, ¿en qué empresa trabaja? —me preguntó.

—¡Ah, sí, buena pregunta!

La adrenalina invadió mi torrente sanguíneo, sentí la reacción de huida, el deseo de correr a esconderme, y esto me llevó a pensar en el lugar más seguro del mundo: la casa de mis padres. Una casa construida hace unas décadas por gente con recursos, personas con mucho más dinero que mis padres, de modo que el arquitecto había incluido una habitación para el servicio en la parte trasera de la casa, y esa habitación era mi dormitorio, que yo había llenado de cromos de béisbol, discos, pósters, libros... todo ello cosas sagradas. También había cubierto una pared con mis *blue ribbons*, las cintas azules que simbolizaban los primeros premios que había ganado corriendo en pista, lo único de mi vida de lo que me sentía descaradamente orgulloso. ¿Entonces?

—Blue Ribbon —solté—. Caballeros, represento a Blue Ribbon Sports, de Portland, Oregón.

El señor Miyazaki sonrió. Los demás ejecutivos sonrieron. Un murmullo recorrió toda la mesa. «Blueribbon, blueribbon, blueribbon.» Los ejecutivos juntaron las manos y volvieron a guardar silencio y a mirarme fijamente.

—Bien —empecé de nuevo—. Caballeros, el mercado del calzado estadounidense es enorme. Y en gran medida está sin explotar. Si Onitsuka puede penetrar en ese mercado, si consigue hacer llegar sus Tiger a las tiendas estadounidenses, y venderlas a un precio más económico que Adidas, que es lo que en la actualidad calzan la mayoría de los atletas norteamericanos, podría ser una operación extraordinariamente rentable.

Me limitaba a repetir mi presentación de Stanford, de manera literal, mencionando los textos y números que había pasado semanas y semanas investigando y memorizando, lo cual me ayudaba a crear una ilusoria elocuencia. Me di cuenta de que los ejecutivos estaban impresionados. Pero cuando llegué al final de mi discurso se produjo un embarazoso silencio. Entonces un hombre rompió aquel silencio, y luego otro, y luego todos empezaron a hablar entre ellos en voz alta con excitación. No a mí, sino entre ellos.

Y, de repente, todos se levantaron y se fueron.

¿Aquella era la forma japonesa de rechazar una idea descabellada? ¿Levantarse todos a la vez y marcharse? ¿Había malgastado mi *kei*… así sin más? ¿Me habían despachado? ¿Qué debía hacer? ¿Debía simplemente… marcharme?

Al cabo de unos minutos volvieron. Traían bosquejos, muestras, que el señor Miyazaki ayudó a extender ante mí.

—Señor Knight —me dijo—, hace mucho tiempo que pensamos en el mercado americano.

—¿Ah, sí?

—Ya vendemos zapatillas de lucha libre en Estados Unidos. En… eh… ¿el Nordeste? Pero hablamos muchas veces de llevar otros modelos a otros lugares de América.

Me enseñaron tres prototipos de Tiger. Una zapatilla para entrenamiento, que ellos llamaban Limber Up («calentar»).

—Muy bonita —dije.

Una zapatilla para salto de altura, que llamaban Spring Up («levantarse de un brinco»).

—Preciosa —añadí.

Y una zapatilla para lanzamiento de disco, que denominaban Throw Up («lanzar al aire»).

«No te rías», me dije. «No te… rías.»

Me acribillaron a preguntas sobre Estados Unidos, sobre la cultura y las tendencias de consumo, sobre las distintas clases de calzado para atletismo disponibles en las tiendas de deportes. Me preguntaron cuán grande creía yo que era el mercado del calzado norteamericano, cuán grande podría llegar a ser, y yo les dije que en última instancia podría alcanzar los mil millones de dólares. A día de hoy todavía no estoy seguro de dónde saqué esa cifra. Ellos se inclinaron hacia atrás en sus sillas y se miraron fijamente unos a otros, asombrados. Entonces, para mi sorpresa, empezaron a venderme el producto ellos a mí.

—¿Estaría interesada… Blue Ribbon… en representar las zapatillas Tiger? ¿En Estados Unidos?

—Sí —respondí yo—, desde luego.

Luego me centré en la Limber Up.

—Es una buena zapatilla —dije—. Esta zapatilla… esta zapatilla puedo venderla.

Les pedí que me enviaran muestras de inmediato. Les di mi dirección y prometí enviarles un giro postal de cincuenta dólares.

Se levantaron. Hicieron una profunda reverencia. Yo hice lo mismo. Nos estrechamos la mano. Volví a inclinarme. Ellos volvieron a inclinarse. Todos sonreímos. La guerra no había ocurrido nunca. Éramos socios. Éramos hermanos. La reunión, que yo esperaba que durara quince minutos, había durado dos horas.

De Onitsuka fui directamente a la oficina más próxima de American Express y le envié un telegrama a mi padre: «Querido papá: Urgente. Por favor transfiere cincuenta dólares de inmediato a Onitsuka Corp de Kobe».

«¡Jo jo, ji ji… están pasando cosas extrañas!»

Cuando llegué al hotel me pasé un rato caminando en círculo sobre el tatami, tratando de tomar una decisión. Una parte de mí deseaba volver a toda prisa a Oregón, esperar la llegada de las muestras y apresurarme a montar mi nueva empresa comercial.

Además, me desquiciaba la soledad, estar lejos de todo y de las personas que conocía. Cuando veía ocasionalmente algún ejemplar del *New York Times* o de la revista *Time* se me hacía un nudo en la garganta. Era un náufrago, una especie de Crusoe contemporáneo. Quería volver a casa. En ese preciso instante.

Y sin embargo… seguía sintiendo una ardiente curiosidad por el mundo. Seguía queriendo ver, explorar.

Venció la curiosidad.

Me dirigí a Hong Kong y recorrí sus demenciales y caóticas calles, horrorizado por la visión de mendigos sin piernas, o sin brazos, ancianos arrodillados en medio de la inmundicia junto a huérfanos suplicantes. Los ancianos permanecían mudos, pero los niños tenían un grito que repetían sin cesar: «¡Eh, hombre rico!, ¡eh, hombre rico!, ¡eh, hombre rico!». Luego lloraban o daban palmadas en el suelo. Los gritos no cesaron ni siquiera cuando les di todo el dinero que llevaba en los bolsillos.

Me dirigí a la periferia de la ciudad, subí a la cima del pico Victoria y contemplé China a lo lejos. En la universidad había leído las *Analectas* de Confucio —«El hombre que mueve una montaña empieza llevándose piedras pequeñas»—, y ahora tuve la convicción de que nunca tendría la posibilidad de mover aquella montaña. Nunca lograría acercarme más a aquella amurallada tierra mística, y eso me hizo sentirme inexplicablemente triste. Incompleto.

Luego fui a Filipinas, que tenía toda la locura y el caos de Hong Kong más el doble de pobreza. Lentamente, como en una pesadilla, me desplacé a través de Manila, a través de interminables muchedumbres e insondables atascos, hacia el hotel cuyo ático ocupara una vez MacArthur. Sentía fascinación por todos los grandes generales, desde Alejandro Magno hasta George Patton. Odiaba la guerra, pero me gustaba el espíritu guerrero. Odiaba la espada, pero me gustaban los samuráis. Y de todos los grandes guerreros de la historia, MacArthur era el que me resultaba más fascinante. Aquellas Ray-Ban, aquella pipa de mazorca… era un hombre que de lo que no carecía es precisamente de confianza en sí mismo. Brillante estratega y maestro de la motivación, presidió además el Comité Olímpico estadounidense. ¿Cómo no iba a gustarme?

Desde luego, tenía grandes defectos. Pero él lo sabía. «Te recordarán por las reglas que quebrantes», dijo proféticamente.

Habría querido pasar una noche en su antigua suite. Pero no podía permitírmelo.

«Algún día», me juré. «Algún día volveré.»

Fui a Bangkok, donde me subí a un barco impulsado por una larga pértiga que a través de brumosos pantanos me llevó a un mercado al aire libre que parecía una versión tailandesa de un cuadro del Bosco. Comí carne de ave, frutas y hortalizas que no había visto nunca ni volvería a ver jamás. Esquivé *rickshaws*, motonetas, *tuk-tuks* y elefantes para llegar al templo del Buda de Esmeralda y ver una de las estatuas sagradas más importantes de Asia, un enorme Buda de seiscientos años de antigüedad tallado en un solo bloque de jade. De pie ante su rostro apacible pregunté: «¿Por qué estoy aquí? ¿Cuál es mi propósito?».

Esperé.

Nada.

O quizá el silencio fuera mi respuesta.

Me dirigí a Vietnam, donde las calles estaban plagadas de soldados estadounidenses y bullían de temor. Todo el mundo sabía que la guerra no tardaría en estallar, y que esta iba a ser muy mala, muy distinta. Sería una guerra a lo Lewis Carroll, un tipo de guerra en la que un oficial estadounidense declararía cosas como: «Tuvimos que destruir la aldea para salvarla». Llegué a Calcuta unos días antes de la Navidad de 1962, y alquilé una habitación del tamaño de un ataúd. Ni cama, ni silla: no había suficiente espacio. Solo una hamaca suspendida sobre un sibilante agujero: el retrete. Al cabo de unas horas caí enfermo. Probablemente un virus de transmisión aérea o una intoxicación alimentaria. Durante un día entero creí que no saldría adelante. Estaba convencido de que iba a morir.

Pero de algún modo me repuse, me obligué a levantarme de aquella hamaca, y al día siguiente descendía con paso inseguro junto a miles de peregrinos y docenas de monos sagrados por la empinada escalera del templo de Benarés. La escalera llevaban directamente al cálido y bullicioso Ganges. Cuando el agua me llegaba a la cintura alcé la vista. ¿Un espejismo? No, un funeral que se celebraba en medio del río. En realidad, varios funerales. Observé cómo los dolientes entraban en el agua y colocaban a sus seres queridos sobre largas andas de madera, para luego prenderles fuego. A menos de veinte metros, otros se bañaban tranquilamente. Y aun otros apagaban su sed con aquella misma agua.

Dicen los Upanishads: «Llévame de lo irreal a lo real». De modo que hui de lo irreal. Volé a Katmandú y ascendí a pie por la limpia y blanca pared del Himalaya. Al descender me detuve en un abarrotado *chowk* donde devoré un cuenco de carne de búfalo, muy poco hecha. Observé que los tibetanos del *chowk* calzaban unas botas de lana roja y franela verde con punteras de madera dobladas hacia arriba, cuya forma no era muy distinta de la de los patines de los trineos. De repente me di cuenta de que me fijaba en el calzado de todo el mundo.

Volví a la India, pasé la Nochevieja deambulando por las calles de Bombay, zigzagueando entre bueyes y vacas de largos cuernos, y sintiendo lo que sería el principio de una migraña épica: el ruido y los olores, los colores y el resplandor… Luego me dirigí a Kenia, donde cogí un autobús que hacía un largo recorrido y se internaba en las profundidades de la selva. Pude ver a gigantescos avestruces intentando correr más rápido que el autobús y a cigüeñas del tamaño de pitbulls planeando al lado de las ventanas. Cada vez que el conductor se detenía, en medio de la nada, para recoger a unos cuantos guerreros masáis, uno o dos babuinos intentaban subir. Entonces el conductor y los guerreros los ahuyentaban con machetes. Antes de bajarse del autobús, los babuinos siempre alzaban la vista por encima de sus hombros y me lanzaban una mirada de orgullo herido. «Lo siento, viejo», pensaba yo. «Si de mí dependiera…»

Luego fui a El Cairo, a la meseta de Guiza, y pasé un rato junto a los nómadas del desierto y sus camellos cubiertos de seda al pie de la Gran Esfinge, mientras todos mirábamos de soslayo sus ojos eternamente abiertos. El sol me martilleaba la cabeza, el mismo sol que había martilleado a los miles de hombres que construyeron aquellas pirámides y a los millones de visitantes que vendrían después. Ninguno de ellos sería recordado, pensé. Todo es vanidad, dice la Biblia. Todo es ahora, dice el zen. Todo es polvo, dice el desierto.

Me dirigí a Jerusalén, a la roca donde Abraham se dispuso a matar a su hijo, donde Mahoma inició su ascensión al cielo. Dice el Corán que la roca quiso unirse a Mahoma e intentó seguirlo, pero Mahoma la pisó y la detuvo. Se dice que todavía puede verse su huella. ¿Iba descalzo o llevaba zapatos? A mediodía ingerí una comida asquerosa en una oscura taberna, rodeado de trabajadores con la cara llena de hollín. Todos parecían completamente exhaustos. Masticaban despacio, con aire ausente, como zombis. «¿Por qué tenemos que trabajar tanto?», pensé. «Observad los lirios del campo… no trabajan, ni hilan.» En cambio, el rabino del siglo I Eleazar ben Azariá decía que nuestro trabajo es lo más sagrado de nosotros: «Todos se sienten orgullosos de su oficio. Dios habla de su obra; y el hombre no debería ser menos».

Luego viajé a Estambul, me puse hasta arriba de café turco, me perdí por sus sinuosas calles junto al Bósforo. Me detuve a bosquejar los resplandecientes minaretes, y recorrí los dorados laberintos del palacio de Topkapi, residencia de los sultanes otomanos, donde hoy se conserva la espada de Mahoma. «Quédate una noche en vela», escribía Rumi, el poeta persa del siglo XIII. «Entonces te llegará lo que más deseas.»

«Al calor de un sol interior verás maravillas.»

A continuación me dirigí a Roma, donde pasé varios días metido en pequeñas *trattorie*, zampándome montañas de pasta, y contemplando a las mujeres más hermosas y los zapatos más bonitos que había visto nunca (los romanos del tiempo de los césares creían que calzarse antes el pie derecho que el izquierdo traía prosperidad y buena suerte). Exploré las ruinas cubiertas de hierba del dormitorio de Nerón, los magníficos restos del Coliseo, las enormes salas y los pasillos del Vaticano. Dado que esperaba grandes afluencias de gente, salía siempre al amanecer, decidido a ser el primero de la fila. Pero nunca había colas: la ciudad atravesaba una ola de frío de proporciones históricas. Lo tenía todo a mi disposición.

Hasta la capilla Sixtina. Allí solo, bajo el techo de Miguel Ángel, pude regodearme en mi ausencia de fe. Leí en mi guía turística que mientras pintaba su obra maestra Miguel Ángel se sentía desdichado. Le dolía la espalda y el cuello. Le caía pintura constantemente en el pelo y los ojos. Les dijo a sus amigos que estaba deseando terminarla. Si ni siquiera al propio Miguel Ángel le gustaba su obra, pensé, ¿qué esperanza entraña para el resto de nosotros?

Fui a Florencia, y pasé varios días buscando a Dante, leyendo a Dante, el airado misántropo condenado al exilio. ¿La misantropía le vino antes o después? ¿Fue la causa o el efecto de su ira y de su exilio?

Permanecí un rato ante el *David*, impresionado por la cólera reflejada en sus ojos. Goliat no tenía ninguna posibilidad.

Viajé en tren hasta Milán, entré en comunión con Da Vinci, observé sus hermosos cuadernos y sentí curiosidad por sus peculiares obsesiones. Una de las principales, el pie humano. «Obra maestra de la ingeniería», lo denominó. «Una obra de arte.»

¿Y quién era yo para discutírselo?

Mi última noche en Milán fui a ver una ópera a la Scala. Desempolvé mi traje Brooks Brothers y lo llevé con orgullo entre *uomini* pertrechados con esmóquines a medida y *donne* embutidas en vestidos adornados con joyas. Todos escuchamos maravillados *Turandot*. Cuando Calaf cantó «Nessun dorma» —«¡Ocultaos, estrellas! ¡Al alba venceré! ¡Venceré! ¡Venceré!»— se me llenaron los ojos de lágrimas, y cuando cayó el telón me puse en pie de un salto. «*Bravissimo!*»

Fui a Venecia, pasé unos días lánguidos siguiendo los pasos de Marco Polo, y permanecí no sé cuánto rato ante el palazzo de Robert Browning. «Si obtienes simplemente belleza y nada más, tendrás casi lo mejor que Dios ha inventado.»

Mi tiempo se agotaba. Mi hogar me reclamaba. Viajé apresuradamente a París, descendí bajo el suelo del Panteón, apoyé con delicadeza la mano en las criptas de Rousseau... y de Voltaire. «Ama la verdad, pero perdona el error.» Cogí una habitación en un hotel cochambroso, contemplé cómo una torrencial lluvia de invierno llenaba de agua el callejón que había debajo de mi ventana, recé en Notre Dame, me perdí en el Louvre. Compré unos cuantos libros en Shakespeare & Company, y permanecí un rato en el lugar donde dormía Joyce, y luego F. Scott Fitzgerald. Luego bajé lentamente por la orilla del Sena, y me detuve a tomar un capuchino en la cafetería donde Hemingway y Dos Passos se leían el uno al otro el Nuevo Testamento en voz alta. El último día me paseé por los Campos Elíseos, siguiendo el camino de los libertadores y pensando todo el rato en Patton. «No le digas a la gente cómo hacer las cosas; diles qué hacer y deja que te sorprendan con el resultado.»

De todos los grandes generales, era al que más le obsesionaba el tema del calzado: «Un soldado con zapatos es solo un soldado. Pero con botas se convierte en un guerrero».

Volé a Munich, me tomé una jarra de cerveza helada en la Bürgerbräukeller, donde Hitler dio un tiro al aire y lo empezó todo. Intenté visitar Dachau, pero cuando le preguntaba a la gente qué tenía que hacer para ir apartaban la mirada, afirmando que no lo sabían. Me dirigí a Berlín y me presenté en el Checkpoint Charlie. Unos guardias rusos de rostro inexpresivo ataviados con unos pesados abrigos examinaron mi pasaporte, me cachearon, me preguntaron qué negocios tenía en el Berlín Este comunista.

—Ninguno —respondí.

Me aterrorizaba que pudieran averiguar que había asistido a Stanford. Justo antes de mi llegada, dos estudiantes de Stanford habían intentado pasar de forma clandestina a un adolescente en un Volkswagen. Todavía seguían en la cárcel.

Pero los guardias me indicaron con un gesto que pasara. Anduve unas pocas calles y me detuve en la esquina de la Marx-Engels-Platz. Miré a mi alrededor, en todas direcciones. Nada. Ni árboles, ni tiendas, ni vida. Pensé en toda la pobreza que había visto en cada rincón de Asia. Esta era una clase distinta de pobreza, de algún modo más deliberada, más evitable. Vi a tres niños jugando en la calle. Me acerqué a ellos y les hice una foto. Dos niños y una niña, de unos ocho años. La niña —gorro de lana rojo, abrigo rosa— me sonrió. ¿La olvidaré alguna vez? ¿Y sus zapatos? Eran de cartón.

Luego viajé a Viena, a las trascendentales esquinas con olor a café donde Stalin y Trotski y Tito y Hitler y Jung y Freud vivieron en el mismo momento histórico, todos ellos merodeando por las mismas cafeterías llenas de vaho, y tramando cómo salvar (o poner fin) al mundo. Caminé sobre los mismos adoquines sobre los que caminara Mozart, crucé su grácil Danubio por el puente de piedra más hermoso que había visto nunca, me detuve ante las altísimas agujas de la catedral de San Esteban, donde Beethoven descubrió que estaba sordo: alzó la vista, vio a los pájaros salir volando desde el campanario, y para su horror… se dio cuenta de que no oía las campanas.

Por último volé a Londres. Me dirigí rápidamente al palacio de Buckingham, a Speakers' Corner, a Harrods. Me concedí algo de tiempo extra en la Cámara de los Comunes. Con los ojos cerrados, evoqué al gran Churchill: «¿Me pregunta que cuál es nuestro objetivo? Puedo responder con una palabra. La victoria, la victoria a toda costa, la victoria a pesar del terror, la victoria… Sin victoria no hay supervivencia». Deseaba desesperadamente coger un autobús a Stratford, ver la casa de Shakespeare (las mujeres isabelinas llevaban una rosa de seda roja en la puntera de cada zapato). Pero ya no me daba tiempo.

Pasé la última noche repasando mi viaje, tomando notas en mi diario. Me pregunté: «¿Cuál ha sido el momento álgido?».

«Grecia», pensé. «Sin duda, Grecia.»

Cuando salí de Oregón, había dos cosas en mi itinerario que me producían una especial emoción.

Quería exponerle mi descabellada idea a los japoneses.

Y quería contemplar la Acrópolis.

Horas antes de embarcar en el aeropuerto de Heathrow, reflexioné sobre aquel instante, cuando alcé la vista hacia aquellas asombrosas columnas, y experimenté esa vigorizante conmoción que te produce toda gran belleza, pero unida a una potente sensación de… ¿familiaridad?

¿Era solo mi imaginación? Al fin y al cabo, me encontraba en la cuna de la civilización occidental. Tal vez solo quería que me resultara familiar. Pero no me parecía que fuera solo eso. Tuve algo claro: «Yo he estado aquí antes».

Y luego, al ascender por los escalones encalados, también: «Aquí es donde comienza todo».

A mi izquierda estaba el Partenón; Platón había visto cómo los arquitectos y los trabajadores lo construían. A mi derecha, el templo de Atenea Niké. Hace veinticinco siglos, según mi guía turística, había albergado un hermoso friso de la diosa Atenea, a la que se consideraba portadora de la *niké*, o victoria.

Esta era una de las muchas bendiciones que concedía Atenea. También recompensaba a los mediadores. Dice en la *Orestíada*: «Admiro... la mirada de la persuasión». Ella era, en cierto modo, la patrona de los negociadores.

No sé cuánto tiempo permanecí allí de pie, absorbiendo la energía y el poder de aquel lugar que marcó un hito en la historia. ¿Una hora? ¿Tres? No recuerdo cuánto tiempo después de aquel día descubrí la obra de Aristófanes, ambientada en el templo de Niké, en la que el guerrero le hace un regalo al rey: un par de zapatos nuevos. Tampoco sé cuándo me di cuenta de que la obra en cuestión se titulaba *Los caballeros*, en inglés *Knights*. Pero sí me acuerdo de que cuando me di la vuelta para marcharme me fijé en la fachada de mármol del templo. Los artesanos griegos la habían decorado con varias esculturas fascinantes, incluyendo la más famosa, en las que la diosa inexplicablemente se inclina hacia abajo... para atarse la correa de la sandalia.

24 de febrero de 1963. Mi vigesimoquinto cumpleaños. Crucé la puerta de Claybourne Steeet, con el pelo por los hombros y una barba de casi diez centímetros. Mi madre soltó un grito. Mis hermanas parpadearon como si no me reconocieran, o a lo mejor es que ni siquiera se habían dado cuenta de que me había ido. Abrazos, gritos, grandes carcajadas. Mi madre me hizo sentarme, me sirvió una taza de café. Quería que le contara todo. Pero yo estaba exhausto. Dejé la maleta y la mochila en el vestíbulo y me retiré a mi cuarto. Contemplé con ojos somnolientos mis cintas azules. «Señor Knight, ¿cuál es el nombre de su empresa?»

Me acurruqué en la cama, y el sueño cayó sobre mí como el telón de la Scala.

Al cabo de una hora me despertaron los gritos de mi madre: «¡A cenar!».

Mi padre, que había vuelto ya del trabajo, me abrazó en cuanto entré en el comedor. También él deseaba oír todos los detalles. Y yo deseaba contárselos.

Pero antes quería saber una cosa:

—Papá, ¿llegaron mis zapatillas?

1963

Mi padre invitó a todos los vecinos a tomar café y pastel, y a un visionado especial de las «diapositivas de Buck». Yo me quedé diligentemente manejando el proyector, saboreando la oscuridad, pulsando con desgana el botón de avance y describiendo las pirámides, el templo de Niké… Pero yo no estaba allí, sino en las pirámides, en el templo. Preguntándome por mis zapatillas.

Cuatro meses después de la gran reunión en Onitsuka, tras haber estado con aquellos ejecutivos y habérmelos metido en el bolsillo, o al menos eso creía yo… las zapatillas no habían llegado aún. Escribí una carta a toda prisa: «Estimados señores, con referencia a nuestra reunión del pasado otoño, ¿les ha sido posible enviarme las muestras…?». Luego me tomé unos días libres, para dormir, lavarme la ropa, ponerme al día con los amigos…

Obtuve una rápida respuesta de Onitsuka: «Las zapatillas llegarán, en unos pocos días más», decía la misiva.

Le enseñé la carta a mi padre. Él hizo una mueca. «¿Unos pocos días más?»

—Buck —me dijo, con una risita—, esos cincuenta pavos hace tiempo que volaron.

Mi nuevo look —melena de náufrago, barba de troglodita— era demasiado para mi madre y mis hermanas. Las pillaba mirándome fijamente con el ceño fruncido. Podía oír lo que pensaban: un vagabundo. Así que me afeité. Después me planté ante el pequeño espejo que había sobre mi escritorio en el cuarto del servicio y me dije: «Ya es oficial. Has vuelto».

Y sin embargo, no era así. Había algo de mí que ya no regresaría nunca.

Mi madre lo advirtió antes que nadie. Una noche durante la cena me dirigió una mirada larga e inquisitiva.

—Pareces más… mundano.

«¡Mundano!», pensé. «¡Caramba!»

Hasta que llegaran las zapatillas, si es que algún día llegaban, tenía que encontrar alguna forma de ganar dinero. Antes del viaje me hizo una entrevista Dean Witter. Quizá podía volver allí. Fui a consultárselo a mi padre, en el rincón de la tele. Él se estiró en su sillón reclinable de vinilo y me sugirió que antes tuviera una charla con su viejo amigo Don Frisbee, presidente de Pacific Power & Light.

Yo ya conocía al señor Frisbee. En la universidad había hecho unas prácticas estivales en su empresa. Me caía bien, y me gustaba que se hubiera graduado en la Escuela de Negocios de Harvard. En lo referente a escuelas yo era un poco esnob. Por otro lado, me maravillaba que hubiera llegado tan rápido a convertirse en presidente de una empresa que cotizaba en la Bolsa de Nueva York.

Recuerdo que aquel día de primavera de 1963 me recibió calurosamente, me dio uno de sus apretones con las dos manos, me condujo a su despacho y me hizo sentarme en una silla frente a su escritorio. Se acomodó en su gran trono de cuero de respaldo alto y enarcó las cejas.

—Entonces… ¿qué planes tienes?

—Francamente, señor Frisbee, no sé qué hacer… en lo referente a… o con… un trabajo… o una carrera…

Con un hilo de voz, añadí: «Con mi vida».

Le dije que pensaba ir a Dean Witter. O si no quizá volver a la compañía eléctrica. O si no, puede que trabajar para alguna gran empresa. La luz que entraba por la ventana del despacho del señor Frisbee se reflejaba en sus gafas sin montura e iba a parar a mis ojos. Como el sol en el Ganges.

—Phil —me dijo—, me parecen malas ideas.

—¿Señor?

—No creo que debas hacer nada de eso.

—¡Ah!

—Todo el mundo, absolutamente todo el mundo, cambia de empleo al menos tres veces. De modo que, si ahora vas a trabajar para una empresa de inversiones, a la larga la dejarás, y entonces en tu próximo trabajo tendrás que volver a empezar. Si vas a trabajar para una gran empresa, hijo, te va a pasar tres cuartos de lo mismo. No, lo que tienes que hacer, mientras seas joven, es sacarte el título oficial de contable. Esto, junto con tu máster en Administración de Empresas, pondrá un sólido cimiento a tus ingresos. Luego, cuando cambies de empleo, algo que harás, confía en mí, al menos mantendrás tu nivel salarial. No darás un paso atrás.

Eso parecía práctico. Desde luego, no quería dar un paso atrás.

Sin embargo, yo no había cursado la especialidad de contabilidad. Necesitaba nueve horas más para que me admitieran siquiera en el examen. De modo que me matriculé rápidamente en tres clases de contabilidad en la Universidad Estatal de Portland.

—¿Más estudios? —gruñó mi padre.

Y lo que era aún peor, la escuela en cuestión no era Stanford u Oregón: era la pequeña e insignificante Estatal de Portland.

Yo no era el único esnob de la familia en lo que a escuelas se refería.

Tras haber cursado mis nueve horas empecé a trabajar en una empresa de contabilidad, Lybrand, Ross Bros. & Montgomery. Se trataba de una de las ocho grandes firmas nacionales, pero su filial de Portland era pequeña: un socio y tres auxiliares de contabilidad.

«Me conviene», pensé. Que fuera pequeña significaba que en la empresa habría un ambiente íntimo, propenso al aprendizaje.

Y ciertamente al principio fue así. El primer cliente que me asignaron fue una empresa de Beaverton, Reser's Fine Foods, y el hecho de ser el único responsable del trabajo me permitió pasar un valioso tiempo con el presidente, Al Reser, que era solo tres años mayor que yo. Me dio algunas lecciones importantes, y disfruté del tiempo que pasé enfrascado en la lectura de sus libros. Pero también me encontré con que tenía demasiado trabajo para poder disfrutar plenamente de ello. El problema de una pequeña filial de una gran empresa de contabilidad es el volumen de trabajo. Cuando empezaban a llover tareas extras no había personal para abordarlas. Durante la época de más ajetreo, de noviembre a abril, nos encontrábamos hasta arriba, trabajando doce horas al día y seis días a la semana, lo que no dejaba demasiado tiempo para aprender.

Además se nos controlaba. Estrechamente. Nos contaban los minutos hasta el último segundo. Cuando asesinaron al presidente Kennedy, aquel noviembre, yo pedí el día libre. Quería sentarme delante del televisor con el resto de la nación y llorar su muerte. Pero mi jefe negó con la cabeza. El trabajo primero, el duelo después. «Observad los lirios del campo... no trabajan, ni hilan.»

Yo tenía dos consuelos. Uno era el dinero. Ganaba quinientos dólares al mes, lo que me permitió comprarme un coche nuevo. No podía justificar otro MG, de modo que me compré un Plymouth Valiant. Seguro, pero con cierta garra. Y un toque de color. El vendedor lo llamó verde espuma de mar; mis amigos, verde vómito.

Lo cierto es que era el verde del dinero recién acuñado.

Mi otro consuelo era la hora de comer. Cada mediodía me dirigía calle abajo hasta la agencia de viajes local y me quedaba plantado como Walter Mitty delante de los carteles de la ventana. Suiza. Tahití. Moscú. Bali. Me llevaba un folleto y lo hojeaba mientras me comía un sándwich de mantequilla de cacahuete y mermelada sentado en un banco del parque. Les preguntaba a las palomas: «¿Podéis creer que hace solo un año estaba haciendo surf en Waikiki?,

¿comiendo un guiso de búfalo de agua después de haber dado una caminata a primera hora de la mañana en el Himalaya?».

«¿He dejado atrás los mejores momentos de mi vida?»

«¿Acaso mi viaje alrededor del mundo ha sido… mi punto culminante?»

Pero las palomas no se mostraban más receptivas que la estatua del templo del Buda de Esmeralda.

Así fue como pasé 1963. Interrogando a las palomas. Sacando brillo a mi Valiant. Escribiendo cartas.

«Querido Carter, ¿has dejado alguna vez Shangri-La? Ahora soy contable y de vez en cuando me entran ganas de volarme los sesos.»

1964

El aviso llegó más o menos en Navidad, de modo que debí de ir al depósito del puerto la primera semana de 1964; no lo recuerdo con exactitud. Sé que fue temprano. Me veo llegando antes de que los empleados abrieran las puertas.

Les di la notificación, ellos se fueron a la parte de atrás y volvieron con una caja grande repleta de textos escritos en japonés.

Corrí a casa, me precipité al sótano y la abrí de un tirón. Doce pares de zapatillas, de color blanco crema, con franjas azules a los lados. ¡Dios, qué bonitas eran! Más que bonitas. No había visto nada en Florencia o París que las superara. Deseé ponerlas en pedestales de mármol o en marcos de bordes dorados. Las acerqué a la luz, las acaricié como objetos sagrados, del mismo modo en que un escritor trataría un nuevo conjunto de cuadernos, o un jugador de béisbol un juego de bates.

Luego le envié dos pares a mi antiguo entrenador de atletismo en pista en Oregón, Bill Bowerman.

Lo hice sin pensármelo dos veces, ya que Bowerman había sido el primero que me había hecho pensar, pensar de verdad, en lo que la gente se pone en los pies. Bowerman era un entrenador genial, un genio maestro de la motivación, un líder natural para los jóvenes, y había un elemento que él consideraba crucial para su desarrollo: el calzado. Le obsesionaba cómo se calzan los seres humanos.

En los cuatro años en que yo había corrido para él en Oregón, Bowerman fisgaba a menudo en nuestras taquillas y se llevaba furtivamente nuestro calzado. Se pasaba días desgarrándolo, volviendo a coserlo, y luego lo devolvía con alguna pequeña modificación, que o bien nos hacía correr como gamos, o bien nos hacía sangrar. Fueran cuales fuesen los resultados, nunca paraba. Estaba decidido a encontrar nuevas formas de reforzar el empeine, amortiguar la entresuela, dar más espacio al antepié. Siempre tenía algún diseño nuevo, algún nuevo plan para hacer nuestras zapatillas más elegantes, más suaves, más ligeras. Sobre todo más ligeras. Decía que reducir una onza en un par de zapatillas equivalía a reducir 55 libras de peso en una milla. No bromeaba. Sus cálculos eran fiables. Si coges la zancada media de un hombre, seis pies, y la extiendes a lo largo de una milla (5.280 pies), salen 880 zancadas. Elimina una onza en cada zancada, y salen 55 libras exactas.* La ligereza —creía Bowerman— significaba menos carga, lo que implicaba más energía, y lo que a su vez quería decir más velocidad. Y velocidad era igual a victoria. A Bowerman no le gustaba perder (eso lo aprendí de él). De modo que la ligereza era su objetivo constante.

Llamarlo «objetivo» es quedare corto, ya que en la búsqueda de la ligereza estaba dispuesto a probar cualquier cosa. Animal, vegetal o mineral: cualquier material servía si podía mejorar el cuero para calzado estándar de la época. A veces eso significaba piel de canguro; otras, bacalao. Uno no había vivido de verdad hasta que no había competido contra los corredores más rápidos del mundo con unas zapatillas de bacalao.

Había cuatro o cinco de nosotros en el equipo de pista que éramos los conejillos de Indias en los experimentos de podología de Bowerman, pero yo era su proyecto favorito. Había algo en mis pies que le llamaba la atención. En mi zancada. Además, yo permitía un amplio margen de error: no era el mejor del equipo, ni mucho menos, de modo que podía permitirse el lujo de equivocarse. Con los compañeros que tenían más talento no se atrevía a asumir riesgos excesivos.

* Las equivalencias aproximadas son: 1 onza = 28,35 gramos; 1 libra = 0,45 kilogramos; 1 milla = 1,61 kilómetros; 1 pie = 0,30 metros. (*N. del T.*)

En mi primer año de universidad, en el segundo, en el tercero, perdí la cuenta de las carreras que corrí con zapatillas planas o de clavos modificados por Bowerman. En mi último curso él fabricaba todas mis zapatillas.

Evidentemente, creí que aquella nueva Tiger, la pequeña y curiosa zapatilla japonesa que había tardado más de un año en llegarme, intrigaría a mi antiguo entrenador. Desde luego, no era tan ligera como sus deportivas de bacalao. Pero prometía: los japoneses me aseguraron que la mejorarían. Y lo mejor: era barata. Teniendo en cuenta su frugalidad innata, yo sabía que eso resultaría atractivo a Bowerman.

Pensaba que hasta la marca, Tiger, le encantaría. Él solía llamar a sus corredores «los hombres de Oregón», pero de vez en cuando nos exhortaba a ser «tigres». Todavía puedo verlo caminando de un lado a otro por el vestuario, diciéndonos antes de una carrera: «¡Convertíos en unos tigres ahí fuera!» (si no eras tigre, a menudo te llamaba «hamburguesa»). De cuando en cuando, si nos quejábamos de la frugalidad de nuestra comida antes de las carreras, él gruñía: «Un tigre caza mejor cuando tiene hambre».

«Con un poco de suerte, pedirá unos cuantos pares de Tiger para sus tigres», pensé.

Pero lo hiciera o no, me bastaba con impresionarlo. Eso solo ya constituiría un éxito para mi naciente empresa.

Es posible que todo lo que hice durante aquellos días estuviera motivado por algún profundo anhelo de gustar, de agradar, a Bowerman. Aparte de mi padre no había ningún otro hombre cuya aprobación ansiara más, y aparte de mi padre no había ningún otro hombre que me la diera tan pocas veces. La frugalidad se extendía a todas y cada una de las partes del temperamento del entrenador. Sopesaba y atesoraba las palabras de elogio como si fueran diamantes sin tallar.

Si ganabas una carrera, y estabas de suerte, te podía decir: «¡Buena carrera!» (de hecho, eso fue exactamente lo que le dijo a uno de sus corredores cuando este fue uno de los primeros en batir la mítica marca de cuatro minutos la milla en Estados Unidos). Pero lo habitual era que Bowerman no dijera nada. Se plantaba delante de ti con su chaqueta de tweed y su raído chaleco de punto, su corbata de cordón flotando al viento y su deteriorada gorra de béisbol calada hasta las cejas, e inclinaba la cabeza una sola vez. A lo mejor se te quedaba mirando. Con aquellos ojos de color azul claro a los que no se les escapaba nada, que no regalaban nada. Todo el mundo hablaba de su imponente físico, de su pelo retro cortado al rape, de su postura erguida y su mentón rectilíneo, pero lo que a mí me impresionó más siempre fue aquella mirada de azul violeta intenso.

Me impactó desde el primer día. Desde el momento en que llegué a la Universidad de Oregón, en agosto de 1955, me cayó bien. Aunque también me causó temor. Y ninguna de esas dos emociones iniciales desapareció jamás, se mantuvieron siempre entre nosotros. Nunca dejó de caerme bien, y nunca encontré el modo de librarme de mi viejo miedo. A veces este disminuía, a veces aumentaba, a veces se desplomaba hasta mis zapatillas, que probablemente había hecho él mismo con sus propias manos. Afecto y temor: las mismas emociones binarias que regían la dinámica entre mi padre y yo. A veces me preguntaba si era una mera coincidencia que tanto Bowerman como mi padre —ambos crípticos, ambos alfa, ambos inescrutables— se llamaran los dos Bill.

Y sin embargo, a ambos les impulsaban distintos demonios. Mi padre, hijo de carnicero, perseguía siempre la respetabilidad, mientras a Bowerman, cuyo padre había sido gobernador de Oregón, esta le importaba un bledo. También era nieto de pioneros legendarios, hombres y mujeres que habían recorrido toda la ruta de Oregón. Cuando se detuvieron fundaron una diminuta ciudad en el este, a la que llamaron Fossil. Bowerman pasó allí sus primeros días, y regresaba a ella de manera compulsiva. Parte de su mente estaba siempre en Fossil, lo cual resultaba gracioso, porque había algo en él claramente «fosilizado». Duro, moreno, anticuado, poseía un tipo de virilidad prehistórica, una mezcla de agallas, integridad y obstinación calcificada que era rara en la Norteamérica de Lyndon Johnson. Hoy en día se halla casi extinguida.

También era un héroe de guerra. Desde luego que lo era. Como comandante de la Décima División de Montaña, desplegada a gran altura en los Alpes italianos, Bowerman había disparado a hombres, y muchos habían hecho lo mismo con él (pero resultaba tan intimidante que no recuerdo que nadie le preguntara nunca si en realidad había matado a alguien). En el caso de que uno se sintiera tentado de pasar por alto la guerra, la Décima División de Montaña y el papel fundamental que esta desempeñaba en su psique, Bowerman siempre llevaba consigo una raída cartera de piel con un número romano «X» grabado en oro en uno de sus lados.

Pese a ser el entrenador de atletismo en pista más famoso de Estados Unidos, Bowerman nunca se consideró un entrenador de atletismo en pista. Detestaba que le llamaran entrenador. Dado su historial y su temperamento, era lógico que viera el atletismo en pista como un medio para conseguir un fin. Él se calificaba a sí mismo como «profesor de respuestas competitivas», y su trabajo, tal como él lo veía y a menudo lo describía, consistía en prepararte para las luchas y las competiciones que te esperaban mucho más allá de Oregón.

Pese a tan elevada misión, o quizá debido a ella, las instalaciones de Oregón eran espartanas. Húmedas paredes de madera, taquillas que no se pintaban durante décadas… Las taquillas ni siquiera tenían puerta, solo unos listones para separar tu material del de al lado. Colgábamos la ropa en clavos. Clavos oxidados. A veces corríamos sin calcetines. Nunca se nos pasó por la cabeza quejarnos. Veíamos a nuestro entrenador como un general, al que había que obedecer de inmediato y a ciegas. En mi mente era Patton con un cronómetro.

Eso, cuando no era un dios.

Como todas las antiguas deidades, Bowerman vivía en la cumbre de una montaña. Su majestuoso rancho se asentaba en lo alto de un monte que se alzaba muy por encima del campus. Y cuando reposaba en su particular Olimpo, podía ser tan vengativo como los dioses. Cierta historia que me contó un compañero de equipo evidenciaba este hecho.

Al parecer había un conductor de camión que a menudo se atrevía a perturbar la paz del monte Bowerman. Tomaba las curvas demasiado deprisa y con frecuencia derribaba el buzón de Bowerman. Este se enfrentó con el camionero y lo amenazó con darle un puñetazo en la nariz y otras cosas por el estilo, pero el camionero no le hizo el menor caso. Siguió conduciendo a su antojo un día tras otro. De modo que Bowerman llenó el buzón de explosivos. Y la siguiente vez que el camionero lo derribó... ¡bum! Cuando se disipó el humo, encontró su camión hecho pedazos y los neumáticos reducidos a tiras. Nunca volvió a tocar el buzón de Bowerman.

A un hombre así... uno no quería tenerlo como enemigo. Y menos si eras un corredor larguirucho de media distancia de la periferia residencial de Portland. Con Bowerman yo iba siempre con pies de plomo; pese a ello, a menudo perdía la paciencia conmigo, aunque solo recuerdo una vez en que se enfadó de veras.

Fue en mi segundo año de universidad, y yo tenía un horario muy apretado. Clase por la mañana, entrenamiento por la tarde, deberes por la noche. Un día, temiendo haber cogido la gripe, me pasé por el despacho de Bowerman para decirle que aquella tarde no podría entrenar.

—¡A ver! —me dijo—. ¿Quién es el entrenador de este equipo?

—Usted.

—Bueno, pues como entrenador te digo que saques tu culo de aquí. Y a propósito... hoy vamos a hacer una prueba de tiempo.

Estuve a punto de llorar. Pero aguanté, canalicé toda mi emoción en la carrera, e hice uno de mis mejores tiempos de aquel año. Al salir de la pista lo miré con el ceño fruncido. «Estará contento, ¿no?, hijo de...» Él me miró a mí, comprobó su cronómetro, volvió a mirarme y asintió con la cabeza. Me había puesto a prueba. Me había roto y luego me había rehecho, exactamente como un par de zapatillas. Y yo me había mantenido firme. Desde aquel momento pasé a ser uno de sus hombres de Oregón. Desde aquel día fui un tigre.

Enseguida recibí respuesta de Bowerman. Me escribió para decirme que la semana siguiente vendría a Portland, para el campeonato en pista cubierta de Oregón. Me invitó a comer en el hotel Cosmopolitan, donde se alojaría el equipo.

Era el 25 de enero de 1964. Cuando la camarera nos mostró nuestra mesa yo estaba terriblemente nervioso. Recuerdo que él pidió una hamburguesa, y yo dije con voz ronca: «Que sean dos».

Pasamos un rato poniéndonos al día. Le hablé de mi viaje alrededor del mundo. Kobe, Jordania, el templo de Niké… Bowerman se mostró especialmente interesado en mi estancia en Italia, un país que, pese a sus roces con la muerte, recordaba con cariño.

Después fue al grano.

—Esas zapatillas japonesas —dijo— son bastante buenas. ¿Qué te parecería que participara en el negocio?

Me quedé mirándole. ¿Participar? ¿Negocio? Necesité un momento para asimilar lo que me estaba diciendo. No quería limitarse a comprar una docena de Tiger para su equipo: quería convertirse en… ¿mi socio? Si Dios me hubiera hablado en forma de torbellino, y me hubiera pedido ser mi socio, no me habría quedado más boquiabierto que en ese momento. Balbucí, tartamudeé, y le dije que sí.

Le alargué la mano.

Pero la retiré enseguida.

—¿En qué clase de sociedad había pensado? —le pregunté.

Osaba negociar con Dios. No podía creer que me atreviera a tanto. Ni Bowerman tampoco. Me miró perplejo.

—A medias —me respondió.

—De acuerdo, pero tendrá que poner la mitad del dinero.

—Por supuesto.

—Calculo que el primer pedido será de mil dólares. Su mitad serán quinientos.

—Me parece bien.

Cuando la camarera trajo la cuenta, la dividimos. A medias.

Lo recuerdo como si hubiera sido al día siguiente, o quizá algún otro de aquella semana o de las inmediatamente posteriores, y sin embargo todos los documentos contradicen mi memoria. Cartas, diarios, agendas… todos muestran de manera concluyente que ocurrió mucho después. Pero yo recuerdo lo que recuerdo, y debe de haber alguna razón para que sea así. Al salir del restaurante aquel día, veo a Bowerman ponerse su gorra de béisbol, arreglarse su corbata de cordón, y le oigo decir:

—Necesitaré que te reúnas con mi abogado, John Jaqua. Nos ayudará a poner todo esto por escrito.

Fuera como fuese, el caso es que al cabo de unos días, de unas semanas o de unos años, la reunión se desarrolló del siguiente modo.

Me detuve ante la fortaleza de piedra de Bowerman, y, como siempre, admiré el paisaje. Un lugar apartado. No había mucha gente que subiera hasta allí. Tenías que enfilar Coburg Road en dirección a Mackenzie Drive hasta encontrar un serpenteante camino de tierra que se prolongaba durante un par de millas colina arriba a través del bosque. Al final llegabas a un claro con rosales, algunos árboles solitarios y una casa de aspecto agradable, pequeña pero sólida, con la fachada de piedra. Bowerman la había construido con sus propias manos. Mientras estacionaba mi Valiant, me pregunté cómo demonios se las había ingeniado para llevar a cabo todo aquel trabajo agotador él solo. «El hombre que mueve una montaña empieza por llevarse piedras pequeñas.»

Alrededor de la casa había un amplio porche de madera, con varias sillas plegables, que también había construido él. Tenía unas magníficas vistas al río McKenzie, y no habría costado mucho convencerme si me hubieran dicho que había puesto el río entre las dos orillas.

Entonces lo vi de pie en el porche. Me miró de soslayo y se dirigió hacia mi coche bajando los escalones a grandes zancadas. No me acuerdo muy bien de lo que charlamos cuando se subió. Simplemente arranqué y enfilamos rumbo a casa de su abogado.

Además de ser el abogado y el mejor amigo de Bowerman, Jaqua era también su vecino más cercano. Tenía una propiedad de seiscientas hectáreas al pie de la montaña de Bowerman, un terreno llano de primera calidad a orillas del McKenzie. Mientras conducía hacia allí, era incapaz de imaginar en qué podía beneficiarme aquello. Yo me llevaba bien con Bowerman, desde luego, y habíamos hecho un trato, pero los abogados siempre fastidian las cosas. Están especializados en fastidiarlas. ¿Y los abogados mejores amigos...?

Bowerman tampoco hacía nada por tranquilizarme. Permanecía sentado con la espalda erguida y contemplaba el paisaje.

En medio de aquel silencio atronador, yo mantenía la vista fija en la carretera y reflexionaba sobre la excentriciad de Bowerman, que impregnaba todo lo que hacía. Siempre iba a contracorriente. Siempre. Por ejemplo, fue el primer entrenador universitario de Estados Unidos que recalcó la importancia del descanso, y otorgó tanto valor a la recuperación como al trabajo. Pero si te hacía trabajar, amigo mío, te hacía trabajar. Su estrategia para correr la milla era simple: lleva un ritmo ágil en las dos primeras vueltas, corre la tercera lo más rápido que puedas, y triplica tu velocidad en la cuarta. Su estrategia tenía algo de zen, porque resultaba imposible, y sin embargo funcionaba. Bowerman entrenó a más atletas capaces de correr una milla en menos de cuatro minutos que nadie, ni antes ni después. Sin embargo, yo no era uno de ellos, y ese día me pregunté si una vez más iba a quedarme atrás en aquella crucial última vuelta.

Encontramos a Jaqua de pie en su porche. Yo ya le había visto antes, en una o dos competiciones de atletismo, pero nunca me había fijado detenidamente en él. Aunque llevaba gafas, y se acercaba a la madurez, no se parecía en nada a mi idea de un abogado. Era demasiado robusto, demasiado bien parecido. Más tarde me enteré de que había sido un defensa estrella en el instituto y uno de los mejores corredores de cien metros de la Universidad de Pomona. Todavía conservaba aquella reveladora potencia atlética, de la que fui testigo a través de su apretón de manos.

—¡Buckaroo! —me dijo, cogiéndome del brazo y conduciéndome hasta su sala de estar—. ¡Iba a ponerme tus zapatillas, pero se me han llenado de mierda de vaca!

Hacía uno de los típicos días de Oregón en enero. Además de la lluvia fina, un frío húmedo e intenso lo impregnaba todo. Nos sentamos en torno a la chimenea en unas sillas; era la chimenea más grande que había visto nunca, lo bastante grande para asar un alce. Las potentes llamas danzaban alrededor de varios troncos del tamaño de bocas de incendios. Por una puerta lateral apareció la esposa de Jaqua con una bandeja: tazas de chocolate caliente. Me preguntó si quería nata montada o dulces de merengue. «Nada, señora, gracias.» Mi voz era dos octavas más alta de lo normal. Ella inclinó la cabeza y me lanzó una mirada compasiva. «Chico, te van a despellejar vivo.»

Jaqua bebió un sorbo de su taza, se limpió la nata de los labios, y comenzó. Habló un poco sobre el atletismo en pista en Oregón y sobre Bowerman. Llevaba unos vaqueros azules sucios y una camisa de franela arrugada, y yo no podía dejar de pensar en lo poco abogado que parecía.

Luego dijo que nunca había visto a Bowerman entusiasmarse tanto con una idea. Me gustó cómo sonó eso.

—Sin embargo —añadió—, al entrenador no le parece tan bien ir a medias. No quiere estar al mando, y tampoco quiere enfrentarse contigo, nunca. ¿Qué opinas si lo repartimos al cincuenta y uno y el cuarenta y nueve por ciento? ¿Si te damos el control operativo?

Su actitud era la de un hombre que trataba de ayudar, de hacer que saliéramos todos ganando. Confié en él.

—Me parece bien —dije—. ¿Eso es… todo?

Él asintió con la cabeza.

—¿Trato hecho? —preguntó.

—Trato hecho —respondí.

Los tres nos dimos la mano, firmamos los papeles, y yo pasé a ser socio de manera legal y vinculante del todopoderoso Bowerman. La señora Jaqua preguntó si me apetecía más chocolate caliente. «Sí, por favor, señora. ¿Y tendría unos dulces de merengue?»

Aquel mismo día escribí más tarde a Onitsuka y les propuse ser el distribuidor exclusivo de las zapatillas Tiger en el oeste de Estados Unidos. Luego les pedí que me enviaran trescientos pares lo antes posible. A tres dólares y treinta y tres centavos el par, eso sumaba aproximadamente mil dólares en zapatillas. A pesar de la contribución de Bowerman, era más de lo que yo tenía. De nuevo fui a darle el sablazo a mi padre. Pero esta vez se plantó. No le importaba ayudarme a empezar, pero no quería que acudiera a él año tras año. Además, él creía que todo aquel asunto era una chorrada. No me había enviado a Oregón y a Stanford —añadió— para que me convirtiera en un vendedor de zapatos a domicilio. «Andar por ahí haciendo el burro», así fue como lo definió.

—Buck —me dijo—, ¿cuánto tiempo piensas andar por ahí haciendo el burro con esas zapatillas?

Yo me encogí de hombros.

—No lo sé, papá.

Miré a mi madre. Como de costumbre, no dijo nada. Se limitó a sonreír, de una forma vaga y encantadora. Yo había heredado su timidez, eso estaba claro. A menudo deseaba haber heredado también su atractivo.

La primera vez que mi padre se fijó en mi madre, creyó que era un maniquí. Él caminaba por delante de los únicos grandes almacenes de Roseburg, y allí estaba ella, de pie en el escaparate, haciendo de modelo y luciendo un vestido de noche. Al darse cuenta de que era de carne y hueso se fue directamente a casa y le pidió a su hermana que averiguara el nombre de aquella guapísima moza. Y su hermana lo hizo. Se llamaba Lota Hatfield, le dijo.

Ocho meses después mi padre la convirtió en Lota Knight.

Por aquel entonces mi padre estaba en camino de convertirse en un abogado establecido y de escapar de la terrible pobreza que había definido su infancia. Tenía veintiocho años. Mi madre, que acababa de cumplir veintiuno, había crecido aún más pobre que él (su padre era maquinista de tren). La pobreza era una de las pocas cosas que tenían en común.

Representaban el clásico ejemplo de atracción de los opuestos. Mi madre, alta, deslumbrante, amante del aire libre, siempre estaba buscando sitios donde recuperar la paz interior perdida. Mi padre, bajo, de aspecto anodino y con gruesas gafas sin montura para corregir su tremenda miopía, se hallaba inmerso en una repulsiva batalla diaria para superar su pasado, para hacerse respetable, principalmente a través de los estudios y el trabajo duro. Fue el segundo en su clase en la facultad de Derecho, y nunca se cansó de quejarse del único aprobado de su expediente académico (él creía que el profesor le había castigado por sus creencias políticas).

Cuando sus personalidades contrarias les ocasionaban problemas, echaban mano de aquello que más profundamente tenían en común: su creencia en que la familia es lo primero. Cuando aquel consenso no funcionaba, venían días difíciles. Y noches. Mi padre se daba a la bebida. Mi madre se convertía en piedra.

Sin embargo, la apariencia de mi madre podía resultar engañosa. Peligrosamente además. Por su silencio, la gente suponía que era sumisa, y ella solía recordarles de diversas y llamativas formas que se equivocaban. Por ejemplo, hubo una época en que mi padre se negaba a reducir su ingesta de sal, a pesar de las advertencias del médico, ya que tenía la tensión alta. Mi madre se limitó a llenar todos los saleros de la casa con leche en polvo. Otro día mis hermanas y yo nos peleamos y gritamos durante toda la comida, ignorando las peticiones de mi madre de que nos calláramos. Entonces, de repente, ella soltó un grito tremendo y estrelló un sándwich de ensalada de huevo contra la pared. Luego salió de la casa, cruzó el jardín y desapareció. Nunca olvidaré la imagen de aquella ensalada de huevo resbalando lentamente por la pared mientras el vestido de tirantes de mi madre se desvanecía entre los árboles distantes.

Pero puede que nada revele mejor la verdadera naturaleza de mi madre que los frecuentes entrenamientos a los que me sometió. De joven había presenciado cómo una casa de su barrio se quemaba hasta quedar reducida a cenizas; una de las personas que se encontraba dentro murió. De manera que solía atar una cuerda a la pata de mi cama y me hacía utilizarla para descender haciendo rápel desde la ventana de mi habitación, en la segunda planta. Mientras tanto, ella me cronometraba. ¿Qué pensarían los vecinos? ¿Qué podía pensar yo? Probablemente esto: la vida es peligrosa. Y esto: debemos estar siempre preparados.

Y esto: mi madre me quiere.

Cuando tenía doce años, el atleta Les Steers se mudó con su familia a nuestra calle, justo enfrente de nosotros y al lado de la casa de mi mejor amiga, Jackie Emory. Un día el señor Steers organizó una competición de salto de altura en el patio trasero de Jackie, y ella y yo competimos. Ambos llegamos a los ciento treinta y ocho centímetros.

—Puede que algún día uno de vosotros bata el récord del mundo —dijo el señor Steers; más tarde descubriría que por aquel entonces el récord del mundo de salto de altura, doscientos once centímetros, lo tenía precisamente él.

De improviso apareció mi madre, ataviada con unos pantalones de jardinería y una blusa veraniega. «¡Oh-oh!, vamos a tener problemas», pensé. Observó la escena, nos miró a Jackie y a mí, y luego al señor Steers.

—Suba el listón —le dijo.

Ella se quitó los zapatos, se colocó en el punto de partida y saltó hacia delante, superando con facilidad el metro y medio.

No sé si alguna vez la he querido tanto.

En aquel momento pensé que era guay. Poco después me di cuenta de que también era una secreta forofa del atletismo.

En mi segundo año de universidad me salió una dolorosa verruga en la parte inferior del pie. El podólogo me recomendó cirugía, lo que implicaría perderse toda una temporada de atletismo en pista. Mi madre respondió al médico en dos palabras: «In-aceptable». Fue a la farmacia y compró un frasco de un producto para eliminar las verrugas, que me aplicó diariamente en el pie. A continuación, cada dos semanas, cogía un cuchillo de trinchar y me quitaba un trocito de verruga, hasta que esta me desapareció por completo. Aquella primavera hice los mejores tiempos de mi vida.

Así pues, no debería haberme sorprendido demasiado la reacción que tuvo cuando mi padre me acusó de andar por ahí haciendo el burro. Como quien no quiere la cosa, abrió su bolso y sacó siete dólares.

—Si me haces el favor, quiero comprar un par de Limber Up —me dijo, lo bastante alto para que él lo oyera.

¿Era la forma que tenía de lanzar una indirecta a mi padre? ¿Una muestra de lealtad hacia su único hijo? ¿Una afirmación de su afición al atletismo? No lo sé. Pero no importa. Nunca dejaría de emocionarme verla de pie en la cocina o en el fregadero, haciendo la comida o lavando los platos con un par de zapatillas de correr de fabricación japonesa de la talla treinta y ocho.

Debido a que probablemente no quería tener problemas con mi madre, mi padre me prestó los mil pavos. Esta vez las zapatillas llegaron enseguida.

Abril de 1964. Alquilé un camión, me dirigí al depósito, y el empleado de Aduanas me entregó diez enormes cajas de cartón. De nuevo volví a casa a toda prisa, bajé las cajas al sótano y las abrí de un tirón. En cada caja había treinta pares de Tiger, y cada uno estaba envuelto en celofán (incluir cajas de zapatos habría resultado demasiado costoso). En cuestión de minutos el sótano estaba lleno de zapatillas. Las admiré, las estudié, jugué con ellas, rodé sobre ellas de un lado a otro… Luego las apilé para que quedaran fuera del paso, las ordené con cuidado en torno al horno y debajo de la mesa de ping-pong, lo más lejos posible de la lavadora y la secadora para no impedir a mi madre hacer la colada. Por último probé un par. Corrí en círculos por el sótano. Di saltos de alegría.

Al cabo de unos días recibí una carta del señor Miyazaki. «Sí, puede usted ser el distribuidor de Onitsuka en el oeste de Estados Unidos», me respodía.

Era lo que necesitaba. Para horror de mi padre, y subversivo deleite de mi madre, dejé mi trabajo en la empresa de contabilidad, y durante toda aquella primavera no hice otra cosa que vender zapatillas en el maletero de mi Valiant.

Mi estrategia de venta era sencilla, y a mí me parecía bastante brillante. Tras verme rechazado en un par de tiendas de artículos de deporte («¡Chaval, si hay algo que el mundo no necesita son más zapatillas de atletismo!»), me recorrí todo el Pacífico Noroeste, asistiendo a varias competiciones en pista. Entre carrera y carrera charlaba con entrenadores, corredores y aficionados, y les mostraba mi mercancía. La respuesta siempre era la misma. No daba abasto con tanto pedido.

De regreso a Portland, iba dándole vueltas a mi repentino éxito de ventas. Había sido incapaz de vender enciclopedias, y por añadidura era un trabajo que despreciaba. Vendiendo fondos mutuos me había ido un poco mejor, pero me hacía sentirme vacío. Entonces ¿por qué vender zapatillas era tan distinto? Comprendí que era porque no estaba vendiendo nada. Yo creía que correr era bueno. Pensaba que, si la gente corría unas cuantas millas cada día, el mundo sería un lugar mejor, y estaba convencido de que aquellas deportivas eran las mejores para correr. La gente percibía que creía en ello, y quería parte de dicha fe para sí misma.

«Es la fe», decidí. «La fe es irresistible.»

A veces querían mis zapatillas con tanta urgencia que me escribían, o me telefoneaban, diciendo que habían oído hablar de las nuevas Tiger, que querían un par, y me preguntaban si, por favor, ¿se las podía hacer llegar contra reembolso? Sin que yo me lo hubiera propuesto, había nacido mi negocio de venta por correo.

Había algunos que se presentaban en casa de mis padres. Cada pocas noches sonaba el timbre de la puerta, y mi padre, refunfuñan-

do, se levantaba de su sillón reclinable de vinilo y bajaba el volumen
de la tele preguntándose quién diablos sería. Fuera en el porche
había algún muchacho flaco con las piernas extrañamente muscu-
losas, la mirada furtiva y aspecto nervioso, como un drogata intentando pillar.

—¿Vive aquí Buck? —preguntaba el chico.

Entonces mi padre iba a la cocina y desde allí llamaba al cuarto
del servicio, donde estaba mi habitación. Yo salía, invitaba a entrar
al chico, le señalaba el sofá, luego me arrodillaba delante de él y le
medía el pie. Mi padre observaba toda la transacción incrédulo con
las manos en los bolsillos.

Casi todos los que venían a casa me habían conocido por el boca
a boca; a través de un amigo de un amigo. Pero unos pocos me encontraron gracias a mi primera incursión en la publicidad: un folleto que yo mismo había diseñado y mandado hacer en una imprenta
local. La parte superior del folleto rezaba en grandes letras: «¡Gran
noticia para el calzado deportivo! ¡Japón desafía el dominio europeo
de las zapatillas de atletismo!». Luego se explicaba: «Los bajos costes laborales japoneses hacen posible que una fascinante nueva empresa ofrezca estas zapatillas al bajísimo precio de 6,95 dólares». En
la parte inferior figuraba mi dirección y mi número de teléfono. Los
colgué por toda Portland.

El 4 de julio de 1964 agoté mi primer envío. Escribí a Tiger y
pedí otros novecientos pares. Eso iba a costarme unos tres mil dólares, que terminarían con el fondo para gastos menores de mi padre,
y con su paciencia. «El banco de papá ha cerrado», me dijo. Sí
aceptó, a regañadientes, darme una carta de garantía, que yo llevé
al First National Bank de Oregón. Gracias a la reputación de mi
padre, el banco me concedió el préstamo. La tan cacareada respetabilidad finalmente producía dividendos, al menos para mí.

Tenía un socio venerable, un banco legítimo y un producto que se
vendía. Estaba en racha.

De hecho, las zapatillas se vendían tan bien que decidí que contrataría a otro vendedor. Tal vez a dos. En California.

El problema era: ¿cómo ir allí? Desde luego no podía permitirme pagar un billete de avión. Y no disponía de tiempo suficiente para ir en coche. De modo que cada dos fines de semana llenaba una bolsa de lona de Tiger, me ponía mi uniforme del ejército más lustroso y me dirigía a la base aérea local. Al ver el uniforme, la policía militar me abría paso y me indicaba cuál era el siguiente transporte militar a San Francisco o a Los Ángeles, sin hacer preguntas. Cuando iba a Los Ángeles ahorraba aún más dinero, ya que me alojaba en casa de Chuck Cale, un compañero de Stanford. Un buen amigo. Cuando presenté mi trabajo sobre zapatillas de correr en el seminario sobre espíritu emprendedor, Cale apareció para darme apoyo moral.

Durante uno de aquellos fines de semana en Los Ángeles asistí a un evento deportivo en el Occidental College. Como siempre, permanecí de pie sobre la hierba del interior de la pista, dejando que el calzado obrara su magia. De repente se acercó un tipo y me tendió la mano. Ojos brillantes, rostro agraciado. Muy agraciado, de hecho… aunque también triste. Pese a la calma aparente de su expresión, había en su mirada algo melancólico, casi trágico. Y también algo vagamente familiar.

—Phil… —empezó a decir.

—¿Sí?

—Soy Jeff Johnson —añadió.

¡Por supuesto, Johnson! Lo conocí en Stanford. Había sido corredor, bastante bueno en la milla, y habíamos competido en varios eventos abiertos. A veces también había venido a correr, y luego a picar algo, con Cale y conmigo.

—¡Eh, Jeff! —le dije—. ¿En qué andas ahora?

—En un posgrado —me respondió—, estudiando antropología. El plan era hacerse asistente social.

—¡No me digas! —comenté, enarcando una ceja.

Johnson no tenía pinta de asistente social. Yo no le veía aconsejando a drogadictos y buscando un hogar a los huérfanos. Pero tampoco le pegaba ser antropólogo, ni podía imaginármelo engatusando a caníbales en Nueva Guinea o peinando yacimientos anasazi con un cepillo de dientes, ni cribando excrementos de cabra en busca de fragmentos de cerámica.

Pero aquellas, me dijo, eran solo sus tareas rutinarias cotidianas. Los fines de semana hacía lo que le dictaba el corazón, y vendía calzado deportivo.

—¡No! —exclamé.

—Adidas —añadió él.

—¡Que le den a Adidas! —le dije yo—. Deberías trabajar para mí, ayudarme a vender estas zapatillas japonesas.

La alargué una Tiger, le hablé de mi viaje a Japón, de mi reunión con Onitsuka. Él dobló la deportiva y examinó la suela. «Son chulas», me dijo. Sentía curiosidad, pero no.

—Voy a casarme —me dijo—. No estoy seguro de poder emprender una nueva iniciativa en este momento.

No me tomé a pecho su negativa. Era la primera vez que oía un «no» desde hacía meses.

La vida me gustaba. La vida era genial. Incluso tenía una especie de novia, aunque no podía dedicarle demasiado tiempo. Era feliz, quizá más de lo que había sido nunca, y la felicidad puede ser peligrosa: embota los sentidos. De ahí que no estuviera preparado para recibir aquella terrible carta.

Era del entrenador de lucha libre de un instituto de una atrasada localidad del este, una pequeña ciudad de Long Island llamada Valley Stream o Massapequa o Manhasset. Tuve que leerla dos veces para entender lo que decía. El entrenador afirmaba que acababa de volver de Japón, donde se había reunido con un grupo de altos ejecutivos de Onitsuka que le habían designado su distribuidor exclusivo para todo el territorio estadounidense. Había llegado a sus oídos que yo estaba vendiendo Tiger, y que, por lo tanto, lo estaba haciendo ilegalmente, de modo que me ordenaba —¡me ordenaba!— que parara.

Con el corazón a cien, telefoneé a mi primo, Doug Houser, que se había graduado en la facultad de Derecho de Stanford y trabajaba en un respetable bufete de la ciudad. Le pedí que investigara a aquel señor Manhasset, que averiguara lo que pudiera, y luego le enviara una carta de respuesta.

—¿Diciendo exactamente qué? —me preguntó el primo Houser.

—Que cualquier intento de interferir en Blue Ribbon será objeto de una inmediata represalia legal —le respondí.

¿Mi «negocio» tenía dos meses de vida y ya estaba enzarzado en una batalla legal? Me estaba bien empleado por atreverme a considerarme feliz.

A continuación me senté y escribí a toda prisa una frenética carta a Onitsuka: «Estimados señores, me he sentido consternado al recibir esta mañana una carta de un hombre en Manhasset, Nueva York, que afirma…».

Esperé respuesta.

Y esperé.

Volví a escribir.

Nani mo.

Nada.

El primo Houser averiguó que aquel señor Manhasset era una especie de celebridad. Antes de convertirse en entrenador de lucha de instituto había sido modelo: uno de los primeros «hombres Marlboro». «¡Estupendo!», pensé, «justo lo que me faltaba: una pelea de gallos con un mítico cowboy americano».

Me entró un enorme canguelo. Me volví tan gruñón, tan mala compañía, que mi novia me dejó. Por las noches, cuando me sentaba a cenar con mi familia, me ponía a dar vueltas en el plato a la carne asada con verduras que había hecho mi madre. Luego me sentaba con mi padre en el rincón, mirando la tele taciturno.

—Buck —me decía mi padre—, ni que te hubieran dado con un garrote en la cabeza. ¡Anímate!

Pero yo era incapaz. No dejaba de repasar mentalmente mi reunión en Onitsuka. Los ejecutivos me habían mostrado su *kei*. Se habían inclinado ante mí, y viceversa. Yo había sido franco con ellos, honesto... casi en todo. Es verdad que «técnicamente» no tenía una «empresa» llamada Blue Ribbon, pero eso era hilar muy fino. Ahora sí tenía una, había llevado las Tiger a la Costa Oeste, y era capaz de venderlas diez veces más deprisa si Onitsuka me daba la oportunidad. Y en cambio, ¿iban a darme la espalda? ¿Iban a dejarme por el maldito Hombre Marlboro? ¡Venga ya!

Hacia finales del verano todavía no había recibido noticias, y ya casi había renunciado a vender zapatillas. Pero el día del Trabajador cambié de opinión. No podía rendirme. Todavía no. Y no rendirme significaba volver a Japón. Tenía que forzar un cara a cara con Onitsuka.

Lo consulté con mi padre. A él seguía sin parecerle bien que me dedicara a andar por ahí haciendo el burro. Pero todavía le gustaba menos que alguien maltratara a su hijo. Frunció el ceño.

—Probablemente deberías ir —me dijo.

Lo hablé con mi madre.

—Nada de probablemente —sentenció.

De hecho, fue ella quien me llevó al aeropuerto.

Cincuenta años después aún puedo vernos a los dos en aquel coche. Recordar cada detalle. Era un día luminoso, claro, no había nada de humedad, la temperatura era de veintitantos grados. Ninguno decía nada: nos limitábamos a ver jugar tranquilamente la luz del sol a través del parabrisas. El silencio que reinaba entre ambos era como el de los muchos días en que me había acompañado a eventos deportivos. Yo estaba demasiado ocupado combatiendo mis nervios para hablar, y ella lo entendía mejor que nadie. Respetaba las líneas que trazábamos en torno a nosotros en los momentos de crisis.

Entonces, cuando nos acercábamos al aeropuerto, ella rompió el silencio:

—Solo sé tú —me dijo.

Miré por la ventanilla. Ser yo mismo. ¿De verdad? ¿Eso era lo mejor que podía hacer? «Estudiar el yo es olvidar el yo.»

Miré hacia abajo. Desde luego no iba vestido como yo mismo. Llevaba un nuevo traje, un apropiado gris carbón, y una pequeña maleta. En el bolsillo lateral había un nuevo libro: *Cómo hacer negocios con los japoneses*. Solo Dios sabe cómo o dónde había sabido de su existencia. E hice una mueca al recordar este último detalle: también llevaba un bombín negro. Lo había comprado expresamente para ese viaje, creyendo que me hacía parecer mayor. En realidad me daba aspecto de chiflado. Un auténtico chalado de mirada perdida. Como si me hubiera escapado de un manicomio victoriano de un cuadro de Magritte.

Pasé la mayor parte del vuelo memorizando *Cómo hacer negocios con los japoneses*. Cuando se me cansó la vista cerré el libro y me puse a mirar por la ventanilla. Intenté hablarme a mí mismo, incentivarme. Me dije que debía dejar a un lado los sentimientos de dolor, todas las ideas de injusticia, ya que solo me harían actuar de manera emotiva y me impedirían pensar con claridad. La emotividad sería fatal. Tenía que mantenerme frío.

Recordé mi trayectoria como corredor en Oregón. Había competido con, y contra, hombres mucho mejores, más rápidos y físicamente más dotados. Muchos de ellos eran futuros atletas olímpicos. Y sin embargo, había aprendido a no pensar en aquel hecho desafortunado. La gente supone que la competición es algo bueno, que siempre saca lo mejor de cada uno, pero eso solo es cierto cuando se es capaz de olvidarse de ella. Practicando el atletismo en pista, había aprendido que el arte de competir era el arte de olvidar, y ahora me recordaba ese hecho. Tienes que olvidar tus límites. Tienes que olvidar tus dudas, tu dolor, tu pasado. Tienes que olvidar esas voces internas que gritan, que suplican: «¡Ni un paso más!». Y cuando no te sea posible olvidarlo, debes negociar. Pensé en todas las carreras en las que mi mente había querido una cosa y mi cuerpo otra, en aquellas vueltas en las que había tenido que decirle a mi cuerpo: «Sí, has conseguido unas marcas excelentes, pero continúa…».

Pese a mis negociaciones con aquella voz, la destreza nunca había venido de forma espontánea, y temía haber perdido la práctica. Cuando el avión emprendió abruptamente el descenso hacia el aeropuerto Haneda, me dije que iba a tener que ser capaz de conjurar rápidamente mi antigua habilidad, o perdería.

No podía soportar la idea de perder.

En Japón estaban a punto de celebrarse los Juegos Olímpicos de 1964, de manera que en Kobe podía escoger entre toda una serie de nuevos y flamantes alojamientos a precios razonables. Cogí una habitación en el mismo centro de la ciudad, en la Port Tower, que tenía un restaurante giratorio arriba igual al que había en lo alto de la Space Needle de Seattle, un detalle que sirvió para calmarme un poco. Antes de deshacer las maletas, telefoneé a Onitsuka y dejé un mensaje: «Estoy aquí y solicito una reunión».

Luego me senté en el borde de la cama y me quedé mirando el teléfono.

Finalmente sonó. Una secretaria de voz remilgada me informó de que mi contacto en Onitsuka, el señor Miyazaki, ya no trabajaba allí. Mala señal. Su sustituto, el señor Morimoto, no deseaba que acudiera a la sede central de la empresa. Muy mala señal. En lugar de ello —añadió—, el señor Morimoto se reuniría conmigo para tomar el té en el restaurante giratorio de mi hotel. Mañana por la mañana.

Me acosté temprano, dormí a ratos. Soñé con persecuciones de coches, cárceles, duelos… Tuve los mismos sueños que siempre me acosaban la noche de antes de un gran evento deportivo, una cita o un examen. Me levanté al amanecer, desayuné un huevo crudo sobre arroz caliente y un poco de pescado a la plancha, y lo acompañé todo con una taza de té verde. Luego, mientras recitaba los pasajes memorizados de *Cómo hacer negocios con los japoneses*, me afeité las pálidas mandíbulas. Me corté una o dos veces y tuve problemas para detener la hemorragia. Debía de ir hecho un cuadro. Finalmente me puse el traje y arrastré los pies hasta el ascensor. Cuando presioné el botón del último piso advertí que tenía la mano blanca como la leche.

Morimoto llegó puntual. Era más o menos de mi edad, pero parecía mucho más maduro y seguro de sí mismo. Llevaba una chaqueta sport arrugada y la cara también. Nos sentamos a una mesa junto a la ventana. De inmediato, antes de que viniera el camarero a tomarnos nota, empecé mi discurso, soltando todo aquello que me había jurado no decir. Le expliqué lo contrariado que me sentía por el hecho de que el Hombre Marlboro hubiera invadido mi territorio. Le dije que tenía la impresión de que había conectado con los ejecutivos con los que me había reunido el año anterior, y que dicha impresión se había visto reforzada por una carta del señor Miyazaki en la que me decía que los trece estados del oeste de Estados Unidos eran exclusivamente míos. En consecuencia, no entendía aquel trato. Apelé al sentido de justicia de Morimoto, a su sentido del honor. Él parecía incómodo, de modo que me tomé un respiro, hice una pausa. Luego pasé de lo personal a lo profesional. Cité la solidez de mis ventas. Dejé caer el nombre de mi socio, el legendario entrenador cuya reputación llegaba hasta el otro extremo del Pacífico. Subrayé todo lo que podía hacer por Onitsuka en el futuro si se me daba la oportunidad.

Morimoto tomó un sorbo de té. Cuando fue evidente que yo había terminado de hablar, dejó su taza y miró por la ventana. Íbamos girando poco a poco por encima de Kobe. «Le diré algo.»

Otra noche durmiendo a ratos. Me levanté varias veces, me acerqué a la ventana, contemplé los barcos meciéndose en las aguas de color púrpura de la bahía de Kobe. «Hermoso lugar. Lástima que toda esa belleza no me sirva de nada», pensé. El mundo carece de belleza cuando pierdes, y yo estaba a punto de perder a lo grande.

Estaba convencido de que por la mañana Morimoto me diría que lo sentía mucho, que no era nada personal, tan solo negocios, pero se quedaban con el Hombre Marlboro.

A las nueve en punto sonó el teléfono que había en la mesilla. Era Morimoto. Me dijo: «El señor Onitsuka… en persona… desea verlo».

Me puse el traje y fui en taxi a la sede central de Onitsuka. En la sala de reuniones —la que yo ya conocía—, Morimoto me señaló una silla frente al centro de la mesa. En el centro esta vez, no en la cabecera. No más *kei*. Él se sentó frente a mí y se quedó mirándome mientras la sala se iba llenando poco a poco de ejecutivos. Cuando todo el mundo estuvo dentro, Morimoto me hizo una inclinación de cabeza.

—*Hai* —me dijo.

Yo me lancé al ruedo, repitiendo básicamente lo que ya le había dicho la mañana anterior. Mientras hacía mi crescendo y preparaba mi conclusión, todas las cabezas se volvieron hacia la puerta, y yo me detuve a mitad de frase. La temperatura de la sala descendió diez grados. Había llegado el fundador de la empresa, el señor Onitsuka.

Ataviado con un traje italiano de color azul oscuro, con una cabellera negra tan tupida como una alfombra de tripe, su presencia atemorizaba a cada uno de los hombres que había en la sala. Sin embargo, no parecía ser consciente de ello. Pese a todo su poder y riqueza, sus gestos eran deferentes. Avanzó con paso vacilante arrastrando los pies, sin dar la menor muestra de que era el jefe de todos los jefes, el shogun del calzado. Lentamente dio la vuelta alrededor de la mesa, estableciendo un breve contacto visual con cada uno de los ejecutivos. Por último se dirigió hacia mí. Nos hicimos sendas reverencias, nos estrechamos la mano. Luego ocupó el asiento de la cabecera de la mesa y Morimoto trató de resumirle la razón de mi visita. Pero el señor Onitsuka levantó la mano, interrumpiéndole.

Sin el menor preámbulo, se lanzó a un largo y apasionado monólogo. Hacía algún tiempo, explicó, había tenido una visión. Un maravilloso atisbo del futuro.

—Todos, en todo el mundo, llevan calzado de deporte todo el tiempo —explicó—. Sé que se acerca ese día. —Hizo una pausa, mirando a cada uno de los presentes alrededor de la mesa, para ver si también ellos eran conscientes de eso. Posó la mirada en mí. Sonrió. Yo sonreí. Parpadeó dos veces—. Me recuerda usted a mí cuando joven —dijo con voz suave. Me miró fijamente a los ojos. Un segundo. Dos. Luego a Morimoto—. ¿La cuestión es esos trece estados del oeste? —preguntó.

—Sí —respondió Morimoto.

—¡Hum! —murmuró Onitsuka—. ¡Hum! —Entornó los ojos y bajó la vista. Parecía estar meditando. Volvió a mirarme de nuevo—. Sí —concluyó finalmente—, de acuerdo. Tiene usted los estados del oeste.

El Hombre Marlboro, añadió, podía seguir vendiendo sus zapatillas de lucha en todo el territorio nacional, pero limitaría sus ventas de zapatillas para correr a la Costa Este.

El señor Onitsuka le escribiría personalmente para informarle de aquella decisión.

Se levantó. Yo me levanté. Todos se levantaron. Nos inclinamos todos. Luego abandonó la sala de reuniones.

Los presentes dieron un suspiro.

—Entonces… está decidido —dijo Morimoto.

Durante un año, añadió. Luego se revisaría el asunto.

Le di las gracias a Morimoto, le aseguré que Onitsuka no lamentaría su confianza en mí. Di la vuelta a la mesa estrechando la mano a todo el mundo e inclinándome, y cuando llegué de nuevo a Morimoto estreché la suya de forma especialmente vigorosa. Luego seguí a una secretaria a una sala lateral, donde firmé varios contratos, e hice un pedido de zapatillas nada menos que por tres mil quinientos dólares.

Corrí a toda prisa a mi hotel. A mitad de camino empecé a dar brincos, y luego a saltar por el aire como un bailarín. Me detuve en una baranda y contemplé la bahía. Ahora me parecía que no había perdido nada de su belleza. Observé los barcos deslizándose bajo un viento enérgico y me decidí a alquilar uno. Daría una vuelta por el mar Interior. Una hora después me hallaba de pie en la proa de un barco, con la melena al viento, navegando bajo la puesta de sol y sintiéndome muy bien conmigo mismo.

Al día siguiente me embarqué en un tren rumbo a Tokio. Por fin había llegado el momento de ascender a las nubes.

Todas las guías turísticas aconsejaban subir al monte Fuji de noche. Una buena ascensión, decían, debe culminar con una vista del amanecer desde la cumbre. De modo que llegué puntualmente a la base de la montaña al anochecer. Había hecho un día bochornoso, pero el aire era cada vez más frío, y no tardé en replantearme mi decisión de llevar unas bermudas, una camiseta y unas Tiger. Vi que un hombre bajaba de la montaña con una chaqueta impermeable. Lo paré y le ofrecí tres dólares por esta. Él me miró, miró la chaqueta, y asintió con la cabeza.

¡Estaba negociando con éxito por todo Japón!

Al caer la noche aparecieron cientos de autóctonos y turistas que empezaron a ascender en tropel por la montaña. Observé que todos llevaban largos palos de madera con unas tintineantes campanas atadas. Divisé a una pareja de ingleses mayores que yo y les pregunté por los palos.

—Ahuyentan los malos espíritus —me dijo la mujer.

—¿Hay malos espíritus en esta montaña? —pregunté.

—Eso parece.

Me compré uno.

Luego observé que la gente se agrupaba en un tenderete al borde del camino y se compraba calzado de paja. La mujer inglesa me explicó que el Fuji era un volcán activo, y que la ceniza y el hollín arruinarían cualquier par de zapatos. En consecuencia, todos los que subían llevaban sandalias de paja desechables.

Compré las sandalias.

Más pobre, pero bien equipado al fin, me puse en marcha.

Según mi guía turística, había muchas rutas para bajar del monte Fuji, pero solo una para subir. «Una buena lección vital», pensé. Los letreros situados a lo largo de la ruta ascendente, escritos en numerosas lenguas, informaban de que había nueve puestos antes de llegar a la cumbre, cada uno de los cuales ofrecía comida y un lugar para descansar. Al cabo de dos horas, no obstante, había pasado varias veces por el puesto número tres. ¿Acaso los japoneses contaban de manera distinta? Alarmado, me pregunté si trece estados del oeste en realidad podrían significar solo tres.

En el puesto número siete me detuve a comprar una cerveza japonesa y una taza de fideos. Mientras cenaba me puse a hablar con otra pareja. Eran estadounidenses, más jóvenes que yo; supuse que estudiantes. Él era una ridícula versión de niño bien: pantalones de golf, polo de tenis y cinturón de tela; llevaba todos los colores de un huevo de Pascua. Ella era una auténtica *beatnik*: vaqueros rotos, camiseta descolorida, cabello negro revuelto… Tenía los ojos muy separados y de color castaño oscuro; como tacitas de café.

Ambos sudaban por la ascensión. Mencionaron el hecho de que a mí no me ocurría lo mismo. Yo me encogí de hombros y les dije que había sido corredor en Oregón; «de media milla». El joven frunció el ceño. Su novia soltó un «¡Vaya!». Nos terminamos las cervezas y reanudamos juntos la ascensión.

Ella se llamaba Sarah. Era de Maryland. «Tierra de caballos», añadió. «Una tierra rica», pensé yo. Había crecido cabalgando, practicando saltos y participando en concursos hípicos, y todavía pasaba una gran parte de su tiempo en sillas de montar y pistas de exhibición. Hablaba de sus ponis y caballos favoritos como si fueran sus amigos más íntimos.

Le pregunté por su familia.

—Mi padre tiene una fábrica de caramelos —me dijo.

Cuando mencionó el nombre de la empresa me reí: yo había comido muchas chocolatinas de su familia, a veces antes de una carrera. La empresa la había fundado su abuelo, me explicó, aunque se apresuró a añadir que a ella no le interesaba lo más mínimo el dinero.

Pillé a su novio frunciendo de nuevo el ceño.

Sarah estudiaba filosofía en el Connecticut College, por entonces una universidad exclusivamente femenina.

—No es una gran universidad —se excusó.

Ella habría preferido ir al Smith College, donde su hermana cursaba el último año, pero no logró entrar.

—Se diría que no has superado que te rechazaran —insinué.

—Ni de lejos —me respondió.

—El rechazo nunca es fácil —comenté.

—¡Desde luego que no!

Su voz era peculiar. Pronunciaba algunas palabras de una manera extraña, y yo era incapaz de determinar si era por el acento de Maryland o por un defecto del habla. Fuera como fuese, resultaba adorable.

Me preguntó qué me había llevado a Japón. Le expliqué que había ido a salvar mi empresa de calzado.

—¿Tu empresa? —preguntó.

Era evidente que pensó en los hombres de su familia, fundadores de empresas, capitanes de la industria. Emprendedores.

—Sí —respondí—, mi empresa.

—¿Y has podido… salvarla? —inquirió.

—Sí —repetí.

—En casa todos los chicos van a la escuela de negocios —dijo—, y luego todos planean hacerse banqueros. —Acto seguido añadió, haciendo un gesto de fastidio—: Todo el mundo hace lo mismo… ¡qué aburrido!

—A mí me da miedo el aburrimiento —le dije yo.

—¡Ah! Por eso eres un rebelde.

Interrumpí mi ascenso y clavé mi bastón en el suelo.

—¿Yo… un rebelde?

Sentí que me ardía la cara.

Al acercarse a la cumbre, el camino se estrechaba. Yo mencioné que me recordaba a una ruta que había recorrido a pie en el Himalaya. Sarah y su novio me miraron. «¿El Himalaya?» Ahora sí que estaba impresionada. Y él contrariado. Mientras la cumbre iba apareciendo lentamente ante nuestros ojos, el ascenso se iba haciendo cada vez más difícil y traicionero. Sarah me cogió de la mano.

—¡Los japoneses tienen un dicho! —gritó su novio volviéndose hacia nosotros, hacia todos, por encima del hombro—: Un hombre sabio sube al Fuji una vez. Uno necio, dos veces.

Nadie rio. Aunque a mí me habría gustado hacerlo, reírme de su ropa de huevo de Pascua.

En la cima nos dirigimos hacia una gran puerta *torii* de madera, y nos sentamos al lado a esperar. La atmósfera era extraña: ni demasiado oscura, ni demasiado clara. Entonces el sol surgió poco a poco sobre el horizonte. Les expliqué a Sarah y a su novio que los japoneses sitúan las puertas *torii* en fronteras sagradas, portales entre este mundo y el de más allá.

—En cualquier lugar donde pases de lo profano a lo sagrado —les dije— encontrarás una puerta *torii*.

A Sarah le gustó aquello. Le conté también que los maestros zen creían que las montañas «fluyen», pero que no siempre podemos percibir ese flujo con nuestros limitados sentidos, y de hecho, en aquel momento, realmente nos pareció sentir como si el Fuji fluyera, como si estuviéramos cabalgando sobre una ola a través del mundo.

A diferencia del ascenso, el descenso no requirió esfuerzo, ni apenas tiempo. Al llegar a la base me despedí de Sarah y del huevo de Pascua con una reverencia. «*Yoroshiku ne*: encantado de conoceros.»

—¿Adónde vas? —me preguntó Sarah.

—Creo que esta noche me quedaré en la posada Hakone —respondí.

—Vale —dijo ella—, voy contigo.

Di un paso atrás. Miré al novio. Él frunció el ceño. Finalmente comprendí que no era su novio. ¡Felices Pascuas!

Pasamos dos días en la posada, riendo, charlando, enamorándonos. Empezando. «¡Ojalá esto no termine nunca!», decíamos, pero obviamente tenía que acabar. Yo tenía que volver a Tokio y coger un vuelo de regreso a casa, y Sarah estaba decidida a continuar y visitar el resto de Japón. No hicimos planes de volver a vernos. Ella era un espíritu libre, no creía en los planes. «¡Adiós!», se despidió. «*Hajimemashite*: me ha encantado conocerte», le respondí.

Horas antes de embarcar me pasé por la oficina de American Express. Sabía que en un momento u otro ella también tendría que acudir allí para recibir dinero de la gente de las chocolatinas. Le dejé una nota: «Para ir a la Costa Este tendrás que pasar por Portland... ¿por qué no te paras a verme?».

Mi primera noche en casa, durante la cena, le di la buena nueva a mi familia: había conocido a una chica.

Luego les conté la otra gran noticia: había salvado mi empresa.

Me volví y observé detenidamente a mis hermanas gemelas. Se pasaban la mitad del día agazapadas junto al teléfono, esperando para saltar encima al primer timbrazo.

—Se llama Sarah —les dije—. Así que si llama, por favor... sed amables.

Unas semanas después volví a casa de hacer unos recados y allí estaba ella, en mi sala de estar, sentada junto a mi madre y mis hermanas.

—¡Sorpresa! —exclamó.

Había leído mi nota y había aceptado mi oferta. Llamó desde el aeropuerto y mi hermana Joanne demostró para qué están las hermanas: fue inmediatamente al aeropuerto a recogerla.

Me reí. Nos abrazamos, con cierta incomodidad delante de mi madre y mis hermanas.

—Vamos a dar una vuelta —le dije.

Le traje una chaqueta del cuarto del servicio y caminamos bajo una fina lluvia hasta un cercano parque arbolado. Ella vio el monte Hood de lejos y convino conmigo en que se parecía asombrosamente al Fuji, lo que nos hizo recordarlo.

Le pregunté dónde se alojaba.

—¡No seas tonto! —me respondió.

Era la segunda vez que se autoinvitaba a mi espacio.

Durante dos semanas vivió en el cuarto de huéspedes de mis padres, como si fuera de la familia, lo que empecé a pensar que un día podía ocurrir. Observé incrédulo cómo seducía a los irreductibles Knight. Mis protectoras hermanas, mi tímida madre, mi autocrático padre no fueron rivales para ella. Especialmente mi padre. Cuando ella le estrechó la mano, ablandó algo duro en su corazón. Puede que eso se cultivara entre la gente de las chocolatinas y todos sus amigos magnates, pero el caso es que tenía la clase de confianza en sí misma que solo te encuentras una o dos veces en la vida.

Desde luego, era la única persona que había conocido capaz de mencionar como quien no quiere la cosa a Babe Paley y a Hermann Hesse en la misma conversación. Los admiraba a ambos, pero sobre todo a Hesse. Un día escribiría un libro sobre él.

—Es como lo que dice Hesse —susurró una noche durante la cena—: la felicidad es el cómo, no el qué.

Los Knight siguieron masticando su carne asada y sorbiendo su leche.

—Muy interesante —dijo mi padre.

Llevé a Sarah a visitar la sede central mundial de Blue Ribbon, en el sótano, y le enseñé las instalaciones. Le di un par de Limber Up, que luego se puso para hacer una excursión en coche a la costa. Subimos al monte Humbug, deambulamos por el ondulado litoral y cogimos arándanos en el bosque. Bajo una picea de veinticinco metros nos dimos un beso con sabor a arándano.

Cuando llegó el momento de que regresara a Maryland, me quedé desolado. Le escribía cada dos días. Mis primeras cartas de amor:

«Querida Sarah, me acuerdo de cuando nos sentamos junto a aquella puerta *torii*…».

Ella siempre me contestaba de inmediato. Siempre me expresaba su amor eterno.

Aquella Navidad, la de 1964, volvió. Esta vez fui yo a recogerla al aeropuerto. De camino a casa me contó que había tenido una terrible bronca antes de coger el avión. Sus padres le habían prohibido venir. No me aceptaban.

—Mi padre gritaba —me dijo.

—¿Qué gritaba? —le pregunté.

Ella imitó su voz.

—¡No puedes conocer a un tío en el monte Fuji que nunca llegará a nada!

Di un respingo. Yo sabía que tenía dos cosas en contra, pero no me imaginaba que subir al monte Fuji fuera una de ellas. ¿Qué había de malo en subir al monte Fuji?

—¿Cómo te escapaste? —le pregunté.

—Mi hermano. Me ayudó a salir a escondidas de casa esta mañana temprano y me llevó al aeropuerto.

Me pregunté si de verdad me amaba, o solo me veía como una forma de rebelarse.

Durante el día, mientras estaba trabajando en lo de Blue Ribbon, Sarah pasaba el rato con mi madre. Por la noche íbamos al centro a cenar y tomar algo. Los fines de semana esquiábamos en el monte Hood. Cuando llegó el momento de que ella regresara a casa, volví a sentirme desolado. «Querida Sarah, te echo de menos. Te quiero.»

Ella me contestaba de inmediato. También me echaba de menos. También me quería.

Luego, con las lluvias del invierno, sus cartas se hicieron más frías. Menos efusivas. O eso me parecía a mí. «Puede que solo sean imaginaciones mías», me dije. Pero tenía que averiguarlo. La llamé por teléfono.

No eran imaginaciones. Me dijo que había estado pensándolo mucho y que no estaba segura de que fuéramos las personas idóneas el uno para el otro. No estaba segura de que yo fuera lo bastante sofisticado para ella. «Sofisticado», esa fue la palabra que utilizó. Antes de que pudiera protestar, de que pudiera negociar, colgó.

Saqué una hoja de papel y le escribí una larga carta pidiéndole que lo reconsiderara.

Ella me contestó de inmediato. Ni hablar del asunto.

Llegó el nuevo envío de zapatillas de Onitsuka. Yo apenas tenía fuerzas para ocuparme de eso. Pasé varias semanas en un estado de confusión. Me escondía en el sótano. Me escondía en el cuarto del servicio. Me tendía en la cama y contemplaba mis cintas azules.

Aunque no les dije nada, mi familia se enteró. No me pidieron detalles. No los necesitaban, o no los querían.

Salvo mi hermana Jeanne. Un día entró en el cuarto del servicio, fue a mi escritorio y encontró las cartas de Sarah. Más tarde, cuando llegué a casa y bajé al sótano, Jeanne vino a verme. Se sentó a mi lado en el suelo y me dijo que había leído las cartas, todas, atentamente, hasta llegar al rechazo final. Yo desvié la mirada.

—Estás mejor sin ella —me dijo.

Se me llenaron los ojos de lágrimas. Le di las gracias con una inclinación de la cabeza. Sin saber qué decir, le pregunté si le gustaría trabajar a tiempo parcial para Blue Ribbon. Yo tenía mucho trabajo pendiente, y sin duda me iría bien algo de ayuda.

—Ya que te interesa tanto el correo —le dije con voz ronca—, a lo mejor te gustaría hacer trabajos de secretaria. ¿Qué tal un dólar y medio la hora?

Ella soltó una risita.

De ese modo mi hermana se convirtió en la primera empleada de Blue Ribbon.

1965

A principios de año recibí una carta de mi compañero Jeff Johnson. Tras nuestro encuentro casual en el Occidental College le envié un par de Tiger de regalo, y ahora me escribía para decirme que se las había probado y había ido a correr con ellas. Le gustaban, añadía; le gustaban mucho. También a otros: la gente no dejaba de pararle por la calle, señalándole los pies y preguntándole dónde podía comprar esas zapatillas tan chulas.

Después de que nos viéramos se había casado, me decía, y ya tenía un bebé de camino, de manera que estaba buscando formas de ganar un dinero extra aparte de su empleo como asistente social, y aquellas zapatillas Tiger parecían tener más potencial que las Adidas. Yo le contesté y le ofrecí un puesto como «vendedor a comisión», lo que significaba que le daría un dólar y setenta y cinco centavos por cada par de zapatillas para correr que vendiera, y dos pavos por cada par de zapatillas de clavos. En ese momento estaba empezando a montar un equipo de representantes de ventas a tiempo parcial, y esa era la tarifa estándar que ofrecía.

Él contestó de inmediato aceptando la oferta.

A partir de ahí no cesamos de enviarnos cartas. Al contrario, nos mandábamos muchas más. En longitud y en frecuencia. Al principio eran de dos páginas. Luego de cuatro. Luego de ocho. Al principio llegaban cada pocos días. Luego empezaron a llegar cada vez más y antes, cayendo casi a diario por la boca del buzón como una cascada, todas ellas con el mismo remitente, Apartado Postal 492,

Seal Beach, California 90740, hasta que empecé a preguntarme ¡santo Dios!, ¿qué había hecho contratando a aquel tío?

Me gustaba su energía, desde luego. Y era difícil criticar su entusiasmo. Pero comenzaba a preocuparme que pudiera tener un exceso de ambas cosas. Con la vigésima carta, o la vigesimoprimera, empecé a temer que aquel hombre estuviera trastornado. Me preguntaba por qué todo era tan acelerado. Si alguna vez se le acabarían las cosas que con tanta urgencia tenía que decirme, o consultarme. Me preguntaba si alguna vez se le acabarían los sellos.

Al parecer, cada vez que se le ocurría alguna idea, la escribía y la metía en un sobre. Me escribía para contarme cuántas Tiger había vendido aquella semana. Me escribía para decirme cuántas Tiger había vendido aquel día. Me escribía para detallarme quién había llevado Tiger en qué evento deportivo de instituto y en qué puesto había quedado. Me escribía para explicarme que quería ampliar su territorio de ventas más allá de California, para incluir Arizona y posiblemente Nuevo México. Me escribía para sugerirme que abriéramos una tienda en Los Ángeles. Me escribía para decirme que estaba considerando la posibilidad de poner anuncios en revistas de deportes especializadas en atletismo, y que qué me parecía. Me escribía para informarme de que ya había puesto aquellos anuncios y que la respuesta estaba siendo buena. Me escribía para preguntarme por qué no había contestado a ninguna de sus cartas. Me escribía para pedirme apoyo. Me escribía para quejarse de que no hubiera respondido a su petición de apoyo.

Yo siempre me había considerado una persona concienzuda en lo que a intercambio de correspondencia se refiere (durante mi viaje alrededor del mundo había enviado incontables cartas y postales a casa, y había escrito puntualmente a Sarah). Y el caso es que siempre tenía la intención de responder las cartas de Johnson. Pero antes de que tuviera ocasión de hacerlo había ya otra esperándome. Algo en el mero volumen de su correspondencia me frenaba. Algo en su necesidad de apoyo me hacía no querer apoyarle. Muchas noches me sentaba ante la máquina de escribir Royal de color negro que tenía en mi taller del sótano, metía una hoja de papel en el rodillo y tecleaba «Querido Jeff». Luego me quedaba en blanco. No sabía por dónde comenzar, por cuál de sus cincuenta preguntas empezar, de modo que me levantaba, me dedicaba a otras cosas, y al día siguiente ya tenía otra carta más de Johnson. O dos. Pronto me encontraba con que llevaba tres cartas de retraso, sufriendo el paralizante bloqueo del escritor.

Le pedí a Jeanne que se encargara del archivo Johnson. «Perfecto», me respondió.

Al cabo de un mes me arrojó la carpeta, exasperada.

—¡No me pagas suficiente! —me dijo.

En algún momento dejé de leer las cartas de Johnson de arriba abajo. Les echaba un vistazo por encima y con esto me enteré de que se dedicaba a vender las Tiger a tiempo parcial y los fines de semana, que había decidido conservar su empleo habitual como asistente social para el condado de Los Ángeles. Yo seguía sin explicármelo. Lo cierto es que no me parecía una persona sociable. De hecho, siempre me había dado la impresión de ser algo misántropo. Era una de las cosas que me gustaban de él.

En abril de 1965 me escribió para decirme que había dejado su empleo habitual. Siempre lo había odiado, añadía, pero la gota que había colmado el vaso había sido una mujer con problemas del Valle de San Fernando. Le habían encargado que fuera a ver cómo se encontraba, ya que esta había amenazado con suicidarse, pero él la había telefoneado antes para preguntarle «si de verdad iba a matarse ese día». De ser así, él no quería perder el tiempo ni gastar dinero en gasolina para ir al valle. Ni la mujer ni los superiores de Johnson vieron con buenos ojos su razonamiento, que consideraron un signo de que no le importaba su trabajo. Johnson estaba de acuerdo: no le importaba, y en aquel momento —me escribía— había comprendido quién era y cuál era su destino. No era la asistencia social. Él no estaba en este mundo para resolver los problemas de los demás: prefería concentrarse en sus pies.

En lo más profundo de su corazón Johnson creía que los corredores son elegidos de Dios, que correr, si se hace bien, con el espíritu correcto y la forma apropiada, es un ejercicio místico que no tiene nada que envidiar a la meditación o el rezo, y en consecuencia se sentía llamado a ayudar a los corredores a alcanzar su nirvana. Yo había pasado una buena parte de mi vida entre corredores, pero nunca me había encontrado con aquella especie de romanticismo ingenuo. Ni siquiera el Yahvé de los corredores, Bowerman, se mostraba tan piadoso con este deporte como el empleado a tiempo parcial número dos de Blue Ribbon.

De hecho, en 1965 correr no se consideraba siquiera un deporte. No era popular, ni impopular: simplemente estaba ahí. Salir a correr tres millas era algo que hacían los bichos raros, presumiblemente para quemar «energía histérica». Correr por placer, correr para hacer ejercicio, correr por las endorfinas, correr para vivir más y mejor era algo inaudito.

La gente solía pararse a burlarse de los corredores. Los conductores reducían la velocidad y tocaban el cláxon. «¡Cómprate un caballo!», gritaban, tirándole una lata de cerveza o de soda a la cabeza. A Johnson lo habían empapado muchas veces de Pepsi. Y ahora quería cambiar eso. Ayudar a todos los corredores oprimidos del mundo, llevarles hacia la luz, envolverlos en una comunidad. Así que después de todo a lo mejor sí era un asistente social. Solo que él quería relacionarse únicamente con corredores.

Pero, sobre todo, deseaba ganarse la vida haciendo eso, algo que en 1965 era casi imposible. A través de mí, de Blue Ribbon, creía encontrar el modo.

Yo hice todo lo que pude para quitarle eso de la cabeza. A cada paso intentaba apagar el entusiasmo que sentía hacia mí y mi empresa. Además de no contestar a sus cartas, nunca le telefoneaba, nunca iba a verle, nunca lo invitaba a Oregón. Tampoco perdía la oportunidad de hacerle saber la cruda realidad. En una de mis esporádicas respuestas a sus cartas le dije sin rodeos: «Aunque nuestro crecimiento ha sido bueno, debo once mil dólares al First National Bank de Oregón… El flujo de efectivo es negativo».

Él me contestó de inmediato, preguntándome si podía trabajar para mí a tiempo completo. «Quiero poder vivir de las Tiger, y además tendría la oportunidad de hacer otras cosas: correr, aprender, por no hablar de ser mi propio jefe.»

Sacudí la cabeza. Le digo que Blue Ribbon se hunde como el *Titanic*, y el tío me responde pidiendo un camarote en primera clase.

«¡Bueno!, si nos vamos a pique, cuantos más seamos más nos reiremos», pensé.

De modo que a finales del verano de 1965 escribí a Johnson aceptando su oferta de convertirse en el primer empleado a tiempo completo de Blue Ribbon. Negociamos su sueldo por correo. Como asistente social ganaba cuatrocientos sesenta dólares al mes, pero me dijo que podía vivir con cuatrocientos Acepté. A regañadientes. Me parecía desorbitado, pero Johnson era tan disperso, tan veleidoso, y Blue Ribbon tan endeble, que pensé que de una u otra forma aquello sería transitorio.

Como siempre, el contable que había en mí veía el riesgo, mientras que el empresario veía la posibilidad. De manera que opté por la solución intermedia y seguí adelante.

Luego me olvidé de Johnson por completo. En aquel momento tenía problemas más importantes. Mi banquero estaba molesto conmigo.

Tras haber facturado ocho mil dólares en ventas en mi primer año, yo proyectaba facturar dieciséis mil en el segundo, y según mi banquero aquella era una tendencia muy preocupante.

—¿Un incremento del ciento por ciento de las ventas es preocupante? —le pregunté.

—Su ritmo de crecimiento es demasiado rápido para su patrimonio neto —me respondió.

—¿Cómo puede crecer demasiado rápido una empresa tan pequeña? Si una empresa pequeña crece deprisa, incrementa su patrimonio neto.

—Es el mismo principio, independientemente del tamaño —me dijo—. Crecer más allá de tu balance de situación es peligroso.

—La vida es crecimiento —le dije yo—. La empresa es crecimiento. O creces o te mueres.

—No es así como lo vemos nosotros.

—Por la misma razón podrían ustedes decirle a alguien que participa en una carrera que corre demasiado rápido.

—Eso es como comparar manzanas con naranjas.

«Su cabeza sí que está llena de manzanas y naranjas», me habría gustado decirle.

Para mí el asunto era de manual. Crecimiento de ventas, más rentabilidad, más potencial ilimitado, igual a empresa de calidad. Pero por entonces los bancos comerciales eran distintos de los bancos de inversión. Se centraban de forma miope en el saldo de caja. No querían que jamás crecieras por encima de este.

Una y otra vez traté de explicarle amablemente a mi banquero el negocio del calzado. Si no sigo creciendo, le decía, no podré convencer a Onitsuka de que soy el mejor para distribuir sus zapatillas en el oeste. Y si no puedo convencerlo de que soy el mejor, encontrarán a algún otro Hombre Marlboro que lo haga por mí. Y todo eso sin tener en cuenta la batalla contra el mayor monstruo que hay ahí fuera: Adidas.

Mi banquero permanecía impasible. A diferencia de Atenea, él no admiraba la mirada de mi persuasión.

—Señor Knight —repetía una vez tras otra—, tiene que reducir la marcha. No posee usted suficiente patrimonio neto para ese ritmo de crecimiento.

Patrimonio neto. ¡Cómo empezaba a aborrecer ese término! Mi banquero no dejaba de repetírmelo, hasta que se convirtió en una musiquilla que no podía quitarme de la mente. «Patrimonio neto…» Lo oía mientras me cepillaba los dientes por la mañana. «Patrimonio

neto…» Lo oía mientras alisaba mi almohada por la noche. «Patrimonio neto…» Llegué a un punto en que me negué incluso a pro-
nunciarlo en voz alta, porque no era un término real, era jerga bu-
rocrática, un eufemismo para decir «dinero contante y sonante»,
algo que no tenía. Deliberadamente. Cualquier dólar que conseguía
lo invertía de nuevo en el negocio. ¿Tan imprudente era eso?

Para mí, tener saldo de caja ahí parado sin hacer nada no tenía
sentido. Seguramente habría sido lo más cauteloso, conservador y
prudente. Pero la cuneta estaba llena de empresarios cautelosos,
conservadores y prudentes. Yo quería pisar el acelerador a fondo.

De algún modo, reunión tras reunión, logré morderme la lengua.
Acabé aceptando todo lo que me decían. Pero luego hacía lo que
me apetecía. Le hacía un nuevo pedido a Onitsuka por el doble del
anterior, y me presentaba en el banco con cara de inocente pidiendo
una carta de crédito para cubrirlo. Mi banquero siempre se sobre-
saltaba. «¿Que quiere cuánto?» Y yo siempre fingía sobresaltarme
de verle sobresaltado. «Pensé que usted consideraría acertado…»
Le engatusaba, me arrastraba, negociaba, y al final me concedía el
préstamo.

Cuando había vendido todas las zapatillas, y devuelto íntegra-
mente el préstamo, volvía a hacer lo mismo. Hacer un megapedido
a Onitsuka por el doble del pedido anterior, y luego ir al banco con
mi mejor traje y una expresión angelical en el rostro.

Mi banquero se llamaba Harry White. Cincuentón, paternalista,
con una voz que sonaba como un puñado de grava en una licuado-
ra, daba la impresión de que no le gustaba su profesión y, más con-
cretamente, hacer tratos conmigo. A mí me heredó por omisión. El
primero que tuve fue Ken Curry, y cuando mi padre se negó a ser
mi avalista, Curry le telefoneó de inmediato.

—Entre nosotros, Bill, si la empresa del chico se va a pique… tú
seguirás respaldándole, ¿no?

—¡Ni hablar! —le respondió mi padre.

De modo que Curry, decidido a no tomar parte en aquella guerra interna entre padre e hijo, me pasó a White.

White era vicepresidente del First National, pero ese título resultaba engañoso. En realidad no tenía mucho poder. Los jefes siempre estaban vigilándole, cuestionando sus decisiones, y el jefe entre dichos jefes era un tal Bob Wallace. Era este quien le complicaba la vida y, por consiguiente, también a mí. Era Wallace quien hacía del patrimonio neto un fetiche y despreciaba el crecimiento.

De complexión robusta, cara de matón y una sombra de barba tipo Nixon, Wallace era diez años mayor que yo, pero de algún modo se creía el niño prodigio del banco. También estaba decidido a convertirse en el próximo presidente de la entidad, y veía todos los riesgos de impago de créditos como el principal obstáculo entre él y dicho objetivo. Ni mucho menos le gustaba dar crédito a nadie, pero con mi balance general rondando siempre el cero, me veía como un eventual desastre siempre a punto de suceder. Una mala temporada, un descenso en las ventas, y quebraría, el vestíbulo del banco de Wallace se llenaría de zapatillas no vendidas, y el santo grial de la presidencia del banco se le escaparía de las manos. Igual que Sarah en lo alto del monte Fuji, Wallace me veía como un rebelde, pero él no lo consideraba un elogio. Y pensándolo bien, ella tampoco.

Obviamente, Wallace no siempre me decía todo esto de forma directa. A menudo me lo transmitía a través de su intermediario, White. Este último creía en mí, y en Blue Ribbon, pero me decía constantemente, con un triste movimiento de la cabeza, que Wallace tomaba las decisiones, Wallace firmaba los cheques, y Wallace no era fan de Phil Knight. A mí me parecía apropiado, y revelador, y esperanzador, que White utilizara aquella palabra: «fan». Era un hombre alto, delgado, un antiguo atleta a quien le gustaba hablar de deportes. No resulta sorprendente que nos pusiéramos de acuerdo. En cambio Wallace daba la impresión de no haber puesto nunca el pie en un campo de deportes. A menos que fuera para embargar el equipamiento.

¡Qué dulce satisfacción habría sido decir a Wallace por dónde podía meterse su patrimonio neto, y luego salir hecho una furia y llevarme mi negocio a otra parte! Pero en 1965 no había ninguna otra parte. El First National era la única opción, y Wallace lo sabía. Por entonces Oregón era más pequeño, y solo tenía dos bancos, el First National y el U. S. Bank. Este último ya me había rechazado, de modo que si me echaban del primero estaba acabado (hoy, en Estados Unidos, se puede vivir en un estado y tener cuentas en otro, sin problema, pero por entonces las regulaciones bancarias eran mucho más estrictas).

Asimismo, tampoco existía nada parecido al capital riesgo. Un joven aspirante a empresario tenía muy pocos sitios adonde acudir, y todos estos estaban custodiados por guardianes sin imaginación reacios al riesgo. En otras palabras, banqueros. Wallace era la regla, no la excepción.

Para complicarlo todo más, Onitsuka siempre se retrasaba en los envíos, lo que significaba menos tiempo para vender, lo que a su vez quería decir menos tiempo para ganar lo suficiente para devolver mi préstamo. Cuando me quejaba, Onitsuka no respondía. Cuando lo hacían, se mostraban incapaces de apreciar mi dilema. Una y otra vez les enviaba frenéticos télex preguntando por el paradero del último envío, y en respuesta solía recibir otro télex que mostraba de manera desesperante que no habían entendido nada: «Unos días más». Era como llamar a urgencias y oír a alguien bostezando al otro lado de la línea.

Teniendo en cuenta todos esos problemas, y considerando el turbio futuro de Blue Ribbon, decidí que valía la pena conseguir un empleo de verdad, algo seguro a lo que echar mano cuando todo se fuera al garete. En el mismo momento en que Johnson se dedicaba exclusivamente a Blue Ribbon, yo decidí diversificarme.

Para entonces había aprobado las cuatro partes del examen para el título oficial de contable. De modo que envié mis notas y mi currículum a varias empresas locales, me entrevistaron en tres o cuatro y me contrataron en Price Waterhouse. Me gustara o no, era de manera oficial e irrevocable un chupatintas con carné. En la declaración de la renta de aquel año ya no constaba como autónomo, propietario de negocio o empresario: se me identificaba como Philip H. Knight, contable.

La mayoría de los días no me importaba. Para empezar, invertía una parte sustanciosa de mi sueldo en la cuenta de Blue Ribbon, a fin de aumentar mi precioso patrimonio neto e incrementar el saldo de la empresa. Además, y a diferencia de Lybrand, la filial en Portland de Price Waterhouse era una empresa de tamaño medio. Tenía una plantilla de unos treinta contables, frente a los cuatro de Lybrand, lo que la hacía más apropiada para mí.

También el trabajo me convenía más. Price Waterhouse contaba con una gran variedad de clientes, una mezcla de interesantes empresas nacientes y firmas ya establecidas, que en conjunto vendían todo lo imaginable: madera, agua, electricidad, comida… Auditando a aquellas empresas, hurgando en sus entrañas, desmontándolas y volviéndolas a montar, también aprendía cómo sobrevivían, o no. Cómo vendían, o no. Cómo se metían en problemas, y cómo salían de ellos. Tomaba detalladas notas acerca de qué movía a las empresas y qué las hacía quebrar.

Una y otra vez me daba cuenta de que la falta de patrimonio neto era una de las principales causas de quiebra.

Los contables trabajaban generalmente en grupos, y el equipo A estaba dirigido por Delbert J. Hayes, el mejor contable de la oficina, y con mucho el personaje más llamativo. Con su metro ochenta y ocho de estatura y sus ciento treinta y seis kilos de peso, la mayoría de ellos embutidos como una salchicha en un traje de poliéster barato, Hayes poseía un gran talento, ingenio, pasión… y un apetito voraz. Nada le resultaba más placentero que devorar un buen bocadillo y vaciar una botella de vodka, a menos que hiciera ambas cosas mientras estudiaba una hoja de cálculo. Y le gustaba el humo tanto como esto. Lloviera o tronara, él necesitaba que el humo atravesara sus pulmones y sus fosas nasales. Se cepillaba al menos dos paquetes al día.

Ya había conocido antes a otros contables que sabían de números, que se les daban bien, pero él había nacido para eso. En una columna de cuatros, nueves y doses, por lo demás anodina, él era capaz de discernir los elementos puros de la Belleza. Miraba los números del mismo modo que el poeta mira las nubes o el geólogo las rocas. Podía extraer de ellos cantos rapsódicos, verdades universales.

Y misteriosas predicciones: podía usar los números para predecir el futuro.

Día tras día, lo veía hacer algo que nunca habría juzgado posible: convertía la contabilidad en un arte. Lo que significaba que él, y yo, y todos nosotros, éramos artistas. Era una idea maravillosa, una idea ennoblecedora, algo que a mí nunca se me habría ocurrido.

Intelectualmente, yo siempre había sabido que los números eran hermosos. Consideraba que representaban una especie de código secreto, que detrás de cada hilera subyacían etéreas formas platónicas. Mis clases de contabilidad me habían enseñado algo parecido. Como el deporte. La pista de atletismo te da un enorme respeto por los números, porque eres lo que tus números te dicen que eres, nada más y nada menos. Si hacía un mal tiempo en una carrera, puede que hubiera alguna causa para ello —lesiones, fatiga, desánimo—, pero eso no le importaba a nadie. En última instancia, serían mis números lo que todo el mundo recordaría. Yo había vivido esa realidad, pero Hayes el artista me hizo sentirla.

Por desgracia, llegué a temer que Hayes fuera el típico artista atormentado que se sabotea a sí mismo, tipo Van Gogh. En la empresa se minusvaloraba a diario, vistiendo mal, caminando desgarbado, comportándose mal… Tenía además toda una serie de fobias —a la altura, a las serpientes, a los bichos, a los espacios pequeños— que podían resultar desagradables para sus jefes y colegas.

Pero sobre todo le daban pánico las dietas. Price Waterhouse lo habría hecho socio sin la menor vacilación, pese a sus numerosos vicios, pero la empresa no podía pasar por alto su peso. No podía permitirse un socio de ciento treinta y seis kilos. Era más que probable que fuera ese desgraciado hecho el que le hacía ya de entrada comer tanto. Fuera cual fuese la razón, el caso es que comía mucho.

En 1965 bebía tanto como comía, que ya es decir. Y se negaba a hacerlo solo. Cuando llegaba la hora de salir, insistía en que todos sus auxiliares de contabilidad se unieran a él.

Mientras bebía, hablaba sin parar, y algunos de los otros contables le llamaban tío Remus. Pero yo no lo hice nunca. Nunca hice el menor gesto de fastidio ante las interminables peroratas de Hayes. Cada una de sus historias contenía alguna joya de sabiduría sobre el mundo de los negocios: qué hace que las empresas funcionen, qué eran realmente los libros de contabilidad de una empresa… De manera que muchas noches, por mi propio pie y hasta con entusiasmo, iba a algún garito de Portland y me unía a Hayes una ronda tras otra, un trago tras otro. Por la mañana me despertaba encontrándome peor de lo que me había sentido en aquella hamaca de Calcuta, y necesitaba toda mi autodisciplina para resultar de alguna utilidad en Price Waterhouse.

No ayudaba en nada el hecho de que, cuando no era un soldado de infantería en el ejército de Hayes, siguiera sirviendo en la reserva (un compromiso de siete años de duración). Los martes por la noche, de siete a diez, tenía que activar un interruptor en mi cerebro y convertirme en el teniente primero Knight. Mi unidad estaba integrada por estibadores, y a menudo nos desplegaban en la zona de almacenaje del puerto, a unos cuantos campos de fútbol de distancia del depósito adonde iba a recoger mis envíos de Onitsuka. La mayoría de las noches mis hombres y yo cargábamos y descargábamos barcos, y nos ocupábamos del mantenimiento de los jeeps y camiones. Entrenábamos muchas noches: flexiones en suelo, flexiones en barra, abdominales, carreras… Recuerdo que una vez guié a mi compañía en una carrera de cuatro millas. Tenía que sudar el exceso de bebida de una juerga con Hayes, de manera que le imprimí un ritmo endiablado, y poco a poco lo fui aumentando aún más, con lo que tanto mis hombres como yo nos quedamos hechos polvo. Después, oí por casualidad que un soldado jadeante le dijo a otro:

—Podía oír muy de cerca cómo el teniente Knight marcaba el ritmo. ¡No le he oído coger aliento ni una sola vez!

Ese fue quizá mi único triunfo de 1965.

En la reserva, algunos martes se destinaban a dar clase. Los instructores nos hablaban entonces de estrategia militar, y a mí me resultaba fascinante. A menudo empezaban diseccionando alguna antigua batalla famosa. Pero invariablemente se desviaban del tema para acabar hablando de Vietnam. El conflicto se estaba intensificando. Estados Unidos se veía atraído hacia él, de forma inexorable, como por un gigantesco imán. Uno de los instructores nos dijo que pusiéramos en orden nuestra vida y les diéramos un beso de despedida a nuestras mujeres y novias. Íbamos a estar «pringados… muy pronto».

Llegué a odiar aquella guerra. No solo porque la considerara mala. También me parecía una estupidez y un despilfarro. Detestaba la estupidez. El despilfarro. Pero sobre todo, aquella guerra, más que otras, parecía estar gobernaba por los mismos principios que mi banco: luchar no para ganar, sino para no perder. Una infalible estrategia perdedora.

Los demás soldados de mi unidad pensaban lo mismo. ¿Tiene algo de sorprendente que, en cuanto terminó la clase, corriéramos a paso ligero al bar más cercano?

Entre la reserva y Hayes, no estaba seguro de que mi hígado llegara a 1966.

De vez en cuando Hayes se iba de viaje, a visitar clientes por todo Oregón, y con frecuencia yo me encontraba formando parte de su espectáculo ambulante. Puede que yo fuera su favorito de entre todos sus auxiliares de contabilidad, pero desde luego lo era sobre todo cuando viajaba.

Me caía bien, mucho, pero me alarmó descubrir que de viaje se soltaba la melena de verdad. Y, como siempre, esperaba que sus acólitos hicieran lo mismo. Nunca era suficiente con el mero hecho de beber con él: exigía que le siguieras el ritmo gota a gota. Contaba las bebidas tan minuciosamente como el debe y el haber. A menudo decía que creía en el trabajo en equipo, y, si estabas en el suyo, por Dios que más valía que te «termines esa maldita bebida».

Cincuenta años después todavía se me revuelve el estómago cuando pienso en el viaje que hice con él por Albany, Oregón, para llevar a cabo un proyecto para Wah Chung Exotic Metals. Cada noche, después de cuadrar los números, nos metíamos en un pequeño garito en la periferia de la ciudad y nos quedábamos hasta el cierre. También recuerdo, vagamente, unos borrosos días en Walla Walla, haciendo un trabajo para Birds Eye, al que le seguían unos tragos nocturnos en el City Club. Walla Walla era una ciudad seca, pero los bares esquivaban la ley autodenominándose «clubes». Ser socio del City Club costaba un dólar, y Hayes era un miembro honorífico… hasta que yo me pasé de la raya y nos echaron a ambos. No recuerdo lo que hice, pero estoy seguro de que fue algo horrible. También estoy convencido de que no pude evitarlo: por aquel entonces llevaba en la sangre un cincuenta por ciento de ginebra.

Tengo algún vago recuerdo de vomitar en el coche de Hayes y de que él me pidió con gran amabilidad y paciencia que lo limpiara. De lo que sí me acuerdo con nitidez es de cuando, con el rostro enrojecido, manifestó su justa indignación por el trato del que yo había sido objeto, aunque la culpa fuera claramente mía, y renunció a su pertenencia al City Club. Es posible que aquella lealtad, aquella irrazonable e inmerecida fidelidad, marcara el momento en que empecé a sentir afecto por él. Yo admiraba al hombre que veía algo más profundo en los números, pero me encariñé con el que vio algo especial en mí.

En uno de aquellos viajes, en una de nuestras conversaciones alcohólicas hasta altas horas de la noche, le hablé de Blue Ribbon. Él vio la promesa que entrañaba. Pero también su final. Los números, me dijo, no mentían.

—¿Montar una nueva empresa con esta economía? —preguntó—. ¿Y una empresa de calzado? ¿Con cero saldo de caja?

Se repantigó en su silla y meneó su grande y rizada cabezota.

Por otra parte, añadió, tenía algo a mi favor: Bowerman. Tener como socio a una leyenda era un activo al que resultaba imposible asignar una cifra.

Además, el valor de mi activo iba en aumento. Bowerman había ido a Japón durante los Juegos Olímpicos de 1964 para apoyar a los miembros del equipo estadounidense de atletismo a los que había entrenado (dos de sus corredores, Bill Dellinger y Harry Jerome, habían obtenido medallas). Y, tras los juegos, había cambiado de actividad y se había convertido en embajador de Blue Ribbon. Él y la señora Bowerman —cuya cuenta del Christmas Club había proporcionado los primeros quinientos dólares que me había dado Bowerman para formar nuestra sociedad— fueron a visitar Onitsuka y cautivaron a todo el personal.

Les dieron una bienvenida regia, les hicieron un recorrido VIP por toda la fábrica, y Morimoto incluso les presentó al señor Onitsuka. Como era de esperar, los dos viejos leones conectaron. Al fin y al cabo, estaban hechos de la misma pasta y se habían curtido en la misma guerra. Ambos seguían afrontando la vida cotidiana como una batalla. No obstante, el señor Onitsuka tenía la peculiar tenacidad de los derrotados, y esto impresionó a Bowerman. Onitsuka le habló de la fundación de su empresa de calzado en un Japón en ruinas, cuando todas las grandes ciudades todavía ardían por las bombas estadounidenses. Había construido sus primeras hormas, para una línea de zapatillas de baloncesto, vertiendo cera caliente de velas budistas sobre sus propios pies. Aunque las zapatillas de baloncesto no se vendieran, el señor Onitsuka no se rindió. Simplemente las cambió por zapatillas para correr, y el resto pertenecía a la historia del calzado. Bowerman me explicó que en los Juegos Olímpicos de 1964 todos los corredores japoneses llevaban Tiger.

Onitsuka también le contó que la inspiración para diseñar las peculiares suelas de las Tiger le vino comiendo sushi. Observando en su fuente de madera la parte inferior de una pata de pulpo, pensó que un tipo de ventosa similar podría funcionar bien en la suela de una zapatilla de corredor. Bowerman tomó nota, y aprendió que la inspiración puede venir de cosas cotidianas. Cosas que podrías estar comiendo. O encontrar tiradas por casa.

De regreso a Oregón, Bowerman mantenía un feliz intercambio de correspondencia con su nuevo amigo, el señor Onitsuka, y con todo el equipo de producción de la fábrica de Onitsuka. Les enviaba montones de ideas y modificaciones para sus productos. Aunque por dentro todas las personas son iguales, Bowerman había llegado a la conclusión de que no todos los pies lo son. Los estadounidenses tienen cuerpos distintos de los japoneses —más altos, más pesados—, y por lo tanto necesitan un calzado diferente. Tras diseccionar una docena de pares de Tiger, Bowerman determinó cómo podían adaptarse para satisfacer a los clientes estadounidenses. A tal fin, elaboró un montón de notas, bosquejos y diseños, que enviaba sin interrupción a Japón.

Por desgracia, también estaba descubriendo, como me había ocurrido a mí, que independientemente de lo bien que te llevaras en persona con el equipo de Onitsuka, las cosas eran distintas en cuanto volvías a estar al otro lado del Pacífico. La mayoría de las misivas de Bowerman no tenían respuesta. Y cuando la tenían, esta era críptica, o secamente desdeñosa. A veces me afligía pensar que los japoneses lo trataban como yo a Johnson.

Pero Bowerman no era como yo. Él no se tomaba a pecho el rechazo. Al igual que Johnson, cuando sus cartas no obtenían respuesta, simplemente escribía más. Con más palabras subrayadas y más signos de exclamación.

Tampoco desfalleció en sus experimentos. Siguió desmontando las Tiger y utilizando a los jóvenes de sus equipos de atletismo como ratas de laboratorio. Durante la temporada de competición del otoño de 1965, para Bowerman cada carrera tuvo dos resultados: el rendimiento de sus corredores y el de sus zapatillas. Anotaba qué tal sujetaban los puentes, qué agarre tenían las suelas en las pistas de ceniza, cómo apretaban los dedos del pie y cómo se flexionaba el empeine. Luego enviaba sus notas y descubrimientos a Japón por correo aéreo.

A la larga logró abrirse camino. Onitsuka diseñó prototipos que se adaptaban a la visión de Bowerman de un calzado más norteamericano. Suela interior blanda, más apoyo en el puente, talón en cuña para reducir la tensión sobre el tendón de Aquiles… le enviaron el modelo a Bowerman y este se volvió loco con él. Pidió más. Luego repartió aquellas zapatillas de prueba entre todos sus corredores, que las utilizaron para barrer a la competencia.

A Bowerman siempre se le subía un poco el éxito a la cabeza, en el mejor de los sentidos. Más o menos por aquella época también estaba probando elixires deportivos, pociones mágicas y polvos que aportaban más energía y resistencia a sus corredores. Cuando yo estaba en su equipo él hablaba de la importancia de restituir la sal y los electrolitos de un atleta. Nos obligó a mí y a otros a tragarnos una poción que había inventado él, un repugnante mejunje de plátanos machacados, limonada, té, miel y varios ingredientes desconocidos. Ahora, mientras enredaba con las zapatillas, jugueteaba también con su receta de bebida deportiva, haciendo que supiera peor y funcionara mejor. Solo años después me daría cuenta de que estaba tratando de inventar el Gatorade.

En su «tiempo libre», también le gustaba hacer de las suyas con la superficie del estadio Hayward Field. Hayward era terreno sagrado, rezumaba tradición, pero a Bowerman no le parecía bien dejar que la tradición te ralentizara. Cada vez que llovía, lo que ocurría con frecuencia en la ciudad de Eugene, donde estaba el estadio, las calles de la pista de ceniza se convertían en canales venecianos. Bowerman pensaba que un material más gomoso se secaría, barrería y limpiaría mejor. Consideraba asimismo que podría resultar más benévolo para los pies de sus corredores. De modo que se compró una hormigonera, la llenó de viejos neumáticos despedazados y productos químicos surtidos, y pasó horas buscando la consistencia y la textura adecuadas. Más de una vez enfermó con virulencia por inhalar los vapores de sus brebajes de bruja. Tremendos dolores de cabeza, una pronunciada cojera, pérdida de visión: esas fueron algunas de las duraderas consecuencias de su perfeccionismo.

De nuevo, habrían de pasar años antes de que me diera cuenta de lo que realmente estaba haciendo Bowerman: trataba de inventar el poliuretano.

En cierta ocasión le pregunté cómo lograba encajarlo todo en una jornada de veinticuatro horas. Entrenar, viajar, hacer experimentos, sacar adelante una familia. Él gruñó como diciendo: «Eso no es nada». Luego me contó, en voz baja, que además de todo aquello también estaba escribiendo un libro.

—¿Un libro? —le pregunté.

—Sobre *jogging* —me dijo secamente.

Bowerman siempre se quejaba de que la gente cometía el error de creer que solo los deportistas de élite que participaban en los Juegos Olímpicos eran atletas. «Todo el mundo es un atleta», decía. «Si tienes cuerpo, eres un atleta.» Ahora estaba decidido a hacer entender aquel argumento a una audiencia más amplia. Los lectores.

—Parece interesante —le dije, aunque pensé que a mi antiguo entrenador le faltaba un tornillo.

¿Quién demonios iba a querer leer un libro sobre *jogging*?

1966

Conforme se iba acercando el final de mi contrato con Onitsuka, revisaba el correo cada día, esperando una carta que dijera que iban a renovarlo. O que no iban a hacerlo. Sería un alivio saberlo de una u otra forma. Por supuesto, también esperaba una carta de Sarah, diciéndome que se había arrepentido. Y como siempre, estaba preparado para recibir una carta de mi banco diciéndome que mi negocio ya no era bien recibido.

Pero las únicas cartas que llegaban día tras día eran las de Johnson. Como Bowerman, no dormía. Nunca. A mí no se me ocurría ninguna otra explicación para su incesante flujo de correspondencia. Gran parte de ella era insustancial. Otra, un montón de información que yo no necesitaba. La típica carta de Johnson incluía varios largos incisos entre paréntesis y alguna broma inconexa.

También podía incluir un dibujo hecho a mano.

La letra de una canción.

A veces un poema.

Tecleadas a toda velocidad con una máquina de escribir manual que estampaba violentamente las páginas de papel de cebolla como si fuera braille, muchas de las cartas de Johnson contenían una especie de historia. Quizá «parábola» sea un término más adecuado. De que le había vendido a fulanito un par de Tiger y había trazado un plan para poder venderle en el futuro X pares más. De cómo Johnson había perseguido y acosado al entrenador principal de tal instituto, y había intentado venderle seis pares, pero al final le había vendido doce más uno… que precisamente iba a enseñar…

A menudo describía con un terrible nivel de detalle el último anuncio que había puesto o que pensaba poner en la contraportada de revistas como *Long Distance Log* o *Track & Field News*. O describía la fotografía de una Tiger que había incluido con el anuncio. Se había construido un estudio fotográfico improvisado en su casa, y colocaba las zapatillas de manera seductora en el sofá, sobre un suéter negro. No importaba que aquello diera cierta impresión de ser una especie de porno del calzado; era solo que yo no veía la necesidad de poner anuncios en revistas que solo leían personas aficionadas al atletismo. De hecho, no veía la necesidad de hacer publicidad. Pero parecía que Johnson se lo pasaba bien, y él juraba que los anuncios funcionaban, de modo que, bueno, no sería yo quien lo detuviera.

La típica carta de Johnson concluía siempre con un lamento, ya fuera sarcástico o intencionadamente serio, sobre el hecho de que yo no hubiera respondido a su carta anterior. Y a la anterior a aquella, etcétera. Luego había una posdata, y por regla general otra, y a veces toda una sucesión de posdatas. Luego una última petición de palabras de aliento, que yo nunca le enviaba. Yo no tenía tiempo para eso. Además de que tampoco era mi estilo.

Ahora, mirando atrás, me pregunto si realmente estaba siendo yo mismo, o estaba emulando a Bowerman, o a mi padre, o a ambos. ¿Estaba adoptando su comportamiento de personas de pocas palabras? ¿Estaba imitando quizá a los hombres a los que admiraba? Por entonces yo leía todo lo que caía en mis manos sobre generales, samuráis, shogunes… junto con las biografías de mis tres principales héroes: Churchill, Kennedy y Tolstói. No me gustaba nada la violencia, pero me fascinaba el tema del liderazgo, o la falta de él, en condiciones extremas. La guerra es la más extrema de las condiciones. Pero el mundo de los negocios tiene sus paralelismos bélicos. Alguien en algún lugar dijo una vez que el mundo de los negocios es una guerra sin balas, y yo tendía a estar de acuerdo con ello.

Tampoco es que fuera el único. A lo largo de toda la historia los hombres han buscado en el guerrero el modelo de la virtud cardinal de Hemingway, la «gracia bajo presión» (el propio Hemingway escribió la mayor parte de *París era una fiesta* contemplando una estatua del mariscal Ney, el comandante favorito de Napoleón). Una lección que extraje de todos mis trabajos escolares sobre héroes era que estos no hablaban mucho. Ninguno de ellos era un bocazas. Ninguno se dedicaba a controlarlo todo hasta el último detalle. «No le digas a la gente cómo hacer las cosas; diles qué hacer y deja que te sorprendan con el resultado.» De modo que yo no contestaba a Johnson, ni le incordiaba. Habiéndole dicho qué hacer, esperaba que me sorprendiera.

Tal vez con su silencio.

Hay que decir en honor de Johnson que, aunque ansiara más comunicación, nunca dejaba que la ausencia de ella le desalentara. Antes al contrario, le motivaba. Él era obsesivo, reconocía que yo no lo era, y aunque disfrutaba quejándose (a mí, a mi hermana, a nuestros amigos en común), se daba cuenta de que mi forma de dirigir le daba libertad. Le dejaba hacer lo que se le antojara, y él respondía con una creatividad y una energía ilimitadas. Trabajaba siete días a la semana vendiendo y promocionando Blue Ribbon, y cuando no estaba vendiendo estaba trabajando como una hormiguita en su archivo de datos de clientes.

Cada nuevo cliente tenía su propia ficha, que contenía su información personal, su talla de pie y sus preferencias en materia de calzado. Esa base de datos le permitía mantenerse en contacto con todos ellos, en cualquier momento, y hacer que ninguno de ellos dejara de sentirse especial. Les enviaba felicitaciones de Navidad. Les enviaba felicitaciones de cumpleaños. Les enviaba tarjetas de felicitación cuando participaban en alguna gran carrera o un maratón. Cada vez que recibía una carta de Johnson sabía que solo era una de entre las varias docenas que había echado en el buzón aquel día. Tenía cientos y cientos de clientes con los que mantenía correspondencia y que cubrían todo el espectro de la humanidad, desde estrellas del atletismo en el instituto hasta octogenarios aficionados a correr los fines de semana. Muchos de ellos, al encontrar otra carta más de Johnson en sus buzones, debían de pensar lo mismo que yo: «¿Pero de dónde saca el tiempo este tío?».

Sin embargo, y a diferencia de mí, la mayoría de ellos llegaban a depender de las cartas de Johnson. Muchos le contestaban. Le hablaban de su vida, de sus problemas, de sus lesiones, y Johnson les consolaba con generosidad, se mostraba comprensivo y les aconsejaba. Especialmente sobre las lesiones. Pocos en la década de 1960 tenían la menor idea sobre las lesiones habituales que podían producirse corriendo, o practicando deporte en general, de modo que las cartas de Johnson solían estar repletas de información que resultaba imposible encontrar en ninguna otra parte. Durante un breve tiempo me preocuparon los posibles problemas de responsabilidad civil. Así como la posibilidad de que un día recibiera una carta diciéndome que Johnson había alquilado un autobús y los llevaba a todos al médico.

Algunos clientes ofrecían voluntariamente su opinión sobre las Tiger, de manera que Johnson empezó a recopilar todas aquellas valoraciones de clientes, utilizándolas para crear nuevos proyectos de diseño. Un hombre, por ejemplo, se quejaba de que no tenían suficiente amortiguación. Él quería correr el Maratón de Boston, pero no creía que aguantaran los cuarenta y dos kilómetros. Entonces Johnson contrató a un zapatero local para que insertara las suelas de goma de unas zapatillas de ducha en un par de Tiger. *Et voilà!* La zapatilla Frankenstein de Johnson tenía una futurista amortiguación de entresuela en toda su longitud (hoy esta es una característica estándar en todas las zapatillas de entrenamiento para corredores). La improvisada suela de Johnson era tan dinámica, tan suave, tan novedosa, que aquel año su cliente batió su mejor tiempo personal en Boston. Johnson me envió los resultados y me instó a hacérselos llegar a Tiger. Bowerman acababa de pedirme que hiciera lo mismo con su lote de notas unas semanas antes. «¡Por favor, que los genios locos me vengan de uno en uno!», pensé.

De cuando en cuando tomaba nota mental de que debía advertir a Johnson sobre su creciente lista de amigos epistolares. Se suponía que Blue Ribbon debía limitarse a los trece estados del oeste de Estados Unidos, cosa que su empleado a tiempo completo número uno no hacía. Johnson tenía clientes en treinta y siete estados, incluyendo toda la Costa Este, que era el corazón del país de Marlboro. El Hombre Marlboro no estaba haciendo nada con su territorio, de modo que las incursiones de Johnson parecían inofensivas. Pero tampoco queríamos restregárselo por las narices.

De todos modos, nunca encontré tiempo para expresarle mis preocupaciones a Johnson. Como de costumbre, no le dije nada.

A principios de verano decidí que el sótano de mis padres ya no era lo bastante grande para albergar la sede central de Blue Ribbon. Ni el cuarto del servicio lo suficiente espacioso para mí. De modo que alquilé un apartamento de una habitación en el centro, en un nuevo, alto y elegante bloque de pisos. El alquiler era de doscientos dólares, lo que parecía bastante excesivo, pero ¡qué iba a hacerle! También alquilé algunos objetos esenciales —mesa, sillas, cama de matrimonio, sofá verde oliva—, y traté de distribuirlos con estilo. No lo conseguí, pero no me preocupaba, ya que mi verdadero mobiliario eran las zapatillas. Mi primer pisito de soltero estaba repleto de deportivas del suelo al techo.

Barajé la idea de no darle mi nueva dirección a Johnson. Pero lo hice.

Como era de esperar, mi nuevo buzón empezó a llenarse de cartas. Remitente: Apartado Postal 492, Seal Beach, California 90740.

No respondí ninguna.

Entonces Johnson me escribió dos cartas que no pude ignorar. En primer lugar me dijo que también él se mudaba. Se estaba separando de su nueva esposa. Planeaba quedarse en Seal Beach, pero se iba a alquilar un pequeño apartamento de soltero.

Al cabo de unos días me escribió para decirme que había tenido un accidente de coche.

Había ocurrido por la mañana temprano, en algún lugar al norte de San Bernardino. Iba de camino a una carrera en carretera, por supuesto, donde tenía la intención tanto de correr como de vender Tiger. Se había dormido al volante, me escribió, y al despertar se encontró a sí mismo y su Volkswagen Escarabajo de 1965 del revés y volando por los aires. Chocó con la mediana, luego rodó, y entonces salió disparado del coche justo antes de que este se precipitara por el terraplén dando una vuelta de campana. Cuando el cuerpo de Johnson finalmente dejó de caer, se encontró boca arriba, mirando al cielo, con la clavícula, el pie y el cráneo destrozados.

De hecho, me dijo, el cráneo incluso tenía fugas.

Y lo que era peor, al estar recién divorciado, no tenía a nadie que le cuidara durante su convalecencia.

Al pobre hombre solo le faltaba que se le muriera el perro para convertirse en el protagonista de una típica canción country.

Pese a todas aquellas recientes calamidades, Johnson estaba animado. En una serie de alegres cartas posteriores me aseguró que se las arreglaba para cumplir con todas sus obligaciones. Se arrastraba por su nuevo apartamento rellenando pedidos, haciendo envíos de zapatillas y manteniendo una puntual correspondencia con todos sus clientes. Un amigo, me explicó, le traía el correo, de modo que no había que preocuparse: el Apartado Postal 492 seguía plenamente operativo. Al final de la misiva añadía que, dado que ahora tenía que pagar la pensión alimenticia, contribuir a los gastos de sus hijos y hacer frente a incontables facturas médicas, necesitaba informarse acerca de las perspectivas a largo plazo de Blue Ribbon. ¿Cómo lo veía yo?

No le mentí… exactamente. Quizá fuera por compasión, quizá

atormentado por la imagen de un solitario Johnson, sin pareja, con el cuerpo escayolado, tratando valientemente de mantenerse vivo y de mantener viva a mi empresa, adopté un tono optimista. Le dije que era posible que Blue Ribbon se convirtiera con los años en una empresa de artículos de deporte en general. Que tuviéramos oficinas en la Costa Oeste. Y un día, tal vez, en Japón. «Poco probable. Aunque merece la pena intentarlo», escribí.

Esta última línea era absolutamente sincera. Valía la pena intentarlo. Si Blue Ribbon se iba a pique, yo no tendría dinero y me quedaría en la ruina. Pero también habría adquirido un valioso saber que podría aplicar a mi próxima empresa. La sabiduría parecía un activo intangible, pero era un activo al fin y al cabo, y uno que justificaba el riesgo. Montar mi propia empresa era lo único que hacía que todos los demás riesgos de la vida —el matrimonio, Las Vegas, la lucha con caimanes— parecieran cosas seguras. Pero mi esperanza era que cuando fracasara, si fracasaba, lo hiciera pronto, de modo que tuviera suficiente tiempo, suficientes años, para poner en práctica todas las lecciones tan duramente aprendidas. No era muy aficionado a fijarme objetivos, pero aquel objetivo no dejaba de cruzar por mi mente cada día, hasta que se convirtió en mi sonsonete interno: «Fracasa pronto».

Al concluir la misiva le dije a Johnson que, si era capaz de vender tres mil doscientos cincuenta pares de Tiger para finales de junio de 1966 —algo completamente imposible según mis cálculos—, le autorizaría a abrir aquella tienda con la que me había estado martirizando. Incluso añadí una posdata, que sabía que él devoraría como una golosina, para recordarle que estaba vendiendo tantas zapatillas, y tan deprisa, que quizá podría interesarle hablar con un contable. «Hay que considerar las cuestiones relacionadas con el impuesto sobre la renta», le dije.

Él me respondió dándome las gracias con sarcasmo por mi asesoramiento fiscal. No le correspondía pagar impuestos, me aclaraba, «porque los ingresos brutos eran de 1.209 dólares, mientras que el total de gastos era de 1.245». Además de tener la pierna rota y el corazón destrozado, me contaba que estaba sin un cénti-mo. Y terminaba diciendo: «Por favor, envíame unas palabras de aliento».

No lo hice.

De algún modo, alcanzó la cifra mágica. A finales de junio había vendido los tres mil doscientos cincuenta pares. Y se había recupe-rado. De manera que me instó a cumplir mi parte del trato. Antes del día del Trabajo alquiló un pequeño local comercial en el 3107 de Pico Boulevard, en Santa Mónica, y abrió nuestra primera tienda.

Luego emprendió la tarea de convertirla en la meca, el sancta-sanctórum de los corredores. Compró las sillas más cómodas que encontró y pudo permitirse (de segunda mano), y creó un bonito espacio para que los clientes pudieran pasar el rato y charlar. Hizo unas estanterías y las llenó de los libros que todo corredor debía leer, muchos de ellos primeras ediciones de su propia biblioteca. Cubrió las paredes de fotos de deportistas calzados con Tiger, y se surtió de camisetas serigrafiadas con la palabra TIGER en la parte delantera, que regalaba a sus mejores clientes. También enganchó unas cuantas zapatillas en una pared lacada de color negro y las iluminó con una tira de luces empotradas en el techo, todo muy moderno, muy a la última. En todo el mundo no había habido nunca un santuario para corredores como aquel, un lugar donde no solo se les vendían de-portivas, sino donde además se les rendía homenaje tanto a estas como a ellos mismos. Johnson, el aspirante a líder de culto de los corredores, finalmente tenía su iglesia. Los servicios religiosos se celebraban de lunes a sábado, de nueve a seis.

Cuando me escribió para hablarme de la tienda por primera vez, pensé en los templos y santuarios que había visto en Asia, y me sentí ansioso por ver en qué se asemejaba el de Johnson. Pero no tenía tiempo. Entre mis horas en Price Waterhouse, mis parrandas alcohólicas con Hayes, mis noches y fines de semana gestionando los diversos pormenores relacionados con Blue Ribbon y mis catorce horas al mes sirviendo al ejército en la reserva, estaba hecho polvo.

Entonces Johnson me escribió una fatídica carta, y no me quedó más opción que coger un avión de inmediato.

Los clientes con los que Johnson mantenía correspondencia se contaban ya por centenares, y uno de ellos, un alumno de instituto de Long Island, le había revelado una noticia perturbadora. El chico le contaba que su entrenador de atletismo en pista había estado hablando recientemente de la posibilidad de adquirir las Tiger a un nuevo proveedor... cierto entrenador de lucha de Valley Stream o Massapequa o Manhasset.

El Hombre Marlboro había vuelto. Incluso había puesto un anuncio de alcance nacional en un número de la revista *Track & Field*. Mientras Johnson se dedicaba a cazar furtivamente en el territorio del Hombre Marlboro, este último se concentraba en cazar lo que le habíamos hurtado nosotros. Johnson había preparado el terreno de maravilla, había creado una enorme clientela, había dado a conocer las Tiger gracias a su tenacidad y a su tosco marketing, ¿y ahora el Hombre Marlboro iba a lanzarse como un ave de rapiña y a aprovecharse de ello?

No estoy seguro de por qué tomé al primer avión a Los Ángeles. Podría haber llamado por teléfono. Quizá, como los clientes de Johnson, necesitara sentirme parte de una comunidad, por más que fuera una de solo dos miembros.

Lo primero que hicimos fue echar una larga y agotadora carrera por la playa. Luego compramos una pizza y nos la llevamos a su apartamento, que era el típico pisito de divorciado, pero aún más exagerado. Diminuto, oscuro, con pocos muebles: me recordó a algunos de los austeros albergues donde me había alojado en mi viaje alrededor del mundo.

Por supuesto, había unos cuantos toques inequívocamente johnsonianos. Como, por ejemplo, zapatillas por todas partes. Yo creía que mi apartamento estaba lleno de calzado, pero Johnson vivía básicamente en una zapatilla de corredor. Apelotonadas en cada rincón y recoveco, extendidas sobre cada superficie, la mayoría de ellas en una u otra fase de deconstrucción.

Los pocos lugares donde no había zapatillas estaban llenos de libros y más libros, apilados en estanterías caseras hechas a base de tablones de madera sin tratar apoyados sobre bloques de cemento ligero. Y Johnson no leía basura. Su colección estaba integrada principalmente por gruesos volúmenes de filosofía, religión, sociología y antropología, además de los clásicos de la literatura occidental. Si creía que a mí me gustaba leer, Johnson estaba en otro nivel.

Lo que más me chocó fue la inquietante luz violeta que inundaba todo el espacio. Provenía de una pecera de agua salada de casi trescientos litros de capacidad. Después de hacerme un sitio en el sofá, Johnson acarició el tanque y me lo explicó. A la mayoría de los tíos recién divorciados les gusta frecuentar los bares de solteros, pero él pasaba las noches merodeando bajo el embarcadero de Seal Beach, buscando peces raros. Los capturaba con algo llamado «pistola de succión», que me mostró agitándola bajo mi nariz. Parecía una especie de aspirador primitivo. Le pregunté cómo funcionaba.

—Basta con introducir la boquilla en aguas poco profundas y aspirar los peces a través de un tubo de plástico hasta que entran en una pequeña cámara. Luego lo echas en un cubo y te lo llevas a casa —me dijo.

Había logrado acumular una amplia variedad de criaturas exóticas —hipocampos, chopas verdes…—, que me mostró con orgullo. Luego me señaló la joya de su colección, una cría de pulpo a la que llamaba Stretch.

—Por cierto —añadió Johnson—, es la hora de comer. —Metió la mano en una bolsa de papel y sacó un cangrejo vivo—. Ven, Stretch —llamó, sujetando el cangrejo sobre el tanque.

El pulpo no se movió. Johnson depositó el cangrejo, que no

dejaba de agitar las patas, en el lecho de arena de la pecera. Stretch seguía sin reaccionar.

—¿Está muerto? —le pregunté.

—Observa —me respondió.

Presa del pánico, el cangrejo empezó a bailar de izquierda a derecha, buscando refugio. Pero no había donde esconderse, y Stretch lo sabía. Al cabo de unos minutos, algo empezó a asomar de manera vacilante entre las patas de Stretch: una especie de antena o tentáculo. Lo desplegó hacia el cangrejo y tocó ligeramente su caparazón. ¡Yuju!

—Acaba de inocularle veneno —dijo Johnson, sonriendo de oreja a oreja como un padre orgulloso.

Observamos cómo poco a poco el cangrejo dejaba de bailar, y luego, de moverse por completo. Vimos cómo Stretch lo envolvía con delicadeza con su antena-tentáculo y lo arrastraba hacia su guarida, un agujero que había excavado en la arena bajo una gran piedra.

Era un morboso teatro de títeres, una sombría variedad de kabuki, interpretado por una estúpida víctima y un microkraken. ¿Acaso era un signo, una metáfora, de nuestro dilema? ¿Un ser vivo devorado por otro? Así era la naturaleza: matar o morir; y yo no pude evitar preguntarme si la historia de Blue Ribbon y el Hombre Marlboro también iba a ser así.

Pasamos el resto de la tarde sentados a la mesa de la cocina y repasando la carta de su informante. Johnson la leyó en voz alta, luego la leí en silencio, y tras esto discutimos qué hacer.

—Vete a Japón —me dijo Johnson.

—¿Qué?

—Tienes que ir —añadió—. Háblales de todo lo que hemos hecho. Exige tus derechos. Deshazte de ese Hombre Marlboro de una vez por todas. Cuando empiece a vender, cuando se ponga en marcha, no habrá quien lo pare. O trazamos una línea roja aquí y ahora, o esto se habrá terminado.

Le dije que acababa de regresar de Japón y que no tenía dinero para volver. Había metido todos mis ahorros en Blue Ribbon, y no podía pedir otro préstamo a Wallace. Solo con pensarlo me daban náuseas. Además, tampoco tenía tiempo. Price Waterhouse te daba dos semanas de vacaciones al año, a menos que necesitaras utilizar esas dos semanas para la reserva del ejército, como era mi caso. Entonces te daban otra semana adicional, que también había gastado.

Pero sobre todo, le dije a Johnson:

—No servirá de nada. La relación del Hombre Marlboro con Onitsuka precede a la mía.

Imperturbable, Johnson sacó su máquina de escribir, la misma con la que me había estado torturando, y empezó a esbozar notas, ideas, listas, que luego logramos convertir en un manifiesto que yo había de entregar a los ejecutivos de Onitsuka. Mientras Stretch daba buena cuenta del cangrejo, nosotros nos comimos nuestra pizza, nos soplamos unas cervezas y conspiramos hasta altas horas de la noche.

De regreso a Oregón, la tarde siguiente, fui directamente a ver al director de la agencia de Price Waterhouse.

—Tengo que cogerme dos semanas libres —le dije—, ahora mismo.

Él levantó la vista de los papeles de su escritorio y me lanzó una mirada iracunda, y durante un momento endiabladamente largo creí que iba a despedirme. Lejos de ello, carraspeó y masculló algo… extraño. No pude entender lo que dijo, pero pareció creer… por mi vehemencia, por mi vaguedad… que «había dejado embarazada a una chica».

Di un paso atrás y empecé a protestar, pero cerré la boca de inmediato. Que pensara lo que quisiera… mientras me diera los días libres.

Pasándose la mano por su rala cabeza, finalmente suspiró y me dijo:

—Adelante. Buena suerte. Espero que todo se solucione.

Compré el billete de avión con mi tarjeta de crédito. Doce meses para pagarlo. Y a diferencia de mi última visita a Japón, esta vez telegrafié antes. Les dije a los ejecutivos de Onitsuka que me dirigía hacia allí y que quería una reunión.

Ellos me respondieron: «Venga».

Pero a continuación su telegrama añadía que no me reuniría con Morimoto. O lo habían despedido o había muerto. Había un nuevo gerente de exportación, decía el telegrama.

Se llamaba Kitami.

Kishikan. Significa *déjà vu* en japonés. De nuevo me encontré cogiendo un vuelo a Japón. De nuevo me vi subrayando y memorizando mi ejemplar de *Cómo hacer negocios con los japoneses*. De nuevo cogía el tren a Kobe, me registraba en el Newport y caminaba de un lado a otro de la habitación.

Cuando llegó la hora cogí un taxi hasta Onitsuka. Esperaba que fuéramos a la vieja sala de reuniones, pero no, desde mi última visita habían hecho algunas reformas. «Nueva sala de juntas», me dijeron. Más elegante, más grande, tenía sillas de cuero en lugar de las antiguas de tela, y una mesa mucho más larga. Más impresionante, pero menos íntima. Me sentí desorientado, acobardado. Era como prepararse para celebrar una reunión en la Universidad Estatal de Oregón y enterarse en el último momento de que se había trasladado al Memorial Coliseum de Los Ángeles.

Un hombre entró en la sala de reuniones y me tendió la mano. Kitami. Llevaba unos lustrosos zapatos negros y el cabello igual de lustroso. Negro azabache, repeinado hacia atrás, ni un pelo fuera de su sitio. Contrastaba mucho con Morimoto, que siempre daba la impresión de haberse vestido a ciegas. El aspecto de Kitami me desalentó, pero de repente este me obsequió con una cálida y viva sonrisa, y me instó a sentarme, a relajarme y a explicarle el porqué de mi visita, y entonces tuve la impresión de que, pese a su impecable apariencia, no se sentía en absoluto seguro de sí mismo. Al fin y al cabo, acababa de empezar en un nuevo puesto de trabajo. Todavía no tenía demasiado… «patrimonio neto». El concepto me vino a la mente.

También pensé que yo era alguien valioso para Kitami. No era un gran cliente, pero tampoco pequeño. El emplazamiento lo es todo. Yo vendía sus zapatillas en Estados Unidos, un mercado vital para el futuro de Onitsuka. Quizá, solo quizá, Kitami no quisiera perderme de vista todavía. A lo mejor deseaba conservarme hasta que hubieran hecho la transición al Hombre Marlboro. De momento yo representaba un activo, un crédito, lo que significaba que podría tener mejores cartas de las que creía.

Kitami hablaba mejor inglés que sus predecesores, pero con un acento más marcado. Mi oído necesitó unos minutos para adaptarse mientras charlábamos sobre mi vuelo, el tiempo, las ventas… Durante ese rato fueron entrando otros ejecutivos, que se incorporaron a la mesa de reuniones. Finalmente Kitami se reclinó en su silla.

—*Hai…* —dijo, y se quedó esperando.

—¿Y el señor Onitsuka? —pregunté.

—Hoy el señor Onitsuka no podrá venir —me respondió.

¡Maldita sea! Yo confiaba en sacar partido del buen talante que el señor Onitsuka me mostraba, por no mencionar de su relación con Bowerman. Pero no. Solo, sin aliados, atrapado en una sala de reuniones con la que no estaba familiarizado, me tiré de cabeza.

Les dije a Kitami y a los demás ejecutivos que Blue Ribbon había llevado a cabo una notable labor hasta el momento. Habíamos agotado todos los pedidos, al tiempo que conseguíamos una robusta clientela, y esperábamos que ese sólido crecimiento continuara. En 1966 habíamos facturado cuarenta y cuatro mil dólares en ventas, y proyectábamos llegar a los ochenta y cuatro mil en 1967. Les describí nuestra nueva tienda de Santa Mónica y les expuse que pensábamos abrir más… que teníamos un gran futuro. Luego me incliné hacia delante.

—Nos gustaría mucho ser los distribuidores exclusivos en todo Estados Unidos de la línea de atletismo de Tiger —dije—. Y creo que esto resultaría muy beneficioso para ustedes.

Ni siquiera mencioné al Hombre Marlboro.

Miré alrededor de la mesa. Rostros serios. Ninguno más serio que el de Kitami. Con unas pocas palabras me dijo secamente que aquello no iba a ser posible. Onitsuka quería como distribuidor para todo el territorio estadounidense a alguien más grande, más consolidado, una empresa capaz de manejar toda la carga de trabajo. Una empresa con oficinas en la Costa Este.

—Pero… pero… —farfullé— ¡Blue Ribbon tiene oficinas en la Costa Este!

Kitami se echó hacia atrás en su silla.

—¿Ah sí?

—Sí —repuse—, estamos en la Costa Este, en la Costa Oeste, y posiblemente estemos pronto en el Medio Oeste. Podemos gestionar la distribución a nivel nacional, no hay problema.

Miré en torno a la mesa. Las caras serias iban poniéndose menos serias.

—Bueno —dijo entonces Kitami—, eso lo cambia todo.

Me aseguró que estudiarían mi propuesta con la debida atención. De acuerdo. *Hai*. Reunión aplazada.

Regresé andando a mi hotel y pasé una segunda noche caminando de un lado a otro por la habitación. A primera hora de la mañana siguiente recibí una llamada requiriendo de nuevo mi presencia en Onitsuka, donde Kitami me concedió los derechos de distribución exclusiva para todo Estados Unidos.

Me hizo un contrato de tres años.

Intenté mostrarme despreocupado mientras firmaba los documentos y hacía un pedido de cinco mil zapatillas más, que costarían veinte mil dólares que yo no tenía. Kitami me dijo que me las enviaría a mi oficina de la Costa Este, que tampoco tenía.

Prometí enviarle un telegrama con la dirección exacta.

En el vuelo de regreso a casa observé por la ventanilla las nubes que cubrían el océano Pacífico y me acordé de cuando estuve sentado en la cima del monte Fuji. Me pregunté qué pensaría de mí Sarah ahora, después de este golpe. Me pregunté qué pensaría el Hombre Marlboro cuando Onitsuka le diera la noticia de que estaba acabado.

Guardé mi ejemplar de *Cómo hacer negocios con los japoneses*. Llevaba mi equipaje de mano repleto de recuerdos. Quimonos para mi madre, mis hermanas y mamá Hatfield, una diminuta espada de samurái para colgar sobre mi escritorio. Y mi mayor trofeo: un pequeño televisor japonés. «El botín de guerra», pensé sonriendo. Pero en algún punto del Pacífico cayó sobre mí todo el peso de la «victoria». Me imaginé la cara de Wallace cuando le pidiera que cubriera aquel gigantesco nuevo pedido. Y si decía que no, cuando dijera que no, ¿qué hacer entonces?

Por otra parte, si decía que sí, ¿cómo iba a abrir yo una oficina en la Costa Este? ¿Y cómo iba a hacerlo antes de que llegaran aquellas zapatillas? ¿Y a quién iba a poner a dirigirla?

Contemplé el horizonte curvo y encendido. Solo había una persona en el planeta lo bastante desarraigada, enérgica, entusiasta y chiflada para recoger sus cosas y trasladarse a la Costa Este de la noche a la mañana, y estar allí antes de que llegara el pedido.

Me pregunté qué le parecería a Stretch el océano Atlántico.

1967

No lo gestioné bien. Nada bien.

Sabiendo cuál sería su reacción, y temiéndomela, no tuve ganas de contarle a Johnson toda la historia. Le envié una breve nota comentándole que la reunión con Onitsuka había ido bien y diciéndole que había conseguido los derechos de distribución a nivel nacional. Pero eso fue todo. Creo que en el fondo de mi corazón todavía albergaba la esperanza de que podría contratar a alguna otra persona que fuera al este. O de que Wallace diese al traste con todo el plan.

Y de hecho contraté a otra persona. Un antiguo corredor de larga distancia, por supuesto. Pero este cambió de opinión, se echó atrás, solo unos días después de haber aceptado ir. Así que, frustrado, desazonado, atrapado en un ciclo de ansiedad y procrastinación, pasé a centrarme en el problema, mucho más sencillo, de encontrar a alguien que sustituyera a Johnson en la tienda de Santa Mónica. Se lo pedí a John Bork, un entrenador de atletismo de instituto en Los Ángeles, amigo de un amigo, que dijo que sí enseguida. De hecho, no podía haberse mostrado más ansioso.

¿Que cómo me enteré de lo ansioso que estaba? Pues porque a la mañana siguiente se presentó en la tienda de Johnson y le dijo que era el nuevo jefe.

—¿El nuevo qué? —preguntó Johnson.

—Me han contratado para ocupar su puesto cuando usted se vaya al este —le dijo Bork.

—¿Cuando yo me vaya adónde? —inquirió Johnson, disponiéndose a coger el teléfono.

Tampoco gestioné bien aquella conversación. Le dije a Johnson: «¡Je, je¡, ¡hola, tío!, precisamente estaba a punto de llamarte». Le dije que sentía que se hubiera enterado de la noticia de aquella manera, qué embarazoso, y le expliqué que me había visto obligado a mentirle a Onitsuka y afirmar que ya teníamos una oficina en la Costa Este. Así que estábamos en un lío del demonio. El pedido pronto estaría en el mar, un enorme envío navegando hacia Nueva York, y nadie más que él podía encargarse de la tarea de recoger aquellas zapatillas y montar una oficina. El destino de Blue Ribbon estaba en sus manos.

Johnson se quedo alucinado. Luego se puso furioso. Después le entró pánico. Todo ello en el espacio de un minuto. De modo que cogí un avión y fui a verle a la tienda.

No quería ir a la Costa Este, me dijo. Le gustaba California. Había vivido en California toda su vida. Allí podía correr durante todo el año, y, como yo bien sabía, eso lo era todo para él. ¿Cómo se suponía que iba a hacerlo durante aquellos inviernos de frío glacial del este? Y así dale que te pego.

De repente cambió de actitud. Estábamos de pie en medio de la tienda, su santuario de la zapatilla de deporte, y en un murmullo apenas audible reconoció que aquel era un momento decisivo para Blue Ribbon, la empresa en la que él se había implicado a tope financiera, emocional y espiritualmente. Reconocía que no había ninguna otra persona que pudiera montar una oficina en la Costa Este. Luego se lanzó a un largo e inconexo monólogo medio para sí, arguyendo que la tienda de Santa Mónica prácticamente se llevaba sola, de manera que podía formar a su sustituto en un día, y él ya había montado una tienda en un emplazamiento remoto una vez, de modo que podía volver a hacerlo, rápido, porque necesitábamos que se hiciera rápido, con las zapatillas en el mar y todos los pedidos de vuelta al cole a punto de llegar en masa, y luego desvió la mirada y preguntó a las paredes o a las zapatillas o al Gran Espíritu por qué no se limitaba a callarse y a hacerlo, hacer lo que yo le pedía, y caer de rodillas agradecido por aquella maldita oportunidad, cuando cualquiera podía ver que él era —y buscó las palabras exactas— «un gilipollas sin talento».

Yo podría haber dicho algo : «No, no lo eres. No seas tan duro contigo mismo». Podría haberlo hecho. Pero no lo hice. Mantuve la boca cerrada y esperé.

Y esperé.

—De acuerdo —dijo él por fin—, iré.

—Genial. Eso es genial. Estupendo. Gracias.

—Pero ¿adónde?

—¿Adónde qué?

—¿Adónde quieres que vaya?

—¡Ah, sí! Bueno. A cualquier lugar de la Costa Este que tenga puerto. Menos Portland, en Maine.

—¿Por qué?

—¿Una empresa con sede en dos Portland distintos? Eso confundiría un montón a los japoneses.

Le dimos un par de vueltas más al asunto y finalmente decidimos que Nueva York y Boston eran los sitios idóneos. Sobre todo Boston.

—Es de donde vienen la mayoría de nuestros pedidos —dijo uno de nosotros.

—De acuerdo —concluyó él finalmente—. ¡Boston, allá voy!

En ese momento le di un puñado de folletos de Boston, exagerando la imagen del follaje en otoño. Un poco patoso por mi parte, pero estaba desesperado.

Él me preguntó por qué llevaba encima aquellos folletos, y le contesté que porque sabía que él tomaría la decisión correcta.

Se rio.

La indulgencia que Johnson mostró hacia mí y su buen talante me llenaron de gratitud, y sentí un renovado afecto hacia él. Y quizá una lealtad más profunda. Lamenté cómo le había tratado. Todas

aquellas cartas sin contestar. «Hay jugadores de equipo, y hay jugadores de equipo, y luego está Johnson», pensé.

Entonces me amenazó con marcharse.

Por carta, desde luego. «Creo que he sido responsable de cualquier éxito que hayamos conseguido hasta la fecha. Y de cualquier
triunfo que tengamos durante al menos los dos próximos años»,
escribió.

En consecuencia, me daba un ultimátum puntualizando dos
cosas:

1. Hacerle socio de pleno derecho de Blue Ribbon.
2. Subirle el sueldo a seiscientos dólares al mes, más una tercera parte de todos los beneficios que se consiguieran por encima de los seis mil primeros pares vendidos.

De lo contrario, añadía, «¡adiós!».

Telefoneé a Bowerman y le informé de que el empleado a tiempo completo número uno de la empresa se estaba amotinando.
Bowerman escuchó en silencio, consideró todos los puntos de vista,
sopesó los pros y los contras, y luego dio su veredicto:

—Que le jodan.

Yo le dije que no estaba seguro de que «joderle» fuera la mejor
estrategia. Quizá hubiera alguna solución intermedia para aplacarle,
de darle alguna participación en la empresa. Pero cuando hablamos de ello con mayor detalle, no salían los números. Ni Bowerman
ni yo queríamos renunciar a la más mínima parte de nuestra participación, de modo que el ultimátum de Johnson, aun en el caso de
que yo hubiera querido aceptarlo, resultaba imposible de cumplir.

Cogí un avión a Palo Alto, donde Johnson había ido a ver a sus
padres, y le pedí que nos sentáramos a hablar. Él me dijo que quería
que su padre, Owen, estuviera presente. La reunión tuvo lugar en
el despacho de Owen, y de inmediato me quedé pasmado ante el

parecido entre padre e hijo. Tenían el mismo aspecto, hablaban igual, y hasta hacían los mismos gestos. Pero las semejanzas terminaban ahí. Desde un primer momento Owen se mostró gritón, agresivo, y me di cuenta de que había sido el instigador del motín.

Owen era comercial. Vendía equipamiento de grabación de voz, como dictáfonos, y era condenadamente bueno en lo suyo. Para él, como para la mayoría de los vendedores, la vida era una larga negociación, cosa que le deleitaba. En otras palabras, era justo lo contrario a mí. «¡Ya estamos otra vez!», pensé. «Otro intercambio de disparos con un negociador consumado. ¿Cuándo terminará esto?»

Antes de ir al grano, Owen me contó una anécdota. Los comerciales siempre lo hacen. Como yo era contable, me dijo, le había recordado a otro al que había conocido hacía poco y que tenía como cliente a una bailarina de topless. La anécdota, creo, giraba en torno a si los implantes de silicona de la bailarina eran o no desgravables. Cuando terminó de contarlo me reí, por cortesía, y luego me agarré a los brazos de mi silla y esperé a que Owen dejara de reír e hiciera su movimiento de apertura.

Empezó mencionando todo lo que su hijo había hecho por Blue Ribbon. Insistió en que si Blue Ribbon seguía existiendo era gracias a él. Yo asentí con la cabeza, dejé que se expresara abiertamente y me resistí al impulso de establecer contacto visual con Johnson, que se había sentado aparte. Me pregunté si habían ensayado todo aquello, tal como Johnson y yo habíamos ensayado mi discurso antes de mi último viaje a Japón. Cuando Owen terminó, cuando dijo que, considerando los hechos, era evidente que su hijo debía ser socio de Blue Ribbon, yo carraspeé y le di la razón en que Johnson era un fuera de serie, que su trabajo había sido vital e inestimable. Pero entonces solté el mazazo.

—Lo cierto es que tenemos cuarenta mil dólares en ventas y debemos más que eso, de modo que sencillamente aquí no hay nada que repartir, colegas. Estamos discutiendo por las tajadas de un pastel que no existe.

Además, le dije a Owen que Bowerman no estaba dispuesto a

vender ni la más mínima fracción de su participación en Blue Ribbon, y, por lo tanto, yo tampoco podía hacerlo con la mía. Si lo hiciera, entregaría el control mayoritario de algo que yo había creado, lo cual no consideraba factible.

Entonces hice mi contraoferta. Le concedería a Johnson un aumento de sueldo de cincuenta dólares.

Owen se quedó mirándome. Era una mirada dura, feroz, perfeccionada a lo largo de numerosas e intensas negociaciones. Muchos dictáfonos habían salido por la puerta después de lanzar aquella mirada. Esperaba que cediera, que subiera mi oferta, pero por una vez en mi vida yo tenía ventaja, porque no tenía nada que ofrecer. Un «lo tomas o lo dejas» es como tener cuatro cartas del mismo palo. Difícil de superar.

Finalmente Owen volvió la vista hacia su hijo. Creo que ambos sabíamos desde un primer momento que Johnson sería el único que podría zanjar el asunto, y yo vi en su rostro que se debatía entre dos deseos contrapuestos. No quería aceptar mi oferta. Pero tampoco quería marcharse. Amaba Blue Ribbon. Necesitaba a Blue Ribbon. Para él, Blue Ribbon era el único lugar en el mundo donde encajaba, una alternativa al arenal empresarial que se había tragado a la mayoría de nuestros compañeros de clase y amigos, a la mayor parte de nuestra generación. Se había quejado un millón de veces de mi falta de comunicación; sin embargo, mi estilo de dirección del tipo *laissez faire* le había potenciado, le había dado alas. No era probable que encontrara esa clase de autonomía en ninguna otra parte. Al cabo de unos segundos me tendió la mano.

—Trato hecho —me dijo.

—Trato hecho —le dije yo a mi vez, estrechándosela.

Sellamos nuestro nuevo acuerdo con una carrera de seis millas. Creo recordar que gané.

Con Johnson en la Costa Este y Bork al frente de la tienda, me veía sobrepasado de empleados. Entonces recibí una llamada de Bowerman pidiéndome que añadiera otro más. Uno de sus antiguos corredores: Geoff Hollister.

Me llevé a Hollister a comer una hamburguesa, y nos caímos bien, pero me convenció del todo al no arredrarse lo más mínimo cuando me metí la mano en el bolsillo y me encontré sin dinero para pagar el almuerzo. De modo que lo contraté para que recorriera el estado vendiendo Tiger, convirtiéndolo así en el empleado a tiempo completo número tres.

Bowerman no tardó en llamarme de nuevo. Deseaba que contratara a otra persona. ¿Cuadruplicar mi personal en solo unos meses? ¿Creía que yo era General Motors? Podía haberme plantado, pero entonces me dijo el nombre del candidato.

Bob Woodell.

Yo lo conocía, por supuesto. Todo el mundo en Oregón lo conocía. Woodell había sido un destacado miembro del equipo de Bowerman en 1965. No una estrella, pero sí un competidor enérgico e inspirador. En un momento en que la Universidad de Oregón defendía su segundo título de campeón nacional en tres años, Woodell había surgido de la nada y había ganado en el salto de longitud nada menos que a la encomiada UCLA (la Universidad de California en Los Ángeles). Yo estuve allí, le vi hacerlo y me dejó tremendamente impresionado.

Al día siguiente anunciaron una noticia por televisión. Se había producido un accidente durante las celebraciones del día de la Madre en Oregón. Woodell y veinte de sus compañeros de fraternidad izaron una plataforma flotante en el Millrace, un riachuelo que serpenteaba a través del campus. Cuando intentaban darle la vuelta, uno perdió el equilibrio. A otro se le escapó de las manos. Otro la soltó. Alguien dio un grito y todos salieron corriendo. La plataforma se vino abajo, atrapó a Woodell y le aplastó la primera vértebra lumbar. Parecía que había pocas esperanzas de que pudiera volver a andar.

Bowerman había organizado un evento deportivo nocturno en el estadio Hayward Field a fin de recaudar fondos para cubrir los gastos médicos de Woodell, y ahora afrontaba la tarea de encontrarle una ocupación. El pobre chico estaba en casa de sus padres sentado en una silla de ruedas mirando las paredes, me explicó. Woodell había sondeado la posibilidad de convertirse en entrenador auxiliar de Bowerman, pero este me confesó:

—No creo que funcione, Buck. A lo mejor podría ayudarnos en Blue Ribbon.

Colgué y llamé a Woodell. Estuve a punto de decirle cuánto lamentaba su accidente, pero me contuve: no estaba seguro de que fuera lo mejor. Se me pasaron por la cabeza otra media docena de cosas, y todas me parecieron igualmente desacertadas. Nunca me había encontrado tan falto de palabras, y eso que durante la mitad de mi vida me había sentido cohibido al hablar. ¿Qué le dice uno a una estrella del atletismo que de repente no puede mover las piernas? Decidí atenerme a lo profesional. Le expliqué que Bowerman le había recomendado y me había preguntado si tenía algún un empleo para él en mi nueva empresa de calzado. Le sugerí que quedáramos para comer. Por supuesto, accedió.

Nos encontramos al día siguiente en una bocadillería del centro de Beaverton, un barrio residencial situado al norte de Portland. Woodell vino en coche; conducía él: había aprendido a manejar un vehículo especial, un Mercury Cougar con pilotaje manual. De hecho, llegó antes de la hora. Yo, quince minutos tarde.

De no haber sido por la silla de ruedas, no sé cómo lo habría reconocido cuando entré por la puerta. Lo había visto una vez en persona y varias por televisión, pero después de su calvario y de sus numerosas operaciones quirúrgicas estaba muchísimo más delgado. Había perdido casi treinta kilos, y sus facciones angulosas ahora parecían trazadas con un lápiz mucho más fino. Su cabello, en cambio, mantenía el color negro azabache y los rizos. Se parecía a un busto o un friso de Hermes que yo había visto en alguna parte de la campiña griega. Los ojos también los tenía negros, con un brillo acerado, sagaz… quizá triste. No muy distinto del de Johnson. Fuera por lo que fuese, resultaba fascinante, y encantador. Lamenté llegar tarde.

Se suponía que la comida era una entrevista de trabajo, pero esta era una mera formalidad, y ambos lo sabíamos. Los hombres de Oregón se cuidan unos a otros. Por suerte, lealtades aparte, nos caímos bien. Nos reímos, sobre todo cuando hablamos de Bowerman y recordamos sus numerosas formas de torturar a los corredores, al parecer para aportarles fortaleza, como cuando calentaba una llave en una estufa y se la ponía en la piel desnuda en la sauna. Ambos habíamos sido víctimas de ello. Al poco rato supe que le habría dado trabajo a Woodell aunque no lo hubiera conocido de nada. Con sumo gusto. Era la clase de persona con la que me llevaba bien. No estaba seguro de lo que era Blue Ribbon, o de si alguna vez llegaría a convertirse en algo, pero independientemente de lo que fuera o de lo que llegara a ser, esperaba que tuviera algo del espíritu de aquel hombre.

Le ofrecí que se encargara de abrir nuestra segunda tienda, en Eugene, cerca del campus, con un sueldo mensual de cuatrocientos dólares. Gracias a Dios no negoció. Si me hubiera pedido cuatro mil al mes, puede que hubiera encontrado la forma de dárselos.

—¿Trato hecho? —le pregunté.

—Trato hecho —me respondió él.

Me tendió la mano y estrechó la mía. Todavía apretaba con la fuerza de un atleta.

La camarera trajo la cuenta, y le dije solemnemente que invitaba yo. Saqué la cartera y me la encontré vacía. De modo que le pregunté al empleado a tiempo completo número cuatro de Blue Ribbon si podía hacerme un préstamo. Solo hasta el día de cobro.

Cuando no se dedicaba a enviarme nuevos empleados, Bowerman me mandaba los resultados de sus últimos experimentos. En 1966 había observado que la suela de la Spring Up se fundía como si fuera mantequilla, mientras que la entresuela se mantenía sólida. De modo que había instado a Onitsuka a fusionar la entresuela de la Spring Up con la suela de la Limber Up, creando así la zapatilla de entrenamiento de larga distancia definitiva. En 1967, Onitsuka nos acababa de enviar el prototipo, y resultaba asombroso. Con su lujoso acolchado y su elegante línea, parecía llegada del futuro.

Onitsuka nos preguntó cómo queríamos que se llamase. A Bowerman le gustaba Aztec, en homenaje a los Juegos Olímpicos de 1968, que se celebrarían en Ciudad de México. A mí me pareció bien. «Perfecto», dijo Onitsuka. Y así fue cómo nació la Aztec.

Entonces Adidas amenazó con ponernos una demanda. Ellos ya tenían una deportiva llamada Aztec Gold; una zapatilla de clavos para el atletismo en pista que planeaban presentar en los mismos Juegos Olímpicos. Nadie había oído hablar nunca de ella, pero eso no impidió que armaran un follón.

Exasperado, conduje montaña arriba hasta la casa de Bowerman para contárselo. Nos sentamos en el amplio porche, contemplando el río. Ese día refulgía como un cordón de plata. Él se quitó su gorra de béisbol, volvió a ponérsela, se frotó la cara.

—¿Cómo se llamaba el tío que puso a caldo a los aztecas? —me preguntó.

—Cortés —respondí.

Gruñó:

—Bueno. Pues llamémosla Cortez.

Estaba surgiendo en mí un malsano desprecio por Adidas. O tal vez fuera sano. Aquella empresa alemana llevaba dos décadas dominando el mercado del calzado de deporte, y tenía la típica arrogancia de un dominio incontestado. Obviamente, es posible que no fueran arrogantes, y que para motivarme tuviera que verlos como un monstruo. En cualquier caso, los despreciaba. Estaba harto de alzar la vista cada día y verlos siempre tan por delante de mí. No podía soportar la idea de estar destinado a que siempre fuera así.

Eso me trajo a la mente a Jim Grelle. En el instituto, Grelle —nosotros lo pronunciábamos *grella*, o a veces *gorilla*— había sido el corredor más rápido de Oregón, mientras que yo había sido el segundo, lo que para mí significó cuatro años de verle constantemente el cogote. Luego Grelle y yo fuimos a la Universidad de Oregón, donde prosiguió su tiranía. Cuando me gradué confiaba en no tener que volver a verle nunca más la espalda. Años después, cuando Grelle ganó los mil quinientos metros en el estadio Lenin de Moscú, yo llevaba el uniforme del ejército y estaba sentado en un sofá de la sala de estar de Fort Lewis. Alcé el puño ante la pantalla del televisor, orgulloso de mi compatriota oregoniano, aunque también algo contrariado por el recuerdo de las muchas veces que me había vencido. Empezaba a ver Adidas como un segundo Grelle. Saberme por detrás de ellos y verme legalmente fiscalizado por ellos me irritaba. Aunque también me impulsaba. Con fuerza.

Una vez más, en mi quijotesco esfuerzo por rebasar a un oponente superior, tenía a Bowerman como mi entrenador. De nuevo, él estaba haciendo todo lo posible para que ganara. Yo solía echar mano del recuerdo de sus viejas arengas previas a las carreras, especialmente cuando nos enfrentábamos a nuestros contrincantes de la Universidad Estatal de Oregón. Reproducía sus épicos discursos, le oía decirnos que la Estatal de Oregón no era rival para nosotros. Ganar a la USC y a California era importante, añadía, pero ganar a la Estatal de Oregón era… (pausa) otra cosa. Casi sesenta años después todavía me dan escalofríos cuando recuerdo sus palabras, su tono de voz. Nadie era capaz de motivarte como él, a pesar de que nunca levantaba la voz. Sabía cómo hablar de manera subliminal, insertando con astucia signos de exclamación como llaves calientes apretadas contra la piel.

Para obtener un extra de inspiración, a veces recordaba la primera vez que lo vi rondar por el vestuario repartiendo zapatillas nuevas. Cuando se acercó a mí, yo ni siquiera estaba seguro de que formara parte del equipo. Aún estaba en primer curso, todavía no sometido a prueba, todavía en fase de desarrollo. Pero él me empujó contra el pecho un nuevo par de zapatillas de clavos. «Knight», me dijo. Eso fue todo. Solo mi apellido. Ni una sílaba más. Yo bajé la cabeza y observé las deportivas. Eran del color verde Oregón, con franjas amarillas, lo más impresionante que había visto nunca. Las estreché entre mis brazos, y luego me las llevé a mi habitación y las coloqué con cuidado en el estante superior de mi librería. Recuerdo que las enfoqué con mi lámpara de mesa de cuello flexible.

Eran Adidas, por supuesto.

A finales de 1967, Bowerman inspiraba a muchas otras personas. Aquel libro del que me había hablado, aquel estúpido libro sobre *jogging*, había salido ya y estaba en las librerías. Con sus escasas cien páginas, *Jogging* predicaba el evangelio del ejercicio físico a una nación que raras veces lo había oído antes y se repantigaba en el sofá; e inexplicablemente resultó un éxito. Se vendieron un millón de ejemplares, desencadenó todo un movimiento y cambió el significado de la palabra «correr». Al poco tiempo, gracias a Bowerman y su libro, correr ya no era solo una actividad para bichos raros. Ya no era un culto sectario. Era algo... ¿guay?

Yo me alegré por él, pero también por Blue Ribbon. Sin duda su best seller nos daría publicidad y un empujón a nuestras ventas. Entonces me senté a leerlo. Se me hizo un nudo en el estómago. En su exposición sobre el equipamiento, Bowerman daba algunos consejos de sentido común, seguidos de unas desconcertantes recomendaciones. Mencionando el dolor de espinillas, decía que aunque era importante llevar unas zapatillas adecuadas, servía prácticamente cualquier calzado. «Le pueden servir los zapatos que lleva para trabajar en el jardín o para hacer trabajos domésticos.»

¿Qué?

En cuanto a la vestimenta, comentaba que llevar la ropa apropiada «puede ayudar anímicamente»; sin embargo, añadía, uno no debía obsesionarse con las marcas.

Puede que eso fuera cierto para el corredor ocasional, a diferencia del atleta, pero ¡por Dios!, ¿necesitaba ponerlo en letra impresa? ¿Cuando estábamos luchando por asentar una marca? Es más, ¿en qué situación nos dejaba a Blue Ribbon... y a mí? ¿Cualquier calzado valía? Si eso era verdad, ¿por qué demonios nos molestábamos en vender Tiger? ¿Por qué nos dedicábamos a andar por ahí haciendo el burro?

Ahí estaba yo persiguiendo a Adidas, pero en cierto modo al mismo tiempo todavía seguía persiguiendo a Bowerman, buscando su aprobación, y, como siempre, a finales de 1967 parecía sumamente improbable que llegara a alcanzar ninguno de los dos objetivos.

Gracias en gran medida a la zapatilla Cortez de Bowerman, cerramos el año a lo grande, cumpliendo nuestras expectativas de ingresos: ochenta y cuatro mil dólares. Casi esperaba con impaciencia mi próximo viaje al First National Bank. Finalmente Wallace tendría que ceder y aumentar el presupuesto. A lo mejor incluso aceptaba el valor del crecimiento.

Mientras tanto, Blue Ribbon había dejado pequeño mi apartamento. O quizá sería más exacto decir que se había adueñado de él. Ahora era como el pisito de soltero de Johnson. Solo faltaba una luz violeta y una cría de pulpo. No podía aplazarlo más, necesitaba una oficina adecuada, de modo que alquilé un amplio local en la parte este de la ciudad.

No era nada del otro mundo. Un viejo y desnudo espacio de trabajo con techos y ventanas altos, varias de las cuales estaban rotas o bien se habían quedado abiertas, lo que significaba que el local se mantenía a unos constantes y vigorizantes diez grados centígrados. Justo al lado había una ruidosa taberna llamada Pink Bucket, y cada día a las cuatro en punto de la tarde se ponía en marcha la máquina de discos. Las paredes eran tan finas que podías oír cómo caía el primer disco, y a partir de ese momento cada nota era un estallido.

Casi podías oír a la gente prendiendo cerillas, encendiendo cigarrillos, brindando. «¡A tu salud!»

Pero el alquiler era barato. Cincuenta pavos al mes.

Cuando le enseñé a Woodell el local, él aceptó que tenía cierto encanto. Tenía que gustarle, porque iba a transferirle de la tienda de Eugene a aquella oficina. En la tienda había mostrado enormes cualidades, grandes dotes de organización, junto con una energía ilimitada, pero creía que podía resultar más útil en lo que yo llamaba «la oficina central». Así fue; el primer día ya encontró una solución para las ventanas abiertas: se trajo una de sus viejas jabalinas para enganchar los pestillos y empujarlos hasta cerrarlas.

No podíamos permitirnos arreglar los cristales rotos de las demás ventanas, de modo que los días realmente fríos nos limitábamos a ponernos jerséis.

Mientras tanto, en medio de la sala levanté una pared de contrachapado, para tener un espacio de almacenamiento en la parte de atrás y un espacio de oficina y venta al público en la de delante. Yo no era precisamente un manitas y el suelo estaba bastante combado, de modo que la pared no era ni mucho menos recta ni uniforme. Desde unos tres metros de distancia parecía ondulada. A Woodell y mí nos pareció que quedaba genial.

En una tienda de artículos de oficina de segunda mano compramos tres escritorios desvencijados, uno para mí, otro para Woodell y otro para «la siguiente persona que fuera lo bastante estúpida para trabajar para nosotros». También construí un tablón de corcho en el que colgué diferentes modelos de Tiger, tomando prestadas algunas de las ideas de decoración de Johnson en Santa Mónica. En un rincón apartado monté una pequeña zona con asientos para que los clientes pudieran probarse las zapatillas.

Un día, cuando faltaban cinco minutos para las seis de la tarde, entró un alumno de instituto. «Necesito unas zapatillas para correr», dijo con timidez. Woodell y yo nos miramos y luego posamos la vista en el reloj. Estábamos rendidos, pero necesitábamos vender todo lo que pudiéramos. Hablamos con el chico sobre su empeine, sobre su zancada, sobre su vida, y le dimos varios pares. Se tomó su tiempo para atarse los cordones y caminar por la sala, y después de probárselos declaró: «No me quedan del todo bien». A las siete de la tarde dijo que tenía que irse a casa «y pensárselo». Se marchó, y Woodell y yo nos quedamos sentados en medio de un montón de cajas vacías y zapatillas desperdigadas. Le miré. Él me miró. ¿Así es cómo vamos a construir una empresa de calzado?

Mientras trasladaba poco a poco mis existencias de mi apartamento a mi nueva oficina, se me cruzó por la mente la idea de que podría tener más sentido olvidarme del apartamento y mudarme a la oficia, puesto que básicamente vivía allí de todos modos. Cuando no estaba en Price Waterhouse, ganándome el sustento, estaba en Blue Ribbon, y viceversa. Y podía ducharme en el gimnasio.

Pero me dije a mí mismo que vivir en la oficina es propio de un demente.

Entonces recibí una carta de Johnson en la que me decía que estaba viviendo en su nueva oficina.

Había decidido emplazar nuestro despacho de la Costa Este en Wellesley, un distinguido barrio residencial de Boston. Obviamente, incluía un mapa hecho a mano, y un dibujo, y más información de la que yo podría necesitar jamás sobre la historia, la topografía y las pautas climatológicas de Wellesley. También me explicaba por qué lo había elegido.

Al principio había pensado en Long Island, en Nueva York. A su llegada se reunió con el alumno de instituto que le había alertado sobre los tejemanejes del Hombre Marlboro. El muchacho lo llevó a hacer un recorrido, y Johnson vio lo suficiente de Long Island para saber que no era el sitio que buscaba. Dejó al chico, se dirigió al norte por la I-95, y cuando llegó a Wellesley encontró que tenía algo especial. Vio a varias personas corriendo por pintorescos caminos rurales, muchas de ellas mujeres con un gran parecido físico a Ali MacGraw. Ali MacGraw era el tipo de Johnson, y además recordó que había estudiado en el Wellesley College.

Luego se dio cuenta, o recordó, que la ruta del maratón de Boston pasaba directamente por la ciudad. ¡Adjudicado!

Buscó en su fichero y encontró la dirección de un cliente local, otra estrella del atletismo de instituto. Se dirigió a casa del chico y llamó a la puerta sin previo aviso. El muchacho no estaba, pero sus padres le dijeron a Johnson que era bienvenido y le invitaron a que lo esperara dentro. Cuando el chico llegó a casa se encontró a su vendedor de zapatillas sentado a la mesa del comedor cenando con su familia. Al día siguiente, después de que ambos salieran a correr juntos, el chico le dio a Johnson una lista de nombres —entrenadores locales, potenciales clientes, probables contactos— y una lista de los barrios que podrían gustarle. Al cabo de unos días había encontrado y alquilado una casita detrás de una funeraria. Firmando en nombre de Blue Ribbon, también la había convertido en su hogar. Quería que yo pagara la mitad de los doscientos dólares del alquiler.

En una posdata añadía que también tenía que comprar muebles. No contesté.

1968

Pasaba seis días a la semana en Price Waterhouse, dedicaba las primeras horas de la mañana, las últimas de la noche, todos los fines de semana y las vacaciones a Blue Ribbon. Sin amigos, sin ejercicio, sin vida social… pero encantado. Había un desequilibrio en mi vida, sin duda, pero no me importaba. De hecho, quería que todavía hubiera más. O al menos uno distinto.

Deseaba dedicar cada minuto de cada día a Blue Ribbon. Nunca había llevado a cabo varias tareas a la vez, y no veía razón para hacerlo ahora. Quería estar presente siempre. Centrarme constantemente en la única tarea que de verdad me importaba. Si mi vida iba a ser trabajo y nada de juego, quería que mi trabajo fuera un juego. Anhelaba abandonar Price Waterhouse. No es que la odiara, solo que no iba conmigo.

Quería lo que quiere todo el mundo. Ser yo, a tiempo completo.

Pero eso no era posible. Blue Ribbon simplemente no podía mantenerme. Aunque la empresa llevaba camino de duplicar las ventas por quinto año consecutivo, todavía no podía justificar un sueldo para su cofundador. De modo que decidí adoptar una solución de compromiso: buscar otro trabajo diurno, uno que me pagara las facturas pero que requiriera menos horas y me dejara más tiempo para mi pasión.

Lo único que se me ocurría que encajara en ese criterio era dar clases. De modo que eché una solicitud en la Universidad Estatal de

Portland y conseguí un empleo como profesor auxiliar, con un sueldo de setecientos dólares al mes.

Debería haber estado contento de dejar Price Waterhouse, pero
allí había aprendido mucho, y me entristecía separarme de Hayes.
«Se acabaron los cócteles después del trabajo», le dije. «Se acabó
Walla Walla.»

—Voy a centrarme en lo de las zapatillas —le expliqué.

Hayes frunció el ceño y murmuró algo como que me iba a echar
de menos, o que me admiraba.

Le pregunté qué iba a hacer él. Me respondió que iba a aguantar
en Price Waterhouse. Perder veinte kilos, que le hicieran socio, ese
era su plan. Le deseé suerte.

Como parte de mi ruptura formal, tuve que entrar a hablar con
el jefe, un socio mayoritario con el dickensiano nombre de Curly
Leclerc. Se mostró cortés, justo, calmado mientras representaba un
drama en un acto que había repetido cien veces: la conversación de
despedida. Me preguntó qué iba a hacer en lugar de trabajar para
una de las mejores firmas de contabilidad del mundo. Yo le respondí que había montado una empresa y esperaba que pudiera despegar,
y que mientras tanto iba a dar clases de contabilidad.

Se quedó mirándome. Me había salido del guión. Y mucho.

—¿Por qué demonios ha de hacer usted tal cosa?

Por último, faltaba la entrevista de despedida realmente difícil.
Se lo dije a mi padre. También él se quedó mirándome. Ya era bastante malo que anduviera por ahí haciendo el burro con las zapatillas,
me dijo, pero ¿ahora… esto? No es que enseñar fuera demasiado
respetable, pero hacerlo en la Estatal de Portland lo era mucho
menos.

—¿Qué voy a decirles a mis amigos? —me preguntó.

La universidad me asignó cuatro clases de contabilidad, incluyendo
Contabilidad 101. Pasé unas cuantas horas preparándome, repasando conceptos básicos, y cuando llegó el otoño el equilibrio de mi

vida había cambiado tal como yo había planeado. Todavía no tenía todo el tiempo que quería o que necesitaba para Blue Ribbon, pero sí disponía de más. Seguía un camino que me parecía que era el mío, y aunque no estaba seguro de adónde me conduciría, estaba dispuesto a averiguarlo.

De modo que el primer día del semestre, a comienzos de septiembre de 1967, me hallaba radiante de esperanza. Sin embargo, no ocurría lo mismo con mis alumnos. Poco a poco fueron entrando en el aula, irradiando aburrimiento y hostilidad. Durante la hora siguiente iban a estar confinados en aquella jaula sofocante, empapuzándose de algunos de los conceptos más áridos jamás ideados, y yo era el culpable, lo que me convertía en el objeto de su resentimiento. Me observaban con el ceño fruncido. Algunos directamente con cara de pocos amigos.

Yo les comprendía. Pero no iba a permitir que me hicieran perder la paciencia. De pie ante el atril con mi traje negro y mi estrecha corbata gris, me mantuve tranquilo… o casi. Siempre había sido algo inquieto, nervioso, y por entonces había adquirido varios tics, como ponerme gomas elásticas en la muñeca y jugar con ellas haciéndolas chasquear contra mi piel. Y puede que lo hiciera demasiado deprisa y fuerte, al ver a los alumnos desplomarse en la sala como si fueran los integrantes de una cadena de presos.

De pronto apareció una joven imponente que se deslizó en el aula con paso ligero y se sentó en la primera fila. Tenía una larga melena dorada que le caía sobre los hombros, y a juego llevaba unos pendientes de aro dorados que también le caían sobre los hombros. La miré; ella me miró. Un teatral lápiz de ojos negro resaltaba sus brillantes ojos azules.

Pensé en Cleopatra. Pensé en Julie Christie. Pensé: «¡Caramba!, la hermana pequeña de Julie Christie acaba de matricularse en mi clase de contabilidad».

Me pregunté cuántos años tendría. Supuse que aún no habría cumplido veinte, mientras chasqueaba las gomas contra mi muñeca, una y otra vez, sin dejar de mirarla, y luego fingiendo que no la miraba. Era difícil apartar la vista de ella. Y dilucidar algo sobre ella. ¡Tan joven, y sin embargo tan sofisticada…! Llevaba unos pendientes muy hippies, que contrastaban con un maquillaje de ojos *très chic*. ¿Quién era aquella muchacha? ¿Y cómo iba a poder concentrarme si la tenía en primera fila?

Pasé lista. Todavía recuerdo los nombres.

—¿Señor Trujillo?

—Aquí.

—¿Señor Peterson?

—Aquí.

—¿Señor Jameson?

—Aquí.

—¿Señorita Parks?

—Aquí —respondió la hermana pequeña de Julie Christie con voz suave.

Alcé la vista, medio sonriendo. Ella esbozó una sonrisa. Tracé a lápiz una trémula marca de verificación junto a su nombre completo: Penelope Parks. Penelope, como la fiel esposa de Ulises, el viajero que recorrió el mundo.

Presente y en orden de revista.

Decidí emplear el método socrático. Supongo que con ello emulaba a aquellos profesores de Oregón y Stanford en cuyas clases había disfrutado más. Y además me hallaba todavía bajo el conjuro de todo lo griego, todavía hechizado por mi jornada en la Acrópolis. Pero posiblemente formulando preguntas en lugar de perorar también intentaba desviar la atención de mí mismo, forzar a participar a los alumnos. Sobre todo a ciertas hermosas alumnas.

—Bien, señores —empecé—. Ustedes compran tres chismes casi idénticos por uno, dos y tres dólares respectivamente. Luego venden uno de ellos por cinco dólares. ¿Cuál es el coste del que han vendido? ¿Y cuál el beneficio bruto de la venta?

Se alzaron varias manos. Por desgracia, ninguna de ellas era la de la señorita Parks, que había bajado la vista. Al parecer, era incluso más tímida que el profesor. Me vi obligado a dar la palabra al señor Trujillo, y luego al señor Peterson.

—De acuerdo —proseguí—. El señor Trujillo ha valorado su inventario siguiendo el método FIFO, y ha obtenido un beneficio bruto de cuatro dólares. El señor Peterson, en cambio, ha utilizado el método LIFO, y ha obtenido un beneficio bruto de dos dólares. Entonces… ¿quién ha hecho mejor negocio?

Siguió una animada discusión en la que participó casi todo el mundo, salvo la señorita Parks. Yo la miré. Seguí mirándola. Ella no hablaba. No alzaba la vista. Pensé que tal vez no fuera tímida, sino poco brillante. ¡Qué pena que tuviera que dejar la clase! ¡O que yo tuviera que suspenderla!

Pronto empecé a machacar a mis alumnos con el principio básico de toda la contabilidad: activo igual a pasivo más patrimonio neto. «Esta ecuación fundamental siempre, siempre, debe estar equilibrada», les dije. «La contabilidad consiste en resolver problemas, y la mayoría de estos se reducen a algún tipo de desequilibrio en esta ecuación. Para resolverlos, pues, hay que equilibrarla», añadí. Me sentí algo hipócrita al decir eso, dado que mi empresa tenía una penosa ratio pasivo/patrimonio neto de noventa/diez. Más de una vez me estremecí al pensar en lo que diría Wallace si pudiera asistir a una de mis clases.

Pero al parecer mis alumnos no eran más capaces que yo de equilibrar esa ecuación. Los deberes que traían de casa eran terribles. Bueno, ¡a excepción de la señorita Parks! Bordó el primer trabajo. Con el siguiente, y luego el siguiente, se consolidó como la mejor estudiante de la clase. Y no solo se limitaba a acertar todas las respuestas, sino que además tenía una letra exquisita. Parecía caligrafía japonesa. ¿Una chica con aquel aspecto… y tan inteligente?

En los exámenes de mitad de trimestre sacó la nota más alta de la clase. No sé quién se puso más contento, si la señorita Parks o el señor Knight.

Poco después de que les devolviera los trabajos corregidos, ella se detuvo un momento al pasar junto a mi escritorio y me preguntó si podíamos hablar. «Por supuesto», le dije, echando mano de mis gomas de muñeca y dando con ellas una serie de vehementes chasquidos. Entonces quiso saber si podría considerar la posibilidad de ser su tutor. Me quedé perplejo.

—¡Vaya! —dije—. Sería un honor. —Y a continuación le solté—: ¿Le interesaría… un… trabajo?

—¿Un qué?

—Tengo una pequeña empresa de calzado… este… como cosa aparte. Y necesito algo de ayuda con la contabilidad.

Ella llevaba sus libros de texto apoyados contra el pecho. Los alineó cuidadosamente y pestañeó con coquetería.

—¡Ah! —dijo—. ¡Ah!, vale. De acuerdo. Puede ser… divertido.

Le ofrecí un sueldo de dos dólares a la hora. Ella asintió con la cabeza. Trato hecho.

Unos días después llegó a la oficina. Woodell y yo le dimos el tercer escritorio. Ella se sentó, apoyó las palmas de las manos sobre la mesa y recorrió la sala con la mirada.

—¿Qué quieren que haga? —preguntó.

Woodell le dio una lista de cosas —mecanografía, contabilidad, agenda, gestión de existencias, archivar facturas—, y le dijo que escogiera una o dos cada día y las hiciera.

Pero ella no escogió: las hizo todas. Con rapidez y resolución. En una semana ni Woodell ni yo éramos capaces de entender cómo habíamos podido arreglárnoslas sin ella.

No era solo la calidad de su trabajo lo que nos resultaba tan valioso, sino también el buen talante con el que lo llevaba a cabo. Desde el primer día se entregó a fondo. Captó lo que pretendíamos hacer, lo que intentábamos construir allí. Percibió que Blue Ribbon era única, que podría llegar a convertirse en algo especial, y ella quería aportar cuanto estuviera en su mano para que esto sucediera. Lo cual resultó ser mucho.

Tenía una extraordinaria facilidad para tratar con la gente, en especial con los representantes que no dejábamos de contratar. Cuando entraban en la oficina, la señorita Parks los evaluaba enseguida, y o bien los cautivaba o los ponía en su sitio, según lo que se requiriera. Aunque fuera tímida, podía mostrarse sardónica y divertida, y los representantes —esto es, los que le caían bien— a menudo se marchaban riendo, mirando hacia atrás por encima del hombro y preguntándose por qué se sentirían así.

La señorita Parks ejercía una gran influencia en Woodell. Por aquel entonces él estaba pasando una mala época. Su cuerpo se rebelaba contra la silla de ruedas y se resistía a aquella prisión vitalicia. Estaba lleno de llagas, además de sufrir otras afecciones relacionadas con el hecho de permanecer tanto tiempo sentado sin moverse. A menudo caía enfermo durante varias semanas seguidas. Pero cuando estaba en la oficina, cuando se sentaba junto a la señorita Parks, ella le devolvía el color a sus mejillas. Era como un bálsamo para él, y ser testigo de aquello me cautivaba.

La mayoría de los días me sorprendía a mí mismo ofreciéndome ansiosamente a cruzar la calle para ir a traerles la comida a la señorita Parks y a Woodell. Aquella era la clase de tarea que podíamos encargar a la señorita Parks, pero siempre me ofrecía voluntario para hacerla. ¿Era caballerosidad? ¿Brujería? ¿Qué me estaba ocurriendo? No me reconocía a mí mismo.

Y sin embargo, hay cosas que nunca cambian. Mi cabeza estaba tan llena de débitos y créditos, y de zapatillas y más zapatillas, que raras veces les traía lo que me habían pedido. La señorita Parks nunca se quejaba. Ni Woodell. Invariablemente, yo le daba a cada uno una bolsa de papel marrón y ellos intercambiaban una mirada de complicidad.

—Ardo en impaciencia por ver qué voy a comer hoy —murmuraba Woodell.

Por su parte, la señorita Parks se tapaba la boca con la mano, ocultando una sonrisa.

Creo que la señorita Parks era consciente de que me había hechizado. Hubo varias veces en que nos miramos a los ojos durante mucho rato, varias pausas incómodas. Recuerdo una carcajada especialmente nerviosa, un silencio cargado de significado. Recuerdo un largo momento de contacto visual que me mantuvo despierto toda la noche.

Entonces ocurrió algo. Una fría tarde de finales de noviembre, en un momento en que la señorita Parks no estaba en la oficina, yo me dirigía a la parte trasera del local cuando advertí que el cajón de su escritorio estaba abierto. Me detuve a cerrarlo, y entonces vi que dentro había… ¿un montón de cheques? Todos los cheques de su paga, que no había cobrado.

Aquello no era un trabajo para ella. Era otra cosa. Entonces, quizá… ¿era por mí? ¿Podía ser?

Podía ser.

(Más tarde descubrí que Woodell estaba haciendo lo mismo.)

El día de Acción de Gracias de aquel año, una histórica ola de frío asoló Portland. La brisa que normalmente entraba por los agujeros de las ventanas de la oficina era ahora un violento viento ártico. A veces las ráfagas eran tan fuertes que los papeles salían volando de los escritorios y los cordones de las zapatillas de muestra ondeaban. Estar en la oficina se hizo inaguantable, pero no podíamos permitirnos arreglar las ventanas, y tampoco cerrar. De modo que Woodell y yo nos trasladamos a mi apartamento, y la señorita Parks venía con nosotros cada tarde.

Un día, cuando Woodell ya se había ido a casa, la señorita Parks y yo nos quedamos muy callados. Al terminar la acompañé al ascensor. Apreté el botón de bajada. Ambos sonreímos con tirantez. Pulsé de nuevo. Los dos nos quedamos mirando la luz que había sobre la puerta del ascensor. Me aclaré la garganta.

—Señorita Parks —le dije—. ¿Le gustaría, esto… salir conmigo el viernes por la noche?

Aquellos ojos de Cleopatra. Aumentaron el doble de tamaño.

—¿Yo?

—No veo a nadie más por aquí —le dije.

¡Tin! Las puertas del ascensor se abrieron.

—¡Ah! —dijo, mirándose los pies—. Vale. Sí. De acuerdo.

Se metió a toda prisa en el ascensor, y cuando las puertas se cerraron todavía seguía mirándose los zapatos.

La llevé al zoo de Oregón. No sé por qué. Supongo que pensé que pasear y ver animales sería una forma discreta de conocernos. Además, las pitones birmanas, las cabras nigerianas y los cocodrilos africanos me darían la oportunidad de impresionarla con los relatos de mis viajes. Sentía la necesidad de jactarme de haber visto las pirámides, el templo de Niké... También le hablé de cuando caí enfermo en Calcuta. Nunca le había descrito a nadie aquel terrible momento en detalle. No sabía por qué se lo estaba contando a ella, salvo por el hecho de que Calcuta había representado uno de los momentos más solitarios de mi vida, y en cambio en aquel instante me sentía muy acompañado.

Le confesé que Blue Ribbon era endeble. Cualquier día podía irse todo al garete, pero aun así yo era incapaz de verme a mí mismo haciendo otra cosa distinta. Mi pequeña empresa de calzado era un ser que vivía y respiraba, le dije, que yo había creado de la nada. Le había insuflado la vida, lo había alimentado en la enfermedad, lo había resucitado varias veces de entre los muertos, y ahora quería, necesitaba, que se valiera por sí mismo y saliera al mundo.

—¿Me entiende? —le pregunté.

—Sí —dijo ella.

Paseamos por la zona de los leones y los tigres. Le conté que de ningún modo quería trabajar para nadie más. Quería construir algo que fuera mío, algo que pudiera señalar y decir: «Lo he hecho yo». Esa era la única forma que veía de hacer que la vida tuviera sentido.

Ella asintió con la cabeza. Al igual que los principios básicos de la contabilidad, lo comprendió todo intuitivamente, de inmediato.

Le pregunté si se veía con alguien. Ella me confesó que sí. Pero el chico... bueno, me dijo, era solo un chico. Todos los chicos con los que salía, añadió, eran solo eso: chicos. Hablaban de deportes y de coches (yo fui lo bastante inteligente para no confesar que ambas cosas me gustaban).

—Pero usted —concluyó—, usted ha visto mundo. Y ahora está arriesgándolo todo para crear esta empresa…

Se interrumpió. Yo me erguí. Nos despedimos de los leones y de los tigres.

En nuestra segunda cita nos fuimos andando al Jade West, un restaurante chino que había justo enfrente de la oficina. Mientras comíamos ternera mongola y pollo con ajo, me contó su historia. Todavía vivía con sus padres, y quería muchísimo a su familia, pero había inconvenientes. Su padre era un abogado del almirantazgo, lo que de entrada me pareció un buen empleo. Daba la impresión de que seguramente su casa sería más grande y mejor que en la que yo había crecido. Pero también me dio a entender que cinco hijos suponían una carga. El dinero era un problema constante. Lo habitual era tener que aplicar cierto nivel de racionamiento. Nunca había bastante; siempre había escasez de productos básicos, como el papel higiénico. Era un hogar marcado por la inseguridad. Y a ella no le gustaba la inseguridad; prefería la seguridad. Lo repitió de nuevo. La seguridad. Por eso se había sentido atraída por la contabilidad. Parecía estable, seria, segura, una línea de trabajo en la que ella siempre podía confiar.

Le pregunté por qué había escogido la Universidad Estatal de Portland. Ella me dijo que en realidad había empezado en la Estatal de Oregón.

—¡Ah! —exclamé yo, como si me hubiera confesado que había pasado una temporada en la cárcel.

Ella se rio.

—Si le sirve de consuelo, la odiaba.

Sobre todo porque no podía soportar la exigencia de que todo estudiante tuviera que hacer al menos un curso de oratoria. Ella era demasiado tímida para eso.

—Lo entiendo, señorita Parks.

—Llámeme Penny.

Después de cenar la llevé a casa y conocí a sus padres.

—Mamá, papá, este es el señor Knight.

—Encantado de conocerles —dije, estrechándoles la mano.

Nos miramos unos a otros. Luego a la pared. Luego al suelo. «Está haciendo un tiempo estupendo, ¿verdad?»

—Bueno —dije yo, dando un golpecito a mi reloj y haciendo chasquear mis gomas—. Es tarde, mejor me voy.

Su madre miró el reloj que había en la pared.

—Solo son las nueve —comentó—. Tendrá alguna cita importante.

Justo después de nuestra segunda cita, Penny se fue con sus padres a pasar la Navidad a Hawái. Me envió una postal, y yo lo interpreté como una buena señal. A su regreso, en su primer día de vuelta a la oficina, volví a invitarla. Era una noche gélida de principios de enero de 1968.

Fuimos de nuevo al Jade West, pero esta vez quedamos en encontrarnos allí, y yo llegué bastante tarde. Venía de participar en el comité evaluador de Eagle Scouts, motivo por el que Penny me estuvo dando bastante la lata.

—¿Eagle Scout? ¿Usted?

Yo lo interpreté como otra buena señal: se sentía lo bastante cómoda conmigo para mofarse de mí.

En algún momento de aquella tercera cita observé que ambos nos encontrábamos mucho más a gusto. Era estupendo. Aquella sensación continuó, y durante las semanas siguientes se intensificó. Estábamos forjando una relación, un sentimiento mutuo, la habilidad de comunicarnos de manera no verbal. Como solo pueden hacerlo dos personas tímidas. Cuando ella se sentía cohibida, o incómoda, yo lo percibía, y, dependiendo del momento, o bien le daba su espacio o bien intentaba que se soltara. Cuando yo me mostraba distante, enredado en algún debate interior conmigo mismo sobre la empresa, ella sabía si tenía que darme un golpecito en el hombro o esperar pacientemente a que yo regresara.

Legalmente Penny no tenía edad suficiente para beber alcohol, pero a menudo cogíamos prestado el permiso de conducir de una de mis hermanas y nos íbamos a tomar cócteles a un restaurante de la cadena Trader Vic's, en el centro. El alcohol y el tiempo obraron su magia. En febrero, más o menos hacia mi trigésimo cumpleaños, ella pasaba cada minuto de su tiempo libre en Blue Ribbon y las tardes en mi piso. En algún momento dejó de llamarme señor Knight.

Inevitablemente, la llevé a casa para que conociera a mi familia. Nos sentamos todos a la mesa del comedor, nos comimos la carne asada de mi madre, la regamos con leche fría y fingimos que la situación no era incómoda. Penny era la segunda chica que llevaba a casa, y aunque no poseía el alocado carisma de Sarah, lo que ella tenía era mejor. Su encanto era real, natural, y aunque a los Knight parecía gustarles, seguían siendo los Knight. Mi madre no dijo nada; mis hermanas trataron en vano de hacer de puente entre mi madre y mi padre; y este último formuló una serie de perspicaces y meditadas preguntas sobre el origen y la educación de Penny que le hicieron parecer una mezcla entre un funcionario de préstamos y un detective de homicidios. Penny me dijo más tarde que la atmósfera era exactamente la contraria a la de su casa, donde la cena era una gresca generalizada, un momento en el que todos reían y hablaban unos con otros, los perros ladraban y los televisores tronaban de fondo. Le aseguré que nadie habría podido sospechar que se había sentido fuera de lugar.

Después Penny me llevó a su casa, y pude comprobar la veracidad de todo lo que me había contado. Era efectivamente lo contrario a la mía. Aunque mucho mayor que el *château* Knight, era un desbarajuste. Las alfombras tenían manchas de toda clase de animales: un pastor alemán, un mono, un gato, varias ratas blancas, un ganso malhumorado… Y el caos era la norma. Además del clan de los Park y su arca de Noé, la casa era frecuentada por todos los golfillos del barrio.

Hice todo lo posible por mostrarme encantador, pero parecía que no podía conectar con nadie, ya fuera humano o no. Poco a poco, y con delicadeza, hice varios intentos de aproximación a la madre de Penny, Dot, que me recordaba a la tía Mame, la protagonista de la película *Tía y mamá*: estrafalaria, alocada y eternamente joven. En muchos aspectos era una permanente adolescente que se resistía a asumir su papel de matriarca. Me chocó que se comportara más como la hermana de Penny que como su madre, y de hecho, poco después de cenar, cuando Penny y yo la invitamos a venir a tomar una copa con nosotros, dijo que sí enseguida.

Pasamos por varios clubes nocturnos y terminamos en un *after-hours* en el lado este de la ciudad. Después de dos cócteles, Penny se pasó al agua… pero Dot no. Ella siguió bebiendo y bebiendo, y no tardó en levantarse de un salto y ponerse a bailar con toda clase de hombres extraños. Marineros y otras cosas peores. En un momento dado apuntó el pulgar en dirección a Penny y me dijo:

—¡Deshagámonos de esta aguafiestas! ¡Es un lastre!

Penny se tapó los ojos con las manos. Yo me eché a reír y me relajé: había superado la «Prueba de Dot».

El sello de aprobación de Dot prometía ser un activo unos meses después, cuando quise llevarme a Penny conmigo durante un fin de semana largo. Aunque Penny había pasado tardes en mi apartamento, en algunos aspectos todavía nos veíamos constreñidos por los convencionalismos. Mientras viviera bajo su techo, se sentía obligada a obedecer a sus padres y a cumplir sus normas y rituales. De modo que me vi forzado a obtener el consentimiento de su madre antes de tan largo viaje.

Me presenté en su casa vestido con traje y corbata. Jugué un poco con los animales, acaricié al ganso y le dije a Dot que quería hablar con ella. Ambos nos sentamos a la mesa de la cocina, ante dos tazas de café, y entonces le dije que Penny me importaba muchísimo.

Dot sonrió. Le dije que creía que también yo le importaba muchísimo a ella. Dot volvió a sonreír, pero con menos seguridad. Le dije que quería llevármela a Sacramento a pasar el fin de semana. Al campeonato nacional de atletismo.

Dot tomó un sorbo de café y frunció los labios.

—¡Hum…! No —respondió—. No, no, Buck, me parece que no. Creo que no es buena idea.

—Vaya —dije yo—. Me apena oír eso.

Fui a buscar a Penny, la encontré en una de las habitaciones de la parte trasera de la casa y le dije que su madre había dicho que no. Penny se llevó las palmas de las manos a las mejillas. Yo le dije que no se preocupara: me iría a casa, recapacitaría y trataría de pensar en algo.

Al día siguiente volví a su casa y le pedí otra vez a Dot que me dedicara un momento. Nos sentamos de nuevo en la cocina delante de dos tazas de café.

—Dot —le dije—, probablemente ayer no supe explicarle bien que voy muy en serio con su hija. ¿Sabe? Quiero a Penny. Y ella me quiere a mí. Y si las cosas siguen así, nos veo construyendo una vida juntos. Así que espero que reconsidere su respuesta de ayer.

Dot removió el azúcar de su café, tamborileando con los dedos sobre la mesa. Tenía una mirada extraña en el rostro, de miedo y frustración. Ella no había participado en muchas negociaciones, e ignoraba que la regla básica de cualquier negociación es saber lo que quieres, lo que necesitas llevarte para salir airoso. De modo que se quedó desconcertada y cedió al instante.

—Vale —me dijo—. De acuerdo.

Penny y yo volamos a Sacramento. Estábamos emocionados por el viaje, lejos de los padres y los toques de queda, aunque yo sospechaba que ella estaba todavía más contenta aún al poder hacer uso de su regalo de graduación en el instituto: un juego de maletas de color rosa.

Fuera cual fuese la razón, nada pudo mermar su buen humor. Aquel fin de semana hizo un calor sofocante, más de treinta y siete grados, pero no se quejó ni una sola vez, ni siquiera de los asientos metálicos de las gradas, convertidos en una parrilla. Tampoco se aburrió cuando le expliqué los pormenores del atletismo en pista, la soledad y el trabajo del corredor. Se mostró interesada. Como siempre, lo captó todo de inmediato.

Me la llevé a la zona de hierba interior de la pista, le presenté a los corredores que conocía, y a Bowerman, que la alagó con cortesía, diciéndole que era muy guapa y preguntándole muy serio qué hacía con un zángano como yo. Nos quedamos con mi antiguo entrenador a ver las últimas carreras del día.

Aquella noche nos alojamos en un hotel de la periferia de la ciudad, en una suite pintada y decorada en un inquietante tono marrón. Ambos coincidimos en que era el color de una tostada quemada. El domingo por la mañana lo pasamos en la piscina, huyendo del sol, y compartiendo la sombra que había bajo el trampolín. En un momento dado saqué el tema de nuestro futuro. Al día siguiente yo emprendería un largo y esencial viaje a Japón destinado a cimentar mi relación con Onitsuka, o eso esperaba. Le expliqué que a mi regreso, más avanzado el verano, no podríamos seguir «saliendo», ya que la Estatal de Portland no veía con buenos ojos las relaciones entre profesores y alumnos. Teníamos que hacer algo para formalizar lo nuestro, para situarlo fuera del alcance de cualquier reproche. Y eso implicaba casarse.

—¿Podrías encargarte de organizar una boda tú sola mientras yo estoy fuera? —le pregunté.

—Sí —respondió ella.

Apenas hubo discusión, ni suspense, ni emoción. No hubo negociación. Todo parecía un resultado inevitable. Nos metimos en la suite color tostada quemada y llamamos a casa de Penny. Al primer timbrazo contestó Dot. Le di la noticia, y tras una larga y sofocante pausa, me dijo:

—¡Hijo de puta! —Y colgó.

Al cabo de un momento llamó ella. Dijo que había reaccionado impulsivamente porque había planeado pasar el verano divirtiéndose con Penny y se había sentido decepcionada. Pero luego comentó que sería casi igual de divertido pasar el verano planificando la boda.

A continuación telefoneamos a mis padres. Parecieron alegrarse, pero mi hermana Jeanne acababa de casarse y estaban un poco hartos de bodas.

Colgamos, nos miramos el uno al otro, miramos el papel pintado marrón, la alfombra marrón, y suspiramos. Así es la vida.

No paraba de repetirme a mí mismo, una y otra vez: «Estoy prometido, estoy prometido». Sin embargo, no acababa de asumirlo, puede que fuera porque estábamos en un hotel en plena ola de calor en las afueras de Sacramento. Más tarde, cuando llegamos a casa y fui a una joyería de la cadena Zales a por un anillo de compromiso con una esmeralda, empezó a parecerme real. La piedra y la montura costaban quinientos dólares, lo que resultaba muy real. Pero en ningún momento me puse nervioso ni me pregunté con el típico remordimiento masculino: «¡Ay, Dios!, ¿pero qué he hecho?». Aquellos meses que había estado saliendo y conociendo a Penny habían sido los más felices de mi vida, y ahora tendría la posibilidad de perpetuar aquella felicidad. Así es como lo veía. Tan básico como la Contabilidad 101. Activo igual a pasivo más patrimonio neto.

Solo cuando partí rumbo a Japón, solo cuando le di un beso de despedida a mi prometida y le aseguré que la escribiría en cuanto llegara, fui plenamente consciente de la realidad con todas sus dimensiones y contornos. Tenía algo más que una prometida, una amante y una amiga: tenía una compañera. En el pasado yo me había dicho a mí mismo que Bowerman era mi compañero, y en cierta medida también Johnson. Pero la relación con Penny era algo único, sin precedentes. Una alianza de las que te cambian la vida. No es que eso me pusiera nervioso; solo me hacía ser más consciente. Nunca antes me había despedido de una auténtica compañera, y eso resultaba algo tremendamente distinto. «Mira por dónde», pensé.

«La forma más sencilla de averiguar qué sientes por una persona es despidiéndote de ella.»

Por una vez, mi antiguo contacto en Onitsuka seguía siendo mi contacto. Kitami seguía ahí. No le habían reemplazado. No le habían reasignado. Al contrario, a juzgar por su comportamiento, su posición en la empresa estaba más afianzado. Parecía más relajado, más seguro de sí mismo.

Me recibió como a un miembro de la familia, me dijo que estaba encantado con los resultados de Blue Ribbon, y con nuestra oficina de la Costa Este, que florecía bajo la dirección de Johnson.

—Ahora pongámonos a trabajar en la forma de hacernos con todo el mercado estadounidense —añadió.

—Me gusta como suena eso —dije yo.

Yo llevaba en mi maletín unos nuevos diseños de zapatillas tanto de Bowerman como de Johnson, incluyendo uno en el que ambos habían trabajado en equipo, una zapatilla que llamábamos Boston. Tenía un innovador acolchado en toda la extensión de la entresuela. Kitami apoyó los diseños en la pared y los examinó atentamente. Se llevó una mano a la barbilla. Le gustaban, me dijo.

—Me gustan muchísimo —insistió, dándome una palmadita en la espalda.

Durante las semanas siguientes nos reunimos muchas veces, y en todas ellas percibí algo casi fraternal en él. Una tarde mencionó que su departamento de Exportación iba a celebrar su picnic anual en unos días.

—¡Venga! —me dijo.

—¿Yo? —pregunté.

—Sí, sí —añadió—, usted es miembro honorario del departamento de Exportación.

El picnic se celebraba en Awaji, una diminuta isla situada cerca de Kobe. Para ir hasta allí cogimos un pequeño barco, y al llegar vimos unas largas mesas montadas a lo largo de la playa, todas ellas cubiertas de fuentes de mariscos y boles de fideos y de arroz. Junto a las mesas había unas tinas llenas de botellas frías de soda y cerveza. Todos los presentes llevaban bañadores y gafas de sol, y reían. Personas a las que yo había conocido solo en un reservado entorno corporativo se comportaban ahora de una manera tonta y despreocupada.

Más avanzado el día hubo una serie de competiciones. Ejercicios para fomentar el trabajo en equipo como carreras de sacos de relevos y carreras a pie sobre las olas rompientes. Yo hice alarde de mi velocidad, y todo el mundo se inclinó ante mí cuando crucé el primero la línea de meta. Todos estuvieron de acuerdo en que el *gaijin* flacucho era muy rápido.

Yo iba poco a poco familiarizándome con la lengua. Sabía que «zapato» en japonés era *gutzu* e «ingresos» *shunyu*. Sabía pedir la hora y preguntar por una dirección, y aprendí una frase que utilizaba a menudo: *Watakushi domo no kaisha ni tsuite no joh hou des.*

He aquí algo de información sobre mi empresa.

Hacia el final del picnic me senté en la arena y mi vista se perdió en la extensión del Pacífico. Estaba viviendo dos vidas distintas, ambas maravillosas, ambas confluyentes. En casa formaba parte de un equipo, integrado por Woodell, Johnson y yo, y ahora Penny. Aquí en Japón formaba parte de otro, integrado por Kitami y yo, y toda la buena gente de Onitsuka. Era un solitario por naturaleza, pero desde la infancia se me habían dado bien los deportes de equipo. Mi psique se hallaba en armonía cuando disponía de una combinación de tiempo para mí solo y tiempo de equipo. Exactamente lo que tenía ahora.

Además, estaba haciendo negocios con un país al que había llegado a amar. El temor inicial se había desvanecido. Entendía la timidez de los japoneses, la simplicidad de su cultura y sus productos y sus artes. Me gustaba que intentaran dotar de belleza cada una de las partes de la vida, desde la ceremonia del té hasta el inodoro. Me gustaba que la radio anunciara cada día con exactitud qué cerezos, en qué esquinas, estaban floreciendo, y en qué medida.

Mi ensoñación se vio interrumpida cuando un hombre llamado Fujimoto se sentó a mi lado. Cincuentón, de hombros caídos, tenía un aspecto de abatimiento que iba más allá de la melancolía característica de la edad madura. Era como una especie de Charlie Brown japonés. Y sin embargo, pude ver que estaba haciendo un esfuerzo por sobreponerse, por mostrarse jovial conmigo. Forzó una gran sonrisa y me dijo que le encantaba Estados Unidos, que anhelaba vivir allí. Yo le dije que justamente acababa de pensar en lo mucho que me encantaba Japón.

—Quizá deberíamos intercambiar nuestros sitios —añadí.

Él sonrió con tristeza.

—Cuando quiera.

Elogié su inglés. Él me dijo que lo había aprendido de unos soldados estadounidenses.

—Es gracioso —comenté—. Las primeras cosas que aprendí sobre la cultura japonesa también me las enseñaron dos antiguos soldados estadounidenses.

Las primeras palabras que le enseñaron, me dijo, fueron: *Kiss my ass!* Nos reímos mucho.

Le pregunté dónde vivía, y su risa se desvaneció.

—Hace meses —me dijo— perdí hogar. Tifón Billie. —La tormenta había devastado por completo las islas japonesas de Honshu y Kyushu, junto con dos mil casas—. La mía —añadió Fujimoto— era una de ellas.

—Lo siento mucho —le dije yo.

Él asintió con la cabeza, mirando al mar. Me dijo que había vuelto a empezar. Como hacen los japoneses. Lo único que no había podido reemplazar, lamentablemente, era su bicicleta. En la década de 1960 las bicicletas eran desorbitadamente caras en Japón.

Kitami se acercó a nosotros. Pude ver que Fujimoto se levantaba de inmediato y se iba.

Le mencioné a Kitami el hecho de que Fujimoto había aprendido inglés gracias a unos soldados estadounidenses, y me respondió con orgullo que él había aprendido inglés absolutamente solo, con un disco. Le felicité, y le dije que esperaba que un día yo pudiera hablar tan bien japonés como él inglés. Entonces le mencioné que pronto iba a casarme. Le hablé un poco de Penny, y él me felicitó y me deseó suerte.

—¿Cuándo es la boda? —me preguntó.

—En septiembre —respondí.

—¡Ah! —dijo—. Yo iré a América un mes después, cuando vaya con el señor Onitsuka a los Juegos Olímpicos en Ciudad de México. Puede que visitemos Los Ángeles.

Me invitó a coger un avión hasta allí y cenar con ellos. Yo le dije que estaría encantado.

Al día siguiente volví a Estados Unidos, y una de las primeras cosas que hice después de aterrizar fue meter cincuenta dólares en un sobre y enviárselos por correo aéreo a Fujimoto. Escribí en una tarjeta: «Para una bicicleta nueva, amigo mío».

Al cabo de unas semanas llegó un sobre de Fujimoto. Eran mis cincuenta dólares, doblados dentro de una nota en la que explicaba que les había preguntado a sus superiores si podía quedarse el dinero y que ellos le habían dicho que no.

Luego había una posdata: «Si me los envía a mi casa, puedo quedármelos». Así lo hice.

Así fue como nació otra relación que cambiaría mi vida.

El 13 de septiembre de 1968, Penny y yo intercambiamos nuestros votos ante doscientas personas en la iglesia episcopal de San Marcos, en el centro de Portland, ante el mismo altar donde se habían casado los padres de Penny. Había pasado un año, casi exacto, desde que la señorita Parks entrara por primera vez en mi clase. En cierto modo volvía a estar en primera fila, solo que en esta ocasión yo me hallaba de pie a su lado. Y ahora ella era la señora Knight.

Ante nosotros estaba su tío, un sacerdote episcopaliano de Pasadena, que fue quien presidió la ceremonia. Penny temblaba, y era incapaz de levantar la barbilla para mirarle a él, o a mí, a los ojos.

Yo no temblaba porque había hecho trampa. En el bolsillo del pecho llevaba dos minibotellines de whisky de esos de los aviones, que había guardado de mi reciente viaje a Japón. Me bebí uno justo antes de la ceremonia, y otro justo después.

Mi padrino de boda era el primo Houser, mi abogado y compinche. Mis otros asistentes eran dos hermanos de Penny, más un amigo de la escuela de negocios, y Cale, que momentos antes de la ceremonia me dijo:

—Es la segunda vez que te veo tan nervioso.

Nos reímos y rememoramos por enésima vez aquel día en que presenté en Stanford mi trabajo en el seminario sobre espíritu emprendedor. «Hoy es algo parecido», pensé. «De nuevo estoy diciendo ante una sala llena de gente que algo es posible, que algo puede tener éxito, cuando lo cierto es que en realidad no lo sé. Hablo desde la teoría, la fe y la bravuconería, como todos los novios. Y todas las novias.» Nos correspondía a Penny y a mí demostrar la verdad de lo que decíamos aquel día.

El banquete se celebró en el Garden Club de Portland, donde las damas de sociedad se reunían las noches de verano para tomar daiquiris e intercambiar chismorreos. Era una noche cálida. El cielo amenazaba lluvia, pero no llegó a descargar. Bailé con Penny. Con Dot. Con mi madre. Antes de la medianoche, Penny y yo nos despedimos de todos y nos metimos de un salto en mi nuevo y flamante coche, un Cougar de color negro azabache. Conduje a toda velocidad hasta la costa, a dos horas de distancia, donde íbamos a pasar el fin de semana en la casa de la playa de sus padres.

Dot nos estuvo llamando cada media hora.

1969

De repente, todo un nuevo elenco de personajes entraban y salían de la oficina. El aumento de las ventas me permitía contratar cada vez a más y más representantes. La mayoría de ellos eran antiguos corredores, y excéntricos como solo los antiguos corredores pueden serlo. Pero cuando se trataba de vender solo pensaban en el negocio. Dado que lo que intentábamos hacer les inspiraba, y que trabajaban únicamente a comisión (a dos dólares el par), no había camino que no recorrieran, acudían a todos los eventos de atletismo de instituto o universitario que hubiera en un radio de mil millas, y sus extraordinarios esfuerzos estaban aumentando aún más nuestras cifras.

En 1968 habíamos facturado ciento cincuenta mil dólares en ventas, y en 1969 íbamos camino de quedarnos justo por debajo de los trescientos mil. Aunque seguía sintiendo el aliento de Wallace en la nuca, incordiándome para que bajara el ritmo y gimoteando sobre mi falta de patrimonio neto, decidí que a Blue Ribbon le iba lo bastante bien para justificar un sueldo para su fundador. Justo antes de mi trigesimoprimer cumpleaños di aquel atrevido paso. Dejé la Estatal de Portland y pasé a dedicarme a tiempo completo a mi empresa, pagándome a mí mismo la generosa cantidad de dieciocho mil dólares al año.

Sobre todo, me dije, la mejor razón para dejar la Estatal de Portland era que ya había obtenido más de la universidad —Penny— de lo que habría esperado nunca. Sin embargo, también había conseguido algo más, aunque por aquel entonces yo no lo supiera. Ni podía imaginarme tampoco lo valioso que resultaría.

En mi última semana en el campus, caminando por los pasillos, observé a un grupo de chicas de pie en torno a un caballete. Una de ellas embadurnaba un gran lienzo, y al pasar la oí lamentarse de que no podía permitirse asistir a un curso de pintura al óleo. Me detuve, admirando el lienzo.

—Mi empresa podría dar trabajo a una artista —dije.

—¿Qué? —preguntó ella.

—Necesito a alguien que haga unos anuncios para mi empresa. ¿Le gustaría ganar un dinero extra?

Yo todavía no era consciente de las bondades de la publicidad, pero estaba empezando a aceptar que no podía seguir ignorándola. La Standard Insurance Company acababa de publicar un anuncio a toda página en el *Wall Street Journal*, promocionando a Blue Ribbon como una de las empresas jóvenes y dinámicas que figuraban entre sus clientes. El anuncio incluía una foto de Bowerman y yo… mirando fijamente una zapatilla. No como si fuéramos innovadores del calzado, sino como si fuera la primera deportiva que habíamos visto en nuestra vida. Parecíamos retrasados. Resultaba embarazoso.

En algunos de nuestros anuncios el modelo no era otro que Johnson. Aquí Johnson vistiendo un chándal azul. Allá Johnson blandiendo una jabalina. En lo referente a la publicidad, nuestro enfoque era primitivo y chapucero. Nos las arreglábamos improvisando, aprendiendo sobre la marcha, y se notaba. En cierto anuncio —creo que era de la zapatilla de maratón Tiger— nos referíamos a un nuevo tejido como *swooshfiber*.* A día de hoy ninguno de nosotros recuerda a quién se le ocurrió el término ni qué significaba. Pero sonaba bien.

La gente me decía constantemente que la publicidad era impor-

* Literalmente sería algo así como una «fibra que corta el aire» o «que pasa zumbando». *(N. del T.)*

tante, que era lo último. Yo siempre hacía un gesto de fastidio. Pero si resultaba que en nuestros anuncios había fotos ñoñas y palabras inventadas —y Johnson posando de manera seductora en un sofá—, era evidente que tenía que empezar a prestarle más atención.

—Le daré dos pavos la hora —le dije a la famélica artista del pasillo de la Estatal de Portland.

—¿Por hacer qué? —me preguntó.

—Diseñar anuncios de imprenta —le respondí—, hacer algo de rotulación, logotipos, quizá unos cuantos diagramas y gráficos para presentaciones.

No parecía nada del otro mundo. Pero la pobre chica estaba desesperada.

Escribió su nombre en una hoja de papel. Carolyn Davidson. Y su número de teléfono. Lo guardé en el bolsillo, y luego me olvidé por completo de él.

Contratar a representantes y artistas gráficos revelaba un gran optimismo, y a mí no es que me sobrara precisamente. Tampoco es que fuera pesimista. Por lo general intentaba mantenerme entre los dos extremos, sin entregarme a ninguno. Pero mientras se acercaba 1969, yo me encontraba contemplando el espacio y pensando que el futuro podía ser brillante. Tras un reparador sueño nocturno y un copioso desayuno, tenía muchos motivos para la esperanza. Aparte de nuestras robustas y crecientes cifras de ventas, Onitsuka no tardaría en sacar varios nuevos y fascinantes modelos de zapatillas, incluyendo la Obori, que llevaba una capellada de nailon ligera como una pluma. O la Marathon, también de nailon, con elegantes líneas que recordaban al Volkswagen Karmann Ghia. «Se venderán solas», le dije muchas veces a Woodell, «simplemente colgándolas en el tablón de corcho.»

Por otra parte, Bowerman había vuelto de Ciudad de México, donde había sido entrenador auxiliar del equipo olímpico estadounidense, lo que significaba que había tenido un papel decisivo en el hecho de que Estados Unidos ganara más medallas de oro de las que había ganado nunca ningún otro equipo de ningún otro país. Mi compañero no era célebre, era legendario.

Telefoneé a Bowerman, impaciente por conocer su opinión sobre los juegos, y en especial por lo que se los recordaría siempre, la protesta de John Carlos y Tommie Smith. De pie en el podio mientras sonaba el himno estadounidense, los dos hombres habían inclinado la cabeza y habían levantado el puño envuelto en un guante negro, un gesto escandaloso con el que pretendían llamar la atención sobre el racismo, la pobreza y las violaciones de los derechos humanos. Todavía se les condenaba por ello. Pero Bowerman, como yo esperaba, los apoyaba. Bowerman apoyaba a todos los corredores.

Carlos y Smith estaban descalzos durante la protesta: se habían quitado ostentosamente sus zapatillas Puma y las habían dejado en las gradas. Yo le dije a Bowerman que era incapaz de determinar si aquello había sido bueno o malo para la marca Puma. ¿Acaso todo acto de propaganda era realmente bueno? ¿Era la propaganda como la publicidad? ¿Una quimera?

Bowerman soltó una risita y me dijo que no estaba seguro.

Luego me habló del escandaloso comportamiento de Puma y Adidas durante todos los juegos. Las dos mayores empresas de calzado deportivo del mundo —dirigidas por dos hermanos alemanes que no se podían ver— se habían perseguido la una a la otra como los policías de las películas mudas por toda la Villa Olímpica, compitiendo por todos los atletas. Habían circulado enormes sumas de dinero, a menudo metido en zapatillas para correr o en sobres de papel manila. Uno de los representantes de Puma incluso había acabado en la cárcel (corría el rumor de que Adidas le había tendido una trampa). Estaba casado con una esprínter, y Bowerman bromeó diciendo que solo se había casado con ella para asegurarse su promoción.

Lo que era aún peor, la cosa no se había detenido en simples sobornos. Puma había transportado clandestinamente a Ciudad de México varios camiones cargados de zapatillas, mientras que Adidas se las había ingeniado para evadir los duros aranceles de importación del país. Me enteré por radio macuto de que lo habían logrado produciendo una cantidad simbólica de deportivas en una fábrica de Guadalajara.

Bowerman y yo no nos sentíamos moralmente ofendidos; nos sentíamos marginados. Blue Ribbon no tenía dinero para comprar a nadie, y, por lo tanto, tampoco presencia alguna en los juegos.

Nosotros habíamos tenido un precario estand en la Villa Olímpica, y a un tío trabajando en él: Bork. Yo no sabía si Bork se había quedado allí sentado leyendo cómics o simplemente no había podido competir con la enorme presencia de Adidas y Puma, pero fuera como fuese, el caso es que su estand había generado cero volumen de negocio, cero ruido. Nadie se acercó por allí.

En realidad sí se acercó una persona. Bill Toomey, un brillante decatleta estadounidense, pidió unas Tiger a fin de mostrar al mundo que a él no se le podía comprar. Pero Bork no tenía su talla. Ni las zapatillas adecuadas para ninguna de sus pruebas.

Bowerman me informó de que muchos atletas entrenaban con Tiger. Solo que luego nadie competía con ellas. Una de la razones era la calidad: simplemente todavía no eran lo bastante buenas. Pero el motivo principal era el dinero. Nosotros no teníamos ni un céntimo para acuerdos de promoción.

—No es que estemos arruinados —le dije a Bowerman—, es solo que no tenemos dinero.

Él gruñó.

—Sea como sea —me dijo—, ¿no sería maravilloso poder pagar a los atletas? ¿De forma legal?

Por último, Bowerman me explicó que en los juegos se había topado con Kitami. No le caía demasiado bien.

—No entiende un carajo de zapatillas —se quejó Bowerman—. Y es demasiado falso. Demasiado pagado de sí mismo.

Yo empezaba a sospechar lo mismo. Los últimos telegramas y cartas de Kitami me sugerían que quizá no fuera la persona que parecía, ni tan fan de Blue Ribbon como había aparentado ser la última vez que estuve en Japón. Había algo que me daba mala espina. Quizá se disponía a subirnos los precios. Se lo mencioné a Bowerman, y le dije que yo estaba tomando medidas para protegernos. Antes de colgar me jacté de que, aunque no tuviera bastante dinero o caché para comprar a atletas, sí tenía el suficiente para comprar a alguien de Onitsuka. Tenía un hombre dentro, le dije, un hombre que actuaba como mis ojos y mis oídos y que vigilaba de cerca a Kitami.

Envié un memorando explicando otro tanto a todos los empleados de Blue Ribbon (por aquel entonces teníamos unos cuarenta). Por más que me hubiera enamorado de la cultura japonesa —todavía guardaba mi espada de samurái de recuerdo al lado de mi escritorio—, también les advertí que las prácticas empresariales japonesas resultaban del todo desconcertantes. En Japón no podías predecir lo que haría tu competencia o tu socio. Yo había renunciado a intentarlo. En cambio, escribí:

> He dado lo que creo que es un gran paso para mantenernos informados. He contratado a un espía. Trabaja a tiempo completo en el departamento de Exportación de Onitsuka. Sin entrar en una detallada exposición del porqué, solo os diré que me parece de confianza.
>
> Puede que lo consideréis poco ético, pero el sistema de espionaje está arraigado y completamente aceptado en los círculos empresariales japoneses. De hecho tienen escuelas de espías industriales, del mismo modo que nosotros tenemos escuelas de mecanógrafos y taquígrafos.

No tengo ni idea de qué fue lo que me hizo utilizar la palabra «espía» de un modo tan descuidado y atrevido, aparte del hecho que por entonces James Bond hacía furor. Tampoco puedo entender por qué, cuando estaba revelando tanta información, no mencioné el nombre del espía. Se trataba de Fujimoto, cuya bicicleta había reemplazado.

Creo que de algún modo debí de ser consciente de que el memorando era un error, una terrible estupidez. Y que en algún momento habría de lamentarlo. Creo que lo sabía. Pero a menudo me encuentro a mí mismo tan desconcertante como las prácticas empresariales japonesas.

Tanto Kitami como el señor Onitsuka asistieron a los Juegos de Ciudad de México, y después cogieron un vuelo a Los Ángeles. Yo volé desde Oregón a fin de reunirme con ellos para cenar en un restaurante japonés de Santa Mónica. Por supuesto, me retrasé, y cuando llegué ellos estaban hasta arriba de sake. Parecían estudiantes en vacaciones: los dos ataviados con sombreros mexicanos de recuerdo y gritando ¡yuju!

Me esforcé en reproducir su humor festivo. Les reí todos los chistes, les ayudé a terminar varias fuentes de sushi y en general hice buenas migas con ambos. Aquella noche en mi hotel me acosté pensando, esperando, que quizá me había obsesionado un poco con Kitami.

A la mañana siguiente cogimos todos el avión a Portland para que pudieran conocer a la cuadrilla de Blue Ribbon. Me di cuenta de que en mis cartas a Onitsuka, por no hablar de mis conversaciones con ellos, posiblemente había exagerado el esplendor de nuestra «sede central mundial». En efecto, al entrar percibí la decepción en el rostro de Kitami. Y vi también al señor Onitsuka mirar a su alrededor, desconcertado. Me apresuré a excusarme.

—Puede que les parezca pequeña —les dije, riendo fuerte—, ¡pero desde esta sala hacemos grandes negocios!

Observaron las ventanas rotas, la más cercana de las ventana cerradas con jabalina, la separación de contrachapado ondulado. Observaron a Woodell en su silla de ruedas. Sintieron vibrar las paredes por la máquina de discos del Pink Bucket. Luego se miraron el uno al otro con aire indeciso. Yo me dije: «Chaval, se acabó la historia».

Percibiendo mi embarazo, el señor Onitsuka me puso una mano tranquilizadora en el hombro.

—Esto es… de lo más encantador —me dijo.

En la pared del fondo, Woodell había colgado un bonito mapa de gran tamaño de Estados Unidos, y había clavado un alfiler rojo en todos los lugares donde habíamos vendido un par de Tiger en los últimos cinco años. El mapa estaba cubierto de alfileres rojos. Durante un momento de alivio, este desvió su atención del espacio de nuestra oficina. Entonces Kitami señaló el este de Montana.

—No hay alfileres —dijo—. Obviamente aquí el vendedor no hace su trabajo.

Los días pasaban volando. Yo trataba de construir una empresa y un matrimonio. Penny y yo aprendíamos a vivir juntos, a fusionar nuestras personalidades e idiosincrasias, aunque ambos estábamos de acuerdo en que ella era la que tenía toda la personalidad y yo era el idiosincrásico. Por lo tanto, era ella quien más tenía que aprender.

Por ejemplo, estaba aprendiendo que yo pasaba una buena parte del día perdido en mis pensamientos, precipitándome por agujeros espaciotemporales mentales, tratando de resolver algún problema o de elaborar algún plan. A menudo no oía lo que ella me decía, y, si lo hacía, minutos después ya no lo recordaba.

Estaba aprendiendo que era un despistado, que iba al supermercado y volvía a casa con las manos vacías, sin lo único que ella me había encargado, porque durante todo el camino de ida y todo el camino de regreso había estado dándole vueltas a la última crisis bancaria, o al último retraso en el envío de Onitsuka.

Estaba aprendiendo que yo lo perdía todo, en especial las cosas importantes, como la cartera y las llaves. Ya era bastante malo que fuera incapaz de realizar más de una tarea a la vez, pero es que encima insistía en intentarlo. A menudo examinaba las páginas financieras mientras comía... y mientras conducía. Mi nuevo Cougar negro no siguió siendo nuevo durante mucho tiempo. Como una especie de Mr. Magoo de Oregón, me chocaba constantemente contra los árboles y los postes y los guardabarros de otras personas.

Estaba aprendiendo que no se me daban bien las tareas domésticas. Dejaba la tapa del váter abierta, dejaba la ropa donde cayera, dejaba la comida en la encimera. En la práctica era un inútil para la casa. No sabía cocinar, ni limpiar, ni hacer siquiera las cosas más elementales, porque mi madre y mis hermanas me habían consentido demasiado. Durante todos los años que pasé en el cuarto del servicio básicamente me habían servido a mí.

Estaba aprendiendo que no me gustaba perder, en nada, que para mí perder era una forma de agonía. Yo solía culpar frívolamente a Bowerman, pero la cosa venía de mucho antes. Le hablé de cuando jugaba al ping-pong con mi padre siendo niño y del dolor que me causaba no poder ganarle nunca. Le expliqué que a veces mi padre se reía cuando ganaba, y que a mí eso me enfurecía. Más de una vez había tirado al suelo mi pala y había salido corriendo con los ojos llenos de lágrimas. No estaba orgulloso de aquel comportamiento, pero era algo profundamente arraigado en mí. Explicaba mi manera de ser. Ella no llegó a comprenderlo del todo hasta que fuimos a la bolera. Penny jugaba muy bien a los bolos —había hecho un cursillo en la Estatal de Oregón—, de modo que yo lo percibí como un desafío y quise aceptarlo frontalmente. Estaba decidido a ganar, y, por lo tanto, cualquier cosa que no fuera un *strike* me ponía de mala gaita.

Pero, por encima de todo, estaba aprendiendo que haberse casado con un hombre que tenía una naciente empresa de calzado implicaba vivir con un presupuesto muy limitado. No obstante, ella se las apañaba de maravilla. Yo solo podía darle veinticinco dólares semanales para hacer la compra, y pese a esto era capaz de preparar unas comidas deliciosas. Le di una tarjeta de crédito con un límite de dos mil dólares para que amueblara nuestro apartamento, y logró comprar una mesa de comedor, dos sillas, un televisor Zenith y un gran sofá de brazos suaves, perfecto para echar la siesta. También me compró un sillón reclinable de color marrón, que colocó en un rincón de la sala de estar. Ahora, cada noche, yo podía recostarme en un ángulo de cuarenta y cinco grados y darle vueltas en la cabeza a todo lo que quisiera. Era más cómodo, y más seguro, que el Cougar.

Adquirí el hábito de telefonear cada noche a mi padre desde mi sillón reclinable. Él también estaba siempre en el suyo, y juntos, sillón con sillón, charlábamos de la última amenaza que afrontaba Blue Ribbon. Aparentemente él ya no veía mi negocio como una pérdida de tiempo. Aunque no me lo dijera de manera explícita, de hecho parecía encontrar los problemas que yo afrontaba «interesantes» y «estimulantes», lo que venía a ser lo mismo.

En la primavera de 1969, Penny empezó a quejarse de que se encontraba mal por las mañanas. No le sentaba bien la comida. A mediodía solía sentirse débil en la oficina. Fue al médico —el mismo que había asistido a su nacimiento—, y descubrió que estaba embarazada.

Nos pusimos muy contentos. Aunque también hubimos de afrontar un aprendizaje completamente nueva.

Nuestro acogedor apartamento resultaba ahora del todo insuficiente. Tendríamos que comprarnos una casa, desde luego. Pero ¿podíamos permitirnoslo? Yo acababa de empezar a pagarme un sueldo. ¿Y en qué parte de la ciudad debíamos comprarla? ¿Dónde estaban las mejores escuelas? ¿Y cómo se suponía que iba yo a investigar precios de viviendas y escuelas, más todas las demás cosas que comporta comprar una casa, mientras dirigía una empresa emergente? ¿Era siquiera factible dirigir una nueva empresa al tiempo que uno formaba una familia? ¿Debía volver a la contabilidad, o a la enseñanza, o a algo más estable?

Recostado cada noche en mi sillón reclinable, mirando al techo, intentaba centrarme. Me decía: «La vida es crecimiento. O creces o te mueres».

Encontramos una casa en Beaverton. Era relativamente pequeña, solo tenía ciento cincuenta metros cuadrados, pero disponía de media hectárea de terreno alrededor, un pequeño establo y una piscina. También había un pino enorme en la parte de delante y un bambú japonés en la de atrás. Me gustó. Mejor dicho: la reconocí. De pequeño mis hermanas me preguntaron varias veces cómo sería la casa de mis sueños, y un día me dieron un lápiz de carbón y un bloc y me pidieron que la dibujara. Cuando Penny y yo nos mudamos allí, mis hermanas desenterraron el viejo dibujo al carbón. Era el vivo retrato de la casa de Beaverton.

Costaba treinta y cuatro mil dólares, y yo me hinché de satisfacción al descubrir que tenía ahorrado el veinte por ciento de aquella cantidad. Por otra parte, había puesto aquellos ahorros como aval de mis numerosos préstamos en el First National. De modo que fui a hablar con Harry White. «Necesito los ahorros para la entrada de una casa, pero pondré la casa como aval», le dije.

—De acuerdo —me respondió—. Eso no es necesario preguntárselo a Wallace.

Aquella noche le dije a Penny que, si Blue Ribbon quebraba, perderíamos la casa. Ella se llevó la mano al vientre y se sentó. Aquella era la clase de inseguridad que siempre había jurado evitar. «Vale», empezó a repetir, «vale, vale.»

Con tanto en juego, se sintió obligada a seguir trabajando en Blue Ribbon durante todo su embarazo. Lo sacrificaría todo por Blue Ribbon, incluso su preciado objetivo de graduarse en la universidad. Y cuando no se encontraba en la oficina, dirigía la sección de venta por correo desde casa. Solo en 1969, pese a las náuseas matutinas, los tobillos hinchados, el aumento de peso y la constante fatiga, Penny sacó mil quinientos pedidos. Algunos no eran más que toscos calcos de un pie humano, enviados por clientes de lugares remotos, pero a ella no le importaba. Comparaba diligentemente el calco con la zapatilla correcta y rellenaba el pedido. Cada venta contaba.

Al mismo tiempo que a mi familia se le quedaba pequeña la casa, a mi empresa le ocurría otro tanto. Ya no cabíamos en aquella sala junto al Pink Bucket. Además, Woodell y yo estábamos hartos de tener que gritar para hacernos oír por encima de aquella máquina de discos. De modo que cada noche después del trabajo íbamos a tomar unas hamburguesas con queso, y luego dábamos vueltas con el coche buscando otro local comercial.

Logísticamente, aquello era una pesadilla. Woodell tenía que conducir, ya que su silla de ruedas no cabía en mi Cougar, y yo siempre me sentía culpable e incómodo por tener de chofer a un hombre con tantas limitaciones. También me desquiciaba cuando muchas de las oficinas que íbamos a ver tenían un tramo de escalera. O varios. Eso significaba que me tocaría subir y bajar a Woodell.

Aquellos momentos eran para mí un doloroso recordatorio de su realidad. Durante una jornada de trabajo normal, Woodell era tan positivo, tan enérgico, que resultaba fácil olvidarla. Pero empujando su silla, maniobrando con ella, arriba y abajo, muchas veces me impresionaba lo delicado y lo desvalido que podía llegar a ser. Yo rezaba en voz baja: «¡Por favor, que no se me caiga! ¡Por favor, que no se me caiga!». Woodell me oía y se ponía rígido, y su tensión me ponía aún más nervioso a mí.

—¡Tranquilo! —le decía—. Todavía no he perdido a ningún paciente... ¡je, je!

Ocurriera lo que ocurriese, él nunca perdía la compostura. Ni siquiera en la situación más vulnerable, conmigo manteniéndolo en precario equilibrio en lo alto de algún oscuro tramo de escalera, se olvidaba jamás de su filosofía: «¡No te atrevas a compadecerte de mí, o te mato!».

(La primera vez que lo envié a una feria de muestras, la compañía aérea perdió su silla de ruedas. Y cuando la encontraron, el armazón se había doblado como un *bretzel*. Ningún problema. En su silla mutilada, Woodell visitó la feria, hizo todas y cada una de las cosas que tenía anotadas en su lista, y volvió a casa con la sonrisa de oreja a oreja propia de una misión cumplida.)

Al final de nuestra cotidiana búsqueda nocturna, nos desternillábamos por todo aquel desastre. La mayoría de las noches terminábamos en algún garito, mareados, casi delirantes. Antes de marcharnos solíamos jugar a un juego. Yo sacaba un cronómetro y mirábamos cuánto tardaba Woodell en plegar su silla de ruedas y meterla y meterse él en su coche. Como antigua estrella del atletismo en pista, le gustaba el reto del cronómetro, de tratar de batir su marca personal (su récord estaba en cuarenta y cuatro segundos). Ambos apreciábamos aquellas noches, las tonterías que hacíamos, la sensación de compartir una misión, y los recuerdos que guardamos de esta época se encuentran entre los mejores de nuestra juventud.

Woodell y yo éramos muy distintos, y sin embargo nuestra amistad se basaba en que teníamos un mismo planteamiento de trabajo. Los dos hallábamos placer, siempre que era posible, en centrarnos en una pequeña tarea. «Una tarea despeja la mente», decíamos a menudo. Y reconocíamos que aquella pequeña tarea de tener que buscar una oficina más grande implicaba que estábamos teniendo éxito. Estábamos sacando adelante aquella cosa llamada Blue Ribbon, lo que hablaba de nuestro profundo deseo de ganar. O al menos de no perder.

Aunque ni él ni yo éramos demasiado habladores, cada uno de nosotros hacía aflorar la vena charlatana del otro. Aquellas noches hablamos de todo, nos abrimos el uno al otro con una insólita franqueza. Woodell me contó en detalle lo de su lesión. Si alguna vez me veía tentado de tomarme a mí mismo demasiado en serio, su historia siempre me recordaría que las cosas podían ir peor. Y el modo en que él se las apañaba sería una constante y vigorizante lección sobre la virtud y el valor de la presencia de ánimo.

Su lesión, me explicó, no era habitual. Y tampoco total. Todavía sentía algo, todavía tenía esperanzas de poder casarse, de formar una familia. También de curarse. Estaba tomando un nuevo fármaco experimental que se había revelado prometedor en parapléjicos. El problema era que tenía olor a ajo. Algunas de nuestras noches de expedición a la caza de oficina, Woodell olía como una pizzería de las de antes, y yo se lo había hecho saber.

Le pregunté a Woodell si era... —vacilé, temiendo no tener ningún derecho— feliz. Él lo meditó un poco. «Sí», me respondió. Lo era. Le gustaba su trabajo. Le gustaba Blue Ribbon, aunque a veces le avergonzaba lo irónico de la situación: un hombre que no podía andar vendiendo zapatillas.

Yo no estaba seguro de qué decir a eso, así que me callé.

Penny y yo solíamos invitar a cenar a Woodell a nuestra nueva casa. Era como de la familia, le queríamos, pero también sabíamos que llenábamos un vacío en su vida, la necesidad de compañía y de comodidades domésticas. De manera que Penny siempre quería cocinar algo especial cuando venía, y lo más especial que se le ocurrió fue gallina de Cornualles, más un postre hecho a base de brandy y leche helada —sacó la receta de una revista— que nos dejó a todos achispados. Aunque las gallinas y el brandy hicieron una importante mella en su presupuesto de alimentación de veinticinco dólares, Penny era incapaz de economizar cuando venía Woodell. Si le decía que él venía a cenar, ella soltaba de manera espontánea: «¡Voy a comprar unos capones y brandy!». Era algo más que el mero deseo de ser hospitalaria. Lo cebaba. Lo nutría. Creo que Woodell le tocaba su recién despierta fibra maternal.

Hago un esfuerzo por rememorar. Cierro los ojos tratando de recordar, pero muchos momentos preciosos de aquellas noches se han perdido para siempre. Innumerables conversaciones, ataques de risa que nos dejaban sin aliento. Declaraciones, revelaciones, confidencias. Todo se ha hundido en los cojines del tiempo. Solo recuerdo que pasábamos despiertos la mitad de la noche, catalogando el pasado, planificando el futuro. Recuerdo que nos turnábamos para describir nuestra pequeña empresa, lo que podría llegar a ser y lo que no debía ser nunca. ¡Cómo habría deseado haber dispuesto de una grabadora ni que hubiera sido una sola de aquellas noches! ¡O haber llevado un diario, como había hecho en mi viaje alrededor del mundo!

Pese a ello, al menos siempre recordaré a Woodell, sentado a la cabecera de nuestra mesa de comedor, cuidadosamente vestido con sus vaqueros azules y su jersey de cuello en pico de marca sobre una camiseta blanca. Y siempre, en los pies, un par de Tiger con las suelas de goma inmaculadas.

Por entonces se había dejado una larga barba y un poblado bigote, algo que yo le envidiaba. Hay que tener en cuenta que estábamos en los sesenta, y, de hecho, yo también me había dejado crecer la barba con anterioridad. Pero ahora tenía que ir constantemente al banco a pedir dinero y no podía presentarme ante Wallace con aspecto de vagabundo. Un buen afeitado era una de mis pocas concesiones al *establishment*.

Finalmente Woodell y yo encontramos una oficina que tenía muy buena pinta en Tigard, al sur del centro de Portland. No era todo un edificio de oficinas —no podíamos permitírnoslo—, sino una esquina en una planta. El resto estaba ocupado por la compañía de seguros Horace Mann. Acogedora, casi lujosa, era una importante mejora, aun así yo tenía mis dudas. Había una curiosa lógica en el hecho de que estuviéramos al lado de un garito. ¿Pero de una compañía de seguros? ¿Con pasillos alfombrados, refrigeradores de agua y hombres con trajes a medida? La atmósfera era tan acartonada, tan corporativa... Para mí el entorno tenía mucho que ver con nuestro espíritu y este era gran parte de nuestro éxito, y me preocupaba cómo podía cambiar nuestra esencia si de repente nos veíamos compartiendo espacio con un puñado de «hombres de empresa» y autómatas.

Me fui a mi sillón reclinable, reflexioné un poco sobre ello y pensé que tener «vibraciones» corporativas podía resultar asimétrico, contrario a nuestras principales creencias, pero también podía ser justo lo adecuado de cara a nuestro banco. Quizá cuando Wallace viera nuestra aburrida y esterilizada nueva oficina nos trataría con respeto. Además, la oficina estaba en Tigard. Vender Tiger en Tigard: puede que fuera el destino.

Luego pensé en Woodell. Él decía que era feliz en Blue Ribbon, aunque había señalado lo irónico de la situación. Quizá no le resultara tan irónico ir a institutos y universidades a vender Tiger en su coche, como una tortura. Y quizá fuera hacer un mal uso de su talento. Lo que mejor se le daba era poner orden al caos, resolver problemas. Una pequeña tarea.

Después de que él y yo fuéramos juntos a firmar el alquiler de

Tigard, le pregunté si le gustaría cambiar de puesto, convertirse en el gerente de operaciones de Blue Ribbon. Se acabaron las llamadas de ventas. Se acabaron los centros docentes. En lugar de ello, se encargaría de lidiar con las cosas para las que yo no tenía ni tiempo ni paciencia. Como hablar con Bork en Los Ángeles. O llevar la correspondencia con Johnson en Wellesley. O abrir una nueva oficina en Miami. O contratar a alguien para que coordinara a los nuevos representantes y organizara sus informes. O aprobar las cuentas de gastos. Y lo más importante: tendría que supervisar a la persona que controlaba las cuentas bancarias de la empresa. Ahora, si no cobraba los cheques de su paga, tendría que explicar el excedente a su jefe: él mismo.

Woodell me dijo radiante que le parecía muy buena idea. Me tendió la mano. «Trato hecho», concluyó.

Seguía apretando con la fuerza de un atleta.

Penny fue al médico en septiembre de 1969. Un chequeo. El médico dijo que todo parecía ir bien, pero que el bebé se estaba tomaba su tiempo. «Probablemente tardaría otra semana», añadió.

El resto de la tarde estuvo en Blue Ribbon ayudando a los clientes. Fuimos a casa juntos, cenamos pronto y nos acostamos temprano. Sobre las cuatro de la mañana me dio un empujón.

—No me encuentro bien —me dijo.

Telefoneé al médico y quedamos en encontrarnos directamente en el hospital Emanuel.

En las semanas anteriores al día del Trabajo yo había hecho varios viajes de prueba al hospital, y esto resultó útil, porque ahora que estábamos en «tiempo de competición» estaba tan nervioso que Portland me parecía Bangkok. Todo me resultaba extraño, desconocido. Conduje despacio, asegurándome de cada giro. «Pero no tanto, o te va a tocar traer a ti al bebé», me dije regañándome.

Todas las calles estaban vacías, todos los semáforos, en verde. Caía una fina lluvia. Los único que se oía en el coche eran la fuerte respiración de Penny y los chirridos del limpiaparabrisas. Mientras enfilaba la entrada de urgencias, mientras ayudaba a Penny a entrar en el hospital, ella no paraba de decir: «Es probable que estemos exagerando, no creo que haya llegado el momento todavía». Pese a ello, respiraba como yo solía hacerlo en la última vuelta.

Recuerdo que la enfermera me arrebató a Penny, la ayudó a sentarse en una silla de ruedas y se la llevó por un pasillo. Yo fui detrás, intentando ayudar. Tenía un «kit de embarazo» que yo mismo me había preparado, con un cronómetro, el mismo que había utilizado para cronometrar a Woodell. De modo que me puse a cronometrar en voz alta las contracciones de Penny: «Cinco… cuatro… tres…». Ella dejó de jadear y se volvió hacia mí. Con los dientes apretados, me dijo:

—¡Para… de hacer… eso!

Entonces otra enfermera la ayudó a levantarse de la silla de ruedas, la subió a una camilla y se la llevó. Retrocedí por el pasillo con andar vacilante hasta llegar a un sitio que el hospital llamaba «el Calabozo», donde se suponía que los expectantes padres habían de quedarse sentados mirando al vacío. Yo habría preferido estar en la sala de partos con Penny, pero mi padre me lo desaconsejó. Me dijo que yo nací con un intenso color azul, que le había dado un susto de muerte, por lo que me recomendaba lo siguiente: «En el momento decisivo procura estar en otra parte».

Me senté en una dura silla de plástico, con los ojos cerrados, trabajando mentalmente en mi calzado. Al cabo de una hora los abrí y vi al médico plantado ante mí. Tenía unas gotas de sudor en la frente. Me estaba diciendo algo. Es decir, sus labios se movían; pero yo no podía oírle. «¿Quiere aliño? ¿Lleva armiño? ¿Es lampiño?»

Lo repitió de nuevo: «Es un niño».

—¿Un… un… niño? ¿De verdad?

—Su esposa ha hecho un gran trabajo —añadió—. No se ha quejado ni una sola vez y ha empujado en los momentos decisivos. ¿Acaso había asistido a algún curso del método Lamaze?

—¿Lemans? —pregunté.

—¿Perdón?

—¿Qué?

Me condujo como si fuera un inválido por un largo pasillo hasta una pequeña habitación. Allí, detrás de una cortina, estaba mi mujer, exhausta, radiante, con el rostro de un vivo color rojo. Tenía los brazos cubiertos por una manta blanca acolchada decorada con cochecitos de niño de color azul. Levanté una esquina de la manta para descubrir una cabecita del tamaño de un pomelo maduro, con un gorro de punto blanco encima. Mi hijo. Parecía un viajero. Algo que, en efecto, era: acababa de iniciar su viaje alrededor del mundo.

Me incliné hacia abajo, besé a Penny en la mejilla. Le aparté el cabello húmedo.

—Eres lo mejor —le susurré.

Ella me miró de soslayo, insegura. Creía que se lo decía al bebé.

Me tendió a mi hijo. Lo acuné entre mis brazos. ¡Estaba tan vivo, y a la vez era tan delicado, tan desvalido! Era un sentimiento maravilloso, distinto de todos los demás, aunque también familiar. «Por favor, no dejes que se me caiga.»

En Blue Ribbon dedicaba mucho tiempo a hablar del control de calidad, de habilidad, de entrega… pero me di cuenta de que lo real era aquello.

—Esto lo hemos hecho nosotros —le dije a Penny.

Esto. Hecho. Nosotros.

Ella asintió con la cabeza, luego se recostó. Le entregué el bebé a la enfermera y le dije a Penny que se durmiera. Salí del hospital flotando y me dirigí al coche. Sentía una repentina e irrefrenable necesidad de ver a mi padre, una especie de hambre de padre. Fui conduciendo a su periódico, pero aparqué a unas manzanas de distancia: quería andar. Había dejado de llover, y el aire era fresco y húmedo. Me metí en un estanco. Me imaginé dándole un buen puro habano y diciéndole: «¿Qué hay, abuelo?».

Al salir de la tienda, con la caja de puros de madera bajo el brazo, me tropecé de frente con Keith Forman, un antiguo corredor de Oregón.

—¡Keith! —grité.

—¡Hola, Buck! —respondió él.

Lo agarré por las solapas y chillé:

—¡Es un niño!

Él se echó hacia atrás, confuso. Pensó que estaba borracho. No había tiempo para explicaciones. Seguí andando.

Forman había estado en el famoso equipo de Oregón que había batido el récord del mundo en la carrera de relevos de cuatro millas. Como corredor, y como contable, nunca olvidaría su asombroso tiempo: 16.08,9. Había sido una estrella del equipo de Bowerman en el campeonato nacional de 1962, y el quinto estadounidense de la historia en correr la milla en menos de cuatro minutos. «¡Y pensar que solo unas horas antes yo creía que esas eran las cosas que hacían un campeón!», me dije a mí mismo.

Otoño. El cielo de noviembre estaba tapizado de nubes bajas. Yo me ponía jerséis gruesos. Sentado delante de la chimenea, hice una especie de autoinventario. Me sentía lleno de gratitud. Penny y mi hijo, al que habíamos llamado Matthew, estaban sanos. Bork, Woodell y Johnson estaban contentos. Las ventas seguían aumentando.

Entonces llegó el correo. Carta de Bork. Tras regresar de Ciudad de México, había sufrido una especie de Venganza de Moctezuma mental. En la carta me decía que no estaba a gusto conmigo. No le gustaba mi estilo de dirección, no le gustaba mi visión de la empresa, no le gustaba lo que le pagaba. No entendía por qué tardaba semanas en responder a sus cartas ni por qué a veces ni siquiera las respondía. A él se le ocurrían cosas sobre diseño de calzado, y no le gustaba el modo en que ignoraba sus ideas. Después de varias páginas por el estilo exigía cambios inmediatos, además de un aumento.

Mi segundo motín. Este, no obstante, era más complicado que el de Johnson. Pasé varios días redactando mi respuesta. Acepé subirle el sueldo, un poco, y luego hice valer mi rango. Le recordé que en toda empresa solo podía haber un jefe, y, por desgracia para él, el jefe de Blue Ribbon era Buck Knight. Le dije que, si no estaba contento conmigo o con mi estilo de dirección, debería saber que irse y ser despedido eran ambas opciones viables.

Como ya me había ocurrido con mi «memorando del espía», al instante sufrí el remordimiento del escritor. En el preciso momento en que eché la carta al buzón fui consciente de que Bork era una valiosa parte del equipo, no quería perderlo, y no podía permitirme el lujo de que eso sucedira. Entonces envié a Los Ángeles a nuestro nuevo gerente de operaciones, Woodell, para que arreglara las cosas.

Woodell se llevó a comer a Bork y le contó que yo no dormía demasiado bien desde que había nacido el bebé y tal. Además, añadió, estaba experimentando una enorme tensión tras la visita de Kitami y el señor Onitsuka. Woodell bromeó acerca de mi peculiar estilo de dirección y le dijo a Bork que todo el mundo se quejaba de ello, que todo el mundo se desesperaba al ver que yo no contestaba a sus memorandos y cartas.

Woodell pasó unos cuantos días con Bork, suavizando las cosas y examinando el funcionamiento de sus instalaciones. Descubrió que él también estaba estresado. Aunque la tienda de venta al público iba viento en popa, la trastienda, que básicamente se había convertido en nuestro almacén nacional, era un desastre. Cajas por todas partes, facturas y papeles apilados hasta el techo… Bork no podía seguir con ese ritmo.

A su regreso, Woodell me describió el panorama.

—Creo que Bork ha vuelto al redil —me dijo—, pero tenemos que sacarlo del almacén. Hay que transferir aquí todas las operaciones de almacenaje.

Además, añadió, debíamos contratar a su madre (la de Woodell) para gestionarlas. Ella había trabajado durante años en el almacén de Jantzen, una legendaria marca de ropa de Oregón, de modo que me aseguró que no se trataba de nepotismo: mamá Woodell era perfecta para el trabajo.

A mí no me importaba. Si a Woodell le parecía bien, a mí también. Además, tal como yo lo veía: cuantos más Woodells, mejor.

1970

Tenía que ir de nuevo a Japón, y esta vez dos semanas antes de Navidad. No me gustaba dejar a Penny sola con Matthew, y menos en vacaciones, pero no podía evitarlo. Debía firmar un nuevo acuerdo con Onitsuka. O no. Kitami me mantenía en vilo. No quería decirme nada sobre la renovación del contrato hasta que llegara.

Una vez más me encontré ante una mesa de reuniones rodeado de ejecutivos. En esa ocasión el señor Onitsuka no hizo su característica entrada tardía, ni tampoco se ausentó de manera intencionada, estuvo allí desde el principio, presidiendo la mesa.

Abrió la reunión diciendo que tenía la intención de renovar con Blue Ribbon por otros tres años. Yo sonreí por primera vez desde hacía semanas. Entonces aproveché el momento: pedí un contrato más largo. Sí, es cierto, 1973 parecía a años luz, pero llegaría en un abrir y cerrar de ojos. Necesitaba más tiempo y seguridad. Mis banqueros necesitaban más.

—¿Cinco años? —pregunté.

El señor Onitsuka sonrió.

—Tres.

A continuación dio un extraño discurso. Pese a varios años de escasas ventas a escala mundial, dijo, más algunos errores estratégicos, las perspectivas de Onitsuka eran halagüeñas. Gracias a la reducción de costes y a la reorganización, la empresa había recuperado su ventajosa posición. Se esperaba que el próximo ejercicio fiscal las ventas alcanzaran los veintidós millones de dólares, buena parte de los cuales vendrían de Estados Unidos: un reciente sondeo revelaba que el setenta por ciento de todos los corredores estadounidenses tenían un par de zapatillas Tiger.

Yo conocía ese dato. Me habría gustado precisar que quizá yo había tenido algo que ver con ello, y de ahí que quisiera un contrato más largo.

Pero entonces el señor Onitsuka dijo que una de las principales razones de las buenas cifras de la empresa era... Kitami. Miró hacia la mesa, ofreciendo a este último una paternal sonrisa. Por lo tanto, añadió el señor Onitsuka, había ascendido a Kitami: en adelante sería el gerente de operaciones de la empresa. A partir de ahora sería el Woodell de Onitsuka. Recuerdo que pensé que no cambiaría un Woodell por mil Kitami.

Con una inclinación de la cabeza, felicité al señor Onitsuka por la buena marcha de su empresa. Me volví y la incliné hacia Kitami, para darle la enhorabuena por su ascenso. Pero cuando alcé la frente y nos miramos a los ojos, vi algo frío en su mirada. Algo que no pude quitarme de la cabeza durante días.

Preparamos el acuerdo. Era un texto muy corto, cuatro o cinco párrafos. Se me pasó por la mente que debería ser más sustancial, y que sería estupendo hacer que lo examinara un abogado. Pero no había tiempo. Lo firmamos, y luego pasamos a otros temas.

Me sentí aliviado por tener un nuevo contrato, pero volví a Oregón más preocupado e inquieto que nunca en los últimos ocho años. Es cierto que en mi maletín guardaba la garantía de que Onitsuka me abastecería de zapatillas durante los tres años siguientes, pero ¿por qué se negaban a prolongarla más allá? De hecho, la extensión del acuerdo resultaba engañosa. Onitsuka me garantizaba el suministro, pero sus envíos llegaban crónica y peligrosamente tarde. Y su actitud al respecto era exasperantemente despreocupada: «Unos días más».

Con Wallace actuando siempre más como un usurero que como un banquero, unos días más podían significar el desastre.

¿Y qué ocurría cuando los envíos de Onitsuka llegaban por fin? A menudo el número de zapatillas que contenían era incorrecto. O lo eran las tallas. Y a veces los modelos. Este tipo de desorden bloqueaba nuestro almacén y fastidiaba a nuestros representantes. Antes de irme de Japón, el señor Onitsuka y Kitami me aseguraron que estaban construyendo nuevas fábricas con tecnología de vanguardia. Los problemas en la entrega, me aseguraron, pronto serían cosa del pasado. Yo era escéptico, pero no había nada que pudiera hacer. Estaba a su merced.

Johnson, mientras tanto, estaba perdiendo el juicio. Sus cartas, que antaño mascullaban angustia, ahora vociferaban histeria. El principal problema, me decía, estaba en las Cortez de Bowerman. Eran demasiado populares. Habíamos hecho que la gente se enganchara a ellas, se convirtiera en Cortez-adicta, y ahora no podíamos satisfacer la demanda, lo que generaba enfado y resentimiento a lo largo de toda la cadena de distribución.

«¡Por Dios, estamos jodiendo a nuestros clientes! La felicidad es un cargamento de Cortez; la realidad es un cargamento de Boston con empeines de lana de acero y lengüetas hechas a base de viejas hojas de afeitar, tallas treinta y ocho y treinta y ocho y medio», escribía Johnson.

Exageraba, pero no tanto. Aquello ocurría constantemente. Yo conseguía que Wallace me hiciera un préstamo, luego lo dejaba en suspenso esperando a que Onitsuka enviara las zapatillas, y cuando el barco atracaba por fin, este no contenía ninguna Cortez. Seis semanas después recibíamos Cortez de sobra, pero para entonces ya era demasiado tarde.

¿Por qué? Todos estábamos de acuerdo en que esto no podía deberse únicamente a las decrépitas fábricas de Onitsuka, y, en efecto, a la larga, Woodell acabó determinando que la empresa atendía primero a sus clientes locales en Japón, y tras esto se ocupaba de las exportaciones al extranjero. Era terriblemente injusto, pero, una vez más, ¿qué podía hacer yo? No tenía ninguna capacidad de presión.

Aunque las nuevas fábricas de Onitsuka pusieran fin a los problemas de entrega, aunque todos los envíos de zapatillas zarparan con puntualidad, con todas las cantidades correctas de tallas cuarenta y tres, y sin tallas treinta y siete, yo seguiría teniendo problemas con Wallace. Los pedidos mayores requerían préstamos más cuantiosos, los préstamos más cuantiosos resultaban más difíciles de devolver, y en 1970 Wallace me dijo que ya no estaba interesado en seguir con aquel juego.

Recuerdo cierto día en que estaba sentado en el despacho de Wallace. Él y White me estaban dando una soberana paliza. Wallace parecía estar disfrutando, mientras White me miraba como diciendo: «Lo siento, tío, es mi trabajo». Como siempre, acepté cortésmente el maltrato que me infligían, representando el papel del sumiso dueño de una pequeña empresa. Sobrado de contrición, falto de crédito. Yo me sabía el papel de memoria, pero recuerdo que sentí que en cualquier momento podía dejar escapar un grito aterrador. Resulta que había construido una empresa dinámica, partiendo de cero, que en todos los aspectos era una fiera —las ventas se duplicaban cada año como un mecanismo de relojería—, ¿y eso era lo que recibía? ¿Dos banqueros tratándome como a un holgazán?

White, tratando de calmar los ánimos, dijo unas cuantas cosas en defensa de Blue Ribbon. Observé que sus palabras no causaban el menor efecto en Wallace. Tomé aliento, empecé a hablar, y entonces me detuve. No confiaba en mi voz. Solo me enderecé en mi asiento y me abracé a mí mismo. Era mi nuevo tic nervioso, mi nuevo hábito. Las gomas ya no me bastaban. Cada vez que me sentía estresado, cada vez que quería estrangular a alguien, cruzaba los brazos con fuerza sobre mi torso. Aquel día eso fue mucho más exagerado. Debió de parecer que estaba practicando alguna exótica postura de yoga que había aprendido en Tailandia.

Lo que estaba en juego era algo más que el viejo desacuerdo filosófico en torno al crecimiento. Blue Ribbon se acercaba a los seiscientos mil dólares en ventas, y aquel día yo había ido a pedir un préstamo de un millón doscientos mil, una cifra que para Wallace tenía un significado simbólico: era la primera vez que yo rompía la barrera del millón de dólares. En su mente, era como la barrera de la milla en cuatro minutos. Muy pocas personas se proponían romperla. Estaba harto de todo aquello, me dijo, harto de mí. Por enésima vez me explicó que él vivía de los saldos de caja, y por enésima vez yo le sugerí muy cortésmente que, si mis ventas e ingresos subían, subían y subían, tendría que estar contento de contar con mi empresa.

Wallace golpeó la mesa con su pluma. Mi crédito, me dijo, había llegado al límite. Con carácter oficial, irrevocable e inmediato. No autorizaría ni un céntimo más hasta que yo ingresara dinero en mi cuenta y lo dejara allí. Mientras tanto, en lo sucesivo, me impondría unas estrictas cuotas de ventas que yo tendría que cumplir. «Incumpla una cuota, aunque sea un solo día, y, bueno..», amenazó. No terminó la frase. Se interrumpió, dejándome la tarea de llenar el silencio con los peores escenarios posibles.

Me volví hacia White, que me miró de nuevo como diciendo: «¿Qué quieres que haga, tío?».

Al cabo de unos días Woodell me mostró un télex que procedía de Onitsuka. El gran pedido de primavera estaba listo para zarpar y querían veinte mil dólares. «¡Genial!», dijimos. ¡Por una vez eran puntuales!

Solo había un inconveniente: no teníamos el dinero. Y estaba claro que no podía acudir a Wallace. No podía ir a preguntarle si tenía suelto.

De modo que envié un télex a Onitsuka pidiéndoles que, por favor, retuvieran las zapatillas hasta que obtuviéramos algunos ingresos más de nuestro personal de ventas. «Por favor, no crean que tenemos dificultades financieras», escribí. Aquello en sí mismo no era una mentira. Como le dije a Bowerman, no es que estuviéramos arruinados, era solo que no teníamos dinero. Montones de activos, nada de efectivo. Necesitábamos más tiempo. Ahora era mi turno de decir: «Unos días más».

Mientras aguardaba la respuesta de Onitsuka, comprendí que solo había una forma de resolver aquel problema de liquidez de una vez por todas: una pequeña emisión pública. Si lográbamos vender el treinta por ciento de Blue Ribbon, a dos pavos por acción, podíamos recaudar trescientos mil dólares de la noche a la mañana.

El momento de tal emisión parecía ideal. En 1970 empezaban a brotar las primeras firmas de capital riesgo. De hecho, el propio concepto de capital riesgo estaba surgiendo ante nuestros ojos, aunque la idea de qué constituía una inversión estable para los capitalistas de operaciones de riesgo no había calado mucho. La práctica totalidad de las nuevas firmas de capital riesgo estaban en el norte de California, de modo que se veían atraídas sobre todo por las empresas de alta tecnología y de electrónica. Casi exclusivamente Silicon Valley. Dado que la mayoría de dichas empresas tenían nombres de aspecto futurista, creé un holding para Blue Ribbon y le puse un nombre destinado a atraer a inversores enamorados de la tecnología: Sports-Tek Inc.

Woodell y yo enviamos folletos anunciando la emisión; luego nos sentamos y nos preparamos para la clamorosa respuesta.

Silencio.

Pasó un mes.

Silencio absoluto.

No telefoneó nadie. Ni una sola persona.

Es decir, casi nadie. En realidad logramos vender trescientas acciones, a dólar por acción.

A Woodell y a su madre.

Al final retiramos la emisión. Era una humillación, y como consecuencia tuve muchas conversaciones acaloradas conmigo mismo. Le echaba la culpa a la inestabilidad de la economía. Le echaba la culpa a Vietnam. Pero sobre todo me culpaba a mí mismo. Había sobrevalorado a Blue Ribbon. Había sobrevalorado el trabajo de mi vida.

Más de una vez, al tomar mi primera taza de café por la mañana, o mientras intentaba dormir por la noche, me preguntaba: «¿No seré un idiota? ¿No será todo este maldito asunto de las zapatillas nada más que la quimera de un idiota?».

«Puede ser», pensaba.

«Puede ser.»

Reuní a duras penas los veinte mil dólares de nuestros cobros pendientes, pagué al banco y recibí el pedido de Onitsuka. Otro suspiro de alivio. Seguido de una opresión en el pecho. ¿Qué iba a hacer la próxima vez? ¿Y la siguiente?

Necesitaba efectivo. Aquel verano fue excepcionalmente caluroso. Lánguidos días de sol dorado y limpios cielos azules en los que el mundo era un paraíso. Todo parecía burlarse de mí y de mi estado de ánimo. Si el de 1967 había sido el verano del amor, el de 1970 era el de la liquidez, cosa que yo no tenía. Pasaba la mayor parte del día pensando en liquidez, hablando de liquidez, mirando al cielo y suplicando liquidez. Mi reino por la liquidez. Un término aún más odioso que el de «patrimonio neto».

Al final hice lo que no quería hacer, lo que había jurado no hacer nunca. Recurrí a todo hijo de vecino: amigos, familia, conocidos ocasionales… Incluso acudí con la mano extendida a antiguos compañeros de equipo, tíos con los que había sudado, había entrenado y había corrido. Incluyendo a mi antiguo archirrival, Grelle.

Había oído que Grelle había heredado un montón de dinero de su abuela. Además, estaba metido en toda clase de lucrativas empresas comerciales. Trabajaba como vendedor para dos cadenas de supermercados y, por si fuera poco, además vendía togas y birretes para graduados universitarios, y se decía que ambas empresas iban viento en popa. Alguien me dijo que también poseía una considerable cantidad de tierra en Lake Arrowhead y que vivía allí en una casa laberíntica. Había nacido para ganar (seguía corriendo en competiciones, y estaba a un año de convertirse en el mejor del mundo).

Aquel verano se celebró en Portland una carrera en carretera de libre inscripción, y después Penny y yo organizamos un cóctel e invitamos a un grupo de gente a casa. Me aseguré de que Grelle figurara entre los invitados y luego estuve a la espera de encontrar el momento oportuno. Cuando todo el mundo estaba descansado, y mucho más después de un par de cervezas, le dije que quería hablar con él en privado. Lo llevé a mi habitación y le di un discurso breve y sin rodeos. Nueva empresa, problemas de liquidez, considerable revés, y tal y cual. Él se mostró amable y cortés, y sonrió con simpatía.

—No me interesa, Buck.

Sin ningún otro sitio adonde acudir, sin ninguna otra opción, un día estaba sentado ante mi escritorio mirando por la ventana, cuando llamaron a la puerta. Era Woodell. Entró en la oficina y cerró tras de sí. Me dijo que él y sus padres querían prestarme cinco mil dólares y que no aceptarían un no por respuesta. Tampoco tolerarían que se hablara de pagar intereses. De hecho, ni siquiera formalizarían el préstamo con ninguna clase de documento. Él se iba a Los Ángeles a ver a Bork, pero en su ausencia, me dijo, yo tenía que ir a su casa y recoger el cheque de su familia.

Al cabo de unos días hice algo que nunca me habría imaginado, algo que no me habría creído capaz de hacer. Fui a casa de Woodell y le pedí el cheque.

Sabía que los Woodell no eran ricos. Sabía que con las facturas médicas de su hijo pasaban más dificultades que yo. Aquellos cinco mil dólares eran los ahorros de su vida. Y yo lo sabía.

Sin embargo, me equivoqué. Sus padres tenían algo más de dinero y me preguntaron si también lo necesitaba. Les dije que sí. Y entonces me dieron sus últimos tres mil dólares y los dejé a cero.

¡Cómo habría deseado poder meter aquel cheque en el cajón de mi escritorio sin cobrarlo! Pero no podía hacerlo. Y no lo haría.

Cuando me dirigía hacia la puerta me detuve. Les pregunté:

—¿Por qué hacen esto?

—Porque si no confías en la empresa donde trabaja tu hijo, ¿en quién vas a confiar? —me respondió la madre de Woodell.

Penny seguía encontrando formas creativas de estirar su presupuesto de veinticinco dólares para la compra, lo que implicaba cincuenta variantes distintas de filete Stroganoff, lo que a su vez implicaba que mi peso se disparaba. A mediados de 1970 pesaba ochenta y seis kilos, más de lo que había pesado nunca. Una mañana, al vestirme para ir a trabajar, me puse uno de mis trajes más holgados, y me di cuenta de que había dejado de ser holgado. De pie ante el espejo, le dije a mi reflejo: «¡Demonios!».

Y ello se debía a algo más que el filete Stroganoff. Había perdido el hábito de correr. Blue Ribbon, el matrimonio, la paternidad: nunca encontraba tiempo. Además, estaba quemado. Aunque me había gustado correr para Bowerman, al mismo tiempo lo había odiado. Les ocurre lo mismo a todos los atletas universitarios. Los años de entrenamiento y competición de alto nivel se cobran su precio. Necesitas un descanso. Pero era hora de ponerle fin. Tenía que volver a salir. No quería ser el jefe gordo, fofo y sedentario de una empresa de zapatillas de atletismo.

Y por si los trajes estrechos y el fantasma de la hipocresía no fueran suficiente incentivo, no tardó en aparecer otra motivación.

Poco después de la carrera de libre inscripción en Portland, después de que Grelle se negara a prestarme dinero, coincidí con él en una competición privada. Durante cuatro millas lo vi volverse a mirarme con pena mientras yo jadeaba y resoplaba tratando de continuar. Una cosa era que se negara a darme dinero y otra muy distinta que sintiera compasión de mí. Se dio cuenta de que me sentía avergonzado, de modo que me desafió.

—Este otoño —me dijo—, tú y yo vamos a echar una carrera: una milla. Te daré un minuto de ventaja, y si me ganas te daré un pavo por cada segundo de diferencia

Aquel verano me entrené a fondo. Adquirí el hábito de correr seis millas cada noche después del trabajo. No tardé nada en volver a estar en forma, y bajé a setenta y dos kilos y medio, y cuando llegó el día de la gran carrera —con Woodell a cargo del cronómetro— le saqué treinta y seis dólares a Grelle (la victoria resultó aún más dulce la semana siguiente, cuando Grelle participó en un evento de libre inscripción e hizo un tiempo de 4.07). Mientras conducía en dirección a casa aquel día, sentí un inmenso orgullo. «Sigue adelante», me dije. «No te pares.»

Había transcurrido casi la mitad del año —el 15 de junio de 1970— cuando saqué del buzón mi ejemplar de *Sports Illustrated* y me llevé una sorpresa. En la cubierta aparecía un hombre de Oregón. Y no uno cualquiera, sino probablemente el más grande de todos los tiempos, incluso más que Grelle. Se llamaba Steve Prefontaine, y en la foto se lo veía ascendiendo a toda velocidad al Olimpo, también llamado el monte Bowerman.

El artículo describía a Pre como un impresionante fenómeno de los que se dan solo una vez en cada generación. Ya había tenido un gran éxito en el instituto, estableciendo un récord nacional (8.41) en las dos millas, pero ahora, en su primer año en la Universidad de Oregón, y corriendo también las dos millas, había ganado a Gerry Lindgren, hasta entonces imbatible. Y le había ganado por veintisiete segundos. Pre había hecho un tiempo de 8.40,0, el tercero mejor de todo Estados Unidos aquel año. También había corrido las tres millas en 13.12,8, lo que en 1970 significaba más rápido que nadie en el mundo.

Bowerman decía al periodista de *Sports Illustrated* que Pre era el corredor vivo más rápido en media distancia. Yo nunca le había visto tan desenfrenado entusiasmo a mi imperturbable entrenador. Posteriormente, en otros artículos que recorté, Bowerman se mostraba aún más efusivo, calificando a Pre como «el mejor corredor que he tenido nunca». El ayudante de Bowerman, Bill Dellinger, decía que el arma secreta de Pre era su confianza, que resultaba tan poco corriente como su capacidad pulmonar. «Normalmente a nuestros chicos les cuesta doce años llegar a tener confianza, y he aquí a un joven que tiene la actitud adecuada de manera natural», decía Dellinger.

«Sí», pensé. «Confianza. Más que patrimonio neto, más que liquidez, eso es lo que un hombre necesita.»

Me habría gustado tener más. Me habría gustado poder pedir prestada una poca. Pero la confianza era como el dinero: para pedirla prestada, antes has de tenerla. Y la gente era reacia a dártela.

Aquel verano me llegó otra revelación también a través de una revista. Hojeando *Fortune*, descubrí una noticia sobre mi antiguo jefe en Hawái. En los años transcurridos desde que yo había trabajado para Bernie Cornfeld y su Investors Overseas Services, este se había hecho aún más rico. Había abandonado los fondos Dreyfus y había empezado a vender acciones de sus propios fondos mutuos, junto con minas de oro, bienes inmuebles y otras cosas diversas. Había construido un imperio, y, como a la larga les ocurre a todos los imperios, ahora se desmoronaba. La noticia de su caída me sobresaltó tanto que pasé la página aturdido y me encontré con otro artículo, un análisis bastante árido del reciente poder económico de Japón. Veinticinco años después de Hiroshima, decía el artículo, Japón había renacido. Era la tercera economía del mundo, y estaba dando pasos agresivos para crecer aún más, consolidar su posición y extender su alcance. Además de superar a otros países en creatividad y trabajo, estaba adoptando unas políticas comerciales implacables. Luego el artículo pasaba a esbozar el principal vehículo de aquellas políticas comerciales, las hiperagresivas *sōgō shōsha* japonesas.

Sociedades mercantiles.

Es difícil decir exactamente qué eran aquellas primeras sociedades mercantiles japonesas. A veces eran importadoras que se dedicaban a peinar el planeta y a adquirir materias primas para las empresas que no tenían medios para hacerlo. Otras veces eran exportadoras que representaban a aquellas mismas empresas en el extranjero. En ocasiones eran bancos privados que proporcionaban condiciones de crédito favorables a toda clase de empresas. Y otras eran simplemente un brazo del gobierno japonés.

Yo aparqué toda aquella información. Por unos días. Pero cuando volví al First National y Wallace me hizo sentir como un holgazán, al salir a la calle me fijé en el rótulo del Banco de Tokio. Lo había visto cientos de veces antes, por supuesto, pero ahora adquiría un significado distinto. Enormes piezas del rompecabezas encajaban. Aturdido, crucé derecho a la otra acera, entré directamente en el Banco de Tokio y me presenté a la mujer de recepción. Le dije que tenía una empresa de calzado, que importaba zapatillas de Japón y que quería hablar con alguien sobre la posibilidad de trabajar juntos. Como la madame de un burdel, la mujer me condujo al instante y de manera discreta a una sala interior. Y me dejó allí.

Al cabo de dos minutos entró un hombre y se sentó a la mesa sin hacer el menor ruido. Esperó. Yo esperé. Él siguió esperando. Finalmente hablé yo.

—Tengo una empresa —le dije.

—¿Sí? —preguntó.

—Una empresa de calzado —añadí.

—¿Sí? —repitió.

Abrí mi maletín.

—Este es mi estado financiero. Estoy en un terrible apuro. Necesito crédito. Acabo de leer un artículo en *Fortune* sobre las sociedades mercantiles japonesas, y el artículo decía que estas empresas dan más facilidades de crédito… y, bueno, ¿sabe usted de alguna de tales empresas con la que pudiera ponerme en contacto?

El hombre sonrió. Él había leído el mismo artículo. Me dijo que precisamente la sexta mayor sociedad mercantil de Japón tenía una oficina sobre nuestras cabezas, en el último piso de aquel mismo edificio. Todas las grandes sociedades mercantiles japonesas tenían oficina en Portland, añadió, pero esta en concreto, Nissho Iwai, era la única con su propio departamento de Productos.

—Es una empresa de cien mil millones de dólares —dijo el banquero, abriendo mucho los ojos.

—¡Vaya! —exclamé.

—Por favor, espere —añadió.

Luego salió de la habitación.

Al cabo de unos minutos volvió con un ejecutivo de Nissho Iwai. Se llamaba Cam Murakami. Nos dimos la mano y charlamos, de manera hipotética, sobre la posibilidad de que Nissho financiara mis futuras importaciones. Yo estaba intrigado. Él lo estaba aún más. Me ofreció un acuerdo allí mismo y me tendió la mano, pero yo no podía estrechársela. Todavía no. Antes tenía que hablarlo con Onitsuka.

Aquel mismo día le envié un telegrama a Kitami, preguntándole si tenía alguna objeción a que yo trabajara adicionalmente con Nissho. Pasaron días. Semanas. Con Onitsuka, el silencio siempre significaba algo. La ausencia de noticias eran malas noticias o la ausencia de noticias eran buenas noticias… pero el caso es que la ausencia de noticias siempre eran noticias de un tipo u otro.

Mientras esperaba su respuesta recibí una llamada preocupante. Un distribuidor de calzado de la Costa Este decía que Onitsuka se había puesto en contacto con él para preguntarle si quería ser su nuevo distribuidor para todo el territorio estadounidense. Le pedí que me lo repitiera de nuevo, más despacio. Lo hizo. Me dijo que no pretendía hacerme enfadar. Pero tampoco intentaba ayudarme o advertirme. Solo quería conocer el estatus de mi acuerdo.

Empecé a temblar. El corazón me latía con fuerza. Meses después de firmar un nuevo contrato conmigo, ¿Onitsuka conspiraba para romperlo? ¿Se habían asustado cuando me retrasé en hacerme cargo del pedido de primavera? ¿O Kitami había decidido simplemente que yo no le gustaba?

Mi única esperanza era que el distribuidor de la Costa Este mintiera. O se equivocara. A lo mejor había entendido mal a Onitsuka. ¿Podía deberse a un problema de idioma?

Escribí a Fujimoto. Le dije que esperaba que siguiera disfrutando de la bicicleta que le había comprado (muy sutil). Y le pedí que averiguara lo que pudiera.

Me respondió enseguida. El distribuidor decía la verdad. Onitsuka estaba considerando la posibilidad de cortar por lo sano con Blue Ribbon, y Kitami estaba en contacto con varios distribuidores estadounidenses. Todavía no había un plan en firme para romper mi contrato, añadía Fujimoto, pero se estaba examinando y explorando a posibles candidatos.

Intenté centrarme en lo bueno. Todavía no habían tomado una decisión. Eso significaba que aún había esperanza. Todavía podía recuperar la fe de Onitsuka, hacer cambiar de opinión a Kitami. Solo tenía que recordarle qué era Blue Ribbon y quién era yo. Y eso significaba invitarle a una agradable visita a Estados Unidos.

1971

—Adivina quién viene a cenar esta noche —dijo Woodell.

Entró en mi despacho y me alargó el télex. Kitami había aceptado mi invitación. Venía a pasar unos días a Portland. Luego iba a hacer un largo recorrido por todo Estados Unidos por razones que al parecer no quería compartir.

—Visitar a otros potenciales distribuidores —le dije a Woodell.

Él asintió con la cabeza.

Corría el mes de marzo de 1971. Nos juramos que Kitami iba a tener el viaje de su vida, que volvería a casa profundamente enamorado de Estados Unidos, de Oregón, de Blue Ribbon… y de mí. Cuando hubiéramos acabado con él sería incapaz de hacer negocios con nadie más. De manera, convinimos, que la visita debía terminar con un broche de oro, con una cena de gala en casa de nuestro más preciado activo: Bowerman.

Para organizar aquella ofensiva amistosa, lógicamente, recluté a Penny. Fuimos juntos a recibir a Kitami al aeropuerto, y juntos lo llevamos a la costa de Oregón, a la casita que sus padres tenían en primera línea de playa donde habíamos pasado nuestra noche de boda.

Kitami llevaba consigo a un compañero, una especie de maletero, secretario particular y amanuense llamado Hiraku Iwano. Era solo un muchacho, ingenuo, inocente, de veintipocos años, y Penny lo tenía comiendo de la palma de su mano ya antes de que enfiláramos Sunset Highway.

Nos desvivimos para darles el idílico fin de semana típico del Noroeste del Pacífico. Nos sentamos en el porche con ellos y respiramos el aire del mar. Los llevamos a dar largos paseos por la playa. Les dimos a probar salmón de primera categoría y les llenamos una copa detrás de otra de buen vino francés. Tratamos de concentrar la mayor parte de nuestra atención en Kitami, pero tanto a Penny como a mí nos resultaba más fácil hablar con Iwano, que leía y parecía carecer de malicia. Kitami, en cambio, daba la impresión de ser un hombre que la acumulaba a espuertas.

El lunes, muy temprano, llevé a Kitami de regreso a Portland, al First National Bank. Del mismo modo que yo estaba decidido a seducirle con aquel viaje, pensé que él podría resultar útil para cautivar a Wallace, que podría responder por Blue Ribbon y hacer que resultara más fácil conseguir crédito.

White nos recibió en el vestíbulo y nos condujo a una sala de reuniones. Yo miré a mi alrededor.

—¿Dónde está Wallace? —pregunté.

—¡Ah! —respondió White—, hoy no le va a poder posible unirse a nosotros.

¿Qué? Wallace era el motivo de que hubiéramos acudido al banco. Yo quería que Wallace viera el apoyo incondicional de Kitami. «¡Bueno…! El poli bueno tendrá que transmitir su apoyo al poli malo», pensé.

Dije unas palabras preliminares, expresé mi confianza en que Kitami pudiera reforzar la fe del First National en Blue Ribbon, y a continuación le cedí la palabra a Kitami, que frunció el ceño e hizo lo único que garantizaba que mi vida iba a complicarse.

—¿Por qué no les da más dinero a mis amigos? —le preguntó a White.

—¿Qué… qué…? —balbució White.

—¿Por qué se niega a darles crédito? —insistió Kitami, golpeando la mesa con el puño.

—Veamos… —empezó a decir White.

Kitami lo cortó:

—¿Qué clase de banco es este? ¡No lo entiendo! ¡Puede que Blue Ribbon estuviera mejor sin ustedes!

White se puso lívido. Yo intenté mediar. Traté de reformular lo que decía Kitami, culpé a la barrera del idioma, pero la reunión había concluido. White salió hecho una furia, y yo me quedé mirando asombrado a Kitami, quien tenía una expresión en el rostro que decía: misión cumplida.

Llevé a Kitami a nuestras nuevas oficinas de Tigard, le enseñé las instalaciones y le presenté a la cuadrilla. Tuve que esforzarme al máximo para mantener la compostura, seguir siendo agradable y bloquear todo pensamiento sobre lo que acababa de ocurrir. Temía que en cualquier momento pudiera perderla. Pero cuando senté a Kitami en una silla delante de mi escritorio, fue él quien la perdió…

—¡Las ventas de Blue Ribbon son decepcionantes! —exclamó—. Deberían hacerlo mucho mejor.

Perplejo, le dije que nuestras ventas se duplicaban cada año. No era suficiente, dijo secamente.

—Algunos dicen que debería ser el triple —añadió.

—¿Quiénes? —le pregunté.

—No importa —respondió.

Sacó una carpeta de su maletín, la abrió bruscamente, la leyó y luego la cerró de golpe. Repitió que no le gustaban nuestras cifras, que no creía que hiciéramos lo suficiente. Volvió a abrir la carpeta, volvió a cerrarla, la metió de nuevo en su maletín. Yo intenté defenderme, pero hizo un gesto de indignación con la mano. Seguimos discutiendo durante un buen rato, de manera civilizada, pero tensa.

Después de casi una hora en este plan se levantó y me pidió usar el lavabo de caballeros. «Al fondo del pasillo», le dije.

En cuanto desapareció de mi vista salté de detrás de mi escritorio. Abrí su maletín, rebusqué en su interior y saqué lo que parecía ser la carpeta que él había estado revisando. La deslicé bajo el papel secante de mi escritorio, luego salté de nuevo a mi silla y apoye los codos encima del papel.

Mientras esperaba a que Kitami volviera, tuve el más extraño de los pensamientos. Recordé todas las veces en que había sido voluntario con los Boy Scouts, todas las veces en que había participado en los comités evaluadores de Eagle Scouts, repartiendo insignias de mérito al honor y la integridad. Dos o tres fines de semana al año interrogaba a muchachos de mejillas sonrosadas sobre su probidad y honestidad, ¿y ahora me dedicaba a robar documentos del maletín de otro hombre? Me había metido por una oscura senda y era imposible saber adónde me llevaría. Pero, fuera donde fuese, no había forma alguna de evitar la consecuencia inmediata: tendría que recusarme a mí mismo del próximo comité evaluador.

¡Cómo ansiaba estudiar el contenido de aquella carpeta, fotocopiar cualquier trozo de papel y llevárselo todo a Woodell! Pero Kitami no tardó en volver. Le dejé que siguiera regañándome sobre las malas cifras, le dejé que terminara de hablar, y cuando acabó le resumí mi situación. Le dije con calma que Blue Ribbon podría aumentar sus ventas si podíamos pedir más zapatillas, y podríamos pedir más zapatillas si teníamos más financiación, y nuestro banco podría darnos más financiación si teníamos más seguridad, lo que implicaba un contrato más largo con Onitsuka. De nuevo hizo un gesto con la mano.

—¡Excusas! —me dijo.

Le planteé la idea de financiar nuestros pedidos a través de una sociedad mercantil japonesa, como Nissho Iwai, tal como ya le había mencionado en mis telegramas unos meses antes.

—¡Bah! —dijo él—. ¡Sociedades mercantiles! Primero envían el dinero... luego a los hombres. ¡Toman el control! Se van metiendo en tu empresa, y luego toman el control.

Traducción: Onitsuka solo fabricaba una cuarta parte de sus zapatillas, y subcontrataba las otras tres cuartas partes. Kitami tenía miedo de que Nissho descubriera la red de fábricas de Onitsuka, luego prescindiera de Onitsuka, se convirtiera en fabricante y llevara a Onitsuka a la quiebra.

Kitami se levantó. Me dijo que tenía que volver a su hotel a descansar. Yo le dije que haría que alguien le acompañara y que más tarde me reuniría con él para tomar un cóctel en el bar del hotel.

En el instante en que se marchó fui a buscar a Woodell y le expliqué lo que había pasado. Cogí la carpeta.

—Se lo he robado de su maletín —le dije.

—¿Que has hecho qué? —me preguntó.

Él aparentó horrorizarse, pero sentía tanta curiosidad como yo por ver el contenido. La abrimos, la pusimos sobre su escritorio y encontramos, entre otras cosas, una lista de dieciocho distribuidores de calzado deportivo de todo Estados Unidos y un calendario de citas con la mitad de ellos.

Así que ahí estaba. Negro sobre blanco. «Algunos dicen.» Aquellos «algunos» que criticaban a Blue Ribbon y malmetían contra nosotros eran nuestros competidores. Y él iba a reunirse con ellos. Te cargas a un Hombre Marlboro, y surgen otros veinte.

Por supuesto, me sentí indignado. Pero sobre todo dolido. Durante siete años nos habíamos consagrado a las zapatillas Tiger. Las habíamos introducido en Estados Unidos, habíamos reinventado la línea. Bowerman y Johnson habían ayudado a Onitsuka a crear una zapatilla mejor, y ahora sus diseños eran fundamentales, estableciendo récords de ventas, cambiando el rostro de la industria… ¿y así era como nos lo pagaban?

—¡Y ahora tengo que ir a tomar un cóctel con ese Judas! —le dije a Woodell.

Antes de eso fui a correr seis millas. No sé si alguna vez he vuelto a correr tan deprisa o ser menos consciente de mi cuerpo. Con cada zancada les chillaba a los árboles, les gritaba a las telarañas que colgaban de las ramas. Eso me resultó de ayuda. Para cuando me había duchado, me había vestido y había acudido a reunirme con Kitami en su hotel, casi me había serenado. O quizá estuviera en shock. De lo que dijo Kitami durante la hora que pasamos juntos, de lo que dije yo… no tengo recuerdo alguno. De lo que sí me acuerdo es de esto: a la mañana siguiente, cuando vino a la oficina, Woodell y yo tramamos una artimaña. Mientras alguien se lo llevaba un momento a la sala del café, Woodell bloqueó la puerta de mi despacho con su silla de ruedas y volvió a deslizar la carpeta en el maletín.

El último día de su visita, horas antes de la gran cena, me dirigí a toda prisa a Eugene para hablar con Bowerman y su abogado, Jaqua. Dejé que Penny se encargara de traer a Kitami más tarde, pensando: «¿Qué es lo peor que podría pasar…?».

Es como si lo estuviera viendo ahora mismo: Penny, despeinada, con el vestido manchado de grasa, llegando a casa de Bowerman. Cuando salió del coche pensé por un momento que Kitami la había atacado, pero ella me llevó aparte y me explicó que habían pinchado.

—¡Ese hijo de puta se ha quedado en el coche… en la carretera… y no me ha ayudado a cambiar el neumático! —me gritó.

La acompañé adentro. Los dos necesitábamos beber algo fuerte.

Pero no era precisamente una tarea fácil. La señora Bowerman, devota de la ciencia cristiana, no acostumbraba tener alcohol en su casa. Aquella noche haría una excepción, pero me había pedido con antelación que, por favor, me asegurara de que todo el mundo se comportaba y nadie se pasaba de la raya. De modo que, aunque mi esposa y yo necesitábamos ambos un buen trago, me vi forzado a contentarme con un traguito.

Luego la señora Bowerman nos reunió a todos en la sala de estar.

—¡En honor de nuestros distinguidos invitados, esta noche serviremos… Mai Tai! —anunció.

Aplausos.

Kitami y yo todavía teníamos algo en común. A los dos nos gustaban los Mai Tai. Mucho. Había algo en ellos que nos recordaba a Hawái, aquella maravillosa escala entre la Costa Oeste estadounidense y Japón, donde podías relajarte antes de volver a las largas jornadas de trabajo. Aun así, aquella noche tanto él como yo nos limitamos a tomar solo uno. Y lo mismo hicieron los demás, por consideración a la señora Bowerman. Todos, excepto su marido. Él nunca había sido demasiado bebedor, seguramente nunca había probado antes un Mai Tai, y todos nos miramos con temor y consternación cuando las bebidas empezaron a hacerle efecto. Pero la cosa no acabó ahí. Algo en aquella fuerte combinación de curasao y zumo de lima, piña y ron hizo que perdiera la chaveta. Después de dos Mai Tai se transformó en una persona distinta.

Mientras intentaba prepararse su tercer Mai Tai, bramó:

—¡Nos hemos quedado sin hielo! —Nadie contestó. De modo que se respondió él mismo—: No pasa nada.

Se fue al garaje, al congelador de piezas grandes de carne, y sacó una bolsa de arándanos congelados. La abrió de un tirón, desparramando arándanos por todas partes. Luego echó un enorme puñado de estos en su bebida.

—Así sabe mejor —anunció, volviendo a la sala de estar.

A continuación recorrió toda la sala vertiendo puñados de arándanos congelados en los vasos de todos.

Luego se sentó y empezó a contar una historia que parecía ser de un gusto más que cuestionable. Esta entró en un crescendo que temí que todos íbamos a recordar durante años. Es decir, siempre que lográramos entender dicho crescendo: en las palabras de Bowerman, normalmente tan claras y precisas, se notaban cada vez más los efectos del alcohol.

La señora Bowerman me miraba con expresión airada. Pero ¿qué podía hacer yo? Me encogí de hombros y pensé: «Usted se casó con él». Y luego pensé: «¡Ah!, espere, yo también».

En 1964, cuando los Bowerman asistieron a los Juegos Olímpicos de Japón, ella se enamoró de las peras *nashi*, que son como pequeñas manzanas verdes, pero más dulces. En Estados Unidos no se cultivan, de modo que se llevó clandestinamente unas cuantas semillas a casa en el monedero y las plantó en el jardín. La señora Bowerman explicó a Kitami que, cuando las *nashi* florecían, cada pocos años, le recordaban su amor por todo lo japonés. Él pareció bastante cautivado por aquella historia.

—¡Bah! —exclamó Bowerman, exasperado—. ¡Manzanas japonesas!

Yo me tapé los ojos con la mano.

Hubo un momento al final en que pensé que la fiesta iba a descontrolarse y que íbamos a tener que llamar a la policía. Miré hacia el otro lado de la sala y divisé a Jaqua, sentado junto a su esposa, lanzando una mirada feroz a Kitami. Sabía que Jaqua había sido piloto de caza durante la guerra, y que su piloto de flanco, uno de sus mejores amigos, había sido derribado por un Zero japonés. De hecho, él y su mujer le habían puesto a su primer hijo el nombre del amigo fallecido. De repente lamenté haberle hablado de la «carpeta de la traición» de Kitami. Percibí que algo bullía en su interior y le subía a la garganta, y percibí que había una posibilidad real de que el abogado, mejor amigo y vecino de Bowerman se levantara, cruzara la sala y le diera un puñetazo en la mandíbula a Kitami.

La única persona que parecía estar pasándoselo de maravilla y no tener ningún problema era precisamente Kitami. Ni rastro del airado Kitami del banco. Ni rastro del severo Kitami de mi oficina. Charlaba, reía, se daba palmadas en la rodilla y se mostraba tan agradable que me pregunté qué habría ocurrido si le hubiera dado un Mai Tai antes de llevarle al First National.

Ya bien entrada la velada descubrió algo al otro lado de la sala: una guitarra. Pertenecía a uno de los tres hijos de Bowerman. Se dirigió hacia ella atropelladamente, la cogió y empezó a acariciar las cuerdas. Luego a rasguearlas. Se la llevó al corto tramo de escalera que separaba la sala de estar, que quedaba un poco por debajo del comedor, y, de pie en el último escalón, empezó a tocar. Y a cantar.

Todas las cabezas se volvieron. Cesó la conversación. Era una canción country-western, o algo por el estilo, pero él la tocaba como una melodía tradicional japonesa. Sonaba como Buck Owens interprentado con un *koto*. Luego, sin transición alguna, cambió a «O sole mio». Recuerdo que pensé: «¿De verdad está cantando "O sole mio"?»

Entonces cantó más fuerte: «O sole mio, sta nfronte a te! O sole, o sole mio, sta nfronte a te!».

Un hombre de negocios japonés rasgueando una guitarra sajona y cantando una balada italiana con la voz de un tenor irlandés. Era surrealista, no, mucho peor que eso, y encima no paraba. Yo no sabía que «O sole mio» tuviera versos. Ni que toda una sala repleta de activos e incansables oregonianos pudiera permanecer sentada inmóvil y en silencio durante tanto rato. Cuando Kitami dejó de tocar, todos nosotros intentamos no mirarnos a los ojos mientras le obsequiábamos con un gran aplauso. Yo aplaudí y aplaudí, y entonces todo adquirió sentido. Para Kitami, aquel viaje a Estados Unidos —la visita al banco, las reuniones que habíamos tenido, la cena con los Bowerman— no tenía nada que ver con Blue Ribbon. Ni con Onitsuka. Como todo, solo tenía que ver con él.

Kitami se fue de Portland al día siguiente para emprender su misión ahora ya no tan secreta: su recorrido por Estados Unidos destinado a mandar a paseo a Blue Ribbon. Volví a preguntarle adónde iba, y de nuevo no me respondió. *Yoi tabi de arimas yoh ni*, le dije: «Que tenga un buen viaje».

Hacía no mucho le había encargado a Hayes, mi antiguo jefe en Price Waterhouse, algunos trabajos de consultoría para Blue Ribbon, de modo que a continuación me reuní con él para intentar decidir mi próximo movimiento antes del regreso de Kitami. Convinimos en que lo mejor que podía hacer era mantener las cosas como estaban y tratar de convencer a Kitami de que no nos dejara, de que no nos abandonara. Por enfadado y dolido que yo pudiera estar, debía aceptar que Blue Ribbon estaría perdida sin Onitsuka. Hayes me dijo que era preferible seguir con «mi» malo conocido, y persuadirle de que él debía hacer lo mismo.

Aquella misma semana, un poco más tarde, cuando volvió «mi»

malo conocido, lo invité a hacer una última visita a Tigard antes de que cogiera su vuelo de regreso a casa. De nuevo intenté sobreponerme a la situación. Lo llevé a la sala de reuniones y, con Woodell y yo sentados a un lado de la mesa, y Kitami y su ayudante, Iwano, al otro, me forcé a sonreír y le dije que esperábamos que hubiera disfrutado de su visita a nuestro país.

Él volvió a repetir que se sentía decepcionado por el rendimiento de Blue Ribbon.

Esta vez, sin embargo, añadió que tenía una solución.

—Dispare —le dije.

—Véndanos su empresa.

Lo dijo con voz muy suave. Entonces pensé que algunas de las cosas más duras que nos dicen a lo largo de la vida nos las dicen con esa voz.

—¿Perdón? —balbucí.

—Onitsuka Company Limited comprará una participación mayoritaria en Blue Ribbon, el cincuenta y uno por ciento. Es el mejor acuerdo para su empresa. Y para usted. Sería sensato por su parte que aceptara.

Una adquisición hostil. Una maldita adquisición hostil. Miré al techo. «Tiene que estar de broma», pensé. ¡Menudo arrogante, deshonesto, desagradecido, matón…!

—¿Y si no lo hacemos?

—No nos quedará otro remedio que contratar distribuidores más grandes.

—Más grandes… ¡Ajá! Entiendo. ¿Y qué hay de nuestro contrato?

Se encogió en hombros. ¡Para eso valen los acuerdos!

No podía permitirme divagar por ninguno de los lugares a los que mi mente intentaba dirigirse. No podía decir a Kitami lo que pensaba de él, o por dónde podía meterse su oferta, porque Hayes tenía razón: todavía le necesitaba. No tenía ninguna estrategia, ningún plan B, ninguna vía de escape. Si pretendía salvar Blue Ribbon, tenía que hacerlo poco a poco, siguiendo mi propio calendario, para no asustar a los clientes y los minoristas. Necesitaba tiempo, y, en consecuencia, que Onitsuka siguiera enviándome zapatillas durante el mayor tiempo posible.

—Bueno —le dije, esforzándome por controlar mi voz—. Como sabe, tengo un socio. El entrenador Bowerman. Tendré que discutir su oferta con él.

Estaba seguro de que Kitami detectaría enseguida mi torpe táctica dilatoria. Pero se levantó, se ajustó los pantalones y sonrió.

—Discútalo con el doctor Bowerman. Ya me dará una respuesta.

Tenía ganas de darle un puñetazo. Sin embargo, le estreché la mano. Luego él e Iwano se fueron.

En la sala de reuniones, de repente privada de la presencia de Kitami, Woodell y yo nos quedamos mirando las vetas de la mesa y dejamos que la calma se apoderara de nosotros.

Envié mi presupuesto y mis previsiones para el año siguiente al First National, junto con mi solicitud de crédito estándar. Quería añadir una nota de disculpa, pidiendo perdón por el desastre de Kitami, pero sabía que White lo encajaría bien. Y por otra parte, Wallace no había estado allí. Unos días después de que White recibiera mi presupuesto y mis previsiones me pidió que fuera a verle para discutirlo.

No estuve en aquella silla pequeña y dura delante de su escritorio más de dos segundos antes de que me diera la noticia.

—Phil, me temo que el First National ya no va a poder seguir haciendo negocios con Blue Ribbon. No emitiremos más cartas de crédito en su nombre. Pagaremos los envíos pendientes cuando lleguen con lo que queda en su cuenta, pero una vez que se haya pagado la última factura nuestra relación habrá terminado.

Pude ver por su palidez cerúlea que estaba desolado. Él no había tenido nada que ver con aquello. Era algo que venía de arriba. De modo que no tenía sentido discutir. Abrí los brazos.

—¿Qué voy a hacer, Harry?

—Busque otro banco.

—¿Y si no lo encuentro? Quebraré, ¿no?

Él miró sus papeles, los apiló, los sujetó con un clip. Me dijo que el tema Ribbon había dividido a los directivos del banco. Algunos estaban a favor de nosotros, otros en contra. Al final había sido Wallace quien había emitido el voto decisivo.

—Este asunto me pone malo —añadió White—. Tanto que voy a pedir un día de baja.

Yo no tenía esa opción. Salí del First National con paso vacilante y fui directamente al U.S. Bank. Les supliqué que me acogieran.

«Lo sentimos», dijeron.

No tenían el menor deseo de quedarse con los problemas de segunda mano del First National.

Pasaron tres semanas. La empresa, mi empresa, surgida de la nada, y que terminaba 1971 con unas ventas de un millón trescientos mil dólares, estaba en la UCI. Hablé con Hayes. Con mi padre. Con todos los contables que conocía, y cada uno de ellos mencionó que los estatutos del Bank of California le permitían hacer negocios en tres estados del oeste de Estados Unidos, incluyendo Oregón. Es más, dicho banco tenía una filial en Portland. Me dirigí allí a toda prisa, y, de hecho, me dieron la bienvenida y un refugio para pasar la tormenta. Además de una pequeña línea de crédito.

Pero aquella era solo una solución a corto plazo. Al fin y al cabo seguía siendo un banco, y los bancos, por definición, tenían aversión al riesgo. Independientemente de cuáles fueran mis cifras de ventas, el Bank of California no tardaría en ver con alarma mis saldos de caja cero. Tenía que empezar a prepararme para aquel fatídico día.

No dejaba de darle vueltas a lo de la sociedad mercantil japonesa. Nissho. A altas horas de la noche pensaba: «Tienen cien mil millones de dólares en ventas... y se mueren de ganas de ayudarme. ¿Por qué?».

Para empezar, Nissho obtenía unos enormes volúmenes de márgenes netos bajos, y, en consecuencia, le gustaban las empresas en expansión con una gran tendencia al alza. Ese era nuestro caso. Al cien por cien. A ojos de Wallace y del First National habíamos sido un campo de minas; para Nissho éramos una potencial mina de oro.

De modo que volví. Me reuní con el hombre que habían enviado desde Japón para dirigir el nuevo departamento de Productos Generales, Tom Sumeragi. Se había graduado en la Universidad de Tokio —la Harvard japonesa— y tenía un sorprendente parecido con el gran actor de cine Toshiro Mifune, famoso por su interpretación de Miyamoto Musashi, legendario duelista samurái y autor de un imperecedero manual sobre combate y fortaleza interior: *El libro de los cinco anillos*. Sumeragi se parecía aún más al actor cuando se llevaba un Lucky Strike a los labios. Y se llevaba muchos. El doble cuando bebía. Pero a diferencia de Hayes, que bebía porque le gustaba cómo le hacía sentirse la bebida, Sumeragi lo hacía porque estaba solo en Estados Unidos. Casi cada tarde después del trabajo se dirigía al Blue House, un bar-restaurante japonés, y charlaba en su lengua natal con la *mama-san*, lo que le hacía sentirse aún más solo.

Me dijo que Nissho estaba dispuesta a secundar al banco en lo relativo a sus préstamos. Sin duda eso aplacaría a mis banqueros. También me dio una valiosa información: recientemente Nissho había enviado una delegación a Kobe a fin de investigar la posibilidad de financiarnos y convencer a Onitsuka de que permitiera que se formalizara el acuerdo. Pero Onitsuka había mandado a paseo a la delegación de Nissho. ¿Una empresa de veinticinco millones de dólares que rechaza a otra de cien mil millones? Nissho estaba avergonzada y enfadada.

—Podemos ponerle en contacto con muchos fabricantes de calzado deportivo de calidad en Japón —me dijo Sumeragi con una sonrisa.

Reflexioné. Todavía tenía alguna esperanza de que Onitsuka recobrara la cordura. Y me preocupaba un párrafo del contrato que me prohibía importar otras marcas de zapatillas de atletismo.

—Quizá más adelante —respondí.

Sumeragi asintió con la cabeza. Todo a su debido tiempo.

Aturdido por aquel drama, cada noche regresaba a casa profundamente agotado. Pero siempre volvía a recuperar el aliento después de correr mis seis millas, seguidas de una ducha caliente y una cena rápida, solo (Penny y Matthew cenaban alrededor de las cuatro). Tras esto siempre procuraba encontrar tiempo para contar a Matthew un cuento a la hora de acostarse, y siempre intentaba buscar una historia que resultara educativa. Me inventé un personaje llamado Matt History, que se parecía y actuaba en gran medida como Matthew Knight, y era el centro de cada trama. Matt History en Valley Forge con George Washington. Matt History en Massachusetts con John Adams. Matt History con Paul Revere cuando este cabalgó a través de la oscuridad de la noche con un caballo prestado para advertir a John Hancock de que se acercaban los ingleses: «Pisándole los talones a Revere iba un jovencísimo jinete de la periferia de Portland, Oregón…».

Siempre le hacía reír, encantado de verse en medio de aquellas aventuras. Se sentaba más erguido en la cama, y me pedía un cuento tras otro.

Cuando se quedaba dormido, Penny y yo nos contábamos lo que habíamos hecho durante el día. Ella solía preguntarme qué íbamos a hacer si todo se iba al garete. Yo le decía: «Siempre puedo recurrir a la contabilidad». No sonaba sincero, porque no lo era. A mí no me encantaba verme metido en aquellas aventuras.

Al final Penny apartaba la vista, miraba la tele, reanudaba su bordado o leía, y yo me retiraba a mi sillón reclinable, donde me impartía a mí mismo la autocatequesis de todas las noches.

«¿Qué sabes?»

«Que no se puede confiar en Onitsuka.»

«¿Y qué más?»

«Que mi relación con Kitami es insalvable.»

«¿Qué te depara el futuro?»

«Tarde o temprano, Blue Ribbon y Onitsuka romperán. Solo necesito que sigamos juntos el máximo tiempo posible mientras encuentro otros proveedores para poder manejar la ruptura.»

«¿Cuál es el primer paso?»

«Tengo que ahuyentar a los demás distribuidores que Onitsuka ha alineado para reemplazarme. Torpedearles, asediarles con cartas de amenaza con demandarles si violan mi contrato.»

«¿Cuál es el siguiente paso?»

«Conseguir reemplazar a Onitsuka.»

Me acordé de una fábrica de la que había oído hablar, en Guadalajara, México, la misma en la que Adidas había fabricado zapatillas durante los Juegos Olímpicos de 1968, supuestamente para eludir los aranceles mexicanos. Recuerdo que eran buenas zapatillas. De modo que concerté una reunión con los gerentes.

Pese a estar en el centro de México, la fábrica se llamaba Canadá. Una de las primeras cosas que hice fue preguntar a los gerentes por qué. Me dijeron que habían elegido aquel nombre porque sonaba extranjero, exótico. Yo me eché a reír. ¿Canadá, exótico? A mí me resultaba más cómico que exótico, por no decir confuso. Una fábrica situada al sur de la frontera estadounidense que se llamaba como un país situado al norte.

Pero, bueno, no me importaba. Tras revisar las instalaciones, hacer un inventario de su línea de zapatillas e inspeccionar su sala de piel, me quedé impresionado. Las instalaciones eran grandes y limpias, y estaba bien dirigida. Además, contaba con la aprobación de Adidas. Les dije que me gustaría hacerles un pedido: tres mil pares de botas de piel de fútbol europeo, que yo tenía previsto vender como botas de fútbol americano. Los dueños de la fábrica me preguntaron el nombre de mi marca. Les dije que ya les daría una respuesta.

Me dieron el contrato. Observé la línea de puntos sobre mi nombre. Con la estilográfica ya en la mano, hice una pausa. La cuestión estaba ahora sobre la mesa. ¿Estaba violando mi acuerdo con Onitsuka?

Técnicamente no. El contrato especificaba que solo podía importar zapatillas de atletismo de Onitsuka, no de terceros; pero no decía nada sobre botas de fútbol. De modo que sabía que aquel contrato con Canadá no violaba mi acuerdo con Onitsuka. Pero ¿y la esencia?

Seis meses antes no se me habría ocurrido hacer tal cosa. Pero ahora era distinto. Onitsuka ya había adulterado el espíritu de nuestro acuerdo, y el mío, de modo que le quité el capuchón a la pluma y firmé el contrato. Firmé el puñetero contrato con Canadá. Después me fui a comer comida mexicana.

También estaba la cuestión del logo. Mi nueva bota de fútbol europeo reconvertida en bota de fútbol americano necesitaba algo que la diferenciara de Adidas y Onitsuka. Recordé a la joven artista a la que había conocido en la Universidad Estatal de Portland. ¿Cómo se llamaba? ¡Ah, sí!, Carolyn Davidson. Había estado varias veces en la oficina, haciendo folletos y anuncios para revistas. Cuando volví a Oregón la cité de nuevo y le dije que necesitábamos un logotipo.

—¿De qué clase? —preguntó.

—No lo sé —repuse.

—Eso no me sirve de mucho —me dijo ella.

—Algo que evoque movimiento —le aclaré.

—Movimiento… —repitió, dudosa.

Parecía confundida. Tenía motivos para estarlo, porque yo solo farfullaba. No estaba del todo seguro de lo que quería. Yo no era un artista. Le mostré la bota de fútbol y le dije, sin poder serle de más ayuda: «Esto. Necesitamos algo para esto».

Me dijo que lo intentaría.

—Movimiento… —seguía murmurando al salir de mi despacho—. Movimiento…

Al cabo de dos semanas volvió con una cartera llena de bosquejos. Todos ellos eran variaciones de un mismo tema, y el tema parecía ser… ¿rayos gordos? ¿Marcas de verificación rechonchas? ¿Garabatos con obesidad mórbida? Sus diseños ciertamente evocaban movimiento, o algo por el estilo, pero uno del tipo que mareaba. Ninguno me decía nada. Seleccioné unos cuantos que parecían prometedores y le pedí que siguiera trabajando con ellos.

Al cabo de unos días —¿o fueron semanas?— volvió y extendió una segunda serie de bosquejos sobre la mesa de reuniones. También colgó unos cuantos en la pared. Había hecho varias docenas de variaciones más sobre el tema original, pero con más libertad creativa. Eran mejores. Estaba cerca.

Woodell, yo y unas cuantas personas más estuvimos examinándolos. Recuerdo que Johnson también estaba allí, aunque soy incapaz de recordar por qué había salido de Wellesley. Poco a poco fuimos llegando a un consenso. Nos gustaba… uno… un poco más que los demás.

«Parece un ala», dijo uno de nosotros.

«Parece una ráfaga de aire», dijo otro.

«Parece la estela que un corredor podría dejar tras de sí.»

Convinimos en que parecía algo nuevo, fresco y, sin embargo, de algún modo… antiguo. Eterno.

Le dimos las gracias a Carolyn por sus muchas horas de trabajo, además de un cheque de treinta y cinco dólares; luego le dijimos que ya podía irse.

Cuando se marchó, seguimos allí sentados contemplando el logo que habíamos seleccionado.

—Hay algo llamativo en él —dijo Johnson.

Woodell estuvo de acuerdo. Yo fruncí el ceño y me rasqué la mejilla.

—Tíos, a vosotros os gusta más que a mí —les dije—. Pero se nos ha acabado el tiempo. Tendrá que funcionar.

—¿No te gusta? —me preguntó Woodell.

Yo suspiré.

—No me entusiasma. Quizá llegue a gustarme con el tiempo.

Se lo enviamos a Canadá.

Ahora solo nos faltaba un nombre que acompañara a aquel logotipo que a mí no me gustaba. Durante los días siguientes estuvimos dándole vueltas a docenas de ideas, hasta que surgieron dos grandes candidatos.

Falcon.

Y Dimension Six.

Yo me inclinaba por el segundo porque se me había ocurrido a mí. Woodell y todos los demás me decían que era horrible. Me aseguraban que no era pegadizo y que no significaba nada.

Hicimos una encuesta entre todos nuestros empleados. Secretarias, contables, representantes, minoristas, archiveros, mozos de almacén… pedimos que todos se implicaran e hicieran al menos una sugerencia. Yo le dije a todo el mundo que Ford acababa de pagar a una empresa de consultoría de altos vuelos dos millones de dólares por dar con el nombre de su nuevo Maverick.

—Nosotros no tenemos dos millones de dólares, pero sí a cincuenta personas inteligentes, y no se nos puede ocurrir nada peor que… Maverick.

Asimismo, y a diferencia de Ford, nosotros teníamos un plazo límite: Canadá iba a iniciar la producción de la bota aquel viernes.

Pasamos horas y horas discutiendo y gritando, debatiendo las virtudes de tal o cual nombre. A alguien le gustó la sugerencia de Bork, Bengal, por el tigre de bengala. Otro dijo que el único nombre posible era Condor. Yo protesté enfurruñado:

—¡Nombres de animales! ¡Nombres de animales! Hemos propuesto los nombres de casi todos los animales de la selva. ¿Es que tiene que ser un animal?

Una y otra vez seguí presionando en favor de Dimension Six. Una y otra vez mis empleados me dijeron que era infumable.

Alguien, no recuerdo quién, resumió perfectamente la situación.

—Todos estos nombres… son una mierda.

Pensaba que había sido Johnson, pero toda la documentación dice que para entonces ya se había marchado y había vuelto a Wellesley.

Una noche, ya tarde, estábamos todos cansados y a punto de

perder la paciencia. Si volvía a oír otro nombre de animal me tiraría por la ventana. «Mañana será otro día», dijimos mientras salíamos de la oficina y nos dirigíamos a nuestros coches.

Me fui a casa y me senté en mi sillón reclinable. Mi mente empezó a divagar de un lado a otro, de un lado a otro. ¿Falcon? ¿Bengal? ¿Dimension Six? ¿Qué más? ¿Algo más?

Llegó el día. Canadá ya había empezado a fabricar las botas y en Japón ya había muestras preparadas, pero antes de poder enviar los pedidos debíamos elegir un nombre. También teníamos unos anuncios listos cuya publicación en revistas queríamos hacer coincidir con los envíos, y faltaba decir a los artistas gráficos qué nombre había que utilizar. Por si fuera poco, necesitábamos tramitar el papeleo en la Oficina de Patentes de Estados Unidos.

Woodell entró en mi despacho.

—Se acabó el tiempo —me dijo.

Me froté los ojos.

—Ya lo sé.

—¿Y qué vamos a hacer?

—No lo sé.

Me iba a estallar la cabeza. Para entonces todos los nombres se habían juntado atropelladamente en un desconcertante pegote: Falconbengaldimensionsix.

—Tenemos… una nueva sugerencia —me dijo Woodell.

—¿De quién?

—Johnson llamó a primera hora —me respondió—. Al parecer anoche se le ocurrió un nuevo nombre en un sueño.

Hice un gesto de fastidio.

—¿Un sueño?

—Hablaba en serio —dijo Woodell.

—Él siempre habla en serio.

—Dice que se incorporó de golpe en la cama en mitad de la noche y vio el nombre ante él —me explicó Woodell.

—¿Y cuál es? —le pregunté, haciendo de tripas corazón.

—Nike.

—¿Eh?

—Nike.

—Deletréamelo.

—N-I-K-E.

Lo escribí en un bloc tamaño folio de papel amarillo.

Niké, la diosa griega de la victoria. La Acrópolis. El Partenón. El templo. Lo recordé. Breve, fugazmente.

—Se nos acaba el tiempo —dije—. Nike, Falcon o Dimension Six.

—Todo el mundo detesta Dimension Six.

—Todos menos yo.

Él frunció el ceño.

—Tú decides.

Me dejó solo. Dibujé unos garabatos en mi bloc. Hice listas, las taché. Tictac, tictac.

Tenía que enviar un télex a la fábrica. En ese preciso instante.

Odiaba tomar decisiones de manera apresurada, y eso era justo lo que estaba haciendo aquellos días. Miré al techo. Me di dos minutos más para reflexionar y luego recorrí el pasillo en dirección al télex. Me senté delante de la máquina y me di otros tres minutos.

De mala gana, tecleé el mensaje: «El nombre de la nueva marca es…».

Había un montón de cosas dándome vueltas en la cabeza. Para empezar, Johnson había señalado que todas las marcas icónicas —Clorox, Kleenex, Xerox…— tenían nombres cortos. De dos sílabas o menos. Y siempre tenían un sonido fuerte en el nombre, una letra como la «K» o la «X», que se queda en la mente. Todo eso tenía sentido. Y encajaba con Nike.

Además, me gustaba que Niké fuera la diosa de la victoria. «¿Qué es más importante que la victoria?», pensé.

Puede que en lo más recóndito de mi mente oyera la voz de Churchill: «¿Me pregunta que cuál es nuestro objetivo? Responderé con una palabra: la victoria». Puede que en ese momento me acordara de la medalla de la victoria concedida a todos los veteranos de la Segunda Guerra Mundial, un medallón de bronce con Atenea Niké en el anverso, partiendo una espada en dos. Quizá fuera así. A veces creo que sí. Pero al final no sé qué me llevó a tomar mi decisión. ¿Suerte? ¿Instinto? ¿Algún espíritu interior?

Sí.

—¿Qué has decidido? —me preguntó Woodell al final del día.

—Nike —mascullé.

—¡Hum…! —murmuró él.

—Sí, ya lo sé —dije yo.

—Quizá llegue a gustarnos con el tiempo —concluyó.

Quizá.

Mi nueva y flamante relación con Nissho prometía, pero precisamente era nueva, ¿y quién se atrevería a predecir cómo podía evolucionar? Una vez también creí que la relación con Onitsuka prometía, y mira dónde estaba ahora. Nissho me inyectaba dinero, pero no podía confiarme. Tenía que explotar todas las fuentes para conseguir dinero que tuviera al alcance.

Eso me llevó de nuevo a la idea de lanzar una emisión pública. No creía que pudiera soportar la decepción de una segunda emisión fracasada, de modo que me confabulé con Hayes para garantizar que esta funcionara. Decidimos que la primera emisión no había sido lo bastante contundente. No habíamos sabido vendernos. Esta vez contratamos a un vendedor agresivo.

Además, decidimos no vender acciones, sino obligaciones convertibles.

Si el mundo de los negocios era una guerra sin balas, las obligaciones eran como los bonos de guerra. La gente te presta dinero, y a cambio tú les das cuasi-acciones en tu… causa. No llegan a ser plenamente acciones porque se alienta e incentiva mucho a los obligacionistas a mantener sus obligaciones durante cinco años. Después de eso pueden convertirlas en acciones comunes o recuperar su dinero con intereses.

Con nuestro nuevo plan, y nuestro entusiasta vendedor, en junio de 1971 anunciamos que Blue Ribbon emitiría doscientas mil obligaciones, a dólar la unidad, y en esta ocasión se vendieron con rapidez. Uno de los primeros en comprar fue mi amigo Cale, que no dudó en hacer un cheque por diez mil dólares, una bonita suma.

—Buck —me dijo—, yo estuve al principio y estaré hasta el final.

Canadá fue una decepción. La bota de fútbol de piel que fabricaba era bonita, pero en un clima frío la suela se partía y se agrietaba. No podía ser más irónico: calzado hecho en una fábrica llamada Canadá que no aguantaba el frío. No obstante, tal vez fuera nuestra culpa, por utilizar una bota de fútbol europeo en el fútbol americano. Quizá nos lo habíamos buscado.

El quarterback de la Universidad de Notre Dame, en Indiana, llevó un par de Nike aquella temporada, y fue emocionante verle trotar por el sagrado campo de fútbol de South Bend con ellas puestas. Hasta que las Nike se desintegraron (como le ocurrió al equipo de Notre Dame aquel año). Por lo tanto, lo primero que había que hacer era encontrar una fábrica capaz de hacer botas más robustas y resistentes a la intemperie.

En Nissho me dijeron que nos podían ayudar. Que estaban encantados de hacerlo. Estaban reforzando su departamento de Productos, de modo que Sumeragi tenía un montón de información sobre fábricas de todo el mundo. Además, recientemente había contratado a un asesor, un verdadero genio del calzado que había sido discípulo de Jonas Senter.

Yo no había oído hablar nunca de Senter, pero Sumeragi me aseguró que era un auténtico *shoe dog* de los pies a la cabeza. Había escuchado ya aquella expresión algunas veces. En la jerga del mundo del calzado se conocía como *shoe dogs* a aquellas personas que se consagraban por completo a la fabricación, la compraventa o el diseño de zapatos. La gente del mundillo utilizaba el término a menudo para referirse a otras como ellos, hombres y mujeres que habían trabajado tanto y durante tanto tiempo en el negocio del calzado que eran incapaces de pensar y de hablar de otra cosa. Era una manía devoradora, un trastorno psicológico, preocuparse de ese modo por plantillas y suelas, forros y ribetes, remaches y empeines. Pero yo lo entendía. El ciudadano medio da siete mil quinientos pasos al día, doscientos setenta y cuatro millones de pasos en el curso de una larga vida, el equivalente a dar seis veces la vuelta al mundo; y me parecía que los *shoe dogs* simplemente querían forman parte de aquel viaje. El calzado era su manera de conectar con la humanidad. ¿Y qué mejor forma de hacerlo que perfeccionando el gozne que une a cada individuo con la superficie del mundo?, pensaban.

Sentí una insólita compasión por aquellos casos tan tristes. Me pregunté a cuántos de ellos podía haber conocido en mis viajes.

En aquel momento el mercado del calzado estaba inundado de imitaciones de Adidas, y había sido Senter quien había provocado aquella inundación. Al parecer, era el rey de las imitaciones. También sabía todo lo que había que saber sobre el comercio legítimo de calzado en Asia: fábricas, importación, exportación… Había ayudado a montar una sección de calzado a Mitsubishi, la mayor sociedad mercantil de Japón. Nissho no podía contratar a Senter por diversas razones, de modo que habían contratado al protegido de este, un hombre apellidado Sole.

—¿En serio? —pregunté—. ¿Un tío del mundo del calzado que se apellida Sole?

Antes de conocer a Sole y de seguir adelante con Nissho, me planteé si no me estaría metiendo en otra trampa. Si me asociaba con Nissho pronto les debería un montón de dinero. Si además se convertían en los proveedores de todo mi calzado me hallaría en una posición más vulnerable que la que había tenido frente a Onitsuka. Y si resultaban ser tan agresivos como Onitsuka, adiós muy buenas.

A instancias de Bowerman lo discutí con Jaqua, y también tuvo el mismo dilema. «Es un buen lío», me dijo. No sabía qué aconsejarme. Pero sí sabía de alguien que podía hacerlo. Su cuñado, Chuck Robinson, era el presidente de Marcona Mining, una compañía minera que había establecido empresas conjuntas en todo el mundo. Cada una de las ocho grandes sociedades mercantiles japonesas era socia de Marcona en al menos una de sus minas, de modo que Chuck era probablemente el mayor experto occidental en hacer negocios con aquellos tíos.

Me las arreglé para concertar una reunión con él en su oficina de San Francisco, y desde el momento en que atravesé la puerta me sentí enormemente intimidado. Me impresionó el tamaño de su despacho: era más grande que mi casa. Y las vistas: desde las ventanas se veía toda la bahía de San Francisco, donde unos enormes petroleros se deslizaban poco a poco rumbo a, o llegados de, los grandes puertos del mundo. Y cubriendo las paredes había reproducciones a escala de la flota de petroleros de Marcona, que suministraba carbón y otros minerales a todos los rincones del globo. Solo un hombre de enorme poder, e inteligencia, podría gobernar tal reducto.

Aunque tartamudeé durante mi exposición, Chuck me entendió y redujo mi complicada situación a una convincente síntesis.

—Si la sociedad mercantil japonesa acepta sus condiciones desde el primer día —me dijo—, serán los mejores socios que ha tenido.

Más tranquilo y envalentonado, fui otra vez a ver a Sumeragi y se las expuse.

—Nada de patrimonio neto en mi empresa. Nunca.

Fue a consultarlo con unas cuantas personas de su oficina. Al volver me dijo:

—De acuerdo. Pero estas son las nuestras: nos quedamos con el cuatro por ciento de los beneficios brutos como margen sobre el producto. Más los tipos de interés del mercado.

Yo asentí con la cabeza.

Al cabo de unos días Sumeragi envió a Sole para que se reuniera conmigo. Dada su reputación, yo esperaba encontrarme con una especie de ser divino con quince brazos, agitando con cada uno de ellos una varita mágica hecha de hormas de zapato. Pero era un hombre de negocios de mediana edad normal y corriente, con acento de Nueva York y traje de sarga. No era santo de mi devoción, ni tampoco yo de la suya. Sin embargo, no tuvimos ningún problema en encontrar puntos en común. El calzado, los deportes… y una pertinaz aversión a Kitami. Cuando le mencioné el nombre de este último, Sole se mofó:

—Ese tío es un asno.

«Pronto nos haremos amigos», pensé.

Prometió ayudarme a vencer a Kitami, a deshacerme de él.

—Puedo resolver sus problemas —me dijo—. Conozco varias fábricas.

—¿Capaces de hacer botas Nike? —le pregunté, alargándole mi nueva bota de fútbol.

—¡De momento se me ocurren cinco! —me respondió.

Se mostró categórico. Parecía tener dos estados mentales: el categórico y el despectivo. Me di cuenta de que me estaba seduciendo, de que le interesaba mi negocio, pero yo estaba dispuesto a dejarme seducir y mucho más a dejarme querer.

Las cinco fábricas que mencionó Sole estaban en Japón. De modo que Sumeragi y yo decidimos ir allí en septiembre de 1971 a echarles un vistazo. Sole aceptó ser nuestro guía.

Una semana antes de marcharnos, Sumeragi llamó por teléfono.

—El señor Sole ha sufrido un infarto —me dijo.

—¡No! —exclamé.

—Esperan que se recupere —añadió Sumeragi—, pero en este momento le resultará imposible viajar. Le sustituirá su hijo, que es muy competente.

Daba la impresión de que Sumeragi intentara convencerse más a sí mismo que a mí.

Viajé solo a Japón, y allí me reuní con Sumeragi y Sole hijo en las oficinas de Nissho en Tokio. Me quedé perplejo cuando Sole hijo se acercó a mí con la mano extendida. Suponía que era joven, pero parecía un adolescente. Tenía la corazonada de que llevaría un traje de sarga, como su padre, y acerté. Solo que le sobraban tres tallas. ¿Sería, de hecho, de su padre?

Y, como tantos adolescentes, empezaba todas las frases con «yo». «Yo creo tal cosa. Yo creo tal otra. Yo, yo, yo.»

Miré a Sumeragi. Parecía muy preocupado.

La primera de las fábricas que íbamos a visitar estaba en las afueras de Hiroshima. Fuimos hasta allí en tren; llegamos a mediodía. La tarde empezó fría y nublada. Como no nos esperaban hasta la mañana siguiente, me pareció importante aprovechar ese tiempo libre para visitar el museo. Y quería ir solo. Así que les dije a Sumeragi y a Sole hijo que me reuniría con ellos en el vestíbulo del hotel a la mañana siguiente.

Caminando por las salas de aquel museo… me sentía incapaz de asimilarlo todo. De procesarlo. Maniquís vestidos con ropa chamuscada. Grupos de objetos quemados, irradiados… ¿joyas?, ¿utensilios de cocina? No podría decirlo. Fotos que me llevaban a un terreno que sobrepasaba las emociones. Contemplé horrorizado el triciclo derretido de un niño. Permanecí con la boca abierta ante el esqueleto ennegrecido de un edificio donde hubo personas que se amaron y trabajaron y rieron, hasta que… Intenté sentir y oír el momento del impacto.

Me sentí especialmente angustiado cuando, al volver una esquina, me tropecé con un zapato quemado, bajo un cristal, con la huella de su propietario aún visible.

A la mañana siguiente, todavía tenía frescas aquellas terribles imágenes en mi memoria, permanecí sombrío y desganado mientras conducía a través de la campiña acompañado de Sumeragi y Sole hijo, y casi me sobresaltó el buen humor de los directivos de la fábrica. Estaban encantados de conocernos y de mostrarnos sus productos. Asimismo, nos dijeron sin rodeos que estaban de lo más ansiosos por que llegáramos a un acuerdo. Llevaban mucho tiempo esperando entrar en el mercado estadounidense.

Les mostré la Cortez, y les pregunté cuánto tiempo necesitarían para producir un pedido considerable de aquella zapatilla.

«Seis meses», me respondieron.

Sole hijo dio un paso adelante.

—Lo harán en tres —bramó.

Solté un grito ahogado. A excepción de Kitami, siempre había encontrado a los japoneses indefectiblemente corteses, incluso en el fulgor de la discrepancia o de una intensa negociación, y siempre me había esforzado en corresponderles. E Hiroshima era, de todos los lugares, donde me parecía esencial ceñirse a la cortesía. Aquí, más que en ninguna otra parte de la Tierra, los humanos debían ser tiernos y amables unos con otros. Y Sole hijo no lo era en absoluto. Se mostraba como el más desagradable de los estadounidenses.

Y la cosa empeoró. En todo nuestro recorrido a través de Japón actuó de forma brusca, grosera, arrogante, presuntuosa y condescendiente con todos aquellos con los que nos reunimos. Me avergonzó a mí, y a todos los estadounidenses. Sumeragi y yo nos intercambiábamos miradas de aflicción de vez en cuando. Deseábamos poder echarle una buena reprimenda, deshacernos de él... Sin embargo necesitábamos los contactos de su padre. Necesitábamos que aquel repelente mocoso nos mostrara dónde estaban las fábricas.

En Kurume, justo en las afueras de Beppu, en las islas del sur, visitamos una fábrica que formaba parte de un enorme complejo industrial controlado por la empresa de neumáticos Bridgestone. Se llamaba Nippon Rubber. Se trataba de la mayor factoría de zapatos que había visto nunca, una especie de «Oz del calzado», capaz de afrontar cualquier pedido por grande o complicado que fuera. Nada más desayunar nos sentamos con los directivos de la fábrica en su sala de reuniones, y en esta ocasión, cuando Sole hijo intentó hablar, no le dejé. Cada vez que él abría la boca yo alzaba la voz y le interrumpía.

Expliqué a los directivos la clase de zapatilla que queríamos y les enseñé la Cortez. Ellos asintieron con la cabeza con aire solemne. No estaba seguro de si me habían entendido.

Después de comer volvimos a la sala de reuniones y allí, ante mí, sobre la mesa, había una Cortez flamante, con el logotipo lateral de Nike incluido. Magia.

Pasé el resto de la tarde describiendo las zapatillas que quería. De tenis, de baloncesto, altas, bajas, junto con varios modelos más para correr. Los directivos insistieron en que no tenían el menor problema en llevar a cabo ninguno de aquellos diseños.

«Magnífico, pero antes de hacer un pedido necesitaré ver muestras», dije. Los directivos de la fábrica me aseguraron que podían hacerlas y enviarlas en cuestión de días a las oficinas de Nissho en Tokio. Nos hicimos reverencias los unos a los otros. Regresé a Tokio y esperé.

Vinieron varios días de fresco clima otoñal. Paseé por la ciudad, bebí cerveza Sapporo y sake, comí *yakitori* y soñé con zapatillas. Volví a visitar los jardines Meiji y me senté bajo los gingkos que había junto a la puerta *torii*. La entrada a lo sagrado.

El domingo recibí un mensaje en mi hotel. Habían llegado las zapatillas. Me dirigí a las oficinas de Nissho, pero estaban cerradas. Sin embargo, habían confiado en mí lo suficiente para darme un pase, de manera que entré y me senté en una gran sala, entre filas y filas de escritorios vacíos, a inspeccionar las muestras. Las acerqué a la luz, las examiné de arriba abajo. Pasé los dedos por las suelas, y por la marca de verificación, o ala, o comoquiera que se llamara nuestro nuevo logotipo. No eran perfectas. El logo de algunas no estaba del todo recto, la entresuela de otras era demasiado fina. En otras debería haber más calidad.

Redacté unas indicaciones para los directivos de la fábrica.

No obstante, imperfecciones aparte, eran muy buenas.

Por último, lo único que quedaba era pensar en los nombres de los diferentes modelos. Me entró pánico. ¡Me había costado tanto pensar en un nombre para la nueva marca…!

¿Dimension Six? En Blue Ribbon todavía se burlaban de mí. Me había decidido por Nike únicamente porque no tenía tiempo y confiaba en la intuición de Johnson. Pero ahora estaba solo, en un edificio de oficinas vacío en el centro de Tokio. Tendría que confiar en mí mismo.

Cogí una zapatilla de tenis. Decidí llamarla… Wimbledon.

Bueno. Esa era fácil.

Cogí otra zapatilla de tenis. Decidí llamarla… Forest Hill. Al fin y al cabo, había sido el escenario del primer abierto de Estados Unidos.

Cogí una zapatilla de baloncesto. La llamé Blazer, en honor al equipo de la NBA de mi ciudad natal.

Cogí otra zapatilla de baloncesto. La llamé Bruin, porque el mejor equipo de baloncesto universitario de todos los tiempos eran los Bruins de John Wooden. En cualquier caso, no es que tuviera demasiada imaginación.

Ahora las zapatillas para correr. La Cortez, obviamente. Y la Marathon. Y la Obori. Y las Boston y Finland. Lo sentía. Estaba en racha. Empecé a bailar por la sala. Oía una música en mi cabeza. Cogí otra zapatilla de correr. La llamé Wet-Flyte. «¡Bingo!», me dije.

A día de hoy todavía no sé cómo se me ocurrió ese nombre.

Tardé media hora en bautizarlas a todas. Me sentía como cuando Coleridge escribió «Kubla Khan» aturdido por el opio. Luego envié por correo mis nombres a la fábrica.

Era de noche cuando salí a la abarrotada calle de Tokio. Se apoderó de mí una sensación distinta a todo lo que había experimentado hasta entonces. Estaba agotado, pero orgulloso. Exhausto, pero eufórico. Sentía todo lo que siempre había esperado sentir tras una jornada de trabajo. Me sentía como un artista, como un creador. Volví la vista atrás por encima del hombro y eché un último vistazo a las oficinas de Nissho. Me dije en voz baja: «Lo hemos logrado».

Llevaba en Japón tres semanas, más de lo que esperaba, lo cual planteaba dos problemas. Puede que el mundo fuera grande, pero el del calzado no, y si en Onitsuka se enteraban de que andaba por sus «barrios» y no iba a visitarles sabrían que tramaba algo. No tardarían mucho en descubrir, o en concluir, que estaba preparando su reemplazo. De modo que tenía que ir a Kobe y dejarme caer por sus oficinas. Pero alargar mi viaje, estar otra semana lejos de casa, era inaceptable: Penny y yo nunca habíamos estado separados tanto tiempo.

Así que la llamé y le pedí que cogiera un avión para hacer conmigo la última etapa del viaje.

Ella accedió de inmediato. Nunca había estado en Asia, y puede que aquella fuera su última oportunidad antes de que nos quedáramos sin empresa y sin dinero. También podía ser su última oportunidad de utilizar el juego de maletas de color rosa. Y Dot estaba disponible para hacer de canguro.

Pero el vuelo era largo y a Penny no le gustaban los aviones. Cuando fui al aeropuerto de Tokio a recogerla, sabía que me iba a encontrar a una mujer frágil. Olvidé, sin embargo, lo intimidante que puede llegar a resultar el aeropuerto de Haneda, una masa compacta de cuerpos y equipajes. No podía moverme, no podía encontrar a Penny. De repente apareció tras las puertas correderas de cristal de la aduana. Trataba de avanzar, de abrirse paso. Había demasiada gente —y policías armados— a sus lados. Estaba atrapada.

Las puertas se abrieron de par en par, la muchedumbre se abalanzó hacia delante, y Penny cayó en mis brazos. Nunca la había visto tan exhausta, ni siquiera después de dar a luz a Matthew. Le pregunté si el avión había tenido un pinchazo y había tenido que cambiar ella la rueda. «Broma… Kitami… ¿Te acuerdas?» No le hizo gracia. Me dijo que había habido turbulencias dos horas antes de llegar a Tokio y el vuelo había sido una montaña rusa.

Llevaba su mejor traje de color verde lima, ahora arrugado y manchado, y ella venía con ese mismo color. Necesitaba una ducha de agua caliente, descansar bien y ropa limpia. Le dije que nos esperaba una suite en el maravilloso hotel Imperial, diseñado por Frank Lloyd Wright.

Cuando llegamos allí, media hora más tarde, me dijo que iba al lavabo de señoras mientras yo me encargaba de registrarnos. Me acerqué rápidamente a la recepción, me dieron las llaves de nuestra habitación, y me senté a esperar en uno de los sofás del vestíbulo.

Diez minutos.

Quince.

Me dirigí a la puerta del lavabo de señoras y la entreabrí.

—¿Penny?

—No puedo moverme —me respondió.

—¿Qué?

—Estoy en el suelo… no puedo moverme.

Entré y la encontré tendida de costado sobre las frías baldosas, mientras el resto de las mujeres pasaban por encima de ella o la rodeaban. Tenía un ataque de pánico y unos fuertes calambres en las piernas. El largo vuelo, el caos del aeropuerto, los meses de tensión que nos había ocasionado Kitami… habían sido demasiado para ella. Le hablé con tranquilidad, le dije que todo iría bien, y poco a poco se fue relajando. La ayudé a ponerse de pie, la llevé arriba y pedí que hicieran subir a una masajista.

Mientras permanecía tendida en la cama con una toallita húmeda sobre la frente, me sentí preocupado, pero a la vez agradecido. Llevaba semanas al borde del pánico. Meses. Ver a Penny en aquel estado fue una inyección de adrenalina. Uno de los dos tenía que mantener la calma, por Matthew. Y esta vez me tocaba a mí.

A la mañana siguiente telefoneé a Onitsuka y les dije que mi esposa y yo estábamos en Japón. «Vengan a vernos», me respondieron. Al cabo de una hora cogimos un tren rumbo a Kobe.

Todos vinieron a recibirnos, incluidos Kitami, Fujimoto y el señor Onitsuka. «¿Qué les trae por Japón?» Les dije que estábamos de vacaciones. Fue una respuesta improvisada.

—Muy bien, muy bien —me dijo el señor Onitsuka.

Le hizo un montón de alharacas a Penny, y luego nos sentamos para participar en una ceremonia del té organizada a toda prisa. Durante un momento, en medio de toda aquella charla, de las risas y las bromas, uno podía olvidarse de que estábamos al borde de la guerra.

El señor Onitsuka nos ofreció incluso un coche con chófer para llevarnos a Penny y a mí de un lado a otro y mostrarnos Kobe. Yo acepté. Más tarde Kitami nos invitó a cenar aquella noche. Volví a decir que sí de mala gana.

Fujimoto nos acompañó en la cena, lo que vino a añadir una capa extra de complejidad. Yo miré alrededor de la mesa y pensé: «Mi esposa, mi enemigo y mi espía». ¡Qué emocionante! Aunque el tono era amistoso y cordial, podía percibir el enmarañado doble sentido de cada comentario. Era como escuchar el zumbido y el chisporroteo de un cable suelto de fondo. Esperaba que en cualquier momento Kitami se descolgara presionándome para que le diera una respuesta a su oferta de comprar Blue Ribbon. Pero, extrañamente, no sacó el tema en ningún momento.

Hacia las nueve de la noche se excusó diciendo que tenía que irse a casa. Fujimoto dijo que él se quedaría a tomar una última copa con nosotros. En el momento en que desapareció Kitami, Fujimoto nos contó todo lo que sabía, que resultó no ser mucho más de lo que yo había visto en la carpeta del maletín de Kitami. De todos modos, era magnífico pasar el rato con un aliado, así que nos tomamos varias últimas copas más y nos echamos unas risas, hasta que Fujimoto miró su reloj y soltó un grito.

—¡No! ¡Son más de las once! ¡Ya no hay tren!

—No se preocupe —le dije—. Quédese con nosotros.

—Tenemos un gran tatami en nuestra habitación —terció Penny—. Puede dormir en él.

Fujimoto aceptó con muchas reverencias. Y volvió a darme las gracias por la bicicleta.

Una hora más tarde allí estábamos los tres, en una pequeña habitación, fingiendo que no tenía nada de extraordinario que durmiéramos los tres juntos.

Al salir el sol, oí que Fujimoto se levantaba, tosía y se desperezaba. Fue al cuarto de baño, abrió el grifo, se cepilló los dientes. Luego se puso la ropa de la noche anterior y salió a hurtadillas. Volví a quedarme dormido, pero un rato después Penny fue al cuarto de baño, y cuando volvió a la cama estaba... ¿riendo? Me di la vuelta. ¡No!, gritaba. Parecía estar al borde de otro ataque de pánico.

—¡Ha usado...! —dijo con voz áspera.

—¿Qué? —pregunté.

Hundió la cabeza en las almohadas.

—¡Ha usado... mi cepillo de dientes!

En cuanto volví a Oregón invité a Bowerman a que se reuniera conmigo y Woodell en Portland a fin de discutir sobre la situación de la empresa.

La reunión fue aparentemente como cualquier otra reunión.

En algún momento en el curso de la conversación, Woodell y yo señalamos el hecho de que la suela exterior de la zapatilla de entrenamiento no había cambiado en cincuenta años. El dibujo seguía estando formado por simples ondas o surcos en toda la planta del pie. La Cortez y la Boston representaban grandes avances en el acolchado y el nailon, eran revolucionarias en lo referente a la capellada, pero no había habido una sola innovación en la suela exterior desde antes de la Gran Depresión. Bowerman asintió con la cabeza. Escribió una nota. No parecía estar demasiado interesado.

Tal como lo recuerdo, una vez que concluimos los nuevos asuntos que teníamos pendientes, Bowerman nos contó que recientemente un exalumno rico había donado a la Universidad de Oregón un millón de dólares destinados a la construcción de una nueva pista de atletismo... que era la mejor del mundo. Alzando la voz, describió el suelo que había creado con aquel dinero caído del cielo. Era de poliuretano, la misma superficie esponjosa que iba a utilizarse en Munich en los Juegos Olímpicos de 1972, donde Bowerman esperaba ser el primer entrenador del equipo de atletismo en pista.

Estaba encantado. No obstante, nos dijo, estaba lejos de sentirse satisfecho. Sus corredores todavía no podían beneficiarse plenamente de las ventajas del nuevo suelo, dado que sus zapatillas aún no tenían el agarre adecuado.

En las dos horas de viaje en coche de regreso a Eugene, Bowerman estuvo reflexionando sobre lo que le habíamos contado, y sobre su problema con la nueva pista, y aquellos dos problemas bulleron y cuajaron en su mente.

El domingo siguiente, mientras estaba sentado desayunando con su esposa, desvió la mirada casualmente hacia su gofrera. Observó su dibujo en forma de rejilla. Se parecía a algo que él tenía en mente, un diseño en el que pensaba, o que buscaba, desde hacía meses, si no años. Le preguntó a su señora si le prestaba la gofrera.

En el garaje tenía una cuba de uretano que había sobrado de la instalación de la pista. Se llevó la gofrera al garaje, la llenó de uretano, la calentó… y se la cargó. El uretano selló la gofrera, por lo que resultaba imposible volver a abrirla, debido a que no había añadido un agente desmoldante químico. No los conocía.

Otra persona se habría dado por vencida en aquel mismo momento. Pero el cerebro de Bowerman tampoco tenía un agente desmoldante. Compró otra gofrera y esta vez la llenó de yeso, y cuando este endureció las fauces de la gofrera abierta no hubo el menor problema. Se llevó el molde resultante a la Oregon Rubber Company y les pagó para que vertieran en él caucho líquido.

Otro fracaso. El caucho era demasiado rígido, demasiado quebradizo. Se rompía enseguida.

Pero Bowerman presentía que estaba cerca de conseguirlo.

Descartó la gofrera. En su lugar, cogió una lámina de acero inoxidable y perforó una serie de agujeros en ella, creando una superficie parecida a un gofre, que volvió a llevar a la Rubber Company. El molde que le hicieron con aquella lámina de acero resultó ser flexible y manejable, y ahora Bowerman tenía dos cuadrados de protuberancias de caucho duro del tamaño de un pie, que se llevó a casa y cosió a la suela de un par de zapatillas de correr. Luego se las dio a uno de sus corredores. Este se las ató y corrió como un gamo.

Bowerman me telefoneó emocionado y me habló de su experimento. Quería que enviara una muestra de sus zapatillas de suela de gofre a una de mis nuevas fábricas. «Por supuesto», le dije. La enviaría de inmediato, a Nippon Rubber.

Décadas después vuelvo la vista atrás y lo veo trabajando arduamente en su taller, con la ayuda de su mujer, y se me pone la carne de gallina. Era como Edison en Menlo Park, como Da Vinci en Florencia, como Tesla en Wardenclyffe: le guiaba una inspiración divina. Me pregunto si sabía, si tenía la menor intuición, de que era el Dédalo de las zapatillas de deporte, de que estaba haciendo historia, rehaciendo una industria, transformando la forma en que los atletas correrían, frenarían y saltarían durante generaciones. Me pregunto si en aquel momento era consciente de todo lo que había hecho. De todo lo que haría.

Yo no.

1972

Todo dependía de Chicago. A comienzos de 1972, cada uno de nuestros pensamientos, de nuestras conversaciones, empezaba y terminaba con Chicago, ya que era la sede de la feria anual de muestras de la NSGA, la Asociación Nacional de Artículos de Deporte estadounidense.

Chicago era importante todos los años. La feria de artículos de deporte era el lugar donde los representantes de ventas de toda la nación echaban el primer vistazo a los nuevos productos de las empresas del sector, y se mostraban a favor o en contra a través del volumen de sus pedidos. Pero aquella feria de 1972 iba a ser más que importante: se iban a celebrar nuestra Super Bowl, nuestros Juegos Olímpicos y nuestra Bar Mitzvá, y era allí donde habíamos decidido presentar Nike al mundo. Si a los representantes les gustaba nuestra nueva zapatilla, sobreviviríamos otro año. De lo contrario no volveríamos a la feria de 1973.

Onitsuka, mientras tanto, también tenía la vista puesta en Chicago. Días antes de que diera comienzo la feria, sin decirme ni una palabra, habían publicado una nota en la prensa japonesa anunciando a bombo y platillo la «adquisición» de Blue Ribbon. El anuncio generó ondas de choque por todas partes, pero especialmente en Nissho. Sumeragi me escribió, preguntándome básicamente: «¿Qué demonios...?».

En mi apasionada respuesta de dos páginas, le expliqué que yo no tenía nada que ver con eso. Le aseguré que Onitsuka estaba tratando de intimidarnos para que vendiéramos, pero que ellos representaban nuestro pasado, mientras que Nissho, como Nike, representaba nuestro futuro. A modo de conclusión, le confesé a Sumeragi que yo todavía no le había comentado nada de aquello a Onitsuka, de modo que punto en boca.

> Le pido que mantenga esta información en estricta confidencialidad por razones obvias. Para mantener nuestro actual sistema de distribución de cara a las futuras ventas de Nike es importante que Onitsuka nos realice envíos durante aproximadamente uno o dos meses más, por lo que resultaría muy perjudicial que estos se vieran interrumpidos.

Me sentía como un hombre casado atrapado en un sórdido triángulo amoroso. Le aseguraba a mi amante, Nissho, que era solo cuestión de tiempo que me divorciara de mi esposa, Onitsuka, toda vez que animaba a Onitsuka a pensar en mí como en un amante y devoto esposo. «No me gusta esta forma de hacer negocios, pero considero que nos ha venido impuesta por una empresa con las peores intenciones posibles», le escribí a Sumeragi. Pronto estaremos juntos, querida. Tan solo ten paciencia.

Cuando estábamos a punto de partir rumbo a Chicago, llegó un telegrama de Kitami. Había pensado en un nombre para «nuestra» nueva empresa: Tiger Shoe Company. Y quería que yo lo hiciera público en Chicago. Le respondí diciéndole que el nombre era hermoso, lírico, pura poesía… pero que por desgracia era demasiado tarde para hacer nada público en la feria. Todos los rótulos y textos promocionales se habían impreso ya.

El primer día me dirigí al centro de convenciones y me encontré a Johnson y Woodell ya atareados con nuestro estand. Habían colocado las nuevas Tiger en ordenadas filas, y ahora estaban apilando las nuevas Nike en pirámides de cajas de zapatos de color naranja.

Por aquel entonces las cajas de zapatos eran o blancas o azules, punto, pero yo quería algo que las hiciera destacar, y resaltaran en las estanterías de las tiendas de artículos de deporte. De modo que había pedido a Nippon Rubber unas de un brillante naranja neón, creyendo que era el color más atrevido de todo el arcoíris. A Johnson y Woodell les gustaba, y también el rótulo «nike» impreso en minúsculas en uno de los lados. Pero cuando abrieron las cajas y examinaron las zapatillas, ambos se quedaron perplejos.

Aquellas zapatillas, la primera partida producida por Nippon Rubber, no tenían la calidad de las Tiger, ni de las muestras que habíamos visto anteriormente. La piel era brillante, pero en absoluto bonita. La Wet-Flyte parecía literalmente mojada, como si estuviera cubierta de pintura barata o de laca que no se había secado. La capellada estaba recubierta de poliuretano, pero por lo que se veía en Nippon no eran más duchos que Bowerman a la hora de trabajar con tan delicada y voluble sustancia. El logo del costado, aquella especie de ala-ráfaga de aire de Carolyn, que nosotros habíamos llamado simplemente *swoosh*,* estaba torcido.

Me senté y apoyé la cabeza entre las manos. Contemplé nuestras pirámides de color naranja. Mi mente se fue a las de Guiza. Hacía solo diez años que había estado allí, cabalgando en camello por el desierto como Lawrence de Arabia, todo lo libre que podía llegar a sentirse un hombre. Y ahora estaba en Chicago, cargado de deudas, al mando de una inestable empresa de calzado, y lanzando una nueva marca de fabricación chapucera y logotipos torcidos. Todo es vanidad.

Observé a mi alrededor el centro de convenciones, los miles de representantes que inundaban los estands, los otros estands. Les oí exclamar «¡oh!» y «¡ah!» ante los artículos de calzado de deporte que se presentaban por primera vez. Yo era como aquel muchacho de la feria de la ciencias que no se había esforzado mucho en pre-

* Literalmente «silbido», algo que «pasa silbando» o «cortando el aire». (*N. del T.*)

parar su proyecto, que no había empezado hasta la noche antes. Los otros chicos habían construido volcanes que entraban en erupción y máquinas que producían relámpagos, y lo único que tenía yo era un móvil del sistema solar hecho con bolas de naftalina enganchadas a unas perchas de mi madre.

¡Demonios!, aquel era el momento menos indicado para andar presentando zapatillas defectuosas. Y encima teníamos que promocionarlas entre personas que no eran como nosotros. Eran vendedores. Hablaban como vendedores, andaban como vendedores y vestían como vendedores: camisas de poliéster entalladas, pantalones con goma en la cintura... Ellos eran extrovertidos; nosotros, introvertidos. Ellos no nos entendían, nosotros no los entendíamos, y sin embargo nuestro futuro dependía de ellos. Y ahora teníamos que persuadirlos de que aquello llamado Nike merecía su tiempo y su confianza; además de su dinero.

Estaba al borde de un ataque de nervios. Entonces vi que Johnson y Woodell ya lo estaban sufriendo y comprendí que yo no podía permitírmelo. Como Penny, se me adelantaron en el ataque de pánico, y me impidieron tenerlo.

—Mirad, tíos —les dije—, no hay forma de que las zapatillas puedan llegar a ser peores que estas. No pueden sino mejorar. De manera que si logramos venderlas... estaremos en el buen camino.

Ambos movieron la cabeza con gesto de resignación. «¿Y qué otra opción tenemos?»

Alzamos la vista al frente, y allí venían, una multitud de vendedores, dirigiéndose como zombis hacia nuestro estand. Cogieron las Nike, las acercaron a la luz. Acariciaron el logotipo.

—¿Qué demonios es esto? —le dijo uno a otro.

—Ni puñetera idea —respondió el otro.

Empezaron a acribillarnos a preguntas.

«¡Eh!, ¿qué es esto?»

«Una Nike.»

«¿Y qué demonios es una Nike?»

«Viene de Niké, la diosa griega de la victoria.»

«¿Griega de qué?»

«La diosa de la vic…»

«¿Y esto?»

«Es un *swoosh*.»

«¿Y que diantres es un *swoosh*?»

La respuesta me salió espontánea: «Es el sonido de alguien cuando pasa a tu lado».

Eso les gustó. Muchísimo.

No nos fue mal. De hecho, nos hicieron pedidos. Al final del día habíamos superado nuestras mejores expectativas. Fuimos uno de los exitazos de la feria. Al menos así es como yo lo veía.

Johnson, como de costumbre, no estaba contento. Siempre igual de perfeccionista. «Las irregularidades de aquella situación», dijo, le desconcertaban. Esa fue la expresión que utilizó: «Las irregularidades de aquella situación». Yo le pedí que se fuera con su desconcierto y su irregularidad a otra parte, que lo dejara correr. Pero él no podía hacer eso. Se marchó atropelladamente, cogió a uno de sus principales clientes y le preguntó qué estaba pasando.

—¿A qué te refieres? —le preguntó el tipo.

—A que nos presentamos con esta nueva Nike, que todavía no se ha probado, y, francamente, ni siquiera es muy buena, y vosotros vais y la compráis. ¿Por qué?

El hombre se echó a reír.

—Llevamos años tratando con los de Blue Ribbon —le explicó—, y sabemos que sois honestos. Los demás siempre intentan pegártela, pero vosotros vais de frente. Así que si decís que esta nueva zapatilla, esta Nike, tiene posibilidades, nosotros os creemos.

Johnson volvió al estand rascándose la cabeza.

—Ser honestos… —comentó—. ¡Quién lo diría!

Woodell se rio. Johnson se rio. Yo me reí e intenté no pensar en las muchas medias verdades y mentiras que le había dicho a Onitsuka.

Las buenas noticias corren. Las malas lo hacen más rápido que Grelle y Prefontaine. Como un cohete. Dos semanas después, Kitami se
presentó en mi oficina. Sin previo aviso. Sin preámbulo. Y fue directo al grano.

—¿Qué es eso, esa cosa… esa… Ni-kei? —requirió.

Yo puse cara de póquer.

—¿Nike? ¡Ah! Nada. Una línea que hemos desarrollado para
cubrirnos las espaldas en el caso de que Onitsuka cumpla su amenaza y nos deje en la estacada.

La respuesta lo desarmó. Como estaba previsto. Llevaba semanas
ensayándola. Era razonable y lógico que Kitami no supiera qué responder. Había venido buscando pelea, y yo había contrarrestado su
embestida poniéndolo contra las cuerdas.

Exigió saber quién fabricaba las nuevas zapatillas. Le respondí
que se hacían en diferentes fábricas de Japón. Exigió saber cuántas
Nike habíamos pedido. «Unos cuantos miles», le dije.

Respondió con un «¡oh!». No estuve muy seguro de lo que significaba.

No le mencioné que dos miembros del beligerante equipo de
baloncesto de mi ciudad natal, los Portland Trail Blazers, acababan
de llevar zapatillas Nike durante una aplastante victoria sobre los
New York Knicks por 133 a 86. El *Oregonian* había publicado recientemente una foto de Geoff Petrie driblando a un Knick (llamado Phil Jackson), y el *swoosh* aparecía bien visible en las zapatillas
de Petrie (también acabábamos de llegar a un acuerdo con otros dos
Blazers para proporcionarles zapatillas). Lo bueno del *Oregonian*
es que no tenía mucha circulación en Kobe.

Kitami me preguntó si la nueva Nike estaba en las tiendas. «Desde luego que no», mentí. O fue solo una mentirijilla. Me preguntó
cuándo iba a firmar los documentos y venderle mi empresa. Le
respondí que mi socio todavía no se había decidido.

Fin de la reunión. Él se abrochó y desabrochó la americana de
su traje y me dijo que tenía otros asuntos que resolver en California.
Pero que volvería. Salió de mi despacho e inmediatamente cogí el

teléfono. Marqué el número de nuestra tienda de Los Ángeles. Contestó Bork.

—¡John, nuestro viejo amigo Kitami va a la ciudad! ¡Estoy seguro de que irá a la tienda! ¡Esconde las Nike!

—¿Eh?

—¡Sabe lo de las Nike, pero le he dicho que no están en venta!

—¿Qué me estás pidiendo? —preguntó Bork—. No lo entiendo.

Parecía asustado. E irritado. Él no quería hacer nada deshonesto, me dijo.

—¡Te estoy pidiendo que escondas unos cuantos pares de zapatillas! —le grité, y luego colgué.

En efecto, Kitami se presentó aquella misma tarde. Se enfrentó a Bork, lo acosó a preguntas, le sacudió como un poli a un testigo poco creíble. Bork se hizo el sueco, o eso me contó más tarde.

Kitami pidió usar el lavabo. Una estratagema, obviamente. Sabía que el lavabo estaba en la trastienda, y necesitaba una excusa para fisgonear. Bork no se dio cuenta de esto, o no le importó. Poco después Kitami estaba en el almacén, bajo la luz de una bombilla, contemplando con el ceño fruncido cientos de cajas de zapatos de color naranja. Nike, Nike, por todas partes, y ni una gota para beber.*

Bork me telefoneó en cuanto Kitami se fue.

—Nos ha pillado —me dijo.

—¿Qué ha pasado? —le pregunté.

—Se ha colado en el almacén. Se acabó, Phil.

Colgué, me desplomé en mi silla.

—Bueno —dije, en voz alta, a nadie—, supongo que vamos a averiguar si podemos existir sin las Tiger.

De hecho, nos dimos cuenta de algo más.

Al cabo de poco Bork se fue. En realidad no recuerdo bien si se

---

* Alusión a un verso del poema de Coleridge «Balada del viejo marinero»: «Agua, agua por todas partes, y ni una gota para beber». (N. del T.)

fue o Woodell lo despidió. Fuera como fuese, no mucho después supimos que tenía un nuevo trabajo.

Trabajaba para Kitami.

Pasé días y días contemplando el vacío, mirando por la ventana, esperando a que Kitami jugara su próxima baza. Vi mucho la televisión. El país, el mundo entero, estaba conmocionado ante la repentina apertura de relaciones entre Estados Unidos y China. El presidente Nixon estaba en Pekín, estrechándole la mano a Mao Zedong, un acontecimiento casi equiparable al primer alunizaje. Nunca pensé que llegaría a verlo, un presidente estadounidense visitando la Ciudad Prohibida, tocando la Gran Muralla… Me acordé de cuando estuve en Hong Kong. ¡Había estado tan cerca de China, y sin embargo tan lejos…! En aquel entonces pensé que nunca tendría otra oportunidad. Pero ahora pensaba: «¿Algún día? ¿Tal vez?»

Tal vez.

Finalmente Kitami movió ficha. Volvió a Oregón y pidió una reunión, en la que solicitó que estuviera presente Bowerman. Para facilitarle las cosas a este último, sugerí como lugar de encuentro la oficina de Jaqua en Eugene.

Cuando llegó el día, mientras todos entrábamos en la sala de reuniones, Jaqua me cogió del brazo y me susurró:

—Diga lo que diga, tú no respondas nada.

Asentí con la cabeza.

A un lado de la mesa de reuniones nos sentamos Jaqua, Bowerman y yo. Al otro, Kitami y su abogado, un tío de por allí que no parecía muy contento. Además, Iwano estaba detrás. Pensé que al menos podría haberme dedicado una media sonrisa, antes de recordar que aquella no era una visita de cortesía.

La sala de reuniones de Jaqua era más grande que la nuestra, pero aquel día parecía una casa de muñecas. Era Kitami quien había solicitado la reunión, de modo que rompió el hielo. Y no se anduvo por las ramas. Le entregó una carta a Jaqua. De forma inmediata, nuestro contrato quedaba anulado. Me miró a mí, y luego de nuevo a Jaqua.

—Lo lamento mucho, mucho —dijo.

Para más inri, nos pedía diecisiete mil dólares que afirmaba que le debíamos por unas zapatillas ya entregadas. Para ser exactos, exigía 16.637,13 dólares.

Jaqua dejó la carta a un lado y dijo que, si Kitami se atrevía a mantener aquel imprudente curso de acción, si insistía en romper el contrato, le demandaríamos.

—Ustedes han causado esto —dijo Kitami.

Blue Ribbon había violado su acuerdo al fabricar zapatillas Nike, añadió, y no lograba entender por qué habíamos arruinado una relación tan provechosa, por qué habíamos lanzado esas, esas, esas… Nike. Aquello era más de lo que yo podía soportar.

—¡Le diré por qué…! —estallé.

Jaqua se volvió hacia mí y gritó:

—¡Cállate, Buck!

Luego Jaqua le dijo a Kitami que esperaba que todavía se pudiera hallar alguna solución. Un pleito resultaría sumamente perjudicial para ambas empresas. La paz equivalía a prosperidad. Pero Kitami no tenía ganas de paz. Se levantó e hizo una seña a su abogado y a Iwano de que le siguieran. Cuando llegó a la puerta se detuvo. Su rostro cambió. Estaba a punto de decir algo conciliador. Se disponía a ofrecer una rama de olivo. Yo sentí que algo se ablandaba en mi interior.

—A Onitsuka —dijo entonces— le gustaría seguir contando con el señor Bowerman… como asesor.

Agucé el oído. Puede que no lo hubiera oído bien. Bowerman negó con la cabeza y se volvió hacia Jaqua, que dijo que en adelante Bowerman consideraría a Kitami un competidor, y por lo tanto un enemigo declarado, y no le ayudaría absolutamente en nada.

Kitami asintió con la cabeza. Luego preguntó si, por favor, alguien podía llevarles a él y a Iwano al aeropuerto.

Le pedí a Johnson que cogiera un avión.

—¿Qué avión? —preguntó.

—El próximo —respondí.

Llegó a la mañana siguiente. Fuimos a correr, y durante ese rato ninguno dijo nada. Luego nos dirigimos a la oficina y convocamos a todo el mundo en la sala de reuniones. Había unas treinta personas. Yo esperaba estar nervioso. Ellos esperaban que lo estuviera. Cualquier otro día, en otras circunstancias, habría sido así. Pero, por alguna razón, me sentí extrañamente en paz.

Expuse la situación a la que nos enfrentábamos.

—Señores, hemos llegado a una encrucijada. Ayer, nuestro principal proveedor, Onitsuka, rompió con nosotros.

Dejé que lo asimilaran. Los observé mientras se quedaban con la boca abierta.

—Hemos amenazado con demandarles por daños —proseguí—, y obviamente también nos han amenazado con poner una demanda. Incumplimiento de contrato. Si ellos nos demandan primero, en Japón, no tendremos más opción que demandarles aquí en Estados Unidos, y hacerlo rápido. No vamos a ganar un pleito en Japón, de manera que tendremos que llevarlos a los tribunales, obtener un veredicto rápido y presionarlos para que se retiren.

»Mientras tanto, hasta que todo esto se arregle, estamos completamente solos. Nos han dejado a la deriva. Tenemos la nueva línea, Nike, que parece que ha gustado a los representantes en Chicago. Pero, con franqueza, eso es lo único. Y como sabemos, presenta serios problemas de calidad. No es lo que esperábamos. La comunicación con Nippon Rubber es buena, y Nissho se presenta en la fábrica al menos una vez a la semana, para intentar que todo se arregle, pero no sabemos cuánto tardarán en conseguirlo. En cualquier caso, mejor que sea pronto, porque no tenemos tiempo ni margen de error.

Bajé la vista hacia la mesa. Todos estaban hundidos, inclinados hacia delante. Observé a Johnson. Miraba fijamente los papeles que tenía en la mesa, y había algo especial en su bello rostro, una expresión que yo nunca le había visto. Rendición. Como todos los presentes en la sala, tiraba la toalla. La economía nacional estaba de capa caída, se había iniciado una recesión. Colas en las gasolineras, estancamiento político, paro creciente, Nixon siendo Nixon... Vietnam. Parecía el fin del mundo. Todos los presentes en la sala ya tenían suficiente con tratar de ganarse la vida, pagar la luz... Y ahora encima pasaba esto.

Carraspeé.

—Así que... en otras palabras... —empecé a decir. Volví a aclararme la garganta. Dejé a un lado mi bloc amarillo de tamaño folio—. Lo que intento decir es que los tenemos justo donde queremos.

Johnson alzó la vista. Todos los que estaban sentados a la mesa hicieron lo mismo. Se irguieron en sus sillas.

—Este es... el momento —proseguí—. Este es el momento que estábamos esperando. Nuestro momento. Se acabó vender la marca de otros. Se acabó trabajar para otros. Onitsuka nos ha subyugado durante años. Sus entregas tardías, sus equivocaciones con los envíos, su negativa a escuchar y poner en práctica nuestras ideas de diseño... ¿Quién de nosotros no está harto de todo eso? Es el momento de encarar los hechos: si vamos a triunfar, o a fracasar, debemos hacerlo con nuestras propias condiciones, con nuestras propias ideas... con nuestra propia marca. El año pasado facturamos dos millones en ventas... y en ninguna de ellas tuvo nada que ver Onitsuka. Esa cifra fue un testimonio de nuestro ingenio y esfuerzo. No veamos esto como una crisis. Considerémoslo una liberación. Nuestro día de la Independencia.

»Sí, va a ser duro. No voy a mentiros. Vamos a la guerra, señores. Pero conocemos el terreno. Ahora sabemos cómo movernos en Japón. Y esa es una de las razones por las que creo de corazón que podemos ganar. Y si ganamos, se avecinan grandes cosas para nosotros. Señores, seguimos vivos. Seguimos. Vivos.

Cuando terminé mi discurso, pude ver cómo una oleada de alivio recorría toda la mesa como un soplo de aire fresco. Todo el mundo lo sintió. Era tan real como el viento que solía arremolinarse en la antigua oficina junto al Pink Bucket. Hubo inclinaciones de cabeza, murmullos, risitas nerviosas… Dedicamos la hora siguiente a realizar una lluvia de ideas sobre cómo proceder, cómo encontrar empresas subcontratistas, cómo hacer que estas compitieran entre sí para obtener la mejor calidad y el mejor precio. ¿Y cómo íbamos a arreglar las nuevas Nike? ¿Alguna idea?

Dimos por finalizada la reunión con una sensación generalizada de jovialidad, de nerviosismo, de euforia.

Johnson me dijo que quería invitarme a una taza de café.

—Has estado insuperable —me dijo.

—¡Gracias!

Pero le recordé que me había limitado a decir la verdad. Como había hecho él en Chicago. Decir la verdad, repetí. ¿Quién lo habría dicho?

Johnson volvió a Wellesley y pasamos a centrar nuestra atención en las pruebas olímpicas de atletismo, que en 1972 se celebraban, por primera vez, en nuestro barrio: Eugene. Teníamos que hacernos con aquellas pruebas, de modo que enviamos a un equipo de avanzadacilla a regalar deportivas a cualquier participante que estuviera dispuesto a aceptarlas, y montamos un centro de distribución en nuestra tienda, ahora hábilmente regentada por Hollister. Cuando comenzaron las pruebas, fuimos a Eugene e instalamos una máquina de serigrafía en la trastienda. Hicimos montones de camisetas Nike, que Penny repartió como si fueran caramelos en Halloween.

Con todo aquel trabajo, ¿cómo no íbamos a abrirnos camino? Dave Davis, un lanzador de peso de la USC, se pasó por la tienda el primer día para quejarse de que ni Adidas ni Puma le daban material gratis, de modo que estuvo encantado de coger nuestras zapatillas y de llevarlas. Terminó cuarto. ¡Hurra! Y lo que es mejor, no solo se puso nuestras zapatillas, sino que además se paseó orgulloso con una de las camisetas de Penny, con su nombre grabado en el dorso. (El problema era que Dave no era precisamente el modelo ideal: tenía un poco de tripa; y nuestras camisetas no eran demasiado grandes, lo que acentuaba su barriga más. Tomamos nota: conseguir a atletas más pequeños, o hacer camisetas más grandes.)

También tuvimos a un par de semifinalistas que llevaron nuestras zapatillas de clavos, incluyendo a un empleado, Jim Gorman, que compitió en los mil quinientos metros. Le advertí que estaba llevando demasiado lejos su lealtad a la empresa, ya que nuestras zapatillas de clavos no eran muy buenas. Pero él insistió en que iba «a por todas». Y luego, en el maratón, hubo corredores que terminaron en los puestos cuarto, quinto, sexto y séptimo con unas Nike. Ninguno de ellos resultó seleccionado, pero en fin, no estuvo nada mal.

La prueba más importante, obviamente, se celebraría el último día, con el duelo entre Prefontaine y el gran atleta olímpico George Young. Por entonces se conocía mundialmente a Prefontaine como Pre, y era mucho más que un fenómeno: era una absoluta superestrella. Era lo mejor que le había pasado al mundo del atletismo estadounidense desde Jesse Owens. Los comentaristas de deportes solían compararle con James Dean, y con Mick Jagger, mientras que la revista *Runner's World* decía que la mejor comparación sería con Mohamed Alí. Era el mismo tipo de personaje fanfarrón e original.

En mi opinión, no obstante, estas y todas las demás comparaciones se quedaban cortas. Pre era distinto a cualquier atleta que Estados Unidos hubiera conocido hasta la fecha, aunque resultaba difícil decir exactamente por qué. Yo había pasado mucho tiempo estudiándolo, admirándolo, sintiéndome perplejo ante su encanto. Me había preguntado una y otra vez qué tenía, por qué provocaba aquellas reacciones viscerales en tantas personas, incluyéndome a mí. Nunca di con una respuesta que me convenciera del todo.

Era algo más que su talento: había otros corredores con talento. Y era algo más que su fanfarronería: había muchos corredores fanfarrones.

Algunos decían que era por su aspecto. ¡Tenía un aire tan diná-
mico, tan poético, con aquella melena suelta…! Y tenía el pecho
más ancho y profundo imaginable, sustentado por unas esbeltas
piernas de puro músculo que nunca dejaban de moverse.

Por otro lado, la mayoría de los atletas son introvertidos, mientras que Pre tenía una personalidad arrolladora. Para él nunca se
trataba solo de correr: siempre daba un espectáculo, consciente en
todo momento de los focos.

A veces pensaba que el secreto de su encanto residía en su pasión. No le importaba morir al cruzar la línea de meta con tal de ser
el primero en atravesarla. Independientemente de lo que le dijeran
Bowerman y su propio cuerpo, Pre se negaba a bajar el ritmo, a
aflojar. Se llevaba a sí mismo hasta el límite y más allá. A menudo
esta resultaba ser una estrategia contraproducente, a veces estúpida,
y en otras ocasiones suicida. Pero siempre ponía en pie a la multitud.
Da igual el tipo de deporte; da igual, de hecho, la actividad humana
que se lleve acabo: el esfuerzo absoluto siempre se gana el corazón
de la gente.

Obviamente, a todos los oregonianos nos gustaba Pre porque
era «nuestro». Había nacido entre nosotros, se había criado en nuestros lluviosos bosques, y le habíamos aclamado desde que era un
mocoso. Le habíamos visto batir el récord nacional de las dos millas
con dieciocho años, y estábamos con él, paso a paso, en cada glorio-
so campeonato de la NCAA. Todo oregoniano se sentía emocionalmente implicado en su carrera.

Y en Blue Ribbon, cómo no, nos disponíamos a invertir nuestro
dinero allí donde estaban nuestras emociones. Entendíamos que
Pre no podía cambiar de zapatillas justo antes de las pruebas: estaba acostumbrado a sus Adidas. Pero estábamos seguros de que con
el tiempo sería un atleta Nike, y puede que el atleta Nike paradig-
mático.

Con estos pensamientos, caminando por Agate Street en dirección al estadio Hayward Field, no me sorprendió encontrarme con
el lugar estremecido, convulsionado y trémulo de vítores: ni en el

Coliseo de Roma podría haberse oído un clamor tan fuerte cuando salían los gladiadores y se soltaban los leones. Encontramos unos asientos justo a tiempo para ver a Pre haciendo sus ejercicios de calentamiento. Cualquier movimiento suyo generaba una nueva oleada de entusiasmo. Cada vez que bajaba corriendo por un lado de la pista, o subía por el otro, los aficionados situados a lo largo de su ruta se levantaban y enloquecían. La mitad de ellos llevaban camisetas con el rótulo LEGEND.

De repente oímos un coro de abucheos, profundos y guturales. Gerry Lindgren, posiblemente el mejor corredor de larga distancia del mundo en aquel momento, apareció en la pista con una camiseta en la que se leía STOP PRE. Lindgren había ganado a Pre cuando aquel estaba en el último curso de universidad y este último en primero, y quería que todo el mundo lo recordara, sobre todo Pre. Sin embargo, cuando este vio la camiseta de Lindgren se limitó a negar con la cabeza. Y sonrió. No había presión. Solo más motivación.

Los corredores se pusieron en sus marcas. Se hizo un tremendo silencio. Y luego, ¡bang! El disparo de salida sonó como un cañón napoleónico.

Pre tomó la delantera enseguida. Young se situó justo tras él. En un momento ambos se pusieron muy por delante del resto y el asunto pasó a ser cosa de dos (Lindgren iba muy rezagado, no contaba). La estrategia de cada uno estaba clara. Young pretendía mantenerse pegado a Pre hasta la última vuelta, y luego aprovechar la superioridad de su sprint para superarle y ganar. Pre, por su parte, trataba de imprimir desde el primer momento un ritmo tan rápido que para cuando llegaran a aquella última vuelta a Young ya no le respondieran las piernas.

Durante once vueltas corrieron separados por media zancada. Con la muchedumbre rugiendo, resoplando y chillando, entraron en la última vuelta. Era como un combate de boxeo. Como una justa. Como una corrida de toros, y había llegado el momento de la verdad: la muerte cerniéndose en el aire. Pre dio un tirón, ascendió a otro nivel: todos le vimos hacerlo. Sacó un metro de ventaja, luego dos, luego cinco. Vimos hacer una mueca a Young y supimos que no podría alcanzarlo, que no lo lograría. Yo me dije: «No te olvides de esto, no te olvides». Pensé que uno podía aprender mucho de aquella exhibición de pasión, tanto si corría una milla como si dirigía una empresa.

Cuando cruzaron la cinta todos alzamos la vista hacia el reloj y vimos que los dos habían batido el récord de Estados Unidos. Pre lo había batido por un poquito más. Pero aún no había terminado. Divisó a alguien agitando una camiseta con el rótulo de STOP PRE, se acercó, se la arrebató y empezó a hacerla girar rápidamente sobre su cabeza como si de una cabellera se tratara. Lo que siguió fue una de las mayores ovaciones que he oído nunca, y eso que me he pasado toda la vida en los estadios.

Jamás había visto nada parecido a aquella carrera. Y sin embargo, no me había limitado a presenciarla. Había participado en ella: días después todavía me dolían las nalgas y los cuadríceps. «Esto es el deporte, lo que puede hacer», pensé. Como los libros, te permite vivir otras vidas, participar en las victorias de otras personas. Y en sus derrotas. Cuando los deportes alcanzan su punto culminante el espíritu del aficionado se fusiona con el del atleta, y en esa convergencia, en esa transferencia, reside la unicidad de la que hablan los místicos.

Mientras volvía caminando por Agate Street sabía que aquella carrera formaba parte de mí, y que lo haría para siempre, y me juré que también formaría parte de Blue Ribbon. En nuestras próximas batallas, con Onitsuka, con quienquiera que fuese, seríamos como Pre. Competiríamos como si nos fuera la vida en ello.

Porque nos iba.

Después, con los ojos como platos, esperamos con impaciencia los Juegos Olímpicos. No solo nuestro Bowerman iba a ser el primer entrenador del equipo de atletismo en pista, sino que además nuestro colega Pre iba a ser la estrella. Después de su resultado en las pruebas, ¿quién podría dudarlo?

Desde luego, no él. «Estoy seguro de que habrá mucha presión. Muchos de nosotros nos enfrentaremos a rivales más experimentados, y puede que no tengamos ningún derecho a ganar. Pero lo que sé es que, si salgo y echo los bofes hasta perder el conocimiento y aun así alguien me gana, y si yo he hecho que ese tío dé un tirón y lo dé todo, y más, ¡vaya!, entonces eso solo demuestra que ese día ese tío ha sido mejor que yo», declaró a la revista *Sports Illustrated*.

Justo antes de que Pre y Bowerman partieran rumbo a Alemania, presenté una solicitud de patente para la «zapatilla de gofre» de este último. La solicitud n.º 284.736 decía: «La suela mejorada con tacos integrales de forma poligonal… de sección transversal cuadrada, rectangular o triangular… [y] una pluralidad de lados planos que proporcionan unos bordes de agarre que aportan una buena tracción».

Un momento de orgullo para nosotros dos.

Un momento perfecto en mi vida.

Las ventas de Nike se mantenían estables, mi hijo crecía sano, yo conseguía pagar a tiempo mi hipoteca. No es de extrañar que aquel agosto me hallara de un humor excelente.

Pero entonces se desató la tormenta. En la segunda semana de los Juegos Olímpicos, un grupo de ocho pistoleros enmascarados escalaron una pared trasera de la Villa Olímpica y secuestraron a once atletas israelíes. En nuestra oficina de Tigard, encendimos el televisor, y todo el mundo interrumpió su trabajo. Veíamos la tele día tras día, casi sin hablar, a menudo tapándonos la boca con las manos. Cuando llegó el terrible desenlace, cuando estalló la noticia de que todos los atletas habían fallecido, de que sus cuerpos yacían sobre la pista ensangrentada del aeropuerto, recordé las muertes de los dos Kennedy, y la de Martin Luther King, y las de los estudiantes de la Universidad Estatal de Kent y las de todas las decenas de miles de chicos que perdieron la vida en Vietnam. La nuestra era una época difícil, plagada de muerte, y al menos una vez al día te veías obligado a preguntarte: «¿Qué sentido tiene todo esto?».

Cuando Bowerman regresó, fui de inmediato a verle a Eugene. Parecía que no hubiera dormido en una década. Me dijo que él y Pre se habían librado por un pelo del ataque. Durante los primeros minutos, cuando los terroristas se hicieron con el control del edificio, muchos atletas israelíes lograron huir saliendo por las puertas laterales y saltando por las ventanas. Uno de ellos se coló en el edificio anexo, donde se alojaban Bowerman y Pre. Bowerman oyó que alguien llamaba a la puerta de su habitación, abrió y se encontró con aquel hombre, un marchador, temblando de miedo y balbuciendo algo sobre unos pistoleros enmascarados. Bowerman le hizo entrar de un tirón y telefoneó al cónsul de Estados Unidos.

—¡Envíen a los marines! —gritó.

Eso hicieron. Los marines no tardaron en asegurar el edificio donde se alojaban Bowerman y el equipo estadounidense.

Los funcionarios olímpicos reprendieron duramente a Bowerman por aquella «reacción exagerada». Había rebasado su autoridad, le dijeron. En medio de la crisis encontraron tiempo para convocarlo en su sede central. Gracias a Dios, Jesse Owens, el héroe de los anteriores Juegos Olímpicos alemanes, el hombre que «venció» a Hitler, lo acompañó y se expresó a favor de las acciones de este. Eso obligó a los burócratas a dar marcha atrás.

Bowerman y yo nos sentamos y nos quedamos contemplando el río durante un buen rato, casi sin hablar. Luego, con voz áspera, me dijo que aquellos Juegos Olímpicos de 1972 habían supuesto el peor momento de su vida. Jamás le había oído decir algo así, ni lo había visto de esa forma. Abatido. No podía creérmelo.

«Los cobardes nunca partieron, y los débiles murieron por el camino; quedamos nosotros.»

Poco después, Bowerman anunció que se retiraba como entrenador.

Hacía un tiempo sombrío. El cielo estaba más gris de lo habitual y las nubes más bajas. No había otoño. Simplemente nos despertamos un buen día con el invierno encima. Los árboles habían pasado de la noche a la mañana de estar llenos de hojas a quedarse sin ninguna. Llovía sin parar.

Por fin, llegó el soplo de aire fresco que necesitábamos. Nos enteramos de que a unas horas al norte, en Seattle, en el torneo Rainier International Tennis Classic, un fogoso tenista rumano estaba batiendo a todos los oponentes que encontraba a su paso, y lo hacía con un nuevo y flamante par de zapatillas Nike Match Point. Era Ilie Nastase, alias Nasty, y cada vez que disparaba su característico remate, cada vez que se ponía de puntillas y lanzaba otro servicio imposible de devolver, el mundo entero veía nuestro *swoosh*.

Sabíamos desde hacía cierto tiempo que promocionarnos a través de los atletas era importante. Si pretendíamos competir con Adidas —por no hablar de Puma y Gola, y Diadora y Head, y Wilson y Spalding, y Karhu y Etonic y New Balance y el resto de las marcas que aparecieron en la década de 1970—, necesitaríamos a atletas de élite que llevaran y hablaran bien de nuestra marca. Pero todavía no teníamos dinero para pagarles (teníamos menos que nunca). Ni tampoco la menor idea de cómo llegar hasta ellos, ni de cómo persuadirlos de que nuestra zapatilla era buena, de que pronto sería mejor y de que debían hacernos publicidad a un precio rebajado. Sin embargo, ahora había un atleta que ya llevaba zapatillas Nike, y que encima ganaba con ellas. ¿Qué debíamos hacer para que firmara con nosotros?

Encontré el teléfono del agente de Nastase. Le llamé para hacer un trato. Le dije que le daría cinco mil dólares —me atraganté al decírselo— si su chico llevaba nuestro material. Él me hizo una contraoferta de quince mil. ¡Cómo odiaba negociar!

Lo dejamos en diez mil. Sentí que me estaban robando.

Nastase, me dijo el agente, participaba en un torneo aquel fin de semana en Omaha. Me sugirió que fuera a verle allí con los papeles.

Me reuní con Nasty y su despampanante esposa Dominique ese mismo viernes por la noche, en un asador en el centro de Omaha.

Después de hacerle firmar en la línea de puntos y de haber puesto el contrato a buen recaudo en mi maletín, cenamos para celebrarlo. Una botella de vino, otra botella de vino. En algún momento, empecé a hablar con acento rumano, y Nasty empezó a llamarme Nasty a mí, y sin razón alguna creí que su esposa supermodelo empezaba a hacer ojitos a todo el mundo, incluyéndome a mí, y al final de la noche, al subir a mi habitación dando traspiés, me sentí como un campeón de tenis, como un magnate, y como una persona de gran influencia. Me tendí en la cama y me quedé mirando el contrato. «Diez mil dólares», dije en voz alta. Diez. Mil. Dólares.

Era una fortuna. Pero a partir de ahora Nike tenía a un atleta célebre que promocionaba la marca.

Cerré los ojos para que la habitación dejara de dar vueltas. Luego volví a abrirlos, porque no quería que dejara de dar vueltas.

«¡Chúpate esa, Kitami!», le dije al techo, a toda Omaha. «¡Chúpate esa!»

Por aquel entonces, la histórica rivalidad futbolística entre los Oregon Ducks —los «patos» de Oregón, mi universidad— y los temidos Oregon State Beavers —los «castores» de la Estatal de Oregón— era, cuando menos, asimétrica. Casi siempre perdían mis Ducks. Y generalmente por mucho. Y más cuando había mucho en juego. Ejemplo: en 1957, con los dos equipos compitiendo por el liderato de la liga, Jim Shanley, de los Ducks, estaba a punto de lograr el *touchdown* de la victoria cuando se le cayó el balón sobre la línea de la yarda uno. Perdieron 10 a 7.

En 1972 mis Ducks sufrieron ocho derrotas consecutivas ante los Beavers, poniéndome ocho veces seguidas de un humor de perros y nervioso. Pero ahora, aquel año en que todo andaba patas arriba, mis Ducks iban a llevar Nike. Hollister había convencido a su primer entrenador, Dick Enright, de que se pusieran nuestras nuevas zapatillas de suela de gofre para el «gran partido», para la «guerra civil».

El escenario era la sede de los Beavers, en la ciudad de Corvallis. Durante toda la mañana había estado lloviznando, pero en el momento del partido diluviaba. Penny y yo estábamos en las gradas, temblando bajo nuestros ponchos empapados, tratando de vislumbrar a través de las gotas de agua cómo el balón giraba en el aire tras el saque inicial. En la primera jugada desde la línea de *scrimmage*, el corpulento *quarterback* del Oregón, un tirador de primera llamado Dan Fouts, le pasó el balón a Donny Reynolds, que hizo un recorte con sus gofres Nike y… se lo llevó para casa. Ducks 7, Nike 7, Beavers 0.

Aquella noche Fouts, que concluía una brillante carrera universitaria, estaba fuera de sí. Pasó por las trescientas yardas, incluyendo un *touchdown* de sesenta yardas que aterrizó como una pluma en las manos de su receptor. La derrota pronto estuvo cantada. En la última jugada mis Ducks iban por delante de sus «dentudos» rivales por 30 a 3. Yo siempre los llamaba «mis Ducks», pero ahora lo eran de verdad. Llevaban mis zapatillas. Cada paso que daban, cada recorte que hacían, era en parte mío. Una cosa es ver un evento deportivo y ponerte en la piel de los jugadores. Todos los aficionados lo hacen. Pero otra muy distinta es que sean ellos quienes se pongan en la tuya al llevar tus zapatillas.

Mientras nos dirigíamos al coche me eché a reír. Me eché a reír como un loco. Me desternillé durante todo el camino de regreso a Portland. No paraba de decirle a Penny: «Así es como tiene que terminar 1972». Con una victoria. Cualquier victoria habría sido bienvenida, pero ¡esa…!, ¡ah, muchacho!, ¡esa…!

1973

Como su entrenador, Pre ya no era el mismo desde los Juegos Olímpicos de 1972. Los ataques terroristas le perseguían y enfurecían. Y también su rendimiento. Tenía la sensación de que había decepcionado a todo el mundo. Había terminado cuarto.

«Quedar cuarto del mundo en tu distancia no es motivo de vergüenza», le dijimos. Pero él sabía que podía hacerlo mejor. Y que lo habría hecho mejor si no hubiera sido tan testarudo. No tenía paciencia ni astucia. Habría podido colocarse detrás del primero y conseguir sin esfuerzo la plata. Sin embargo, ello habría ido en contra de su religión. Así que lo dio todo, como siempre, y en los últimos cien metros se cansó. Y lo que era peor, su archienemigo, el finlandés Lasse Virén, se llevó una vez más el oro.

Intentamos animarle. Le aseguramos que Oregón seguía queriéndole. Las autoridades municipales de Eugene incluso planeaban ponerle su nombre a una calle.

—Qué bien —dijo Pre—. ¿Cómo le pondrán? ¿Calle Cuarta?

Luego se encerró en su caravana metálica a orillas del Willamette y no salió durante semanas.

Con el tiempo, después de caminar mucho; de jugar con Lobo, su cachorro de pastor alemán, y de beber cantidades ingentes de cerveza helada, salió. Un día me dijeron que habían vuelto a verlo por la ciudad al amanecer, corriendo sus diez millas diarias con Lobo trotando tras él.

Tardó seis meses, pero el fuego que Pre tenía en el vientre regresó.

En sus últimas carreras en Oregón brilló. Ganó las tres millas de la NCAA por cuarto año consecutivo, con una notable marca de 13.05.3. También viajó a Escandinavia y arrasó en la prueba de los cinco mil, donde batió el récord estadounidense con sus 13.22,4. Y, lo que era aún mejor, lo hizo luciendo unas Nike. Bowerman finalmente consiguió que llevara nuestras zapatillas (meses después de jubilarse, Bowerman seguía entrenando a Pre y ultimando los diseños definitivos de la zapatilla de gofre, que estaban a punto de salir a la venta para el gran público. Nunca había estado tan ocupado). Y nuestras zapatillas al fin eran dignas de Pre. Era una simbiosis perfecta. Estaba generando miles de dólares en publicidad, convirtiendo nuestra marca en un símbolo de rebelión e iconoclasia, y nosotros estábamos ayudándolo a recuperarse.

Un receloso Pre empezó a hablarle a Bowerman de los Juegos Olímpicos de 1976 en Montreal. Según le dijo a él y a varios amigos íntimos, quería redimirse. Estaba decidido a hacerse con esa medalla de oro que se le había escapado en Munich.

Sin embargo, había varios escollos en su camino que le aterraban. Por lo pronto, Vietnam. Pre, cuya vida, al igual que la mía y la de todo el mundo, estaba gobernada por los números, extrajo uno horrible en el sorteo de reclutamiento. Iban a llamarlo a filas en cuanto se licenciara, no había duda. En unos años se encontraría en una fétida jungla esquivando el intenso fuego de las ametralladoras. Podía perder las piernas, sus divinas piernas.

Luego estaba Bowerman. Pre y él chocaban continuamente; eran dos personas obstinadas con ideas distintas sobre métodos de entrenamiento y estilos de correr. Bowerman pensaba a largo plazo: un corredor de larga distancia alcanza su mejor momento poco antes de los treinta años. Por tanto, quería que Pre descansara y se reservara para determinadas carreras. No dejaba de rogarle que no lo diera todo, pero, por supuesto, este se negaba.

—Voy a darlo todo siempre —decía.

En ellos veía un reflejo de mi relación con los bancos. Pre no le encontraba sentido a ir lento, jamás. «Corre rápido o muere.» Yo lo entendía. Estaba de su parte. A pesar de ir en contra de nuestro entrenador.

Sin embargo, lo más importante es que Pre estaba arruinado. Los ignorantes y oligarcas que regulaban el atletismo amateur estadounidense en aquella época decretaron que los deportistas olímpicos no podían cobrar de los patrocinadores ni del gobierno, lo cual significaba que nuestros mejores corredores, nadadores y boxeadores estaban condenados a la indigencia. Para sobrevivir, Pre a veces tenía que trabajar de camarero en Eugene, y en ocasiones corría en Europa, donde aceptaba dinero ilícito de los patrocinadores de las carreras. Evidentemente, esas competiciones extra empezaban a causarle problemas. Su cuerpo —en especial su espalda— estaba resintiéndose.

En Blue Ribbon nos preocupaba. En la oficina hablábamos a menudo de él, formal e informalmente. A la postre se nos ocurrió un plan. Para impedir que se lesionara y evitar el bochorno que le suponía pasearse con un platillo de limosna, lo contratamos. En 1973 le ofrecimos un «trabajo», un modesto salario de cinco mil dólares anuales y vivir en un apartamento que Cale tenía en una playa de Los Ángeles. También le dimos una tarjeta de visita en la que ponía «Director nacional de Asuntos Públicos». La gente a menudo entrecerraba los ojos y me preguntaba qué significaba aquello. Yo tampoco lo sabía.

—Que corre mucho —respondía.

También quería decir que era nuestro segundo patrocinio a una estrella del atletismo.

Lo primero que hizo Pre con el dinero que le había caído del cielo fue ir a comprarse un MG beige. Iba con él a todas partes; y rápido. Se parecía a mi viejo MG. Recuerdo que me sentía enormemente orgulloso y pensaba: «Lo hemos comprado nosotros». Consideraba que Pre era la viva imagen que queríamos dar. Siempre que la gente lo viera yendo a toda velocidad —en una pista de atletismo o en su MG—, quería que vieran a Nike. Y cuando compraran un par de Nike, quería que vieran a Pre.

Pese a que solo había mantenido unas cuantas conversaciones con él, le tenía un gran cariño. Y casi ni podrían denominarse conversaciones. Cuando lo veía en una pista de atletismo o en las oficinas de Blue Ribbon, me quedaba mudo. Intentaba engañarme a mí mismo. En más de una ocasión me dije que no era más que un chaval de Coos Bay, un deportista bajito y desgreñado con un bigote de estrella del porno. Pero sabía que no era cierto, y tras unos minutos con él me daba cuenta. Unos minutos era todo lo que yo podía soportar.

Por aquel entonces, el ciudadano más famoso de Oregón era Ken Kesey, cuyo éxito de ventas *Alguien voló sobre el nido del cuco* fue publicado en 1962, el momento exacto en que inicié mi viaje por todo el planeta. Conocí a Kesey en la Universidad de Oregón. Él era luchador y yo corría en pista, y los días de lluvia nos entrenábamos en las mismas instalaciones cubiertas. Cuando salió su primera novela me asombró su calidad, sobre todo porque las obras de teatro que escribía en la escuela eran una bazofia. De repente era un león literario, la estrella de Nueva York y, sin embargo, nunca me sentí deslumbrado en su presencia, como sí me ocurría con Pre. En 1973 llegué a la conclusión de que Pre era tan artista como Kesey, o más. Pre opinaba lo mismo. «Una carrera es una obra de arte que las personas pueden contemplar y que puede afectarles de tantas maneras como sean capaces de comprender», le dijo a un periodista.

Cada vez que entraba en la oficina me daba cuenta de que yo no era el único que se quedaba extasiado. Todo el mundo enmudecía. Imponía. Hombres, mujeres, daba igual. Todos se convertían en Buck Knight. Incluso Penny Knight. Si yo fui el primero que consiguió que Penny se interesara por el atletismo, Pre fue quien la convirtió en una verdadera aficionada.

Hollister era la excepción que confirmaba la regla. Él y Pre hacían buenas migas. Eran como hermanos. Jamás vi a Hollister comportarse con Pre de manera diferente a como se comportaba conmigo, por ejemplo. Así que tenía sentido que Hollister, el domador

de Pre, lo trajera y nos ayudara a conocerlo, y viceversa. Organizamos un almuerzo en la sala de reuniones.

Llegado el día, no nos comportamos de forma inteligente, algo
típico en Woodell y en mí: elegimos ese momento para anunciar a
Hollister que estábamos revisando sus responsabilidades. De hecho,
se lo dijimos en cuanto acomodó las posaderas en la sala de reuniones. El cambio afectaría a su salario. No al cuánto, sino al cómo.
Antes de que pudiéramos terminar de explicarnos, tiró la servilleta
y salió como un vendaval. Ahora no teníamos a nadie que nos ayudara a romper el hielo con Pre y nos quedamos mirando los bocadillos en silencio.

Pre fue el primero en hablar.

—¿Geoff va a volver?

—Creo que no —dije.

Hubo una larga pausa.

—En ese caso, ¿puedo comerme su bocadillo? —preguntó Pre.

Todos nos echamos a reír. De repente, parecía mortal y, al final,
la comida fue inolvidable.

Aquel mismo día tranquilizamos a Hollister y volvimos a revisar
sus responsabilidades. A partir de entonces, le dijimos, sería el en-
lace de Pre a tiempo completo. Se encargaría de tratar con él, de
llevarlo de gira y de presentárselo a los aficionados. Es más, le ex-
plicamos, debían realizar una gira por todo el país.

—Asiste a todas las pruebas de atletismo, ferias, institutos y universidades que puedas. Vete a todas partes y a ningún sitio. Hazlo
todo y nada.

A veces, Pre impartía un curso intensivo de atletismo, donde
respondía preguntas sobre entrenamientos y lesiones. A veces se
limitaba a firmar autógrafos y posar ante las cámaras. Hiciera lo que
hiciese, lo llevara a donde lo llevara Hollister, alrededor de su auto-
car Volkswagen de color azul chillón se agolpaba una reverencial
multitud.

Aunque el cargo de Pre era intencionadamente impreciso, su
papel era real, y su fe en Nike también. Llevaba nuestras camisetas

allá donde fuera y permitía que Bowerman utilizara su pie como último paso en todos los experimentos de diseño de zapatillas. Pre divulgaba la palabra de Nike como si fuera el Evangelio y atraía a miles de personas a nuestra parroquia. Animaba a todo el mundo a probar aquella fantástica marca, incluso a sus competidores. A menudo mandaba un par de zapatillas con o sin clavos y una nota: «Pruébalas. Te encantarán».

Entre los que estaban más entusiasmados con Pre se encontraba Johnson. Aunque seguía creando nuestra filial en la Costa Este, Johnson había pasado buena parte de 1972 trabajando sin descanso en algo que había bautizado «Pre Montreal», una zapatilla que sería un homenaje a Pre, a los próximos Juegos Olímpicos y al Bicentenario de EE. UU. Con una puntera de gamuza azul, la parte trasera en nailon rojo y el logo en color blanco, era nuestro modelo más llamativo, y también nuestra mejor zapatilla de clavos. Sabíamos que nos iba la vida en la calidad y, hasta el momento, la de nuestras zapatillas de clavos había sido desigual. Johnson pensaba solucionarlo con aquel diseño.

Pero decidí que lo hiciera en Oregón y no en Boston.

Durante meses había pensado mucho en Johnson. Estaba convirtiéndose en un diseñador excelente y debíamos sacar el máximo partido a su talento. En la Costa Este todo iba bien, pero tenía demasiadas tareas administrativas. Había que reorganizar y racionalizarlo todo, y no era la mejor manera de aprovechar el tiempo y la creatividad de Johnson. Ese era un trabajo hecho a medida para alguien como… Woodell.

Noche tras noche, mientras corría mis seis millas, valoraba aquella situación. Tenía a dos personas en el puesto equivocado, en la costa equivocada, y a ninguno de los dos les convencería la mejor solución. A ambos les gustaba el lugar donde vivían. Y no se tenían mucha simpatía, aunque ambos lo negaran. Cuando ascendí a Woodell a director de operaciones, también le legué a Johnson. Le encargué que lo supervisara y respondiera a sus cartas, y Woodell cometió el error de leerlas con atención e intentar seguirle el ritmo.

En consecuencia, ambos habían desarrollado una relación picajosa y sumamente sarcástica.

Un día, por ejemplo, Woodell entró en mi despacho y me dijo:

—Esto es deprimente. Jeff se queja constantemente del inventario, del reembolso de los gastos y de las falta de comunicación. Dice que él se deja la piel mientras nosotros estamos repantingados. No atiende a razones, ni siquiera al hecho de que doblemos ventas cada año.

Woodell me dijo que quería encontrar otra manera de tratar con él.

—Por supuesto —respondí—. Inténtalo.

Así que escribió a Johnson una extensa carta en la que «reconocía» que todos habíamos estado conspirando contra él para hacerle infeliz. En ella le decía:

> Estoy seguro de que eres consciente de que no trabajamos tanto como tú; con solo tres horas de jornada laboral es difícil hacerlo todo. Aun así, saco tiempo para ponerte en toda clase de apuros con los clientes y la comunidad empresarial. Cuando te urge dinero para pagar las facturas, te mando solo un pequeño porcentaje de lo que necesitas para que tengas que soportar a cobradores y pleitos. Me tomo la destrucción de tu reputación como un cumplido.

Etcétera.

Johnson respondió: «Por fin hay alguien que me entiende».

La propuesta que yo tenía en mente no ayudaría.

Primero hablé con Johnson. Elegí el momento cuidadosamente: un viaje a Japón para visitar Nippon Rubber y hablar de las Pre Montreal. Durante la cena se lo expuse todo. Estábamos librando una batalla encarnizada, un asedio. Día tras día haríamos todo lo posible para alimentar a las tropas y mantener a raya al enemigo. En aras de la victoria, de la supervivencia, había que sacrificar y subordinar todo lo demás.

—Así que, en este momento crucial en la evolución de Blue

Ribbon, en el lanzamiento de Nike… Lo siento, pero, en fin… Tenéis que mudaros de ciudad, par de bobos.

Johnson soltó un gruñido. Por supuesto. Santa Mónica otra vez.

Pero, lenta y agónicamente, se dejó convencer.

Woodell también.

A finales de 1972, ambos entregaron las llaves de su casa al otro y a principios del año siguiente intercambiaron sus viviendas. A eso lo llamo yo ser un jugador de equipo. Fue un sacrificio enorme y me sentía profundamente agradecido. Pero, siendo fiel a mí mismo y a la tradición de Blue Ribbon, no lo expresé. No pronuncié una sola palabra de agradecimiento o alabanza. De hecho, en varios memorandos hacía referencia al cambio como «Operación Intercambio de Bobos».

A finales de la primavera de 1973 me reuní por segunda vez con nuestros recientes inversores, los obligacionistas. La primera vez les encantó. ¿Cómo no iba a gustarles? Las ventas se habían disparado y nuestro calzado lo estaban promocionando deportistas famosos. Sí, habíamos perdido Onitsuka, y el futuro nos deparaba una batalla legal, pero íbamos por buen camino.

Sin embargo, en esta ocasión mi deber era informar a los inversores de que, un año después del lanzamiento de Nike, por primera vez en la historia de Blue Ribbon… habíamos perdido dinero.

La reunión tuvo lugar en el Valley River Inn de Eugene. En la sala se apiñaban treinta hombres y mujeres, y yo me senté al extremo de una larga mesa. Llevaba un traje oscuro e intenté transmitir confianza al dar la mala noticia. Pronuncié el mismo discurso que habían oído los empleados de Blue Ribbon un año antes. «Los tenemos justo donde queríamos.» Pero ellos no venían a comprarme arengas. Eran viudos y viudas, jubilados y pensionistas. Por no mencionar que el año anterior estaba flanqueado por Jaqua y Bowerman; este año no habían podido acompañarme.

Estaba solo.

Cuando llevaba media hora de discurso, con treinta caras horrorizadas mirándome fijamente, propuse hacer una pausa para almorzar. El año anterior repartí las cuentas de Blue Ribbon antes de comer. Este, decidí esperar a después. No sirvió de nada. Incluso con el estómago lleno, con una galleta de chocolate, los números pintaban mal. Pese a los tres millones doscientos mil dólares en ventas, presentamos unas pérdidas netas de cincuenta y siete mil dólares.

Varios grupos de inversores iniciaron conversaciones en privado mientras yo intentaba hablar. Todos señalaban aquella inquietante cifra —cincuenta y siete mil dólares— y no cesaban de repetirla una y otra vez. En un momento dado mencioné que Anne Caris, una joven corredora, acababa de aparecer en la portada de *Sports Illustrated* luciendo unas Nike.

—¡Estamos abriéndonos camino!

Nadie me escuchaba. A nadie le interesaba. Solo les importaba el balance. Ni siquiera el balance, sino el suyo.

Al finalizar mi presentación, pregunté si alguien tenía alguna duda. Se levantaron treinta manos.

—Me siento muy decepcionado —dijo un hombre mayor, que se puso en pie.

—¿Alguna pregunta más?

Se alzaron veintinueve manos. Otro hombre dijo:

—No estoy contento.

Les dije que lo entendía, pero mi comprensión les resultaba molesta.

Tenían todo el derecho del mundo a sentirse así. Habían depositado su confianza en Bowerman y en mí y les habíamos fallado. Era imposible prever la traición de Tiger, pero, aun así, esa gente estaba dolida, lo veía en sus rostros, y debía hacerme responsable. Hacerlo bien. Decidí que lo justo era ofrecerles una concesión.

Sus acciones tenían una tasa de conversión que aumentaba cada año. El primer año, la tasa era de un dólar por acción, el segundo de uno y medio, y así sucesivamente.

—En vista de estas malas noticias, mantendré la tasa de conversión durante los cinco años en que sean propietarios de sus acciones —les dije.

Aquello los apaciguó un poco. Pero aquel día me fui de Eugene sabiendo que tenían una mala opinión de mí y de Nike. También me marché pensando que nunca, nunca, sacaría la empresa a Bolsa. Si treinta personas me causaban esa acidez de estómago, no podía ni imaginar cómo sería responder ante miles de accionistas.

Nos iba mejor con la financiación de Nissho y el banco.

Siempre, claro, que hubiera algo que financiar. Tal como nos temíamos, Onitsuka nos había puesto una demanda en Japón. Así que ahora debíamos hacer lo mismo rápidamente en Estados Unidos por incumplimiento de contrato y violación de una marca registrada.

Dejé el caso en manos de mi primo Houser. No fue una decisión difícil. Por un lado estaba el factor de la confianza, por supuesto. El parentesco, la sangre y demás. Por otro, el de la fiabilidad. Aunque solo era dos años mayor que yo, parecía mucho más maduro. Transmitía una extraordinaria seguridad en sí mismo, sobre todo delante de un juez y un jurado. Su padre había sido comercial, y de los buenos, y el primo Houser aprendió de él cómo vender a su cliente.

Y, aún mejor, era un competidor tenaz. De niños, jugábamos despiadados y maratonianos partidos de bádminton en el patio trasero de su casa. Un verano disputamos exactamente ciento dieciséis partidos. ¿Por qué ciento dieciséis? Porque el primo Houser me ganó ciento quince veces seguidas. Yo me negué a tirar la toalla hasta que ganara, y él no tuvo problemas para entender mi postura.

Pero el principal motivo por el que elegí al primo Houser fue la pobreza. No tenía dinero para costearme los honorarios de un abogado, y el primo Houser convenció a su bufete de que aceptara mi caso en *cuota litis*.

Pasé buena parte de 1973 en el despacho del primo Houser, leyendo documentos, revisando informes y avergonzándome de mis

propias palabras y acciones. Él me advirtió que el tribunal se llevaría una mala impresión del memorando en el que hablaba de contratar a un espía. ¿Y el hecho de que «tomara prestada» la carpeta
de Kitami de su maletín? ¿Cómo no lo iba a considerar un robo?
Me vino a la mente MacArthur. «Te recordarán por las reglas que
rompas.»

Barajé la posibilidad de ocultar estos penosos hechos al tribunal.
Sin embargo, al final solo podía hacer una cosa: ser sincero. Era lo
más inteligente, lo correcto. Solo debía esperar que considerara el
robo de la carpeta de Kitami como una especie de acto en defensa
propia.

Cuando no estaba estudiando el caso con el primo Houser, quien
era estudiado era yo. O, dicho de otro modo, prestaba declaración.
Aunque creía que el negocio era una guerra sin balas, nunca había
sentido toda la furia del combate en la sala de reuniones hasta que
me encontré sentado a una mesa rodeado de cinco abogados. Hicieron cuanto estuvo en su mano para que dijera que había incum-
plido mi contrato con Onitsuka. Lo intentaron haciéndome preguntas trampa, hostiles, ágiles y malintencionadas. Si eso no daba
resultado, tergiversaban mis respuestas. Una declaración le resulta
ardua a cualquiera, pero para una persona tímida es un calvario. Me
acosaron, me pusieron cebos y se mofaron de mí; al final era una
sombra de mí mismo. Mi estado empeoró porque no consideraba
que lo hubiera hecho muy bien, algo que mi primo Houser confirmó
a regañadientes.

Al final de aquellas jornadas tan complicadas, lo que me salvaba
la vida era correr mis seis millas por la noche. Y mantuve la cordura gracias al tiempo que pasaba con Matthew y Penny, aunque no
era mucho. Siempre intentaba encontrar el momento y la energía
para contar a Matthew un cuento antes de acostarse. «Thomas Je-
fferson estaba trabajando muy duro para redactar la Declaración de
Independencia, trataba de encontrar las palabras apropiadas, cuando el pequeño Matt History le llevó una pluma nueva y estas parecieron fluir como por arte de magia…»

Matthew casi siempre se reía con mis cuentos. Tenía una risa líquida que me encantaba oír, porque en otros momentos podía ser un niño malhumorado y taciturno. Me preocupaba. Había tardado mucho en aprender a hablar y ahora mostraba una inquietante veta rebelde. Yo me sentía culpable por ello. «Si estuviera más en casa, no pasaría esto», me decía a mí mismo.

Bowerman pasaba bastante tiempo con él y me decía que no me preocupara.

—Me gusta su espíritu —aseguraba—. El mundo necesita más rebeldes.

Esa primavera, Penny y yo teníamos la preocupación añadida de cómo llevaría nuestro pequeño insurrecto la llegada de un hermano. Estaba embarazada otra vez. Sin embargo, para mis adentros, me preguntaba más bien cómo lo llevaríamos nosotros. «A final de año es muy posible que me quede en el paro con dos hijos», pensaba.

Después de apagar la lamparita de noche de Matthew, normalmente me sentaba en el salón con Penny y hablábamos de la jornada, es decir, del pleito que se avecinaba. De pequeña, había presenciado varios juicios de su padre y ello le había infundido una ávida afición por la teatralidad de la sala de justicia. Nunca se perdía una serie de abogados en la televisión. *Perry Mason* era su favorita, y yo a veces la llamaba Della Street, por la intrépida secretaria del protagonista. Me reía de su entusiasmo, pero también me alimentaba de él.

Cada noche, el último acto era una llamada telefónica a mi padre. Era el momento de mi cuento de buenas noches. Para entonces ya había dejado el periódico y, como jubilado, disponía de mucho tiempo para investigar viejos casos y jurisprudencias y exponer argumentos que pudieran resultar útiles a mi primo Houser. Su implicación, su sentido del juego limpio y su inquebrantable fe en la rectitud de la causa de Blue Ribbon resultaban vigorizantes.

Era siempre lo mismo: mi padre me preguntaba por Matthew y Penny, y yo le preguntaba por mamá. Luego me contaba lo que había leído en los libros de Derecho y yo tomaba exhaustivas notas en una libreta amarilla. Antes de colgar siempre decía que creía que teníamos posibilidades.

—Vamos a ganar, Buck.

Siempre hablaba en primera persona del plural, lo cual me hacía sentir mejor. Es posible que nunca hubiéramos estado tan unidos, tal vez porque nuestra relación se había visto reducida a su esencia más primaria. Él era mi padre y yo su hijo, y me hallaba librando la batalla de mi vida.

Volviendo la vista atrás, me doy cuenta de lo que sucedía. El juicio le proporcionaba una vía de escape más saludable para su caos interior. Mis problemas legales y mis llamadas nocturnas lo mantenían alerta, y en casa. Ahora trasnochaba menos en el bar del club.

—Voy a incorporar a otra persona al equipo —me dijo un día el primo Houser—. Rob Strasser, un joven abogado. Te gustará.

Acababa de licenciarse en Derecho por la Universidad de California en Berkeley, me explicó, y no sabía absolutamente nada. No todavía. Pero el primo Houser tenía una corazonada y creía que el chico prometía. Además, gracias a su forma de ser encajaría en nuestra empresa.

En cuanto Strasser leyó nuestro informe, añadió el primo Houser, se tomó el caso como una cruzada sagrada.

Me gustaba eso. Así que en mi siguiente visita al bufete del primo Houser, recorrí el pasillo y asomé la cabeza en el despacho de su compañero Strasser, pero allí no había nadie. La oficina estaba totalmente a oscuras. Las cortinas echadas y las luces apagadas. Cuando me disponía a marcharme, oí un «¿hola?» y me di la vuelta. En medio de la penumbra, detrás de una gran mesa de nogal, se movió una silueta, que fue aumentando de tamaño, como una montaña emergiendo de un mar oscuro.

La figura se deslizó hacia mí y pude ver el contorno poco definido de un hombre. Un metro noventa, ciento veinticinco kilos y una ración extra de hombros. Tenía los brazos como troncos de un árbol. Era entre Bigfoot y Snuffleupagus, aunque caminaba con ligereza. Se dirigió hacia mí, me tendió uno de los troncos y nos estrechamos la mano.

Ahora alcanzaba a distinguir su rostro: era de color rojo ladrillo, estaba cubierto por una larga barba rubia rojiza y salpicado de sudor (de ahí la oscuridad. Necesitaba espacios poco iluminados y frescos. Además, no soportaba llevar traje). No se parecía en nada a mí ni a nadie a quien yo conociera y, sin embargo, tuve una extraña e instantánea cercanía con él.

Me dijo que estaba encantado de trabajar en mi caso, que se sentía honrado. Creía que Blue Ribbon había sido víctima de una terrible injusticia. Esa cercanía se convirtió en amor.

—Sí, tienes razón —dije.

Días después, Strasser asistió a una reunión en Tigard. Penny se encontraba en la oficina en aquel momento y cuando Strasser la vio caminando por el pasillo, se le salieron los ojos de las cuencas. Se atusó la barba.

—¡Dios mío! —exclamó—. ¿Esa era Penny Parks?

—Ahora es Penny Knight —repuse.

—¡Estuvo saliendo con mi mejor amigo!

—El mundo es pequeño.

—Y más cuando eres de mi tamaño.

En los días y semanas posteriores descubrí que teníamos más cosas en común tanto en nuestra vida como en nuestra psique. Era de Oregón, y estaba orgulloso de ello de esa manera tan típica y truculenta. De pequeño le tenía manía a Seattle y a San Francisco, y a todas las ciudades cercanas que los forasteros consideraban mejores que la nuestra. Su complejo de inferioridad geográfica se veía exacerbado por su desgarbada envergadura y su llaneza. Siempre había temido no encontrar su lugar en el mundo, verse condenado al ostracismo. Y yo lo entendía. A veces lo compensaba vociferando, siendo profano, pero casi siempre mantenía la boca cerrada y restaba importancia a su inteligencia en lugar de arriesgarse a alienar a la gente. Eso también lo entendía.

Sin embargo, una inteligencia como la de Strasser no podía permanecer oculta mucho tiempo. Era uno de los mejores pensadores que había conocido nunca. Polemista, negociador, hablador, observador; su mente siempre iba a toda máquina, intentando comprenderlo todo. Y conquistar. Concebía la vida como una batalla y encontraba en los libros una confirmación a esa visión. Igual que yo, leía compulsivamente sobre temas bélicos.

También igual que yo, vivía y moría con los equipos locales, sobre todo con los Ducks. Nos reímos a carcajadas de que, ese año, el entrenador del equipo de baloncesto de Oregón fuera Dick Harter, mientras que el de rugby seguía siendo Dick Enright. El cántico más popular durante los partidos de Oregon State era: «¡Si no puedes conseguir un Dick Enright, ficha a un Dick Harter!». Cuando parábamos de reír, Strasser empezaba otra vez. Me asombraba su risa. Era aguda, tonta y afectada, sorprendente para un hombre de su tamaño.

Sobre todo nos sentíamos unidos por nuestros padres. Strasser era hijo de un próspero hombre de negocios, y él también tenía miedo de no cumplir las expectativas de este. Sin embargo, el suyo era un caso excepcionalmente complicado. Me contó muchas historias, pero hubo una que se me quedó grabada. Cuando tenía diecisiete años, sus padres se fueron de fin de semana y él aprovechó para montar una fiesta que acabó desmadrándose. Los vecinos llamaron a la policía y, justo cuando llegaron los coches patrulla, lo hicieron también sus padres. Habían vuelto antes de su viaje. Strasser me contó que su padre miró a su alrededor —la casa hecha un desastre, su hijo esposado— y le dijo con frialdad a los policías:

—Llévenselo.

Desde el principio le pregunté qué posibilidades creía que teníamos contra Onitsuka. Su respuesta fue que íbamos a ganar. Lo dijo sin rodeos, sin vacilar, como si le hubiera preguntado qué había desayunado. Lo dijo como lo haría un aficionado al deporte cuando habla de «la próxima temporada», con una fe inquebrantable. Lo dijo como me lo repetía mi padre cada noche, y allí mismo llegué a la conclusión de que Strasser era uno de los elegidos, un camarada. Igual que Johnson, Woodell y Hayes. Igual que Bowerman, Hollister y Pre. Era Blue Ribbon de la cabeza a los pies.

Cuando no estaba obsesionado con el juicio, lo estaba con las ventas. Cada día recibía un télex de nuestros almacenes con un «recuento de pares», es decir, del número exacto de pares enviado ese día a todos los clientes: escuelas, comercios, entrenadores y particulares que compraban por correo. Según los principios generales de contabilidad, un par enviado era un par vendido, así que el recuento diario condicionaba mi estado de ánimo, mi digestión y mi presión sanguínea, ya que en buena medida determinaba también el destino de Blue Ribbon. Si no vendíamos todas las zapatillas de nuestro último pedido y convertíamos rápidamente ese producto en dinero en efectivo, tendríamos un gran problema. El recuento diario me indicaba que íbamos encaminados a venderlo todo.

—Entonces Massachusetts pinta bien y Eugene también. ¿Qué ha pasado en Menfis? —le decía a Woodell la típica mañana.

—Una tormenta de nieve —me respondía. O—: El camión se ha estropeado.

Tenía un gran talento para restar importancia a lo malo y también a lo bueno, para vivir el momento. Por ejemplo, después del diálogo de besugos, Woodell se iba a un despacho que no era precisamente lujoso. Se encontraba en la planta superior de una antigua fábrica de calzado y el depósito de agua que tenía justo encima estaba salpicado de excrementos de paloma acumulados a lo largo de un siglo. Además, las vigas del techo estaban agrietadas y el edificio temblaba cada vez que las máquinas de tallar estampaban las capelladas. Dicho de otro modo, durante el todo el día se precipitaba sobre el cabello, los hombros y la mesa de Woodell una lluvia constante de excrementos de paloma. Pero él simplemente se adecentaba, limpiaba la mesa con el lateral de la mano y seguía trabajando.

En todo momento mantenía la taza de café envuelta en papel de carta para asegurarse de que solo contenía nata.

A menudo intentaba imitar la conducta zen de Woodell. Pero casi nunca lo conseguía. Bullía de frustración, consciente de que nuestro recuento de calzados podría haber sido muy superior de no ser por los problemas que teníamos siempre con los suministros. La gente ansiaba nuestras zapatillas, pero no podíamos enviárselas a tiempo. Habíamos sustituido las caprichosas demoras de Onitsuka por una nueva serie de retrasos causados por la demanda. Las fábricas y Nissho estaban haciendo su trabajo; ahora recibíamos nuestros pedidos a tiempo e impecables, pero el floreciente mercado generaba nuevas presiones, lo cual dificultaba cada vez más distribuir correctamente lo que recibíamos.

La oferta y la demanda siempre es el problema principal en un negocio. Esto es así desde que los comerciantes fenicios competían para llevar a Roma el codiciado tinte púrpura que teñía las prendas de la realeza y los ricos; nunca había suficiente púrpura. Si ya es difícil inventar, fabricar y comercializar un producto, la logística, la mecánica, la hidráulica de hacérselo llegar a la gente que lo quiere cuando quiere es lo que hace que las empresas mueran, y aparezcan las úlceras.

En 1973, los problemas de la oferta y la demanda a los que hacía frente el sector de las zapatillas de atletismo solían ser complejos y aparentemente irresolubles. De repente, el mundo entero pedía ese tipo de zapatillas, y no es que el suministro fuera inconsistente, a lo sumo era balbuceante. Nunca había zapatillas suficientes en la reserva.

Teníamos a mucha gente inteligente intentando solucionar el problema, pero nadie sabía cómo incrementar el suministro sin provocar grandes riesgos de inventario. Hallábamos cierto consuelo en el hecho de que Adidas y Puma tuvieran el mismo quebradero de cabeza, aunque tampoco demasiado. Nuestros problemas podían llevarnos a la bancarrota. Estábamos con el agua hasta el cuello y, como la mayoría de la gente que vive al día, caminábamos por el borde del precipicio. Cuando un envío de zapatillas llegaba con retraso, el recuento de pares caía en picado. Cuando el recuento de pares caía en picado, no podíamos generar beneficios suficientes para pagar a tiempo a Nissho ni al Bank of California. Cuando no podíamos pagar a tiempo a Nissho ni al Bank of California, no podíamos pedir más préstamos. Cuando no nos daban crédito, realizábamos el siguiente encargo tarde.

Y vuelta a empezar.

Luego ocurrió lo que menos necesitábamos: una huelga de estibadores. Nuestro hombre fue al puerto de Boston a recoger un cargamento de zapatillas y se lo encontró cerrado a cal y canto. A través de la valla divisó cajas y más cajas de lo que el mundo clamaba a gritos. Y no había manera de llegar hasta ellas.

Tras debatirlo, decidimos que Nippon enviara un nuevo cargamento de ciento diez mil pares de zapatillas en un 707 fletado especialmente para la ocasión. Nos dividimos el gasto del combustible con ellos. Cualquier cosa era preferible a no sacar el producto al mercado a tiempo.

En 1973, nuestras ventas aumentaron un cincuenta por ciento hasta situarse en los cuatro millones ochocientos mil dólares, una cifra que me dejó asombrado cuando la vi por primera vez en un trozo de papel. ¿No había sido ayer cuando ganamos ocho mil dólares? Y, sin embargo, no lo celebramos. Entre nuestros problemas legales y de suministro, podíamos vernos obligados a cerrar en cualquier momento. A altas horas de la noche me sentaba con Penny, que me preguntaba por enésima vez qué haríamos si Blue Ribbon se iba a pique. ¿Qué plan tenía? Y, por enésima vez, yo la tranquilizaba con palabras optimistas que no terminaba de creerme.

Entonces, aquel otoño se me ocurrió una idea. ¿Por qué no proponíamos a nuestros minoristas más importantes que, si firmaban un compromiso blindado y nos hacían pedidos cuantiosos y no reembolsables con seis meses de antelación, les ofreceríamos un nada desdeñable descuento de hasta el siete por ciento? De ese modo contaríamos con más tiempo, menos envíos y más certidumbre y, por tanto, con más posibilidades de tener efectivo en el banco. Además, podíamos utilizar esos compromisos a largo plazo de pesos pesados como Nordstrom, Kinney, Athlete's Foot, United Sporting Goods y otros para conseguir más crédito de Nissho y el Bank of California. Especialmente de Nissho.

Los minoristas se mostraron escépticos, por supuesto. Pero supliqué. Y, al ver que mi estrategia no funcionaba, realicé unas atrevidas predicciones. Les dije que aquel programa, que denominábamos Futuros, era el futuro para nosotros y para todo el mundo, así que les convenía subirse al carro, y cuanto antes lo hicieran, mejor.

Fui convincente porque estaba desesperado. «Si pudiéramos erradicar los límites de nuestro crecimiento anual...» Pero seguían resistiéndose y nos decían una y otra vez: «Los novatos de Nike no entendéis el sector. Eso no despegará nunca».

Mi posición negociadora mejoró de repente cuando presentamos varias zapatillas nuevas y llamativas que los clientes sin duda querrían. Las Bruin ya eran populares, con sus suelas exteriores y capelladas fusionadas para dar una mayor estabilidad durante la carrera. Ahora presentamos una versión mejorada con capelladas de ante verde chillón (Paul Silas, de los Boston Celtics, ya había accedido a llevar unas), además de dos nuevas Cortez, unas en piel y otras en nailon, que seguían siendo nuestro modelo más vendido.

Al fin, varios minoristas aceptaron. El plan empezaba a cobrar impulso. En breve, los rezagados y los reticentes estaban desesperados por que los incluyéramos.

13 de septiembre de 1973. Era mi quinto aniversario de boda. Una vez más, Penny me despertó en plena noche para decirme que no se encontraba bien. Pero, en esta ocasión, de camino al hospital, no

solo iba pensando en el bebé. El programa Futuros. El recuento de pares. El juicio. Así que, por supuesto, me perdí.

Di media vuelta y volví atrás. El sudor empezaba a salpicarme la ceja. Doblé por una calle y vi el hospital más adelante. Gracias a Dios.

Una vez más, se llevaron a Penny en silla de ruedas y, una vez más, esperé y languidecí en la sala. En esta ocasión traté de aprovechar para quitarme de en medio un poco de papeleo y, cuando el médico salió a buscarme y me dijo que había tenido otro hijo, pensé: «Dos niños. Un par de niños».

El recuento de pares definitivo.

Fui a la habitación de Penny a conocer a mi nuevo chico, al que llamamos Travis. Luego cometí un error.

Sonriendo, Penny me explicó que los médicos le habían dado permiso para irse a casa en dos días en lugar de los tres que había necesitado cuando nació Matthew.

—¡Vaya! —dije—. Espera un poco. El seguro está dispuesto a pagar otro día de hospital. ¿Qué prisa tienes? También puedes descansar. Aprovecha.

Penny agachó la cabeza y arqueó una ceja.

—¿Quién juega y dónde? —preguntó.

—Oregón —dije en voz baja—. Estado de Arizona.

Ella suspiró.

—De acuerdo —respondió—. De acuerdo, Phil. Vete.

1974

Estaba mirando al techo, en los juzgados federales del centro de Portland, sentado a una pequeña mesa de madera junto a Strasser y mi primo Houser. Intenté respirar hondo y no volver la cabeza a la izquierda, hacia la mesa donde se encontraban los cinco abogados con ojos de ave de rapiña que representaban a Onitsuka y los otros cuatro distribuidores que querían verme arruinado.

Era 14 de abril de 1974.

Habíamos intentado evitar esa pesadilla una vez más. En los momentos previos al juicio ofrecimos un pacto a Onitsuka:

—Si nos pagáis ochocientos mil dólares por daños y perjuicios y retiráis la demanda en Japón, nosotros retiraremos la nuestra y todos podremos irnos a casa.

No creía que tuviéramos muchas posibilidades de que aceptaran, pero el primo Houser creyó que merecía la pena intentarlo.

Onitsuka rechazó la oferta y no hizo contraoferta. Iban a degüello.

En ese momento, el alguacil anunció que daba comienzo la sesión, el juez entró en la sala, dio un golpe con la maza y me dio un vuelco el corazón.

—Se acabó —me dije.

Wayne Hilliard, el principal abogado de Onitsuka, fue el primero en pronunciar su discurso inicial. Era un hombre que disfrutaba con su trabajo, que se sabía competente.

—¡Estos hombres… tienen las manos sucias! —gritó, señalando nuestra mesa—. Las manos… sucias —repitió.

Era un término legal corriente, pero en boca de Hilliard sonaba espeluznante, casi pornográfico (todo cuanto decía me parecía un tanto siniestro, porque era de baja estatura, tenía la nariz puntiaguda y se parecía al Pingüino). Blue Ribbon había «engañado» a Onitsuka para que formara aquella asociación, rugió. Phil Knight fue a Japón en 1962 y fingió que tenía una empresa llamada Blue Ribbon y, a partir de entonces, utilizó subterfugios, robos, espías y lo que fuera necesario para perpetuar aquella estafa.

Cuando hubo concluido y tomó asiento junto a sus cuatro compañeros, casi consigue que hasta yo me pusiera a favor de Onitsuka. Agaché la cabeza y me pregunté: «¿Cómo pudiste hacerle todas esas cosas terribles a esos pobres empresarios japoneses?».

El primo Houser se puso en pie. Desde el principio quedó claro que no poseía la vehemencia de Hilliard. No era su naturaleza. El primo Houser era organizado y se había preparado, pero no era agresivo. Al principio me sentí decepcionado. Luego lo observé con más atención, escuché lo que decía y pensé en su vida. De niño había sufrido un defecto del habla. Se trababa con las erres y las eles. Incluso de adolescente parecía un personaje de dibujos animados. Ahora, aunque conservaba leves restos de dicha incapacidad, prácticamente la había superado y, al dirigirse a la abarrotada sala aquel día, me colmó de admiración y de una lealtad filial. Menudo recorrido había hecho. Habíamos hecho. Estaba orgulloso de él, orgulloso de que estuviera de nuestra parte.

Además, había aceptado un pacto de *cuota litis* porque creía que el juicio se celebraría en cuestión de meses. Dos años después todavía no había visto un centavo, y su coste era astronómico. Solo mi factura de fotocopias ascendía a decenas de miles de dólares. De vez en cuando, el primo Houser mencionaba que sus socios le presionaban sobremanera para que nos dejara en la estacada. En un momento dado, incluso pidió a Jaqua que se encargara del caso. («No, gracias», respondió este.) Con vehemencia o sin ella, el primo Houser fue un auténtico héroe. Terminó de hablar, se sentó a nuestra mesa y nos miró a mí y a Strasser. Le di una palmada en la espalda. Comenzaba el partido.

Como demandantes, fuimos los primeros en presentar alegato, y nuestro primer testigo era el fundador y presidente de Blue Ribbon, Philip H. Knight. Al dirigirme al estrado, tuve la sensación de que estaban llamando a declarar a otro Philip Knight, que era otro Philip Knight el que alzaba la mano, jurando decir toda la verdad, en un caso marcado por tantos engaños y rencor. Estaba flotando por encima de mi cuerpo, viendo cómo se desarrollaba la escena más abajo.

Cuando me senté en la chirriante silla de madera del estrado y me enderecé la corbata, me dije a mí mismo: «Estas son las cuentas más importante que vas a tener que rendir sobre ti jamás. No la pifies».

Y entonces la pifié. Lo hice tan mal como en las declaraciones. De hecho, lo hice incluso peor.

El primo Houser intentó ayudarme, orientarme. Utilizó un tono alentador y me dedicaba una sonrisa amigable en cada pregunta, pero mi mente se dispersaba en múltiples direcciones. No podía concentrarme. No había dormido la noche anterior, no había desayunado aquella mañana y, aunque rebosaba adrenalina, esta no me proporcionaba más energía o claridad. Tan solo me nublaba la mente. Me descubrí albergando pensamientos extraños, casi alucinatorios, como por ejemplo, cuánto se parecía a mí el primo Houser. Tenía más o menos mi misma edad y altura, y compartíamos muchos rasgos. Hasta ese momento no me había percatado del parecido familiar. «Qué kafkiano esto de ser interrogado por ti mismo», pensé.

Al final de su interrogatorio me había recuperado un poco. La adrenalina había remitido y empezaba a razonar. Pero ahora le había llegado el turno a la otra parte.

Hilliard me asestó algunos ganchos. Era implacable y pronto empecé a vacilar. Me encallaba, se me trababa la lengua y envolvía casi todas mis palabras con extraños calificativos. Sonaba turbio y falso, incluso a mí mismo. Cuando conté que había registrado el maletín de Kitami e intenté explicar que el señor Fujimoto en realidad no era un espía industrial, detecté escepticismo en los espectadores y el juez. Incluso yo era escéptico. En varias ocasiones miré a lo lejos, entrecerré los ojos y pensé: «¿De verdad yo hice eso?».

Escruté la sala en busca de ayuda y solo vi rostros hostiles, en especial el de Bork. Estaba sentado justo detrás de la mesa de Onitsuka lanzando miradas fulminantes. De vez en cuando se inclinaba hacia los abogados de Onitsuka, susurraba y les pasaba notas. «Traidor», pensé. Benedict Arnold. Probablemente alentado por Bork, Hilliard me atacó desde nuevos ángulos, me hizo nuevas preguntas, y perdí el hilo. A menudo no tenía ni idea de lo que estaba diciendo.

En un momento dado, el juez me reprendió por decir cosas sin sentido y ser extremadamente enrevesado.

—Limítese a responder a las preguntas de manera concisa —dijo.

—¿Cómo de concisa?

—Veinte palabras o menos

Me pasé una mano por la cara.

—No puedo responder a esa pregunta con veinte palabras o menos —dije.

El juez ordenó a los abogados de ambas partes que permanecieran detrás de sus respectivas mesas mientras interrogaban a los testigos, y a día de hoy sigo pensando que una barrera de diez metros tal vez me habría salvado. Creo que si Hilliard hubiera podido acercarse más, me habría destrozado, me habría hecho llorar.

Hacia el final de aquellos dos días de tormento me sentía entumecido. Había tocado fondo. Ahora solo podía ir a mejor. Al parecer, Hilliard llegó a la conclusión de que era preferible soltarme antes de que empezara a recuperarme. Cuando abandoné el estrado, me atribuí un «muy deficiente». Mi primo y Strasser no me contradijeron.

El juez que se ocupaba de nuestro caso era el honorable James Burns, una conocida figura de la jurisprudencia en Oregón. Tenía un rostro largo y adusto, unos ojos de color gris claro y unas cejas negras y pobladas. Era como si en cada ojo tuviera un pequeño techo de paja. Tal vez fuera porque, en aquella época, pensaba demasiado en fábricas, pero a menudo me daba la sensación de que el juez Burns había salido de una remota empresa que producía jueces penales. Y pensaba que él también lo sabía y se enorgullecía de ello. Se denominaba a sí mismo, y lo hacía en serio, James el Justo. Con su timbre de bajo operístico, anunciaba:

—¡Se encuentran en la sala de James el Justo!

Que Dios se apiadara de aquel que, pensando que James el Justo estaba siendo un poco teatrero, osara reírse.

Portland seguía siendo una ciudad pequeña —minúscula, de hecho— y nos llegaron rumores de que alguien se había encontrado recientemente con James el Justo en su club privado. El juez estaba tomando un martini y quejándose de nuestro caso.

—Es terrible, absolutamente terrible —dijo al camarero y a quien estuviera dispuesto a escucharlo.

Así que sabíamos que, al igual que nosotros, él tampoco quería estar allí, y a menudo pagaba su infelicidad con nosotros y nos reprendía por pequeñas cuestiones de orden y decoro.

Aun así, pese a mi espantosa actuación en el estrado, el primo Houser, Strasser y yo teníamos la sensación de que James el Justo estaba poniéndose de nuestra aparte. Había algo en sus modales: no era tan ogro con nosotros. Guiándose por una corazonada, el primo Houser le dijo al abogado de la otra parte que, si seguían considerando nuestro pacto original, lo olvidaran; la oferta ya no estaba en pie.

Ese mismo día, James el Justo levantó la sesión y nos reprendió a ambas partes. Le perturbaba, aseguró, todo lo que estaba leyendo sobre el caso en los periódicos locales. No estaba dispuesto a presidir un circo mediático, así que nos ordenó que dejásemos de hablar del caso fuera de los tribunales.

Todos asentimos.

—Sí, señoría.

Johnson se sentó a nuestra mesa. Enviaba notas con frecuencia al primo Houser y siempre leía una novela durante las consultas en privado y los descansos. Cada día, cuando se levantaba la sesión, se relajaba dando un paseo por el centro de la ciudad y visitaba distintas tiendas de deportes para comprobar cómo iban nuestras ventas (también lo hacía cada vez que iba a una nueva ciudad).

Pronto informó de que las Nike se vendían a espuertas gracias a la zapatilla gofre de Bowerman. El modelo acababa de salir al mercado y se encontraba en todas partes, lo cual significaba que estábamos superando a Onitsuka e incluso a Puma. Tenían tanto éxito que, por primera vez, imaginamos que algún día podríamos alcanzar las cifras de ventas de Adidas.

Johnson habló con un viejo amigo suyo que regentaba una tienda y que sabía que estaba celebrándose el juicio.

—¿Cómo va? —preguntó el encargado.

—Bien —respondió Johnson—. De hecho, va tan bien que hemos retirado nuestra oferta de acuerdo.

La mañana siguiente a primera hora, cuando nos reunimos en los juzgados, con un café en la mano, vimos un rostro desconocido en la mesa de la defensa. Estaban los cinco abogados… ¿y uno nuevo? Cuando Johnson se dio la vuelta y lo vio se puso pálido.

—Mierda —dijo.

Con un histérico susurro nos dijo que el nuevo era el encargado de la tienda… «con quien había estado hablando del juicio sin darse cuenta».

Ahora eran el primo Houser y Strasser los que se habían puesto blancos.

Los tres nos miramos, y después a Johnson; nos dimos la vuelta a la vez y observamos a James el Justo, que daba golpes con la maza y estaba, sin duda, a punto de estallar.

Cuando paró, el silencio inundó la sala. Entonces empezó a gritar. Se pasó veinte minutos soltándonos un rapapolvo. Un día después de decretar el secreto de sumario, dijo, «un día», alguien de Team Blue Ribbon ha entrado en una tienda de la ciudad y se ha ido de la lengua. Miramos hacia delante, como niños traviesos, preguntándonos si estaba a punto de anunciar la nulidad del juicio. Pero cuando acabó con su diatriba, me pareció detectar un leve brillo en sus ojos. «Quizá, y solo quizá, James el Justo sea más actor que ogro.»

Johnson se redimió con su testimonio. Elocuente y deslumbrantemente quisquilloso con los más ínfimos detalles, describió las Boston y las Cortez mejor de lo que lo habría hecho nadie, incluido yo. Hilliard intentó que se desmoronara una y otra vez, pero no lo consiguió. Qué placer fue verle pegando cabezazos contra la férrea imperturbabilidad de Johnson. Stretch contra el cangrejo estaba más igualado.

A continuación llamamos a Bowerman al estrado. Tenía muchas esperanzas depositadas en mi viejo entrenador, pero aquel día no parecía él. Era la primera vez que lo veía aturullado, incluso un poco intimidado, y los motivos no tardaron en trascender. No se había preparado. Debido a su desprecio hacia Onitsuka y su desdén por aquel sórdido asunto, había decidido obviarlo. Aquello me entristeció. El primo Houser estaba molesto. El testimonio de Bowerman podría habernos situado en la cima.

En fin. Nos consolaba saber que al menos no había hecho nada que nos perjudicara.

Después, el primo Houser leyó en voz alta la declaración de Iwano, el joven asistente que había acompañado a Kitami en sus dos viajes a Estados Unidos. Por suerte, Iwano se mostró tan inocente y puro de corazón como nos había parecido a mí y a Penny en un primer momento. Había dicho la verdad, toda la verdad, y contradecía totalmente a Kitami. Iwano testificó que había un plan consolidado para incumplir nuestro contrato, abandonarnos y reemplazarnos, y que Kitami lo había comentado abiertamente en numerosas ocasiones.

Luego llamamos a un conocido ortopedista, un experto en el impacto de las zapatillas de atletismo en los pies, las articulaciones y la columna vertebral, que explicó las diferencias entre las distintas marcas y modelos que había en el mercado, y afirmó que las Cortez y las *Boston* eran diferentes a todo lo que había fabricado Onitsuka hasta la fecha. Básicamente, dijo, las Cortez fueron las primeras zapatillas que eliminaban presión del tendón de Aquiles. Eran revolucionarias, afirmó. Innovadoras. Mientras testificaba, mostró docenas de zapatillas, las desmontó y las movió de un lado a otro, lo cual puso nervioso a James el Justo. Al parecer, el juez padecía un trastorno obsesivo-compulsivo. Le gustaba que la sala estuviera siempre impoluta. Pidió en repetidas ocasiones a nuestro ortopedista que dejara de desordenar, que colocara las zapatillas por pares y, también en repetidas ocasiones, nuestro ortopedista lo ignoró. Empecé a hiperventilar, pensando que James el Justo lo iba a acusar de desacato.

Por último llamamos a Woodell, a quien observé avanzar lentamente en la silla de ruedas hasta el estrado. Era la primera vez que lo veía con americana y corbata. Recientemente había conocido a una mujer y se habían casado y, cuando me dijo que era feliz, le creí. Me tomé unos instantes para alegrarme de lo lejos que había llegado desde que nos conocimos en aquella tienda de bocadillos de Beaverton. Entonces me sentí fatal de inmediato, porque yo tenía la culpa de que se viera arrastrado en aquel barro. Parecía más nervioso allí arriba que yo, y más intimidado que Bowerman. James el Justo le pidió que deletreara su nombre, y Woodell se quedó callado, como si no lo recordara.

—Eh… W, o, o, d, d…

De repente se echó a reír. Su nombre no contenía dos des, pero algunas mujeres tenían una talla doble D. Se reía con ganas. Eran los nervios, por supuesto. Pero el juez pensó que se estaba mofando del proceso. Le recordó que se encontraba en la sala de James el Justo, y esto le hizo carcajearse aún más.

Me tapé los ojos con las manos.

Cuando Onitsuka presentó su alegato, llamó a su primer testigo, el señor Onitsuka. No testificó mucho tiempo. Afirmó que ignoraba por completo mi conflicto con Kitami y también sus planes para apuñalarnos por la espalda. ¿Kitami habló con otros distribuidores?

—Yo nunca informado —dijo el señor Onitsuka.

¿Kitami planeaba dejarnos en la estacada?

—Yo no sabe.

Luego le llegó el turno a Kitami. Cuando se dirigía al estrado, los abogados de Onitsuka se levantaron e informaron al juez de que necesitarían un traductor. Ahuequé la mano detrás de la oreja. ¿Un qué? Kitami hablaba inglés a la perfección. Recordé cómo se jactaba de haber aprendido el idioma escuchando un disco. Me volví hacia el primo Houser con los ojos como platos, pero él se limitó a extender los brazos con las palmas hacia abajo. Tranquilo.

En sus dos días en el estrado, Kitami mintió como un bellaco una y otra vez por medio de su traductor. Insistió en que nunca había planeado incumplir nuestro contrato. No lo decidió hasta que descubrió que nosotros estábamos fabricando Nike. Sí, afirmó, había estado en contacto con otros distribuidores antes de que fabricáramos la primera Nike, pero tan solo se trataba de un estudio de mercado. Sí, dijo, se habló de la posibilidad de que Onitsuka comprara Blue Ribbon, pero la idea fue de Phil Knight.

Después de que Hilliard y mi primo Houser pronunciaran su alegato final, me di la vuelta y agradecí a muchos de los espectadores su asistencia. Luego, Houser, Strasser y yo fuimos a un bar que había a la vuelta de la esquina, nos aflojamos la corbata y nos tomamos unas cuantas cervezas heladas. Y unas cuantas más. Hablamos de las diversas maneras en que podría haber ido todo, de las cosas que podríamos haber hecho.

—Cuántas cosas podríamos haber hecho —dijimos.

Y volvimos todos al trabajo.

Semanas después. Primera hora de la mañana. El primo Houser me llamó al despacho.

—James el Justo dará su veredicto a las once en punto —dijo.

Fui corriendo a los juzgados y me reuní con él y con Strasser en nuestra antigua mesa. Curiosamente, la sala estaba vacía. No había espectadores. No había abogados de la parte contraria, excepto Hilliard. Sus compañeros no habían podido llegar con tan poca antelación.

James el Justo franqueó la puerta lateral y subió al estrado. Ordenó unos documentos y empezó a hablar en un tono monocorde, como si lo hiciera para sí mismo. Dijo cosas favorables sobre ambas partes. Yo sacudí la cabeza. ¿Cómo podía decir nada favorable sobre Onitsuka? Mala señal. Mala, mala, mala. Si Bowerman se hubiera preparado mejor. Si yo no hubiera cedido a la presión. ¡Si el ortopedista hubiera ordenado las zapatillas!

El juez nos miró, y sus voluminosas cejas eran más largas y desgreñadas que cuando empezó el pleito. Dijo que no dictaría sentencia sobre el contrato entre Onitsuka y Blue Ribbon.

Me incliné hacia delante como un resorte.

Solo dictaminaría sobre la cuestión de las marcas registradas. Tenía bastante claro que era un caso de «tú dices, yo digo».

—Aquí tenemos dos historias que se contradicen —aseguró—, y la opinión de este tribunal es que la de Blue Ribbon es la más convincente.

Blue Ribbon había sido más sincera, dijo, no solo durante la disputa, tal como evidenciaban los documentos, sino también en aquella sala.

—La sinceridad es en última instancia todo lo que tengo para valorar este caso —decretó.

Mencionó el testimonio de Iwano. Había sido convincente, dijo el juez. Parecía que Kitami había mentido. Luego comentó el hecho de que este hubiera utilizado un traductor: durante su testimonio, en más de una ocasión interrumpió al intérprete para corregirlo, y en todo momento lo hizo en un inglés perfecto.

Pausa. James el Justo rebuscó entre sus papeles.

—Por tanto —declaró—, mi veredicto es que Blue Ribbon conservará todos los derechos sobre los nombres Boston y Cortez. Asimismo, los daños y perjuicios son innegables. Pérdida de volumen de negocio. Apropiación indebida de marca registrada. La cuestión es cómo asignar una cifra a esos daños y perjuicios. El procedimiento normal es nombrar a un especialista que determine los daños, cosa que haré en los próximos días.

Y dio un golpe con la maza. Me volví hacia el primo Houser y Strasser.

¿Habíamos ganado?

Dios mío… Habíamos ganado.

Les estreché la mano, les di una palmada en el hombro y los abracé. Luego me permití una deliciosa mirada de soslayo a Hilliard. Pero, para decepción mía, no hubo reacción. Siguió mirando hacia delante, totalmente inmóvil. No había sido su batalla. Él era solo un mercenario. Con frialdad, cerró el maletín y, sin mirarnos, abandonó la sala.

Fuimos directos al London Grill, en el hotel Benson, situado cerca de los juzgados. Pedimos un whisky doble cada uno y brindamos por James el Justo. Y por Iwano. Y por nosotros. Después llamé a Penny desde la cabina.

—¡Hemos ganado! —exclamé sin preocuparme de que pudieran oírme desde todas las habitaciones del hotel—. ¿Puedes creerlo? ¡Hemos ganado!

Llamé a mi padre y le dije lo mismo.

Penny y él me preguntaron cuánto habíamos ganado. No podía contárselo. Todavía no lo sabíamos, dije. ¿Un dólar? ¿Un millón? En eso pensaría al día siguiente. Aquel era momento para regodearse en la victoria.

De vuelta en el bar, el primo Houser, Strasser y yo tomamos otra copa bien cargada, y luego llamé a la oficina para preguntar por el recuento de pares diario.

Una semana después recibimos una oferta: cuatrocientos mil dólares. Onitsuka sabía de sobra que un especialista podía dar cualquier cifra, así que intentaban realizar un movimiento preventivo para limitar las pérdidas. Pero cuatrocientos mil dólares me parecía poco. Regateamos durante varios días. Hilliard no cedía.

Todos queríamos que aquello terminara ya. Para siempre. Sobre todo los jefes del primo Houser, que le habían autorizado a aceptar el dinero, del cual él percibiría la mitad, el pago más cuantioso en la historia de su bufete. Dulce venganza.

Le pregunté qué pensaba hacer con su parte del botín, pero no recuerdo qué respondió. Con la nuestra, Blue Ribbon conseguiría que el Bank of California ampliara el crédito. Más zapatillas en el mercado.

La rúbrica formal había de realizarse en San Francisco, en las oficinas de una empresa de primera línea, una de las muchas que estaban del lado de Onitsuka. La oficina se encontraba en el piso superior de un rascacielos del centro, y nuestro grupo llegó aquel día de un humor alborotado. Éramos cuatro: el primo Houser, Strasser, Cale y yo. Cale dijo que quería estar presente en todos los grandes momentos de la historia de Blue Ribbon. Presente en la creación, dijo, y presente ahora en la liberación.

Puede que Strasser y yo hubiéramos leído demasiados libros de guerra, pero de camino a San Francisco hablamos de rendiciones famosas a lo largo de la historia. Appomattox. Yorktown. Reims. Ambos coincidíamos en que era siempre muy teatral. Los generales enfrentados citándose en un vagón de tren o una granja abandonada, o en la cubierta de un portaaviones. Un bando contrito, el otro serio, pero cortés. Luego las plumas rasgando el «instrumento de rendición». Recordamos cuando MacArthur aceptó la rendición japonesa en el USS *Missouri* y pronunció el discurso de su vida. Divagábamos, por supuesto, pero nuestro sentido de la historia y del triunfo marcial se veía enfatizado por la fecha. Era 4 de julio.

Un empleado nos condujo a una sala de reuniones atestada de abogados. Nuestro estado de ánimo cambió de repente. Por lo menos el mío. En el centro de la sala se encontraba Kitami. Fue una sorpresa.

No sé por qué me extrañó verle. Tenía que firmar los documentos y extender el cheque. Me tendió la mano, lo cual fue una sorpresa aún mayor.

Se la estreché.

Nos sentamos todos a la mesa. Delante de nosotros había veinte documentos, cada uno de ellos con docenas de líneas de puntos. Firmamos hasta que notamos un hormigueo en los dedos. Nos llevó como mínimo una hora. El ambiente era tenso y el silencio absoluto, salvo un momento que Strasser soltó un gran estornudo. Como un elefante. Recuerdo también que se había puesto, a regañadientes, un traje azul marino que le había hecho su suegra, quien guardó la tela sobrante en el bolsillo delantero. Strasser, siendo consecuente con su estatus de máximo detractor de los sastres, se llevó la mano al bolsillo y sacó una larga tira de tela de gabardina para sonarse la nariz.

Finalmente, un empleado recogió los documentos, pusimos el capuchón a las plumas y Hilliard indicó a Kitami que nos entregara el cheque.

Kitami alzó la vista, confuso.

—No tengo cheque.

¿Qué vi en su cara en aquel momento? ¿Rencor? ¿Derrotismo? No lo sé. Aparté la mirada y escruté los rostros que había alrededor de la mesa, mucho más fáciles de interpretar. Los abogados estaban conmocionados. ¿Alguien que asiste a un cierre de acuerdo sin el cheque?

Nadie dijo una palabra. Kitami parecía avergonzado; sabía que había errado.

—Envío cheque cuando vuelvo a Japón —dijo.

Hilliard se mostró arisco.

—Procure mandarlo lo antes posible —le dijo a su cliente.

Cogí el maletín y abandoné la sala de reuniones detrás del primo Houser y Strasser. Luego lo hicieron Kitami y los demás abogados.

Esperamos el ascensor. Cuando se abrieron las puertas entramos todos, hombro con hombro. Strasser ocupaba la mitad del espacio. Nadie habló mientras bajábamos. Nadie respiraba. Decir incomodidad es poco. «Desde luego, Washington y Cornwallis no se vieron obligados a montar el mismo caballo cuando abandonaron Yorktown», pensé.

Unos días después del veredicto, Strasser vino al despacho para dejarlo todo cerrado y despedirse. Lo llevamos a la sala de reuniones y todo el mundo le brindó una sonora ovación. Con los ojos llenos de lágrimas, levantó una mano y agradeció nuestros vítores.

—¡Discurso! —gritó alguien.

—He hecho muy buenos amigos aquí —dijo entrecortadamente—. Os echaré de menos. Y echaré de menos trabajar en este caso. Trabajar del lado de la verdad.

Aplausos.

—Y defender a esta maravillosa empresa.

Woodell, Hayes y yo nos miramos, y uno de nosotros dijo:

—Entonces ¿por qué no trabajas con nosotros?

Strasser se ruborizó y se echó a reír. Aquella risa. Me sorprendió de nuevo su incongruente falsete. Agitó la mano, ¡bah!, como si pensara que lo decíamos en broma.

No bromeábamos. Poco después invité a Strasser a almorzar en el Stockpot de Beaverton. Me llevé conmigo a Hayes, que por aquel entonces trabajaba a tiempo completo para Blue Ribbon, y le hicimos una oferta. De todas las que he hecho en mi vida, puede que aquella fuera la que preparé y ensayé con más cuidado; quería a Strasser, y sabía que opondría cierta resistencia. Tenía ante él un camino despejado hasta la cima del bufete del primo Houser o de cualquier otro que eligiera. Sin mucho esfuerzo podía convertirse en socio y asegurarse medios, privilegios y prestigio. Eso era lo seguro, y nosotros estábamos ofreciéndole lo desconocido. Así que Hayes y yo nos pasamos días enteros representando la escena, puliendo nuestros argumentos y contraargumentos, y pronosticando las objeciones que Strasser pudiera plantear.

Empecé diciéndole a Strasser que era algo inevitable.

—Eres uno de los nuestros —le aseguré.

«Uno de los nuestros.» Sabía qué significaban aquellas palabras. Éramos la clase de personas que no podían soportar las tonterías del mundo empresarial. Que querían divertirse con su trabajo. Y hacer de él algo importante. Estábamos intentando acabar con Goliat y, aunque Strasser era tan grande como dos Goliat juntos, en el fondo era un David de los pies a la cabeza. Luchábamos contra la conformidad, el aburrimiento y la monotonía. Más que un producto, tratábamos de vender un concepto, un espíritu. No sé si había entendido quiénes éramos y qué estábamos haciendo hasta que me oí a mí mismo decirle todo aquello a Strasser.

Él no dejaba de asentir. No paraba de comer, pero seguía asintiendo. Estaba de acuerdo conmigo. Dijo que había pasado de nuestra batalla campal con Onitsuka a trabajar en varios casos rutinarios relacionados con seguros, y cada mañana le daban ganas de cortarse las venas con un clip.

—Echo de menos Blue Ribbon —dijo—. Echo de menos la claridad. Echo de menos esa sensación de lograr una victoria cada día. Así que gracias por vuestra oferta.

Pero no aceptó.

—¿Por qué? —dije.

—Tengo que… preguntárselo… a mi padre —respondió.

Miré a Hayes y ambos soltamos una carcajada.

—¿A tu padre? —dijo Hayes.

¿El mismo padre que había pedido a la policía que se lo llevara? Sacudí la cabeza. Era el único argumento para el que Hayes y yo no nos habíamos preparado. La eterna influencia del anciano.

—De acuerdo —dije—. Habla con tu padre y dinos algo.

Días después, con la bendición de su padre, Strasser aceptó convertirse en el primer abogado de la historia de Blue Ribbon.

Disponíamos de unas dos semanas para relajarnos y disfrutar de nuestra victoria. Entonces, alzamos la mirada y vimos una nueva amenaza acechando en el horizonte. El yen. Estaba fluctuando incontroladamente y, si seguía haciéndolo, causaría un desastre.

Antes de 1972, el cambio yen-dólar se mantenía estable, no variaba. Un dólar valía siempre trescientos sesenta yenes y viceversa. Uno podía contar con ese tipo de cambio cada día del mismo modo que sabía que saldría el sol. Sin embargo, el presidente Nixon consideraba que el yen estaba devaluado. Temía que Estados Unidos estuviera «enviando todo su oro a Japón», así que liberó el yen, lo dejó ir, y ahora el tipo de cambio yen-dólar era como el tiempo, distinto cada día. En consecuencia, nadie que hiciese negocios en Japón podía trazar planes para el día siguiente. El director de Sony emitió una célebre protesta: «Es como jugar al golf y que tu hándicap cambie en cada hoyo».

Al mismo tiempo, el coste de la mano de obra japonesa iba en aumento. Sumado a la fluctuación del yen, la vida estaba repleta de peligros para cualquier empresa cuya producción se hallara mayoritariamente en Japón. Ya no podía imaginarme un futuro en el que buena parte de nuestras zapatillas se fabricaran allí. Necesitábamos nuevas fábricas en otros países, y rápido.

Para mí, el paso lógico era Taiwan. Las autoridades taiwanesas, que intuían el derrumbamiento de Japón, estaban movilizándose con rapidez para ocupar el vacío que se avecinaba. Estaban construyendo fábricas a todo trapo. Y, sin embargo, todavía no eran capaces de absorber nuestro volumen de trabajo. Por añadidura, su control de calidad era precario. Hasta que Taiwan estuviese preparado, debíamos encontrar un puente, algo que nos mantuviera a flote.

Pensé en Puerto Rico. Ya fabricábamos algunos modelos allí, pero no eran muy buenos. Además, Johnson había ido allí en 1973 para visitar algunas fábricas y dijo que no eran mucho mejores que las ruinas que veía por toda Nueva Inglaterra. Así que consideramos una solución híbrida: comprar material en Puerto Rico y enviarlo a Nueva Inglaterra para darle forma y pegar las suelas.

Hacia finales de 1974, ese año que se nos hizo tan sumamente largo, ese era nuestro plan. Y estaba preparado para ponerlo en práctica. Había hecho los deberes. Viajé a la Costa Este para realizar trabajos preliminares y visitar diversas fábricas que podíamos alquilar. Fui dos veces: primero con Cale y después con Johnson.

La primera vez, el empleado de la empresa de alquiler de vehículos rechazó mi tarjeta de crédito. Luego la confiscó. Cuando Cale ofreció la suya, dijo que tampoco la aceptaba porque iba conmigo. Culpable por asociación.

Menudos morosos. Era incapaz de mirar a Cale a los ojos. Allí estábamos, doce años después de salir de Stanford y, mientras él era un empresario eminentemente próspero, yo seguía teniendo problemas para mantenernos a flote. Sabía que estaba en apuros, pero no hasta qué punto. Me sentía avergonzado. Él había sido testigo de los grandes momentos, de los triunfos, pero temía que aquel episodio humillante fuese el que me definiera ante él.

Entonces, cuando llegamos a la fábrica, el dueño se rio en mi cara. Dijo que ni se planteaba hacer negocios con una empresa de pacotilla de la que nadie había oído hablar, «y menos aún siendo de Oregón».

En el segundo viaje quedé con Johnson en Boston. Lo recogí en *Footwear News*, donde había estado hablando con posibles proveedores, y juntos fuimos en coche a Exeter, New Hampshire, para ver una antigua fábrica que estaba cerrada. La habían construido en la época de la revolución de las Trece Colonias y era una ruina. En su día albergaba la Exeter Boot and Shoe Company, pero ahora estaba habitada por ratas. Cuando abrimos las puertas y apartamos unas telarañas del tamaño de una red de pesca, nos pasaron junto a los pies y las orejas toda clase de criaturas. Y lo que era peor, había agujeros enormes en el suelo; un paso en falso podía significar un viaje al centro de la Tierra.

El propietario nos llevó a la tercera planta, que era utilizable.

Dijo que podía alquilárnosla, con la opción de comprar la fábrica entera. Asimismo, mencionó que tendríamos que limpiarla bien y contratar personal, y nos facilitó los datos de Bill Giampietro, un hombre de la zona que podía ayudarnos.

Nos citamos con Giampietro al día siguiente, en una taberna de Exeter. Al cabo de unos minutos me di cuenta de que era nuestro hombre. Un auténtico *shoe dog*. Rondaba los cincuenta años, pero no tenía una sola cana. Su cabello parecía pintado con pulimento negro. Tenía un marcado acento de Boston y, aparte de las zapatillas, solo hablaba de su querida mujer y sus hijos. Estadounidense de primera generación, su familia era originaria de Italia, donde su padre (por supuesto) era zapatero. Con la serena expresión y las manos encallecidas de un artesano, lucía con orgullo el uniforme habitual: unos pantalones sucios y una camisa vaquera llena de manchas y remangada hasta los codos. Decía que nunca había hecho otra cosa que zapatos y que tampoco quería hacerlo.

—Preguntad a quien queráis —comentó—, y os lo confirmarán.

En Nueva Inglaterra todo el mundo le llamaba Geppetto, añadió, porque pensaban (y siguen haciéndolo) que el padre de Pinocho era zapatero (en realidad era carpintero).

Pedimos un bistec y una cerveza para cada uno y luego saqué unas Cortez del maletín.

—¿Puedes equipar la fábrica para que produzca estas chicas? —pregunté.

Cogió las zapatillas, las examinó, las abrió y sacó la lengüeta. Después miró el interior como si fuera médico.

—Sin problema, joder —respondió, y las dejó encima de la mesa.

Giampietro calculó los costes mentalmente. Alquilar y arreglar la fábrica de Exeter, más los empleados, materiales y artículos diversos ascendería a unos doscientos cincuenta mil dólares.

—De acuerdo —dije.

Más tarde, cuando Johnson y yo salimos a correr, me preguntó cómo íbamos a pagar un cuarto de millón de dólares por una fábrica cuando apenas podíamos costearnos el bistec de Giampietro. Le dije muy tranquilo —con la tranquilidad de un loco, de hecho— que conseguiría que lo pagara Nissho.

—¿Y por qué iban a darte dinero para que abras una fábrica? —preguntó.

—Simple —respondí—: porque no se lo voy a decir.

Me detuve, me apoyé las manos en las rodillas y le dije a Johnson que, además, necesitaría que él dirigiera esa fábrica.

Abrió la boca y volvió a cerrarla. ¿Hacía solo un año le había pedido que se trasladara a Oregón, en la otra punta del país, y ahora quería que volviera al este a trabajar hombro con hombro con Giampietro? ¿Y con Woodell, con quien tenía una relación… muy… complicada?

—Es lo más absurdo que he oído en mi vida —repuso—. Aparte de los inconvenientes y de la insensatez de volver otra vez a la Costa Este, ¿qué se yo de dirigir una fábrica? Me vería sobrepasado.

Yo no podía parar de reír.

—¿Sobrepasado? —dije—. ¡Sobrepasado! ¡Todos lo estamos! ¡Y mucho!

Johnson gimió. Parecía un coche intentando arrancar en una mañana fría.

Esperé. «Dale un segundo», pensé.

Johnson se negó, se enfureció, negoció, se deprimió y acabó aceptando. Las Cinco Fases de Jeff. Finalmente soltó un largo suspiro y dijo que sabía que era un trabajo importante y, al igual que yo, no confiaba en nadie más. Dijo que sabía que, en lo tocante a Blue Ribbon, todos estábamos dispuestos a hacer cuanto fuese necesario para ganar, y si «cuanto fuese necesario» estaba fuera de nuestro ámbito de especialización, como diría Giampietro, «ningún problema, joder». No tenía ni idea de cómo gestionar una fábrica, pero estaba dispuesto a intentarlo. A aprender.

«El miedo al fracaso», pensé, «nunca será nuestra perdición como empresa.» No es que creyéramos que no íbamos a fracasar; de hecho, estábamos seguros de que eso ocurriría. Pero teníamos fe en que sería rápido, aprenderíamos de ello y mejoraríamos.

Johnson frunció el ceño y asintió.

—De acuerdo —dijo—. Trato hecho.

Y así, al entrar en los últimos días de 1974, Johnson ya se había instalado en Exeter y, con frecuencia, a altas horas de la noche, sonreía al recordarlo y me decía para mis adentros: «Buena suerte, viejo amigo. Ahora eres problema de Giampietro».

Nuestro contacto en el Bank of California, un hombre llamado Perry Holland, se parecía mucho a Harry White del First National. Era afable, cortés y leal, pero absolutamente inútil. Tenía unos rígidos límites prestatarios que siempre estaban por debajo de nuestras peticiones. Y sus jefes, como los de White, siempre nos presionaban para que aflojáramos.

En 1974 respondimos pisando el acelerador a fondo. Íbamos camino de los ocho millones de dólares en ventas, y nada, absolutamente nada, iba a impedirnos llegar a esa cifra. Desafiando al banco, cerramos acuerdos con más tiendas y abrimos varios establecimientos propios. Y seguimos patrocinando a nuevos deportistas célebres que no podíamos permitirnos.

Mientras tanto, Pre pulverizaba récords estadounidenses enfundado en unas Nike, y el mejor jugador de tenis del mundo hacía lo propio con sus raquetas. Se llamaba Jimmy Connors y su seguidor más acérrimo era Jeff Johnson. Connors, según me dijo este, era la versión tenística de Pre. Rebelde. Iconoclasta. Me animó a ponerme en contacto con él y proponerle un acuerdo de patrocinio. De manera que en el verano de 1974, llamé al representante de Connors y le lancé mi oferta. Habíamos fichado a Nastase por diez mil dólares, le dije, y estábamos dispuestos a ofrecerle a su chico la mitad.

El agente no se lo pensó dos veces.

Pero antes de que Connors pudiera firmar los documentos abandonó el país para participar en Wimbledon. Y, contra todo pronóstico, ganó el torneo. Con nuestras zapatillas. Luego volvió a casa y asombró al mundo ganando el U. S. Open. Me entró vértigo. Llamé a su representante y le pregunté si Connors había firmado ya. Queríamos empezar a promocionarlo.

—¿Firmado el qué? —dijo el agente.

—Eh… los papeles. Teníamos un trato, ¿recuerda?

—No me acuerdo de ningún trato. Ya tenemos uno tres veces mejor que el suyo, que no recuerdo.

Fue una decepción para todos, pero no importaba.

«Además», dijimos, «seguimos teniendo a Pre.»

«Siempre tendremos a Pre.»

1975

«Pagad primero a Nissho.» Ese era mi cántico matinal, mi oración nocturna, mi prioridad número uno. Y esas eran las instrucciones diarias que Butch Cassidy le daba a su Sundance Kid: Hayes.

—Antes de devolverle el dinero al banco, o a quien sea... pagad a Nissho —dije.

No era tanto una estrategia como una necesidad. Nissho era como un patrimonio neto. Nuestra línea de crédito en el banco era de un millón de dólares, pero teníamos otro millón en crédito con Nissho, que había adoptado voluntariamente una posición secundaria, lo cual hacía que el banco se sintiera más seguro. Sin embargo, aquello podía hacerse interminable si Nissho no estaba allí. Ergo, debíamos tener contento a Nissho. Había que pagarle siempre primero.

No obstante, no era una tarea fácil. No lo era pagar a nadie. Estábamos experimentando una explosión de activos e inventario, lo cual sometía a nuestras reservas de efectivo a una enorme presión. Es uno de los problemas típicos al que se enfrenta cualquier empresa en fase de crecimiento. Pero nosotros íbamos más rápido que la típica empresa en fase de crecimiento; de hecho, más que ninguna otra que yo conociera. Nuestras dificultades no tenían precedentes, o eso parecía.

Yo también tenía parte de culpa, por supuesto. Me negaba a plantearme la posibilidad de reducir inventario. Crecer o morir. Eso creía yo, fuera cual fuese la situación. ¿Por qué reducir tus pedidos de tres millones de dólares a dos si creías fehacientemente que la demanda era de cinco millones? Así que siempre llevaba a mis conservadores banqueros al borde del precipicio y los obligaba a jugar al ratón y al gato. Encargaba una cantidad de zapatillas que a ellos les parecía absurda, una cifra cuyo precio nos suponía un sobreesfuerzo, y siempre pagaba por los pelos, a toque de silbato, y luego apenas tenía dinero para abonar otras facturas mensuales en el último minuto. Siempre hacía lo imprescindible, y no más, para impedir que los banqueros nos dieran la patada. Y a final de mes vaciaba nuestras cuentas para pagar a Nissho y volver a empezar de cero.

Para cualquier observador, habría sido una manera descaradamente temeraria y peligrosa de hacer negocios, pero yo creía que la demanda de zapatillas era siempre mayor que nuestras ventas anuales. Además, ocho de cada diez pedidos eran oro puro, garantizados gracias a nuestro programa Futuros. Íbamos a todo trapo.

Hay quienes podrían haber argumentado que no debíamos temer a Nissho. Al fin y al cabo, era nuestra aliada. Les hacíamos ganar dinero. ¿Por qué iban a estar molestos? Además, mantenía una estrecha relación personal con Sumeragi.

Pero, de repente, en 1975, Sumeragi dejó de estar el frente. Nuestra cuenta era demasiado grande para él; nuestro crédito ya no era solo decisión suya. Ahora nos supervisaba el director de crédito de la Costa Oeste, Chio Suzuki, que residía en Los Ángeles, y de manera aún más directa el gerente financiero de la oficina de Portland, cuyo nombre era Tadayuki Ito.

Mientras que Sumeragi era afable y accesible, Ito era distante por naturaleza. Parecía reflejar la luz de una manera distinta. O, mejor dicho, no la reflejaba. La absorbía como un agujero negro. En Blue Ribbon, a todos nos caía bien Sumeragi. Lo invitábamos a todas las fiestas de empresa, pero creo que jamás invité a Ito a nada.

En secreto, lo llamaba el Hombre de Hielo.

Seguía costándome establecer contacto visual con la gente, pero Ito no me permitía apartar la vista. Me miraba fijamente a los ojos, al alma, y resultaba hipnotizador, sobre todo cuando creía que llevaba ventaja, lo cual sucedía casi siempre. Había jugado con él al golf en un par de ocasiones, y me sorprendía que, incluso después de un golpe terrible, se volviera y me mirara fijamente mientras se apartaba del *tee*. No era un buen golfista, pero irradiaba tal confianza que siempre daba la sensación de que la pelota se encontraba a trescientas cincuenta yardas de distancia, encima de un montón de hierba en el centro del campo.

Y en este preciso instante me viene a la memoria su atuendo de golf, tan impecable como el que llevaba al trabajo. El mío, por supuesto, no lo era. Durante una de nuestras partidas hacía frío y me puse un raído jersey de angora. Cuando me acerqué al primer *tee*, Ito me preguntó en voz baja si luego tenía pensado ir a esquiar. Frené en seco y me di la vuelta. Ito me dedicó una media sonrisa. Era la primera vez que le veía intentar hacer una broma. Y la última.

Ese era el hombre al que debía tener contento. No sería fácil. Pero pensé: «Queda siempre bien con ellos y nos dará más crédito y, por consiguiente, Blue Ribbon seguirá creciendo. Cáele en gracia y todo irá bien. De lo contrario…».

Mi obsesión con tener contentos a Nissho e Ito, sumada a mi negativa a aminorar el crecimiento, generó un ambiente frenético en la oficina. Teníamos problemas para efectuar cada pago —al Bank of California, a los demás acreedores—, pero el que le hacíamos a Nissho cada final de mes era como un cólico de riñón. Cuando reuníamos el efectivo disponible y extendíamos cheques sin apenas fondos, nos entraban sudores fríos. En ocasiones, le teníamos que pagar tanto dinero a Nissho que pasábamos un día o dos sin un centavo. Por lo que el resto de los acreedores debían esperar.

—Lo siento por ellos —le decía a Hayes.

—Lo sé, lo sé —respondía él—. Primero Nissho.

A Hayes no le gustaba esta forma de funcionar. Le ponía de los nervios.

—Entonces ¿qué quieres? —le preguntaba—. ¿Bajar el ritmo?

Siempre le arrancaba una sonrisa de culpabilidad. Era una pregunta estúpida.

A veces, cuando nuestras reservas de efectivo se hallaban bajo mínimos, la cuenta del banco no solo estaba vacía, sino que nos quedábamos en descubierto. Entonces, Hayes y yo teníamos que ir a hablar con Holland. Le enseñábamos nuestro estado contable y les insistíamos en que las ventas estaban duplicándose y en que el inventario salía a espuertas. Nuestros problemas de efectivo, le asegurábamos, eran meramente temporales.

Por supuesto, sabíamos que vivir a salto de mata no era la mejor forma de hacer las cosas. Pero siempre nos decíamos que era algo transitorio. Además, todo el mundo lo hacía. Algunas de las empresas más importantes de Estados Unidos vivían de las reservas, cosa que Holland reconocía.

—Claro, chicos. Lo entiendo —decía asintiendo.

Siempre que fuéramos sinceros con él, siempre que fuéramos transparentes, trabajaría con nosotros.

Y entonces llegó ese fatídico día lluvioso. Era un miércoles por la tarde. Primavera de 1975. Hayes y yo estábamos contemplando el abismo. Debíamos un millón de dólares a Nissho, nuestro primer pago de un millón, y no lo teníamos. Nos faltaban unos setenta y cinco mil dólares.

Recuerdo que estábamos sentados en mi despacho viendo cómo caían las gotas de lluvia por el cristal de la ventana. De vez en cuanto consultábamos las cuentas, maldecíamos los números y volvíamos a mirar las gotas.

—Hay que pagar a Nissho —dije pausadamente.

—Sí, sí, sí —dijo Hayes—. Pero para cubrir un cheque de esa envergadura tendremos que vaciar las demás cuentas bancarias. Todas.

—Lo sé.

Teníamos tiendas en Berkeley, Los Ángeles, Portland y Nueva Inglaterra, todas ellas con cuentas bancarias propias. Nos veríamos obligados a vaciarlas y transferir ese dinero a la cuenta de la sede central durante uno o dos días. O tres. Y hasta el último centavo de la fábrica de Johnson. Deberíamos contener la respiración, como si pasáramos junto a un cementerio, hasta que pudiéramos volver a llenar esas cuentas. Y, aun así, no era seguro que pudiéramos pagar a Nissho. Necesitaríamos un poco de suerte, que nos llegaran un par de pagos de uno de los numerosos minoristas que nos debían dinero.

—Financiación circular —dijo Hayes.

—Banca mágica —repuse yo.

—Hijo de puta —dijo Hayes—, si consultas nuestro flujo de capital de los próximos seis meses, estamos bien. Lo único que está fastidiándolo todo es lo de Nissho.

—Sí —respondí—. Si conseguimos hacer frente a ese pago, estaremos fuera de peligro.

—Pero es muy alto.

—Siempre he cubierto los cheques de Nissho en un día o dos. Pero esta vez es posible que nos lleve… ¿Qué? ¿Tres o cuatro?

—No lo sé —dijo Hayes—. Sinceramente no lo sé.

Seguí con la mirada dos gotas de lluvia que se deslizaban por el cristal. A la vez. «Te recordarán por las reglas que rompas.»

—Hazlo que tengas que hacer, pero paga a Nissho.

Hayes asintió y se puso en pie, y nos miramos durante un largo segundo. Dijo que notificaría a Carole Fields, nuestra jefa de contabilidad, la decisión que habíamos tomado. Tendría que pedirle que empezara a realizar movimientos de efectivo.

Y el viernes le indicaría que extendiera el cheque para Nissho.

«Estos son los grandes momentos», pensé.

Dos días después, Johnson estaba en su nuevo despacho de la fábrica de Exeter repasando unos documentos cuando de repente apareció en el umbral un grupo de empleados descontentos que aseguraban que les habían sido devueltos los cheques de la nómina. Querían respuestas.

Por supuesto, Johnson no podía decirles nada. Les imploró que esperaran, que debía de tratarse de un error. Llamó a Oregón, habló con Fields y le contó lo sucedido. Esperaba que esta le dijera que se trataba un gran malentendido, un fallo de contabilidad. Sin embargo, Fields susurró «mierda» y colgó el teléfono.

Un muro separaba el despacho de Fields del mío. Lo rodeó y se acercó a mi mesa.

—Será mejor que te sientes —me espetó.

—Ya estoy sentado.

—Esto se nos está yendo de las manos

—¿El qué?

—Lo de los cheques. Todos los cheques.

Llamé a Hayes. Por aquel entonces pesaba ciento cincuenta kilos, pero pareció encoger cuando Fields nos expuso los pormenores de la llamada de Johnson.

—Puede que esta vez la hayamos cagado de verdad —dijo.

—¿Qué hacemos? —pregunté.

—Telefonearé a Holland —respondió Hayes.

Minutos después, Hayes volvió a mi despacho y levantó las manos.

—Holland dice que ningún problema, que no nos preocupemos. Lo arreglará con sus jefes.

Suspiré. Desastre esquivado.

No obstante, Johnson no se sentó a esperar noticias nuestras. Llamó a su banco local y se enteró de que su cuenta, por alguna razón, estaba a cero. Luego habló con Giampietro, que se acercó a ver a un viejo amigo, el propietario de una empresa de cajas local. Giampietro le pidió un préstamo de cinco mil dólares en efectivo. Era una petición desmesurada, pero la supervivencia de su empresa dependía de Blue Ribbon. Si cerrábamos, era posible que ellos también lo hicieran. Así que el hombre de las cajas se convirtió en nuestro hombre de las bolsas y soltó cincuenta billetes nuevos de cien dólares.

Después, Giampietro volvió a toda prisa a la fábrica y repartió el salario de todo el mundo, en efectivo, como Jimmy Stewart manteniendo a flote Bailey Bros. Building & Loan.

Hayes entró atropelladamente en mi despacho.

—Holland dice que vayamos pitando al banco.

Al cabo de un rato estábamos sentados en una sala del Bank of California. A un lado de la mesa se encontraban Holland y dos hombres anónimos vestidos de traje. Parecían enterradores. Al otro lado, Hayes y yo. Holland, con semblante serio, empezó a hablar.

—Caballeros…

«Mala señal», pensé.

—¿Caballeros? —dije—. ¿Caballeros? Perry, somos nosotros.

—Caballeros, hemos decidido que ya no queremos a su empresa en este banco.

Hayes y yo nos miramos.

—¿Eso significa que nos echáis? —preguntó Hayes.

—Efectivamente —respondió Holland.

—No podéis hacernos eso —dijo Hayes.

—Podemos y lo haremos —repuso Holland—. Vamos a congelar vuestros fondos y no abonaremos más cheques de esta cuenta.

—¡Congelar nuestros…! No me lo puedo creer —dijo Hayes.

—Pues créetelo —le espetó Holland.

Yo no medié palabra. Me crucé de brazos y pensé: «Esto no va bien, esto no va bien, esto no va bien».

El bochorno, las dificultades y la cascada de consecuencias negativas que sobrevendrían si Holland nos echaba no tenían importancia. Yo solo podía pensar en Nissho. ¿Cómo se lo tomarían? ¿Cómo reaccionaría Ito? Me imaginé diciéndole al Hombre de Hielo que no podíamos darle su millón de dólares. Sentí un escalofrío que me llegó hasta la médula.

No me acuerdo del final de aquella reunión. Ni del momento en que salimos del banco, cruzamos la calle, entramos en el ascensor y fuimos a la planta de arriba. Solo que temblaba violentamente cuando pedí que nos recibiera el señor Ito.

Lo siguiente que recuerdo es a Ito y Sumeragi llevándonos a Hayes y a mí a la sala de reuniones. Se percataron de nuestra fragilidad. Nos ofrecieron una silla y ambos miraban al suelo mientras yo hablaba. *Kei*. Mucho *kei*.

—Bueno, traigo malas noticias. Nuestro banco… nos ha echado.

Ito alzó la cabeza.

—¿Por qué? —preguntó.

Su mirada se endureció, pero la voz era sorprendentemente contenida. Pensé en el viento en la cima del monte Fuji. Pensé en la suave brisa que agitaba las hojas de ginkgo en los jardines Meiji.

Respondí:

—Señor Ito, ¿sabe que las grandes sociedades mercantiles y los bancos trabajan con sus fondos existentes? Pues bien, en Blue Ribbon lo hacemos de vez en cuando, por ejemplo el mes pasado. Y la cuestión, señor, es que, bueno, nos hemos quedado sin fondos. Y ahora el Bank of California ha decidido echarnos.

Sumeragi se encendió un Lucky Strike. Una calada. Dos.

Ito hizo lo mismo. Una calada. Dos. Pero, al exhalar, el humo no pareció salirle de la boca, sino desde lo más hondo de su ser, elevándose en volutas desde los puños y el cuello de su camisa. Me miró a los ojos y me atravesó.

—No deberían haberlo hecho —dijo.

Me dio un vuelco el corazón. Viniendo de Ito, era un mensaje casi comprensivo. Miré a Hayes y de nuevo a Ito. Me permití pensar: «Puede… que… lo consigamos».

Entonces me di cuenta de que todavía no le había contado lo peor.

—Sea como sea, nos han echado, señor Ito. Lo han hecho, y ya no tengo banco. Y, por consiguiente, no tengo dinero. Y debo pagar las nóminas. Y debo pagar al resto de los acreedores. Si no puedo cumplir con esas obligaciones, tendré que cerrar. Hoy mismo. En cuyo caso, no solo no podré pagarle el millón de dólares que le debo, señor, sino que… tendré que pedirle prestado otro millón.

Ito y Sumeragi se miraron durante medio segundo y se volvieron hacia mí. En la sala todo se paralizó. Las motas de polvo, las moléculas de aire, se detuvieron a medio vuelo.

—Señor Knight —dijo Ito—, antes de darle otro centavo… tendré que consultar sus libros de cuentas.

Tras la visita a Nissho, llegué a casa hacia las nueve de la noche y Penny me dijo que había llamado Holland.

—¿Holland?

—Sí —respondió ella—. Me pidió que lo llamaras en cuanto llegaras a casa. Ha dejado su número de teléfono.

Contestó al primer tono. Su voz era… apagada. Durante el día, mientras cumplía órdenes de sus jefes, había estado tenso, pero ahora ya se parecía más a un ser humano. Un ser humano triste y estresado.

—Phil —dijo—, me veo en la obligación de informarte de que… hemos tenido que notificárselo al FBI.

Agarré el teléfono con más fuerza.

—Repite eso —susurré—. Repítelo, Perry.

—No teníamos alternativa.

—¿Qué me estás diciendo?

—Es que… Bueno, a nosotros nos parece un fraude.

Fui a la cocina y me desplomé en una silla.

—¿Qué pasa? —dijo Penny.

Se lo conté. Bancarrota, escándalo, ruina, el desastre.

—¿No hay esperanza? —preguntó.

—Todo depende de Nissho.

—¿De Tom Sumeragi?

—Y de sus jefes.

—Entonces no hay problema. Sumeragi te quiere.

Penny se levantó. Tenía fe. Estaba totalmente preparada para lo que viniera. Incluso logró acostarse.

Yo no. Me pasé la noche despierto, reproduciendo cien escenarios distintos, castigándome por haber corrido semejante riesgo.

Cuando finalmente me fui a la cama, mi cerebro no paraba. Tumbado en la oscuridad, no dejaba de pensar: «¿Iré a la cárcel? ¿Yo? ¿A la cárcel?».

Me levanté, me serví un vaso de agua y fui a ver a los chicos. Ambos estaban tumbados boca abajo, ajenos a todo. ¿Qué harían? ¿Qué sería de ellos? Después fui a la sala de estar e investigué las leyes de patrimonio de familia. Me alivió saber que los federales no podían quedarse con la casa. Podían arrebatárnoslo todo, pero no aquel pequeño santuario de ciento cincuenta metros cuadrados.

Suspiré, pero el alivio no duró mucho. Empecé a pensar en mi vida. Retrocedí varios años, cuestionando cada decisión que había tomado y nos había llevado a ese punto. «Si se me hubiera dado mejor vender enciclopedias, todo sería distinto», pensé.

Intenté soltarme el sermón habitual.

«¿Qué sabes?»

Pero no sabía nada. Sentado en mi butaca reclinable, quería gritar: «¡No sé nada!».

Siempre había tenido una respuesta, algún tipo de respuesta, para cada problema. Pero en aquel momento, aquella noche, no la tenía. Me levanté, busqué una libreta y empecé a confeccionar listas. Pero no dejaba de divagar; cuando miraba la libreta solo había borrones. Vistos buenos, garabatos y relámpagos.

Bajo el inquietante brillo de la luna, parecían logos de Nike enfadados y desafiantes.

«Quédate en vela por la noche y te llegará lo que deseas.»

Logré conciliar el sueño una o dos horas y me pasé casi toda la mañana de aquel sábado nublado al teléfono, pidiendo consejo a la gente. Todo el mundo me dijo que el lunes sería el día clave. Tal vez el más determinante de mi vida. Tendría que actuar con rapidez y audacia. Así que, para prepararme, organicé una cumbre el sábado por la tarde.

Nos citamos en la sala de reuniones de Blue Ribbon. Allí estaban

Woodell, que debió de tomar el primer vuelo desde Boston, Hayes y Strasser. Cale vino desde Los Ángeles. Uno trajo rosquillas. Otro fue a por pizzas. Alguien llamó a Johnson y puso el altavoz. Al principio, el ambiente en la sala era triste, porque así estaba yo. Pero tener a mi alrededor a mis amigos, a mi equipo, hizo que me sintiera mejor y, al animarme, ellos también lo hicieron.

Hablamos hasta la noche y, si había algo en lo que coincidíamos, era en que el asunto no tenía fácil solución. No suele tenerla cuando se ha dado parte al FBI. O cuando un banco te echa por segunda vez en cinco años.

Cuando la reunión llegaba a su fin, el estado de ánimo volvió a cambiar. El aire estaba viciado, era denso. La pizza parecía veneno. Llegamos a un consenso. La resolución de aquella crisis, fuera cual fuese, estaba en manos de otros.

Y, de todos esos otros, Nissho era nuestra única esperanza.

Pensamos en tácticas para el lunes por la mañana. Era entonces cuando nos visitarían los hombres de Nissho. Ito y Sumeragi escrutarían nuestros libros de contabilidad y, aunque no sabíamos qué opinión se llevarían de nuestras finanzas, una cosa estaba clara: verían al instante que un alto porcentaje de su financiación no había ido destinado a la compra de zapatillas en el extranjero, sino a la fábrica secreta de Exeter. En el mejor de los casos, se enfadarían. En el peor, perderían los papeles. Si consideraban que nuestros juegos de manos con la contabilidad eran una traición absoluta, nos abandonarían más rápido aún que el banco, y en ese caso tendríamos que cerrar. Así de simple.

Propusimos ocultarles la existencia de la fábrica. No obstante, todos los allí presentes opinábamos que debíamos ser sinceros. Igual que en el juicio con Onitsuka, una divulgación y una transparencia totales eran el único camino. Tenía sentido, estratégica y moralmente.

Los teléfonos no dejaron de sonar durante toda la reunión. Acreedores de costa a costa intentaban averiguar qué estaba ocurriendo, por qué nuestros cheques rebotaban como una Super Ball.

En particular, dos de ellos estaban furiosos. Uno era Bill Shesky, director de Bostonian Shoes. Le debíamos la nada desdeñable cifra de medio millón de dólares y nos hacía saber que iba a coger un avión para venir a Oregón a buscarlo. El segundo era Bill Manowitz, director de Mano International, una empresa de Nueva York. Le debíamos cien mil dólares y él también venía para pedirnos explicaciones. Y para cobrar.

Cuando terminó la reunión fui el último en irme. Ya solo, fui tambaleándome hacia el coche. A lo largo de mi vida había terminado muchas carreras con dolor de piernas, las rodillas fatal y ninguna energía, pero aquella noche no tenía fuerzas ni para conducir hasta casa.

Ito y Sumeragi llegaron puntuales. El lunes a las nueve de la mañana entraron en el edificio, ambos con traje y corbata oscuros y un maletín negro. Pensé en las películas de samuráis que había visto y en los libros sobre ninjas que había leído. Aquella era la escena habitual antes del asesinato ritual del shogun malo.

Atravesaron el vestíbulo, entraron en la sala de reuniones y se sentaron. Sin charla trivial previa, les pusimos los libros de contabilidad delante. Sumeragi se encendió un cigarrillo e Ito destapó una pluma. Comenzaron. Tecleando en sus calculadoras, realizando anotaciones en sus libretas y bebiendo interminables tazas de café y té verde, fueron desentrañando lentamente las capas de nuestra empresa y miraron dentro.

Cada quince minutos entraba y salía para preguntar si necesitaban algo. Nunca pedían nada.

El auditor llegó poco después para recoger todas nuestras facturas. Un cheque por quince mil dólares de United Sporting Goods realmente había sido enviado por correo. Se lo enseñamos: estaba encima de la mesa de Carole Fields. Aquel era el que había desencadenado el efecto dominó. Eso, además de las facturas de contado de un día normal, cubría nuestro déficit. El auditor telefoneó al banco de United Sports Goods en Los Ángeles y pidió que se realizara un cargo de inmediato a su cuenta y que se transfirieran los fondos a la nuestra en el Bank of California. La entidad de Los Ángeles se negó. No había fondos suficientes en la cuenta de United Sporting Goods.

United Sporting Goods también había estado al límite.

Intuyendo la llegada de una migraña, volví a la sala de reuniones. Lo olía en el aire. Habíamos llegado al momento fatídico. Inclinado sobre los libros, Ito se dio cuenta de lo que estaba viendo y, lentamente, miró dos veces más. Exeter. Fábrica secreta. Entonces lo vi descubrir que él era el incauto que la había pagado.

Levantó la cabeza y estiró el cuello como diciendo: ¿En serio?

Asentí.

Y entonces… sonrió. Era solo una media sonrisa, como la que le arrancó el jersey de angora, pero estaba cargada de significado.

Se la devolví y, en ese breve diálogo sin palabras, se decidieron innumerables destinos y posibilidades de futuro.

Pasada la medianoche, Ito y Sumeragi seguían allí, afanándose con sus calculadoras y sus libretas. Cuando finalmente se marcharon, prometieron volver a primera hora de la mañana. Me fui a casa y encontré a Penny esperándome. Nos sentamos en el comedor y la puse al día. Ambos coincidimos en que Nissho había terminado su auditoría; antes del almuerzo ya sabían todo lo que necesitaban saber. Lo que siguió, y lo que estaba por llegar, era un simple castigo.

—¡No permitáis que os avasallen de esa manera! —dijo Penny.

—¿Estás de broma? —respondí—. Ahora mismo pueden hacer todo lo que quieran. Son mi única esperanza.

—Por lo menos no hay más sorpresas —comentó.

—Sí —dije—. Se acabaron las sorpresas.

Ito y Sumeragi regresaron a las nueve de la mañana y ocuparon su sitio en la sala de reuniones. Recorrí la oficina y les anuncié a todos:

—Ya casi hemos terminado. Aguantad solo un poco más. Ya no pueden encontrar nada.

Poco después de llegar, Sumeragi se puso en pie, estiró la espalda y parecía que fuera a salir a fumar un cigarrillo. Entonces me señaló. ¿Quería hablar conmigo? Salimos al pasillo y nos dirigimos a mi despacho.

—Me temo que esta auditoría es peor de lo que usted piensa —dijo.

—¿Qué? ¿Por qué? —pregunté.

—Porque —respondió— me retrasé… A veces no pasaba las facturas inmediatamente.

—¿Que hizo qué?

Abatido, Sumeragi me explicó que estaba preocupado por nosotros y había intentado ayudarnos a resolver nuestros problemas de crédito guardando las facturas de Nissho en un cajón. Las había retenido y no las enviaba a su personal de contabilidad hasta que creía que teníamos suficiente efectivo para pagarles, lo cual significaba que en los libros de Nissho, su exposición crediticia con nosotros era mucho menor de lo que en realidad era. Dicho de otro modo, todo ese tiempo nos habíamos estresado para pagar a Nissho puntualmente y nunca lo hacíamos porque Sumeragi no facturaba cuando debía, pensando que así estaba ayudándonos.

—Esto está mal —le dije.

—Sí —respondió, encendiéndose de nuevo un Lucky Strike—, está mal, Buck. Está muy, muy mal.

Lo acompañé a la sala de reuniones y juntos se lo contamos a Ito, quien, por supuesto, se mostró consternado. Al principio creyó que Sumeragi había actuado por orden nuestra. Y yo lo comprendía. Una conspiración era la explicación más lógica. En su lugar yo habría pensado lo mismo. Pero Sumeragi, que parecía a punto de postrarse delante de Ito, juró por su vida que había actuado de manera independiente, que había sido deshonesto.

—¿Por qué hizo algo así? —preguntó Ito.

—Porque creo que Blue Ribbon podría llegar a ser muy próspera —dijo Sumeragi—, una cuenta de veinte millones de dólares, quizá. Le he dado muchas veces la mano al señor Steve Prefontaine. Le he dado la mano al señor Bill Bowerman. He ido muchas veces a ver a los Trail Blazers con el señor Phil Knight. Incluso empaqueto pedidos en el almacén. Nike es mi hijo empresarial. Y siempre es bonito ver crecer a tu hijo.

—Entonces —insistió Ito— ¿esconde usted facturas porque… le gustan estos hombres?

Profundamente avergonzado, Sumeragi agachó la cabeza.

—*Hai* —dijo—. *Hai*.

No tenía ni idea de cómo iba a reaccionar Ito. Pero no podía quedarme allí para averiguarlo. De repente tenía otro problema. Mis dos acreedores más descontentos acababan de aterrizar. Shesky, de Bostonian, y Manowitz, de Mano, ya estaban en Portland y venían hacia nuestra oficina.

Reuní a todos rápidamente y les di las últimas instrucciones.

—Amigos, entramos en alerta roja. Este edificio de cuatrocientos metros cuadrados está a punto de llenarse de gente a la que le debemos dinero. Hagamos lo que hagamos hoy, no podemos permitir que se crucen. Bastante tenemos con deberles dinero. Si se encuentran por el pasillo, si un acreedor descontento ve a otro acreedor descontento y tienen la oportunidad de comparar números, se volverán locos. ¡Podrían unirse y concertar una especie de calendario de pagos! Y eso sería el Apocalipsis.

Trazamos un plan. Le asignamos una persona a cada acreedor, alguien que lo vigilara en todo momento e incluso lo acompañara al baño. Luego nombramos a un coordinador que sería como la torre de control y se aseguraría de que los acreedores y sus acompañantes estuvieran siempre en un espacio aéreo distinto. Entre tanto, yo iría de un despacho a otro pidiendo disculpas y haciendo reverencias.

En algunos momentos la tensión resultaba insoportable. En

otros, era como una mala película de los hermanos Marx. Pero, por alguna razón, acabó funcionando. Ninguno de los acreedores se cruzó con el otro. Shesky y Manowitz se fueron aquella noche tranquilos, incluso murmurando cosas agradables sobre Blue Ribbon.

Los de Nissho se marcharon un par de horas después. Para entonces, Ito había aceptado que Sumeragi había actuado de forma unilateral y había ocultado facturas por iniciativa propia y sin mi conocimiento. Y me había perdonado mis pecados, incluida la fábrica secreta.

—Hay cosas peores que la ambición —aseguró.

Solo quedaba un problema por resolver. Y era «el problema». El resto ni se aproximaba. Era el FBI.

La mañana siguiente a última hora, Hayes y yo fuimos al centro. Durante el trayecto casi no hablamos, y tampoco en el ascensor que nos llevaba hasta Nissho. Nos reunimos con Ito en su despacho principal y no dijo nada. Hizo una reverencia. Nosotros también. Y luego bajamos en silencio a la primera planta y salimos a la calle. Por segunda vez en una semana vi a Ito como un samurái mítico blandiendo una espada adornada con piedras preciosas. Pero esta vez estaba preparándose para defenderme a mí.

Si podía contar con su protección cuando fuera a la cárcel…

Entramos en el Bank of California y dijimos que queríamos hablar con Holland. El recepcionista nos indicó que nos sentáramos.

Pasaron cinco minutos.

Diez.

Holland salió y estrechó la mano a Ito. Nos saludó con la cabeza a Hayes y a mí y nos llevó a una sala de reuniones situada al fondo del pasillo, la misma en la que había dejado caer la guillotina días antes. Nos dijo que también estarían presentes Fulanito y Menganito. Permanecimos allí sentados en silencio y esperamos a que dejaran salir a sus secuaces de la cripta donde los tuvieran encerrados. Finalmente llegaron y se sentaron uno a cada lado de Holland. Nadie estaba seguro de quién empezaría. Era la partida de alto riesgo definitiva. De ases para arriba.

Ito se tocó la barbilla y decidió que hablaría él. Desde el primer momento fue a por todas. A. Por. Todas.

—Caballeros —dijo, aunque se dirigía únicamente a Holland—, creo que se niegan a seguir gestionando la cuenta de Blue Ribbon.

Holland asintió.

—En efecto, señor Ito.

—En ese caso —dijo Ito—, a Nissho le gustaría hacerse cargo de la deuda de Blue Ribbon. El total.

Holland se lo quedó mirando.

—¿El total…?

Ito soltó un gruñido y yo miré a Holland con cara de pocos amigos. Me apetecía decirle: «En japonés, eso significa: ¿Me ha visto tartamudear?».

—Sí —respondió Ito—. ¿A cuánto asciende?

Holland anotó una cifra en la libreta y deslizó el papel hacia Ito, que miró rápidamente.

—Sí —dijo Ito—. Eso es lo que le ha dicho su gente a la mía. Así que… —Abrió el maletín, sacó un sobre y se lo entregó a Holland—. Contiene un cheque con el total.

—Tendrá que ser depositado mañana a primera hora —dijo Holland.

—¡Será depositado hoy a primera hora! —exclamó Ito.

Holland titubeó.

—De acuerdo. Hoy.

Sus compinches parecían perplejos, aterrados.

Ito hizo girar la silla y les lanzó una mirada gélida.

—Hay algo más. Tengo entendido que su banco ha estado negociando en San Francisco para convertirse en una de las entidades de Nissho.

—En efecto —respondió Holland.

—Pues debo comunicarle que seguir adelante con esas negociaciones será una pérdida de tiempo.

—¿Está seguro? —preguntó Holland.

—Lo estoy.

Allí estaba el Hombre de Hielo.

Miré a Hayes e intenté no sonreír. Lo intenté con todas mis fuerzas, pero fracasé.

Luego miré fijamente a Holland. No parpadeaba, sus ojos lo decían todo. Era consciente de que se les había ido la mano. De que habían tenido una reacción desmesurada. Me di cuenta, en ese preciso instante, de que el FBI no llevaría a cabo ninguna investigación. Él y el banco querían zanjar el asunto. Habían tratado mal a un buen cliente, pero no querían responder por sus acciones.

Jamás volveríamos a tener noticias de la entidad ni de él.

Miré a los hombres trajeados que estaban sentados junto a Holland.

—Caballeros —dije, y me puse en pie.

«Caballeros» es a veces la jerga empresarial para decir: «Coged al FBI y metéoslo por donde os quepa».

Cuando salimos del banco, le hice una reverencia a Ito. Me daban ganas de besarlo, pero me contenté con la reverencia. Hayes hizo lo propio, aunque por un momento pensé que iba a desmayarse por el estrés de los tres últimos días.

—Gracias —le dije—. No se arrepentirán de habernos defendido de esa manera.

Ito se enderezó la corbata.

—Qué tontos —respondió. Al principio creí que se refería a mí, pero entonces me di cuenta de que hablaba del banco—. No me gustan los tontos —añadió—. La gente se fija demasiado en los números.

Segunda parte

—Nunca ha nacido una idea brillante en una sala de reuniones —aseguró al danés.

—Pero muchas ideas estúpidas han muerto allí —dijo Stahr.

F. Scott Fitzgerald,
El último magnate

1975

No hubo celebración. No hubo danza de la victoria. Ni siquiera hubo una jiga rápida por los pasillos. No teníamos tiempo. Seguíamos sin banco, y toda empresa necesita uno.

Hayes confeccionó una lista de las entidades con los depósitos más abultados de Oregón. Eran mucho más pequeñas que el First National o el Bank of California, pero… en fin. Cuando hay hambre no hay pan duro.

Los seis primeros nos colgaron el teléfono. El séptimo, el First State Bank of Oregón, no. La sede se encontraba en Milwaukie, una pequeña ciudad a media hora en coche de Beaverton.

—Vengan —dijo el presidente del banco cuando finalmente hablé con él por teléfono.

Me prometió un crédito de un millón de dólares, que era más o menos el límite que imponía su entidad.

Abrimos una cuenta ese mismo día.

Aquella noche, por primera vez en unas dos semanas, apoyé la cabeza en una almohada y dormí.

A la mañana siguiente, desayuné tranquilamente con Penny y hablamos del fin de semana del día de los Caídos. Le dije que no había tenido tantas ganas de coger vacaciones en toda mi vida. Necesitaba descansar, dormir y comer bien. Y también ver correr a Pre. Penny sonrió con ironía. Siempre mezclando negocios y placer.

Culpable.

Aquella semana, Pre celebraba un encuentro en Eugene y había invitado a los corredores más importantes del mundo, incluido Virén, su archienemigo finlandés. Aunque Virén dijo en el último momento que no podría ir, seguía habiendo un grupo de corredores increíbles compitiendo, entre ellos un intrépido maratoniano llamado Frank Shorter, que había conseguido el oro en los Juegos Olímpicos de 1972, celebrados en Munich, su ciudad natal. Shorter, un hombre duro e inteligente que ejercía de abogado en Colorado, empezaba a ser tan conocido como Pre y eran buenos amigos. No se lo había dicho a nadie, pero tenía planeado firmar un contrato de patrocinio con Shorter.

El viernes por la noche, Penny y yo fuimos a Eugene y ocupamos nuestro lugar entre siete mil bulliciosos seguidores de Pre. La carrera de cinco mil metros fue despiadada, furiosa, y todo el mundo se percató de que Pre no estaba en su mejor momento. Shorter iba primero hasta la vuelta final. Pero en el último momento, cuando quedaban doscientos metros, Pre hizo lo de siempre: pisó el acelerador a fondo. Con Hayward vibrando y oscilando, ganó distancia y se impuso en 13.23,8; es decir, 1,6 segundos por encima de su mejor marca.

La frase más famosa de Pre era: «Puede que alguien me gane, pero tendrá que sangrar para conseguirlo».

Nunca le profesé tanta admiración ni me sentí tan cercano a él como al verlo correr ese último fin de semana de mayo de 1975. «Puede que alguien me gane, que algún banquero, acreedor o competidor me detenga, pero juro por Dios que tendrá que sangrar para conseguirlo», me dije.

Después de la carrera hubo una fiesta en casa de Hollister. A Penny y a mí nos apetecía ir, pero teníamos un trayecto de dos horas en coche hasta Portland.

—Los niños, los niños —dijimos al despedirnos de Pre, Shorter y Hollister.

A la mañana siguiente, justo antes del amanecer, sonó el teléfono. Lo cogí en medio de la oscuridad.

—¿Sí?

—¿Buck?

—¿Quién es?

—Buck, soy Ed Campbell… del Bank of California.

—¿Bank of Cal…?

¿Una llamada en mitad de la noche? Tenía que ser una pesadilla.

—Maldita sea, ya no trabajamos con vosotros. Nos echasteis.

No llamaba por asuntos de dinero. Llamaba, precisó, porque se había enterado de que Pre había muerto.

—¿Muerto? Eso es imposible. Acabamos de verlo en una carrera. Ayer por la noche.

«Muerto.» Campbell no dejaba de repetir esa palabra, y me martilleaba con ella. Muerto, muerto, muerto. «Un accidente», murmuró.

—Buck, ¿estás ahí? ¿Buck?

Busqué el interruptor y llamé a Hollister, que reaccionó igual que yo. No, no podía ser.

—Se acaba de ir —dijo—. Se fue contento. Ahora te llamo.

Cuando lo hizo, minutos después, estaba sollozando.

Al parecer Pre llevó a Shorter a casa después de la fiesta y, al cabo de unos minutos, perdió el control del coche. Aquel hermoso MG beige que compró con su primer salario en Blue Ribbon se topó con un bache. El coche rebotó y Pre salió despedido. Cayó de espaldas y el MG se precipitó sobre él.

Había tomado un par de cervezas en la fiesta, pero quienes le vieron marcharse juraron que estaba sobrio.

Tenía veinticuatro años, la misma edad que tenía yo cuando me fui a Hawái con Carter. En otras palabras, cuando empezó mi vida. A los veinticuatro todavía no sabía quién era, y Pre no solo lo tenía claro él, sino que el mundo entero también. Cuando falleció tenía en su haber todos los récords de distancia estadounidenses desde los dos mil metros hasta los diez mil. Por supuesto, lo que ya poseía, lo que había conquistado y siempre sería suyo era nuestra imaginación.

En su elegía, Bowerman habló de las hazañas deportivas de Pre, claro está, pero insistió en que su vida y su leyenda estribaban en cosas más importantes y nobles. Sí, dijo Bowerman, Pre estaba decidido a convertirse en el mejor corredor del mundo, pero quería ser mucho más. Quería romper las cadenas que los burócratas y contables insignificantes imponían a todos los corredores. Destruir las estúpidas reglas que lastraban a los deportistas no profesionales y los mantenían en un estado de pobreza, impidiéndoles explotar su potencial. Cuando Bowerman terminó y se bajó del podio, lo vi mucho más viejo, casi frágil. Al observarlo volver torpemente hacia la silla, no entendí cómo había podido reunir fuerzas para pronunciar aquellas palabras.

Penny y yo no seguimos al cortejo hasta el cementerio. No fuimos capaces. Estábamos demasiado afectados. Tampoco hablamos con Bowerman, y creo que nunca mencionamos la muerte de Pre. Ninguno de los dos podía soportarlo.

Luego me enteré de lo que estaba sucediendo en el lugar donde murió Pre. Estaba convirtiéndose en un templo. La gente lo visitaba a diario y llevaba flores, cartas, notas, regalos y zapatillas Nike. «Alguien debería recogerlo todo, y ponerlo a buen recaudo», pensé. Recordé los muchos lugares sagrados que había visitado en 1962. Alguien debía cuidar de la roca de Pre, y llegué a la conclusión de que ese alguien debíamos ser nosotros. No teníamos dinero para algo así. Pero lo hablé con Johnson y Woodell, y coincidimos en que, mientras la empresa siguiera, encontraríamos dinero para cosas como aquella.

1976

Ahora que habíamos superado la crisis bancaria y que estaba razonablemente seguro de que no iría a la cárcel, podía volver a plantearme preguntas importantes. ¿Qué estamos intentando crear? ¿Qué clase de empresa queremos ser?

Como la mayoría, teníamos modelos a imitar. Sony, por ejemplo. Era la Apple de su tiempo: rentable, innovadora y eficiente, y trataba bien a sus empleados. Cuando me presionaban, a menudo decía que quería ser como Sony. Sin embargo, en el fondo seguía esperando algo más grande y difuso.

Cuando miraba dentro de mi mente y mi corazón, lo único que encontraba era esta palabra: «ganar». No era gran cosa, pero era mucho mejor que la alternativa. Ocurriera lo que ocurriese, no quería perder. Perder era la muerte. Blue Ribbon era mi tercer hijo, mi niño empresarial, como dijo Sumeragi, y no podía soportar la idea de que muriese. «Tiene que vivir», me decía. «Lo único que sé es que tiene que hacerlo.»

En los primeros meses de 1976 me reuní con Hayes, Woodell y Strasser en varias ocasiones y, mientras nos comíamos unos bocadillos y tomábamos unos refrescos, nos planteábamos propósitos. La cuestión de ganar y perder. Todos coincidíamos en que el dinero no era nuestro objetivo. No era el fin último. Pero, fuera cual fuese este, era el único medio para llegar hasta allí. Y necesitábamos más del que teníamos.

Nissho nos prestaba millones, y la relación parecía sólida, afianzada por la reciente crisis. «Los mejores socios que tendréis nunca.» Chuck Robinson estaba en lo cierto. Pero, para satisfacer la demanda, para seguir creciendo, necesitábamos varios millones más. El nuevo banco nos prestaba dinero, lo cual estaba bien, pero, al tratarse de una entidad pequeña, ya habíamos alcanzado su límite legal. En una de esas charlas con Woodell, Strasser y Hayes a lo largo de 1976, empezamos a hablar de la solución aritmética más lógica, que también era la más complicada emocionalmente.

Salir a Bolsa.

En cierto modo, eso tenía todo el sentido del mundo. Salir a Bolsa generaría toneladas de dinero en un abrir y cerrar de ojos. Pero también resultaría sumamente peligroso, porque, a menudo, significaba perder el control. Tal vez deberíamos trabajar para otro y de repente seríamos responsables ante los accionistas, centenares o tal vez miles de desconocidos, muchos de los cuales serían grandes empresas de inversión.

De la noche a la mañana, salir a Bolsa podía convertirnos en aquello que detestábamos, aquello de lo que habíamos huido toda la vida.

Para mí, además, había otro aspecto a considerar. Uno semántico. Yo era una persona tímida, reservada, y la sola idea de salir a Bolsa o, lo que era lo mismo, de ofertarnos públicamente, me repelía.

Aun así, cuando salía a correr por las noches, a veces me preguntaba si mi vida no había sido siempre una especie de búsqueda de conexión, de vínculos: corriendo para Bowerman, recorriendo el mundo con mi mochila a la espalda, montando una empresa, casándome con Penny, formando ese grupo de colegas, de hermanos, en Blue Ribbon... ¿Acaso todo había sido un preludio que me empujaba, de un modo u otro, a salir a Bolsa ahora?

Sin embargo, al final decidí, decidimos, que no era apropiado. No era para nosotros, dije, y dijimos. De ningún modo. Nunca.

Fin de la reunión.

Así que empezamos a buscar otras maneras de recaudar dinero. Una de ellas nos encontró a nosotros. El First State Bank nos pidió que solicitáramos un préstamo de un millón de dólares, que la Administración de Pequeñas Empresas de Estados Unidos garantizaría posteriormente. Era una laguna legislativa, una forma de que un banco pequeño ampliara un poco su línea de crédito, ya que sus límites de préstamo garantizado eran superiores a sus límites de préstamo directo. Así que lo hicimos, sobre todo para facilitarles la vida.

Como ocurre siempre, el proceso resultó más complejo de lo que parecía. El First State Bank y la Administración de Pequeñas Empresas nos exigían a Bowerman y a mí, como accionistas mayoritarios, que garantizáramos personalmente el crédito. Ya lo habíamos hecho en el First National y el Bank of California, así que no nos suponía un problema. Estaba endeudado hasta el cuello. ¿Qué importaba hacerlo más?

Sin embargo, Bowerman se negó. Jubilado, viviendo de unos ingresos fijos, desanimado por los avatares de los últimos años y sumamente debilitado por la muerte de Pre, no quería correr más riesgos. Temía perder su montaña.

En lugar de dar su garantía personal, me ofreció dos tercios de su participación en Blue Ribbon con un descuento. Estaba retirándose.

Yo no quería que lo hiciera. Al margen de que no disponía de dinero para comprar su parte, no estaba dispuesto a perder a la piedra angular de mi empresa, el ancla de mi psique. Pero él se mostró firme, y sabía que era mejor no discutir. Así que acudimos a Jaqua y le pedí que me ayudara a negociar el acuerdo. Jaqua continuaba siendo el mejor amigo de Bowerman, pero yo también había llegado a considerarlo un íntimo. Seguía confiando plenamente en él.

—No disolvamos del todo la sociedad —le dije.

Aunque acepté a regañadientes comprar la participación de Bowerman (pagos reducidos repartidos en cinco años), le rogué que se quedara un porcentaje y que se mantuviera como vicepresidente y miembro de nuestra pequeña junta directiva.

—Trato hecho —dijo, y nos estrechamos la mano.

Mientras nosotros movíamos acciones y dinero de un lado a otro, el dólar perdía valor a raudales. De repente, se hallaba en una mortífera espiral frente al yen japonés. Sumada a los crecientes costes de la mano de obra japonesa, era la amenaza más inminente para nuestra existencia. Habíamos incrementado y diversificado las fuentes de producción e incorporado nuevas fábricas en Nueva Inglaterra y Puerto Rico, pero seguíamos realizando buena parte de la fabricación en el volátil Japón, sobre todo en Nippon Rubber. Una escasez repentina e ingente de suministros era una posibilidad real, sobre todo teniendo en cuenta el aumento de la demanda de la zapatilla de gofre de Bowerman.

Con su suela exterior, su entresuela acolchada y un coste por debajo del precio de mercado (24,95 dólares), la zapatilla de gofre seguía cautivando el imaginario popular como ninguna otra. No solo es que aportara una sensación diferente o quedara distinta; es que tenía un aspecto original. Y de manera radical. Capellada en rojo chillón, logo ancho en color blanco. Era una revolución estética. Su aspecto atraía a centenares de miles de clientes nuevos al redil de Nike, y su buen rendimiento estaba afianzando la lealtad de estos. Tenían mejor adherencia y acolchado que cualquier otro modelo del mercado.

En 1976, al ver que aquella zapatilla pasaba de ser un accesorio popular a convertirse en un objeto cultural, se me ocurrió una idea: «Puede que la gente empiece a ponérselas para ir a clase».

Y a la oficina.

Y a la compra.

Y en su día a día.

Era una idea bastante pretenciosa. Adidas no había tenido mucho éxito al convertir las zapatillas en calzado diario con su modelo de tenis Stan Smith y el de atletismo Country. Pero ninguno era tan característico o popular como la zapatilla de gofre. Así que di la orden de que empezaran a fabricarse en color azul, que combinaría mejor con unos vaqueros, y fue entonces cuando despegaron de verdad.

No dábamos abasto. Los minoristas y los comerciales estaban

de rodillas, suplicando todas las zapatillas de gofre que pudiéramos enviar. Los recuentos de pares se habían disparado y estaban transformando nuestra empresa, por no hablar del sector. Estábamos viendo cifras que redefinían nuestros objetivos a largo plazo, ya que nos aportaban algo que nunca habíamos tenido: identidad. Más que una marca, Nike estaba convirtiéndose en una palabra cotidiana, hasta tal punto que tendríamos que cambiar el nombre de la empresa. Llegamos a la conclusión de que Blue Ribbon había seguido su curso natural. Tendríamos que constituirnos como Nike, Inc.

Y para que esa entidad recién bautizada siguiera siendo vibrante, para que creciera y sobreviviera con un dólar en declive, deberíamos incrementar la producción, como siempre. Tener a los representantes de ventas postrados no era sostenible. Tendríamos que encontrar más fábricas fuera de Japón. Las que ya teníamos en Estados Unidos y Puerto Rico resultarían de ayuda, pero ni mucho menos suficientes. Demasiado antiguas, demasiado escasas y demasiado caras. Así que, en la primavera de 1976, había llegado el momento de recurrir a Taiwan.

Elegí como representante nuestro en ese país a Jim Gorman, un empleado muy reputado y conocido desde hacía mucho tiempo por su lealtad casi fanática hacia Nike. Criado en una serie de hogares de acogida, Gorman pareció encontrar en Nike a la familia que nunca había tenido; era un buen tipo, un jugador de equipo. Fue Gorman, por ejemplo, quien se encargó de la desagradable tarea de llevar a Kitami al aeropuerto en 1972 tras aquel careo final en la sala de reuniones de Jaqua. Y lo hizo sin rechistar. Fue Gorman quien tomó el relevo de Woodell en la tienda de Eugene, la prueba más dura que podía encontrarse. Fue Gorman quien llevó unas Nike con clavos de mala calidad en las pruebas clasificatorias para los Juegos Olímpicos de 1972. En todos los casos, hizo un buen trabajo y nunca se quejó. Parecía el candidato idóneo para abordar la última misión imposible: Taiwan. Pero primero tendría que impartirle un curso intensivo sobre Asia, así que programé un viaje para los dos.

Durante el vuelo intercontinental, demostró ser un estudiante ávido, casi una esponja. Me interrogó sobre mis experiencias, opiniones y lecturas, y anotó hasta la última palabra. Tenía la sensación de haber vuelto a la escuela, enseñando en Portland State, y me gustaba. Recordé que la mejor manera de reforzar tus conocimientos sobre una materia es compartirlos, así que ambos nos beneficiamos de que le transfiriera todo lo que sabía sobre Japón, Corea, China y Taiwán.

—Los productores de calzado —le dije— están abandonando Japón en masa y están aterrizando en dos lugares: Corea y Taiwan. Ambos países están especializados en calzado barato, pero Corea ha decidido abrir unas cuantas fábricas gigantescas, mientras que Taiwan se ha decantado por cien fábricas más pequeñas. Por eso hemos elegido Taiwan: nuestra demanda es demasiado alta y nuestro volumen demasiado bajo para las fábricas más grandes. Y en las fábricas pequeñas tendremos una posición dominante. Llevaremos las riendas.

Por supuesto, el mayor desafío era conseguir que la fábrica que eligiéramos mejorara su calidad.

Y luego estaba la constante amenaza de la inestabilidad política. El presidente Chiang Kai-shek acababa de morir, le comenté a Gorman, y tras veinticinco años al timón dejaría un desagradable vacío en el poder.

Por si fuera poco, siempre había que tener en cuenta las ancestrales tensiones entre Taiwan y China.

No dejé de hablar mientras sobrevolábamos el Pacífico. Gorman, que iba tomando notas sin parar, también propuso buenas ideas que me hicieron reflexionar. Al bajar del avión en Taichung, nuestra primera parada, estaba encantando. Era intenso y enérgico, y estaba ansioso por ponerse manos a la obra. Me sentía orgulloso de ser su mentor.

«Buena elección», me dije.

Sin embargo, cuando llegamos al hotel, Gorman comenzó a marchitarse. Taichung parecía y olía como el último rincón de la galaxia. Aquella megalópolis de fábricas humeantes y miles de personas por metro cuadrado no se parecía a nada que yo hubiera visto antes, y eso que he estado en toda Asia, así que no era de extrañar que el pobre Gorman se sintiera abrumado. Le vi en los ojos la típica reacción de quien visita Asia por primera vez, esa mirada de alienación y sobrecarga de circuitos. Su semblante era exactamente el mismo que el de Penny cuando se reunió conmigo en Japón.

—Poco a poco —le dije—. Vete día a día, fábrica a fábrica. Sigue el ejemplo de tu mentor.

A lo largo de la mañana siguiente visitamos unas veinticinco fábricas. La mayoría de ellas eran malas, oscuras y sucias. Los trabajadores hacían lo justo y necesario, con la cabeza gacha y la mirada perdida. Sin embargo, a las afueras de Taichung, en la pequeña ciudad de Douliou, encontramos una que no estaba mal. Se llamaba Feng Tay y la dirigía un joven llamado C. H. Wong. Era pequeña, pero limpia, e irradiaba buen ambiente, al igual que Wong, un *shoe dog* que vivía para su trabajo. Y en él. Cuando vimos que el acceso a una pequeña sala de la fábrica estaba prohibido, le pregunté qué había dentro.

—Es mi casa —respondió—. Ahí vivimos mi mujer, nuestros tres hijos y yo.

Me recordaba a Johnson y decidí convertir a Feng Tay en la piedra angular de nuestro proyecto en Taiwan.

Cuando no estábamos haciendo visitas, a Goorman y a mí nos agasajaban los propietarios de las fábricas. Nos atiborraban a delicias locales, algunas de las cuales cocinaban especialmente para nosotros, y nos bombardeaban con algo denominado Mao Tai, que era Mai Tai, pero, al parecer, con betún en lugar de ron. Gorman y yo habíamos perdido la tolerancia al alcohol debido al jet lag. Después de dos estábamos achispados. Intentamos bajar el ritmo, pero nuestros anfitriones no dejaban de levantar los vasos.

«¡Por Nike!»

«¡Por Estados Unidos!»

En la última cena de nuestra visita a Taichung, Gorman se excusó en repetidas ocasiones y fue corriendo al baño a mojarse con agua fría la cara. Cada vez que abandonaba la mesa, me deshacía del Mao Tai vertiéndolo en su vaso de agua. Cuando regresaba del lavabo siempre había otro brindis, y él creía que iba sobre seguro al alzar su vaso de agua.

«¡Por nuestros amigos estadounidenses!»

«¡Por nuestros amigos taiwaneses!»

Después de otro largo trago de agua con alcohol, Gorman me miró con cara de pánico.

—Creo que me voy a desmayar —dijo.

—Bebe más agua —le recomendé.

—Tiene un sabor raro.

—Qué va.

Pese a haber vertido mis copas en el vaso de Gorman, cuando me fui a la habitación estaba grogui. Me costó prepararme para ir a la cama. Me costó encontrarla. Me quedé dormido mientras me lavaba los dientes. A medio cepillado.

Me desperté al cabo de un rato y busqué mi otro par de lentillas. Lo encontré, pero se me cayeron al suelo.

Alguien llamó a la puerta. Era Gorman. Entró y me preguntó algo sobre el itinerario del día siguiente. Me encontró a cuatro patas, buscando las lentillas en un charco de vómito.

—Phil, ¿te encuentras bien?

—Sigue el ejemplo de tu mentor —farfullé.

Esa mañana volamos a Taipei, la capital, y visitamos un par de fábricas más. De noche paseamos por Xinsheng South Road, que alberga docenas de santuarios, templos, iglesias y mezquitas. Los lugareños lo llamaban el «Camino al Paraíso».

—En realidad, Xinsheng quiere decir «vida nueva» —expliqué a Gorman.

Cuando volvimos al hotel recibí una extraña e inesperada llamada. Jerry Hsieh —pronunciado Shay— me presentaba sus respetos.

Había conocido a Hsieh hacía un año, durante una visita a una fábrica. Trabajaba para Mitsubishi y el gran Jonas Senter. Me habían impresionado su intensidad y su ética de trabajo. Y su juventud. A diferencia de los demás *shoe dogs* que había conocido, tenía poco más de veinte años y aparentaba muchos menos. Era como un niño grandullón.

Me dijo que se había enterado de que estábamos en el país. Y como si fuera un agente de la CIA, añadió:

—Sé por qué estáis aquí...

Nos invitó a visitar su oficina, algo que parecía indicar que ahora trabajaba por su cuenta, no para Mitsubishi.

Anoté su dirección y fui a buscar a Gorman. El conserje del hotel nos dibujó un mapa que no nos sirvió de nada. La oficina de Hsieh se encontraba en una zona no cartografiada de la ciudad. En el peor barrio. Gorman y yo recorrimos varios carriles sin demarcación por una serie de callejones donde no había ninguna referencia.

—¿Ves algún cartel?

—Apenas veo la calle.

Debimos de perdernos una docena de veces. Finalmente, allí estaba: un robusto edificio de viejo ladrillo rojo. En el interior encontramos una precaria escalera. Cuando íbamos por la tercera planta, el pasamanos se caía a trozos y todos los escalones de piedra presentaban una profunda hendidura provocada por el roce de un millón de zapatos.

—¡Adelante! —gritó Hsieh cuando llamamos a la puerta.

Lo encontramos sentado en el centro de una sala que parecía el nido de una rata gigante. Allá donde miráramos había zapatos y más zapatos, y montones de partes sueltas: suelas, cordones y lengüetas. Hsieh se levantó e hizo sitio para que pudiéramos sentarnos. Nos ofreció un té. Mientras hervía el agua, empezó a instruirnos.

—¿Sabíais que en todos los países del mundo existen muchas, muchas costumbres y supersticiones sobre los zapatos? —Cogió uno de una estantería y lo sostuvo en alto—. ¿Sabíais que en China, cuando un hombre se casa con una mujer, lanzan zapatos rojos encima del tejado para asegurarse de que todo va bien la noche de bodas?

Volteó el zapato bajo la tenue luz que lograba colarse a través de la mugre de las ventanas. Nos contó de qué fábrica provenía, por qué consideraba que estaba bien hecho y por qué opinaba que podrían haberlo hecho mejor.

—¿Sabíais que en muchos países, cuando alguien se va de viaje, da buena suerte lanzarle un zapato?

Cogió otro y extendió el brazo como si fuera Hamlet sosteniendo el cráneo de Yorick. Identificó su procedencia, nos explicó por qué estaba mal hecho, por qué no tardaría en romperse, y lo tiró con desdén.

—Nueve de cada diez veces, lo que diferencia a un zapato de otro es la fábrica. Olvidaos del diseño, del color y de los demás elementos. Todo se reduce a la fábrica.

Escuché atentamente y tomé notas, igual que hizo Gorman en el avión, aunque en todo momento pensaba: «Es una pose. Todo esto es un teatro para venderse. No se da cuenta de que le necesitamos más de lo que él nos necesita a nosotros».

Hsieh hizo su propuesta. Nos dijo que, a cambio de una pequeña suma de dinero, estaría encantado de ponernos en contacto con las mejores fábricas de Taiwan.

Aquello prometía. Podíamos trabajar con alguien sobre el terreno para allanarnos el camino, conocer gente y ayudar a Gorman a aclimatarse. Un Giampietro asiático. Regateamos la comisión por par de zapatos durante unos minutos, pero fue una negociación amigable. Luego nos estrechamos la mano.

—¿Trato hecho?

—Trato hecho.

Volvimos a sentarnos y redactamos un acuerdo para crear una subempresa con sede en Taiwan. ¿Cómo la llamaríamos? No quería utilizar el nombre de Nike. Si alguna vez pretendíamos hacer negocios en la República Popular China, no podíamos asociarnos con su enemigo acérrimo. Era una vana esperanza, en el mejor de los casos, un sueño imposible. Pero, aun así… Al final elegí Athena, la diosa griega que lleva en la mano a Niké. Athena Corpo. Y así preservé el Camino al Paraíso, sin cartografiar y sin número. O la idea del paraíso que tenía un *shoe dog*. Un país con dos mil millones de pies.

Envíe a Gorman a casa. Antes de irme de Asia tenía que hacer una parada rápida en Manila.

—Es un asunto personal —le dije sin dar más explicaciones.

Fui a Manila a visitar una fábrica de calzado muy buena. Después, cerrando un viejo broche, pasé la noche en la suite MacArthur.

«Te recordarán por las reglas que rompas.»

Puede.

O puede que no.

Era el año del Bicentenario, ese extraño momento en la historia cultural de Estados Unidos, ese gran festival de introspección, lecciones cívicas y fuegos artificiales seminocturnos, que se prolongaba trescientos sesenta y cinco días. Desde el 1 de enero hasta el 31 de diciembre, era imposible cambiar de canal sin toparse con una película o un documental sobre George Washington, Ben Franklin o Lexington y Concord. E invariablemente, incrustado en la programación patriótica, había otro «minuto del Bicentenario», un anuncio en el que Dick van Dyke, Lucille Ball o Gabe Kaplan relataban algún episodio que se produjo en esa misma fecha durante la época revolucionaria. Una noche podía ser Jessica Tandy hablando de la tala del árbol de la libertad. La noche siguiente podía ser el presidente Gerald Ford exhortando a todos los estadounidenses «a mantener vivo el espíritu del 76». Era un poco cursi y sentimental, e inmensamente conmovedor. La avalancha de patriotismo de ese año hizo aflorar en mí un amor por mi país que ya de por sí era intenso. Grandes barcos arribando a la bahía de Nueva York, lecturas de la carta de los Derechos Humanos y la Declaración de Independencia y fervientes discursos sobre la libertad y la justicia: todo ello reavivó mi orgullo por ser estadounidense. Y por ser libre. Y por no estar en la cárcel.

En las pruebas clasificatorias para los Juegos Olímpicos de 1976, celebradas de nuevo aquel mes de junio en Eugene, Nike tenía la oportunidad, la fantástica oportunidad, de dar una buena imagen. Nunca habíamos gozado de esa posibilidad con Tiger, ya que sus zapatillas con clavos no eran de gran calibre. Tampoco la habíamos tenido con la primera generación de productos Nike. Ahora, por fin, contábamos con material propio, y era muy bueno: zapatillas para maratón y modelos con clavos de alta calidad. Estábamos exultantes cuando abandonamos Portland. Por fin íbamos a lograr que un corredor entrara en un equipo olímpico calzando unas Nike.

Iba a suceder.

Debía suceder.

Penny y yo fuimos en coche a Eugene, donde nos reunimos con Johnson, que estaba fotografiando el acontecimiento. Pese a nuestro entusiasmo por las pruebas clasificatorias, cuando nos sentamos en las abarrotadas gradas hablamos sobre todo de Pre. Era obvio que a los demás también les pasaba lo mismo. Oíamos su nombre por todas partes, y su espíritu parecía acechar como las nubes bajas que sobrevolaban la pista. Y si uno tenía la tentación de olvidarlo, aunque fuera solo por un momento, se acordaba de nuevo de él al mirar los pies de los corredores. Muchos llevaban unas Pre Montreal (muchos otros llevaban productos fabricados en Exeter, como las Triumph y las Vainqueur. Aquel día, Hayward parecía una sala de muestras de Nike). Todo el mundo sabía que aquellas pruebas habrían significado el comienzo del épico retorno de Pre. Tras la derrota en Munich, habría vuelto a levantarse, sin duda alguna, y su ascenso habría empezado justo allí. Cada carrera desencadenaba los mismos recuerdos, la misma imagen: Pre tomando la delantera. Pre rompiendo la cinta. Podíamos verlo. Podíamos verlo sonrojarse con la victoria.

—Si no hubiera sucedido… —repetíamos con la voz entrecortada.

Al anochecer, el cielo se tiñó de rojo, blanco y un azul negruzco. Pero todavía había luz suficiente para leer mientras los corredores de los diez mil metros se situaban tras la línea de salida. Penny y yo intentamos calmarnos y nos levantamos con las manos juntas, como si estuviéramos rezando. Contábamos con Shorter, por supuesto. Tenía un talento inmenso y fue la última persona que vio a Pre con vida. Tenía sentido que fuera él quien recogiera el testigo de Pre. Pero Craig Virgin, un brillante y joven corredor de la Universidad de Illinois, también llevaba unas Nike, al igual que Garry Bjorklund, un adorable veterano de Minnesota que estaba recuperándose de una operación en la que le habían extirpado un hueso suelto del pie.

Sonó el disparo y los corredores salieron muy juntos. Penny y yo también estábamos pegados el uno al otro, haciendo aspavientos con cada zancada. No hubo un centímetro de separación entre los participantes hasta que llegaron a la mitad del recorrido, momento en que Shorter y Virgin tomaron de repente ventaja. En el forcejeo, Virgin pisó sin querer a Bjorklund y una Nike salió despedida. Aquel pie delicado que había sido sometido a una operación quirúrgica estaba desnudo, desprotegido, y golpeaba la dura pista a cada paso. Sin embargo, Bjorklund no se detuvo. No flaqueó. Ni siquiera aminoró la marcha. Siguió corriendo cada vez más rápido y, con aquella implacable muestra de coraje, se metió al público en el bolsillo. Creo que lo animamos con tanto fervor como a Pre un año antes.

Al entrar en la última curva, Shorter y Virgin iban en cabeza. Penny y yo no dejábamos de saltar.

—Vamos a tener dos —dijimos—. ¡Vamos a tener dos!

Pero fueron tres. Shorter y Virgin llegaron primero y segundo, respectivamente, y Bjorklund rebasó a Bill Rodgers en la línea de meta y acabó tercero. Estaba empapado en sudor. Tres atletas olímpicos… ¡con Nike!

A la mañana siguiente, en lugar de dar una vuelta de honor en Hayward, nos instalamos en la tienda Nike. Mientras Johnson y yo hablábamos con los clientes, Penny manejaba la máquina de serigrafía e imprimía una camiseta tras otra. Su destreza era magnífica; todo el día vino gente diciendo que había visto a alguien llevando una camiseta Nike por la calle y quería una. Pese a nuestra tristeza por Pre, nos permitimos sentir alegría; estaba claro que no solo estábamos dando buena imagen, sino que estábamos dominando las pruebas clasificatorias. Virgin se impuso en los cinco mil metros con unas Nike. Shorter ganó el maratón con unas Nike. Poco a poco, en la tienda, en la ciudad, oíamos a gente susurrar «Nike, Nike, Nike». Nuestro nombre se coreaba más que el de cualquier atleta. Excepto el de Pre.

El sábado por la tarde, cuando fui Hayward a visitar a Bowerman, oí a alguien que decía:

—Madre mía, Nike está ganando a Adidas por goleada.

Ese fue, probablemente, el momento cumbre del fin de semana, del año: le seguía de cerca cuando, un momento después, vi al representante de Puma apoyado en un árbol con pinta de querer suicidarse.

Bowerman se encontraba allí en calidad de mero espectador, lo cual resultaba raro para él y para nosotros. Y, sin embargo, llevaba su uniforme habitual: el jersey raído y la gorra calada hasta las cejas. En un momento dado, solicitó formalmente una reunión en una pequeña oficina situada debajo de la grada este. La oficina no era tal, sino más bien un cuarto en el que los encargados de mantenimiento guardaban los rastrillos, las escobas y unas cuantas sillas de lona. Apenas cabíamos el entrenador, Johnson y yo, por no hablar de la gente que había invitado Bowerman: Hollister y Dennis Vixie, un podólogo que trabajaba con él como asesor de calzado. Cuando cerramos la puerta, me percaté de que Bowerman no era él. En el entierro de Pre parecía envejecido. Ahora estaba como desorientado. Después de un minuto de conversación banal, se puso a vociferar. Se quejó de que Nike ya no le mostraba el menor «respeto». Le habíamos construido un laboratorio doméstico y proporcionado una máquina para hormas, pero nos dijo que continuamente pedía materiales a Exeter en vano.

John parecía horrorizado.

—¿Qué materiales? —preguntó.

—¡Pido capelladas y nadie me hace caso! —dijo Bowerman.

Johnson se volvió hacia Vixie.

—¡Te las mandé! —dijo—. Vixie, ¿no las recibiste?

Vixie estaba atónito.

—Sí.

Bowerman se quitó la gorra, volvió a ponérsela y se la quitó de nuevo.

—Sí, bueno —gruñó—, pero las suelas exteriores, no.

Johnson se ruborizó.

—¡También te las envié! ¿Vixie?

—Sí —dijo este—, las recibimos.

Entonces nos volvimos todos hacia Bowerman, que iba de un lado a otro, o lo intentaba. No había espacio. La oficina estaba a oscuras, aun así vi que mi antiguo entrenador se estaba poniendo rojo.

—Bueno... ¡pero no llegaron a tiempo! —gritó, y las púas de los rastrillos temblaron.

No se trataba de capelladas ni de suelas exteriores, sino de jubilación. Y de tiempo. Al igual que Pre, el tiempo no escuchaba a Bowerman. El tiempo no se ralentizaba.

—No pienso aguantar más estas chorradas —dijo, abrió la puerta y salió como un vendaval.

Johnson, Vixie y Hollister y yo nos miramos. No importaba si Bowerman tenía o no razón. Deberíamos encontrar la manera de hacerle sentirse necesario y útil.

—Si Bowerman no está bien —dije—, Nike tampoco.

Meses después, la húmeda Montreal era el emplazamiento donde se celebraría el gran debut de Nike, nuestro estreno olímpico. Cuando dieron comienzo los Juegos de 1976, teníamos a deportistas luciendo unas Nike en varios actos importantes. No obstante, habíamos depositado nuestras máximas esperanzas, y buena parte de nuestro dinero, en Shorter. Él era el favorito para llevarse el oro, lo cual significaba que las Nike cruzarían por primera vez una línea de meta olímpica antes que cualquier otra zapatilla. Aquel era un enorme rito de iniciación para una empresa de calzado. Uno no se convertía en una empresa de zapatillas de deporte legítima y por derecho hasta que un deportista olímpico subía al pódium luciendo tu producto.

Aquel sábado, 31 de julio de 1976, me levanté temprano. Justo después de mi café, me senté en mi sillón abatible. Tenía un bocadillo al lado y refrescos fríos en la nevera. Me preguntaba si Kitami estaría viéndolo. Si mis antiguos banqueros estarían viéndolo. Si mis padres y hermanas estarían viéndolo. Si el FBI estaría viéndolo.

Los corredores se acercaron a la línea de salida. Cuando se agacharon, me incliné hacia delante. Probablemente tenía tanta adrenalina en el cuerpo como Shorter. Esperé el disparo de salida y el inevitable primer plano de los pies de Shorter. La cámara hizo un zoom. Dejé de respirar. Me deslicé de la butaca y me arrastré por el suelo hacia la pantalla de televisión.

—No —dije—. No —grité angustiado—. No. ¡No!

Llevaba unas… Tiger.

Contemplé horrorizado cómo la gran esperanza de Nike echaba a correr con las zapatillas de nuestro enemigo.

Me levanté, volví a la butaca y vi la carrera, hablando solo, murmurando para mis adentros. Poco a poco, la oscuridad envolvió la casa, pero no lo suficiente. Eché las cortinas y apagué las luces, pero no el televisor. Vería las dos horas y diez minutos hasta el amargo final.

A día de hoy todavía no tengo claro lo que ocurrió. Al parecer, Shorter se convenció de que sus Nike eran frágiles y no resistirían los cuarenta y dos kilómetros (qué importaba que ofrecieran un rendimiento impecable en las clasificatorias de los Juegos Olímpicos). Quizá fueron los nervios. Quizá fue superstición. Quería utilizar lo mismo de siempre. Los corredores son así de raros. En cualquier caso, en el último momento echó mano de las zapatillas que llevaba cuando ganó el oro en 1972.

Y yo me pasé de los refrescos al vodka. Sentado en la oscuridad, cóctel en mano, me dije, desde una perspectiva más general, que no pasaba nada. Shorter ni siquiera ganó. Un atleta de Alemania Oriental lo sorprendió y se hizo con el oro. Por supuesto, estaba engañándome a mí mismo. Pasaba, y mucho, y no por la decepción y la oportunidad publicitaria perdida. Si ver a Shorter correr con unas deportivas que no eran mías podía afectarme de manera tan profunda, ya era oficial: Nike era algo más que un calzado. Ya no me limitaba a hacer Nike; las Nike me hacían a mí. Si veía a un deportista —o a cualquiera— con otras zapatillas, no solo estaba rechazando la marca, sino también a mí. Me dije que debía ser razonable, que no todo el mundo podía llevar unas Nike. Y no diré que me molestaba cada vez que veía a alguien por la calle con unas zapatillas que no fueran mías.

Pero me percataba de ello.

Y no me importaba reconocerlo.

Aquella noche llamé a Hollister. Él también estaba destrozado. Se percibía ira en su voz y me alegré por ello. Quería que la gente que trabajaba para mí sintiera ese mismo ardor, ese mismo rechazo visceral.

Por suerte, ese sentimiento era cada vez menos frecuente. Al cierre del año fiscal de 1976, duplicamos nuestras ventas hasta alcanzar los catorce millones de dólares. Era una cifra asombrosa de la cual tomaron nota los analistas financieros, que escribieron al respecto. Y, aun así, todavía padecíamos escasez de líquido. Continuaba pidiendo prestado hasta el último centavo que podía, para seguir creciendo, con la bendición explícita o tácita de las personas en las que confiaba: Woodell, Strasser, Hayes.

A principios de 1976, los cuatro habíamos debatido con indecisión la posibilidad de cotizar en Bolsa y aparcamos la idea. Ahora, a finales de 1976, nos lo planteamos en serio. Analizamos los riesgos, sopesamos los pros y los contras. De nuevo, nos decantamos por el «no».

Sí, sí, decíamos, nos encantaría contar con esa inyección rápida de capital. ¡Cuántas cosas podríamos hacer con ese dinero! ¡Cuántas fábricas podríamos alquilar! ¡Cuánto talento podríamos contratar! Pero cotizar en Bolsa cambiaría nuestra idiosincrasia, nos endeudaríamos, seríamos corporativos. Todos coincidimos en que ese no era nuestro estilo.

Semanas después, faltos de dinero una vez más y con las cuentas bancarias a cero, abordamos de nuevo la cuestión.

Y volvimos a rechazarla.

Con la intención de zanjar el tema de una vez por todas, le di prioridad en el programa de nuestra reunión bianual, un retiro que habíamos empezado a llamar Buttface, o Caraculo.

Creemos que fue Johnson quien acuñó el término. En uno de nuestros primeros retiros, dijo:

—¿En cuántas empresas multimillonarias puedes gritar «Eh, caraculo» y que se dé la vuelta toda la directiva?

Todos nos echamos a reír. Y se nos quedó grabado. Tanto que más tarde acabó convirtiéndose en un elemento clave de nuestra jerga. Buttface hacía referencia al retiro y a los asistentes, y no solo se hacía eco del ambiente que reinaba en esos encuentros, donde ninguna idea era demasiado sagrada para evitar una mofa y nadie era demasiado importante para evitar ser ridiculizado, sino que también resumía el espíritu, el objetivo y los valores de la empresa.

Los primeros Buttface tuvieron lugar en varios recintos turísticos de Oregón. Otter Crest. Salishan. En última instancia preferíamos Sunriver, un sitio idílico ubicado en el soleado centro de Oregón. Woodell y Johnson solían coger un avión en la Costa Este e íbamos en coche a Sunriver a última hora del viernes. Reservábamos unos cuantos bungalows, nos metíamos en una sala de reuniones y nos pasábamos dos o tres días dando chillidos hasta quedarnos afónicos.

Puedo verme con claridad presidiendo una mesa de reuniones, gritando y recibiendo gritos y riéndome hasta perder la voz. Los problemas que afrontábamos eran graves, complejos y aparentemente insalvables, sobre todo por el hecho de que nos separaban tres mil millas en una época en que las comunicaciones no eran fáciles ni inmediatas. Y, sin embargo, siempre estábamos riendo. A veces, tras unas carcajadas catárticas, miraba a mi alrededor y la emoción me superaba. Camaradería, lealtad y gratitud. Incluso amor. Sin duda, amor. Pero también recuerdo asombrarme por el hecho de que fueran esos los hombres a los que había reunido. ¿Esos eran los padres fundadores de una empresa multimillonaria que vendía zapatillas de deporte? ¿Un hombre en silla de ruedas, dos obesos mórbidos y un fumador compulsivo? Era estimulante saber que, en aquel grupo, la persona con la que tenía más cosas en común era… Johnson. Y, sin embargo, era innegable. Mientras todos los demás se reían y montaban alboroto, él era el cuerdo, sentado tranquilamente a mitad de la mesa leyendo un libro.

El más escandaloso de los *buttface* siempre era Hayes. Y el más loco. Al igual que su panza, su personalidad estaba en permanente expansión, contagiando nuevas fobias y entusiasmos. Por ejemplo, en aquella época, Hayes había desarrollado una curiosa obsesión por los materiales pesados. Las retroexcavadoras, las niveladoras, las plataformas hidráulicas y las grúas le fascinaban. Le… ponían; no hay otra manera de expresarlo. En uno de los primeros Buttface, salíamos de un bar cuando vio una niveladora en un solar que había detrás del hotel. Para su sorpresa, descubrió que se habían dejado las llaves dentro, así que se subió y removió la tierra del solar y el aparcamiento, y no paró hasta que estuvo a punto de aplastar varios coches. Hayes en una niveladora, pensé: «Ese también podría ser nuestro logo».

Siempre dije que Woodell hacía que los trenes llegaran a tiempo, pero el que ponía las vías era Hayes. Hayes creó los esotéricos sistemas de contabilidad sin los cuales la empresa se habría frenado en seco. Cuando pasamos de la contabilidad manual a la automatizada, adquirió las primeras máquinas primitivas y, arreglándolas, modificándolas o golpeándolas una y otra vez con sus carnosos puños, lograba que fueran asombrosamente precisas. Cuando empezamos a hacer negocios fuera de Estados Unidos, las divisas extranjeras se convirtieron en un problema endiabladamente complejo, pero él ideó un ingenioso sistema de prevención de riesgos que hizo que el diferencial fuera más fiable y predecible.

Pese a nuestras payasadas, a nuestras excentricidades, a nuestras limitaciones físicas, en 1976 concluí que éramos un equipo formidable (años después, un famoso profesor de empresariales de Harvard que estudiaba a Nike llegó a la misma conclusión. «Por lo general, si el director de una compañía puede pensar de forma estratégica, esa empresa tiene futuro. Pero estás de suerte: ¡más de la mitad de los *buttface* piensan así!», dijo).

Sin duda, vistos desde fuera éramos un lamentable y variopinto grupo irremediablemente disparejo. Pero en el fondo había más parecido que diferencias, y eso infundía coherencia a nuestros objetivos e iniciativas. Éramos casi todos de Oregón, lo cual era importante. Teníamos la necesidad de demostrar nuestra valía, de enseñar al mundo que no éramos unos paletos. Y nos odiábamos a nosotros mismos despiadadamente, lo cual mantenía a raya nuestro ego. No reinaba la estupidez de ver quién era el más listo de la sala. Hayes, Strasser, Woodell, Johnson; todos eran los más inteligentes de la sala, pero nadie se lo creía, ni de sí mismo ni del que tenía al lado. Nuestras reuniones se caracterizaban por el desprecio, el desdén y una ingente cantidad de insultos.

Y qué insultos. Nos llamábamos cosas terribles. Nos asestábamos manotazos verbales. Cuando lanzábamos y descartábamos ideas y hablábamos sobre las amenazas que sufría la empresa, lo último que teníamos en cuenta eran los sentimientos de los demás. Incluidos los míos. En especial, los míos. Los otros *buttface*, mis empleados, me llamaban siempre Bucky el Contable. Nunca les pedí que dejaran de hacerlo. Sabía que era lo conveniente. Si mostrabas debilidad o sentimentalismo estabas muerto.

Recuerdo un Buttface en el que Strasser conjeturó que nuestro planteamiento no era lo bastante «agresivo». Había demasiados contables en la empresa, dijo.

—Así que, antes de que empiece esta reunión, quiero comentaros algo. He preparado un contrapresupuesto. —Ondeó una gruesa carpeta—. Esto es lo que deberíamos hacer con nuestro dinero.

Por supuesto, todo el mundo quería ver sus cifras, pero sobre todo Hayes, el hombre de los números. Cuando descubrimos que las cuentas no cuadraban, ni una sola columna, nos pusimos a aullar.

Strasser se lo tomó como algo personal.

—He ido a la esencia —dijo—, no a los detalles. A la esencia.

Los aullidos fueron a más, así que Strasser cogió la carpeta y la tiró contra la pared.

—Que os den por el culo —dijo.

La carpeta se abrió, las hojas salieron volando y las carcajadas se volvieron ensordecedoras. Ni siquiera Strasser pudo contenerse. Tuvo que unirse.

No es de extrañar que el apodo de Strasser fuera Relámpago Atronador. El de Hayes era Día del Juicio. Woodell era Peso (por «peso muerto»). Johnson era Por Cuatro, porque tendía a exagerar, de manera que había que dividir por cuatro todo lo que decía. Nadie se lo tomaba como algo personal. Lo único que no se toleraba en un Buttface era que alguien fuera tiquismiquis.

Y la sobriedad. Al final del día, cuando a todos nos dolía la garganta de insultar, reír y arreglar el mundo, cuando nuestros cuadernos estaban a rebosar de ideas, soluciones, presupuestos y listas y más listas, nos íbamos al bar del hotel y continuábamos la reunión tomando unas copas. Muchas.

El bar se llamaba Owl's Nest. Me encanta cerrar los ojos y recordar cuando entrábamos por la puerta, obligando a los demás clientes a apartarse. O cuando trabábamos amistad con ellos. Les invitábamos y luego nos íbamos a un rincón a seguir discutiendo por algún problema, idea o plan descabellado. Supongamos que el contratiempo era que las entresuelas no llegaban del punto A al punto B. Le dábamos vueltas al asunto, hablando todos a la vez, una coral de insultos y dedos acusatorios, y todo ello más ruidoso, divertido y en cierto modo más claro gracias al alcohol. Para quienes estaban en el Owl's Nest y formara parte del mundo corporativo, habría resultado ineficiente, inadecuado. Incluso escandaloso. Pero antes de que el camarero anunciara que estaban a punto de cerrar, ya sabíamos de sobra por qué las entresuelas no llegaban del punto A al punto B, y el responsable de ello se disculpaba, era puesto sobre aviso y buscábamos una solución.

El único que no nos acompañaba en esas fiestas nocturnas era Johnson. Normalmente salía a correr para despejarse y luego se retiraba a su habitación y leía en la cama. Creo que nunca puso un pie en el Owl's Nest y no sabía ni dónde estaba. Nos teníamos que pasar las primeras horas de la mañana siguiente poniéndolo al día de lo que habíamos decidido en su ausencia.

Durante el año del Bicentenario tuvimos que lidiar con varios problemas inusualmente estresantes. Debíamos encontrar un almacén más grande en la Costa Este. Trasladar nuestro centro de ventas y distribución de Holliston, Massachusetts, a un nuevo espacio de tres mil setecientos metros cuadrados en Greenland, New Hampshire, algo que por descontado sería una pesadilla logística. Contratar a una empresa de publicidad que se encargara del creciente volumen de anuncios en prensa. Arreglar o cerrar las fábricas que no rendían lo suficiente. Perfeccionar el programa Futuros. Contratar a un director de promociones. Teníamos que formar un Pro Club, una especie de sistema de gratificaciones para nuestras estrellas de la NBA, a fin de cimentar su lealtad y mantenerlas en nuestro redil. Aprobar nuevos productos, como las Arsenal, unas zapatillas de fútbol-béisbol con capellada de piel y lengüeta de vinilo, así como las Striker, un modelo multifunciones válido para el fútbol, el béisbol, el rugby, el softball y el hockey sobre hierba. Y debíamos escoger un nuevo logotipo. Aparte del *swoosh*, teníamos el nombre escrito en minúsculas NIKE y esto era problemático: demasiada gente pensaba que ponía «like» o «mike». Pero era demasiado tarde para cambiar el nombre de la empresa, así que hacer las letras más legibles parecía buena idea. Denny Strickland, director creativo de nuestra agencia de publicidad, había diseñado unas letras NIKE mayúsculas en molde, y las puso dentro de un *swoosh*. Nos pasamos días meditando y debatiendo.

Pero, por encima de todo, debíamos decidir de una vez por todas si salíamos a Bolsa. En aquellos primeros Buttface empezó a formarse un consenso. Si no podíamos mantener el crecimiento no sobreviviríamos. Y, pese a nuestros temores, pese a los riesgos y desventajas, cotizar en Bolsa era la mejor manera de crecer.

Sin embargo, pese a las intensas discusiones, pese a que fue uno de los años más difíciles en la historia de la empresa, aquellas reuniones Buttface eran sumamente divertidas. En todas aquellas horas que pasamos en Sunriver, no tuvimos la sensación de estar trabajando ni un solo minuto. Éramos nosotros contra el mundo, y lo sentíamos mucho por él. Eso cuando no estábamos cabreados, y con razón. Cada uno de nosotros había sido malinterpretado, juzgado erróneamente e ignorado. Ninguneados por los jefes, desdeñados por la suerte, rechazados por la sociedad, sisados por el destino cuando este repartía buena apariencia y otras bendiciones naturales. Habíamos sido forjados por un temprano fracaso. Nos habíamos entregado a una cruzada, a un intento de autovalidación y búsqueda de sentido, y no lo habíamos conseguido.

Hayes no pudo convertirse en socio de Price Waterhouse porque era demasiado gordo.

Johnson era incapaz de soportar el mundo supuestamente normal de nueve a cinco.

Strasser era un abogado especializado en seguros que odiaba los seguros… y a los abogados.

Los sueños de juventud de Woodell se hicieron añicos por un desafortunado accidente.

A mí me echaron del equipo de béisbol. Y me rompieron el corazón.

Me sentía identificado con el perdedor que cada *buttface* llevaba dentro y viceversa, y sabía que juntos venceríamos. Todavía no estaba seguro de lo que significaba exactamente ganar, aparte de no perder, pero parecíamos estar más cerca de que se aclarara esa cuestión o al menos de que se definiera de manera más precisa. Tal vez cotizar en Bolsa sería ese momento.

Puede que eso garantizara que Nike siguiera existiendo.

Si tenía alguna duda sobre el equipo directivo de Blue Ribbon en 1976, esa recaía eminentemente sobre mí. ¿Hacía bien en ofrecer tan poca orientación a los *buttface*? Cuando lo hacían bien, les daba un abrazo y les dedicaba mi mayor alabanza: «No está mal». Cuando se equivocaban, les gritaba durante un minuto o dos y después lo dejaba correr. Ninguno de ellos se sentía en absoluto amenazado por mí. ¿Era bueno? «No le digas a la gente cómo hacer las cosas. Diles qué hacer y déjales que te sorprendan.» Era el rumbo acertado para Patton y sus soldados. Pero, ¿lo era también para una panda de *buttface* Me preocupaba. Quizá debía ser más práctico. Quizá debíamos ser más estructurados.

Pero entonces pensaba: «Sea lo que sea que estoy haciendo, debe de estar funcionando porque los motines son escasos». De hecho, desde Bork, nadie había tenido una verdadera pataleta por nada, ni siquiera por el sueldo, lo cual es inaudito en cualquier empresa, grande o pequeña. Los *buttface* eran conscientes de que yo no cobraba mucho y confiaban en que les pagaba lo que podía.

Sin duda, les gustaba el espíritu que se había creado. Confiaba plenamente en ellos y no los vigilaba todo el tiempo, lo cual dio pie a una profunda lealtad por ambas partes. Mi estilo de gestión no habría funcionado con gente que necesitaba orientación a cada paso que daba, pero a los *buttface* les resultaba liberador, fortalecedor. Los dejaba a su aire, los dejaba hacer, cometer sus propios errores, porque así es cómo me había gustado que me trataran siempre.

Al término de un fin de semana de Buttface, sumido en estos y otros pensamientos, inicié el regreso a Portland en un estado de trance. A medio camino, salí de ese estado de ensoñación y me puse a pensar en Penny y los chicos. Los *buttface* eran como una familia, pero cada minuto que pasaba con ellos era a expensas de mi otra familia, la de verdad. Me sentía culpable. Muchas veces entraba en casa y Matthew y Travis salían a recibirme a la puerta.

—¿De dónde vienes? —preguntaban.

—Papá ha estado con unos amigos —decía al cogerlos en brazos, y ellos me miraban confusos.

—Pero mamá nos ha dicho que estabas trabajando.

Fue por esa época, mientras Nike presentaba sus primeras zapatillas para niños, las Wally Waffle y las Robbie Road Racer, cuando Matthew anunció que no se pondría unas Nike mientras viviera. Era la manera de expresar su rabia por mis ausencias, además de otras frustraciones. Penny intentó hacerle entender que papá no se ausentaba por gusto. Papá estaba intentando construir algo. Intentaba asegurarse de que él y Travis pudieran ir a la universidad algún día.

Ni siquiera me molesté en explicarme. Me dije a mí mismo que no importaba lo que dijera. Al contrario de Travis, Matthew nunca me entendía; parecían haber nacido con estas posturas inamovibles. uno abrigaba un resentimiento innato hacia mí, mientras que el otro me era congénitamente leal. ¿Qué cambiarían unas pocas palabras? ¿Qué cambiarían algunas horas más?

Mi estilo de paternidad, mi estilo de gestión. Siempre me preguntaba: ¿es bueno o simplemente pasable?

Una y otra vez juraba que iba a cambiar. Una y otra vez me decía a mí mismo: «Pasaré más tiempo con los chicos». Una y otra vez cumplía esa promesa… durante un tiempo. Luego volvía a mi rutina anterior, a la única forma de vida que conocía. No era pasivo, pero tampoco me implicaba.

Puede que ese fuera el único problema que no podía resolver en una lluvia de ideas con el resto de los *buttface*. Mucho más enrevesada que la cuestión de cómo conseguir que las entresuelas llegaran del punto A al punto B era la del hijo A y el hijo B, cómo hacerles felices mientras mantenía a flote a Nike, el hijo C.

1977

Se llamaba M. Frank Rudy, había sido ingeniero aeroespacial y era un hombre verdaderamente original. Al mirarlo sabías que era un profesor chiflado, pero, hasta que no pasaron unos años, no conocí el alcance real de su locura (llevaba un meticuloso diario de su vida sexual y sus movimientos intestinales). Su socio, Bob Bogert, era otro cerebrito. Se les había ocurrido una idea descabellada y vinieron a planteárnosla. Eso era cuanto sabía aquella mañana de marzo de 1977 cuando nos sentamos a la mesa. Ni siquiera tenía del todo claro cómo se habían puesto en contacto con nosotros o cómo se había organizado aquella reunión.

—De acuerdo, amigos —dije—. ¿Qué tenéis?

Recuerdo que hacía un bonito día. Fuera, la luz tenía un tono amarillo pálido y el cielo estaba azul por primera vez en meses, así que estaba distraído, un tanto embriagado por la primavera, cuando Rudy se apoyó en el borde de la mesa y sonrió.

—Señor Knight, se nos ha ocurrido una manera de inyectar… aire… en una zapatilla deportiva.

Fruncí el ceño y di unos golpecitos con el lápiz.

—¿Para qué? —dije.

—Para tener una mayor amortiguación —respondió—. Una mayor fijación. Para hacer la carrera de tu vida.

Me lo quedé mirando. Bromeaban, seguro.

Había oído muchas tonterías en el negocio del calzado, pero aquello… Madre mía.

Rudy me tendió dos suelas que parecían haberse teletransportado desde el siglo XXII. Eran grandes y toscas, estaban hechas de un grueso plástico transparente y dentro había… ¿Burbujas? Les di la vuelta.

—¿Burbujas? —pregunté.

—Bolsas de aire presurizadas —contestó.

Dejé las suelas encima de la mesa y miré a Rudy de arriba abajo. Metro noventa, desgarbado, con el pelo oscuro y rebelde, gafas de culo de vaso, una sonrisa asimétrica y lo que me pareció una grave deficiencia de vitamina D. O no tomaba suficiente sol, o era un miembro perdido de la familia Addams.

Me vio escrutarlo, detectó mi escepticismo y ni se inmutó. Se acercó a la pizarra, cogió un trozo de tiza y empezó a escribir números, símbolos y ecuaciones. Explicó largo y tendido por qué una zapatilla con aire funcionaría, por qué nunca se aplanaría, por qué era la próxima sensación. Cuando terminó, me quedé mirando la pizarra. Como contable cualificado, me había pasado buena parte de mi vida contemplando pizarras, pero los garabatos del tal Rudy eran otra cosa. Resultaban indescifrables.

—Los humanos llevan calzado desde la Edad de Hielo, y el diseño básico no ha cambiado demasiado en cuarenta mil años —dije.

De hecho, no se había producido una innovación desde finales del siglo XIX, cuando los zapateros empezaron a modelar los zapatos izquierdo y derecho de manera distinta y las empresas de caucho comenzaron a producir suelas. No parecía muy probable que, en aquel momento tan tardío de la historia, a alguien se le ocurriera algo tan novedoso y revolucionario. «Zapatillas con aire» me sonaba a mochila propulsora y acera móvil. Material para hacer un cómic.

Pero Rudy no se desanimó. Seguía hablando, impávido, serio. Finalmente, se encogió de hombros y dijo que lo entendía. Había intentado ofrecérselo a Adidas y ellos también se habían mostrado escépticos. Abracadabra. Eso era todo lo que necesitaba oír.

Le pregunté si podría poner sus suelas de aire en mis zapatillas de atletismo para probarlas.

—No tienen fijación. Quedarían sueltas.

—Eso me da igual —repuse.

Coloqué las suelas dentro de las zapatillas, me las puse de nuevo y me até los cordones.

—No está mal —dije, dando unos saltos.

Salí a correr seis millas. Desde luego eran inestables. Pero también increíbles.

Volví a la oficina. Todavía empapado en sudor, fui directo hacia Strasser y le dije:

—Puede que tengamos algo.

Esa noche, Strasser y yo fuimos a cenar con Rudy y Bogert. El primero siguió explicándonos la ciencia de las suelas de aire y, en esta segunda ocasión, todo empezó a cobrar sentido. Le dije que cabía la posibilidad de que hiciéramos negocios. Luego le cedí la palabra a Strasser.

Había contratado a Strasser por sus conocimientos legales, pero en 1977 había descubierto su verdadero talento: la negociación. Las primeras veces que le pedí que gestionara un contrato con representantes deportivos, los negociadores más duros del mundo, se defendió sobradamente. Me dejó boquiabierto. A los representantes también. Siempre salía de allí con más de lo que esperábamos. Nadie le daba miedo, nadie estaba a su altura en un choque de voluntades. En 1977 lo enviaba a todas las negociaciones con total confianza, como si estuviéramos mandando a la 82.ª División Aerotransportada.

Creo que su secreto era que no le importaba lo que decía, cómo lo decía o cómo podía sentar. Era totalmente honesto, una táctica radical en cualquier negociación. Recuerdo un tira y afloja que tuvo con Elvin Hayes, la estrella de los Washington Bullets, a quien ansiábamos volver a fichar. El representante de Elvin le dijo:

—¡Deberíais darle a Elvin la empresa entera!

Strasser bostezó.

—¿La quieres? Toda tuya. Tenemos diez mil dólares en el banco. Es nuestra última oferta. La tomas o la dejas.

El representante la tomó.

Viendo un gran potencial en aquellas «suelas con aire», Strasser le ofreció a Rudy diez centavos por cada par que vendiéramos. Rudy exigió veinte y, tras varias semanas regateando, aceptó un término medio. Luego les enviamos a él y a su socio a Exeter, que estaba convirtiéndose en nuestro departamento de Investigación y Desarrollo *de facto*.

Por supuesto, cuando Johnson conoció a Rudy, hizo exactamente lo mismo que yo: metió unas suelas con aire en sus zapatillas y corrió diez kilómetros enérgicamente, tras lo cual me llamó.

—Esto podría ser una bomba —dijo.

—Pienso lo mismo —respondí.

Pero a Johnson le preocupaba que las burbujas causaran fricción. Se notaba los pies calientes y que le empezaba a salir una ampolla. Propuso insuflar aire también en la entresuela para equilibrar el apoyo.

—No me lo digas a mí —contesté—. Díselo a tu nuevo compañero de habitación, el señor Rudy.

Recién concluida su exitosa negociación con Rudy, le dimos a Strasser otro encargo crucial: fichar a entrenadores de baloncesto universitario. Nike contaba con un afianzado elenco de jugadores de la NBA, y las ventas de zapatillas de baloncesto crecían con rapidez, pero prácticamente no teníamos equipos universitarios. Ni siquiera la Universidad de Oregón. Impensable.

El entrenador, Dick Harter, nos dijo en 1975 que había dejado la decisión en manos de sus jugadores, y el voto del equipo fue 6-6. Así que siguieron con Converse.

Al año siguiente, el equipo votó 9-3 a favor de Nike, pero Harter afirmó que era un resultado demasiado ajustado, así que siguió con Converse.

¿Qué estaba pasando?

Le pedí a Hollister que presionara incesantemente a los jugadores durante los siguientes doce meses, cosa que hizo. Y el resultado de la votación de 1977 fue de 12-0 a favor de Nike.

Al día siguiente me reuní con Harter en las oficinas de Jaqua y nos dijo que no estaba dispuesto a firmar.

—¿Por qué no?

—¿Dónde están mis dos mil quinientos dólares? —preguntó.

—Ah —respondí—, ahora lo entiendo todo.

Le envié un cheque por correo. Al fin, mis Ducks llevarían unas Nike sobre el parquet.

Casi al mismo tiempo que ese extraño momento, apareció en nuestro umbral otro peculiar inventor de calzado. Se llamaba Sonny Vaccaro y era igual de único que Frank Rudy. Bajo, rechoncho, con una mirada penetrante, era un poco gangoso y tenía un acento italiano americanizado, o americano italianizado, no sabría decirlo con exactitud. Era un *shoe dog*, desde luego, pero un *shoe dog* salido de *El Padrino*. Cuando llegó a Nike por primera vez llevaba varios zapatos de su invención que desataron un vendaval de carcajadas en la sala de reuniones. No era como Rudy. Y, sin embargo, durante la conversación afirmó que era amigo de todos los entrenadores de baloncesto universitario del país. Algunos años antes había fundado un popular partido de las estrellas en institutos, el Dapper Dan Classic, que fue todo un éxito, y gracias a él había conocido a la flor y nata de los entrenadores.

—De acuerdo —le dije—. Estás contratado. Tú y Strasser tenéis que intentar abriros camino en el mercado del baloncesto universitario.

Y las grandes escuelas de baloncesto —UCLA, Indiana, Carolina del Norte, entre otras— tenían prolongados contratos con Adidas o Converse. Así que, ¿quién quedaba? ¿Y qué podíamos ofrecer? Montamos de forma apresurada un gabinete de asesores, una versión de nuestro Pro Club, el sistema de gratificación de la NBA, pero parecía insignificante. Daba por sentado que Strasser y Vaccaro no tendrían éxito. Y no esperaba volver a verlos en al menos un año.

Un mes más tarde, Strasser estaba en mi despacho con una sonrisa de oreja a oreja. Y gritando. Y confirmando nombres. ¡Eddie Sutton, Arkansas! ¡Abe Lemmons, Texas! ¡Jerry Tarkanian, UNLV! ¡Frank McGuire, Carolina del Sur! (Salté de la silla. McGuire era una leyenda: había derrotado a los Kansas de Wilt Chamberlain y ganó el campeonato nacional para Carolina del Norte.) Nos había tocado la lotería, dijo Strasser.

Además, mencionó casi de pasada a dos jóvenes todavía desconocidos: Jim Valvano, de Iona, y John Thompson, de Georgetown. (Un año o dos después, hizo lo mismo con los entrenadores de rugby universitario, y fichó a todos los grandes, entre ellos a Vince Dooley y sus campeones nacionales, los Georgia Bulldogs. Herschel Walker con Nike. ¡Sí!)

Organizamos rápidamente una rueda de prensa para anunciar que Nike había firmado contratos con todas esas escuelas. Por desgracia, la nota de prensa incluía un grave error tipográfico. Habíamos escrito «Iowa» en lugar de Iona. Lute Olson, entrenador de Iowa, telefoneó de inmediato. Estaba furioso. Pedimos disculpas y dijimos que enviaríamos una corrección al día siguiente. Olson guardó silencio.

—Espera, espera, espera —dijo—. ¿Qué es eso del «gabinete de asesores…»?

La regla Harter en plena ebullición.

Otros contratos de patrocinio nos supusieron más esfuerzo. Nuestro proyecto tenístico había arrancado de forma prometedora con Nastase, pero luego atravesamos un bache con Connors, y ahora Nastase iba a dejarnos en la estacada. Adidas le había ofrecido cien mil dólares anuales, además de zapatillas, ropa y raquetas. Teníamos derecho a igualar la oferta, pero nos resultaba inviable.

—Es fiscalmente irresponsable —le dije al representante de Nasty y a quien estuviera dispuesto a escucharme—. ¡Nadie volverá a ver nunca un acuerdo de patrocinio de esa magnitud!

De modo que así estábamos en 1977, sin representación en el mundo del tenis. Contratamos enseguida a un asesor y, ese verano, fui con él a Wimbledon. El primer día que pasamos en Londres nos reunimos con un grupo de directivos del tenis estadounidense.

—Tenemos jugadores jóvenes espléndidos —dijeron—. Es muy probable que Elliot Telscher sea el mejor. Gottfried también es extraordinario. Hagáis lo que hagáis, ni os acerquéis al chaval que juega en la pista catorce.

—¿Por qué?

—Es impredecible.

Fui directo a la pista catorce y me enamoré locamente de John McEnroe, un estudiante neoyorquino de secundaria con el pelo encrespado.

Al mismo tiempo que firmábamos acuerdos con deportistas, entrenadores y profesores chiflados, estábamos creando las LD 1000, unas zapatillas de atletismo con un talón tremendamente ensanchado. Era tan ancho que, desde ciertos ángulos, parecía un esquí acuático. La teoría era que esa anchura reduciría el par de torsión sobre la pierna y la presión en la rodilla, lo cual disminuía el riesgo de tendinitis y otras lesiones relacionadas con el atletismo. El modelo lo diseñó Bowerman con la inestimable ayuda de Vixie, el podólogo. A los clientes les encantó.

Eso fue al principio. Luego llegaron los problemas, ya que si un corredor no pisaba de forma correcta, el talón ensanchado podía causar pronación, problemas de rodilla o algo peor. Iniciamos la retirada del producto y nos preparamos para un linchamiento popular, pero eso nunca ocurrió. Por el contrario, solo nos llegaron muestras de gratitud. Ninguna empresa de calzado estaba probando cosas nuevas, así que nuestras iniciativas, exitosas o no, eran consideradas nobles. Toda innovación era tildada de progresista y avanzada. Un fracaso no iba a disuadirnos, no parecía disminuir la lealtad de nuestros clientes.

Sin embargo, Bowerman estaba muy deprimido. Intenté consolarlo diciéndole que Nike no existiría sin él, así que debía seguir inventando y creando sin miedo. Las LD 1000 eran como la novela de un genio de la literatura que no acababa de funcionar. Le ocurría a los mejores. No había motivo para dejar de escribir.

Mis arengas no funcionaron. Y luego cometí el error de mencionar la suela con aire que estábamos desarrollando. Le hablé de la innovación oxigenada de Rudy y él se mofó.

—Pfff… Zapatos con aire. Eso no funcionará nunca, Buck.

Estaba un poco… ¿celoso?

Lo consideré una buena señal. Su flujo competitivo estaban fluyendo de nuevo.

Strasser y yo pasábamos muchas tardes en la oficina intentando averiguar por qué algunas líneas vendían y otras no; esto generaba debates sobre lo que la gente opinaba de nosotros y por qué. No teníamos grupos de discusión o investigaciones de mercado —no podíamos permitírnoslo—, así que muchas veces nos veíamos tratando de intuir, adivinar e interpretar los posos del café. Desde luego, coincidíamos en que a la gente le gustaba la apariencia de nuestras zapatillas. Y desde luego le gustaba nuestra historia: empresa de Oregón fundada por unos fanáticos del atletismo. También le gustaba lo que decía de uno mismo llevar un par de Nike. Éramos más que una marca; éramos un mensaje.

Parte del mérito era de Hollywood. Teníamos a un hombre allí que regalaba Nike a las estrellas, a todas: grandes, pequeñas, en auge, en declive. Cada vez que encendía el televisor, alguien llevaba nuestras zapatillas en una serie de éxito: *Starsky y Hutch*, *El hombre de los seis millones de dólares* o *El increíble Hulk*. No sabemos cómo lo consiguió, pero nuestro contacto hizo llegar a Farrah Fawcett un par de Señorita Cortez, y esta se las puso en un episodio de *Los ángeles de Charlie* emitido en 1977. Con eso fue suficiente. Bastó un plano rápido de Farrah con ellas para que al día siguiente a mediodía se hubieran agotado en todas las tiendas de la nación. Poco después, las animadoras de UCLA y USC daban saltos con lo que se conoció como «la zapatilla Farrah».

Esto significaba más demanda… y más problemas para satisfacerla. Nuestra base de producción era más amplia. Aparte de Japón, ahora contábamos con varias fábricas en Taiwan y dos más pequeñas en Corea, además de Puerto Rico y Exeter, pero, aun así, no podíamos seguir el ritmo. Por otro lado, cuantas más fábricas adquiríamos, más presiones económicas sufríamos.

En ocasiones, surgían problemas que no guardaban relación alguna con el dinero. En Corea, por ejemplo, las cinco fábricas más grandes eran de tal envergadura y la competencia entre ellas tan despiadada que sabíamos que no tardarían en plagiarnos. Por supuesto, un día recibí por correo una réplica exacta de nuestras Nike Bruin, con el característico logo incluido. La imitación resulta halagadora, pero el plagio es un robo, y aquel era diabólico. El grado de detalle y la calidad, sin ayuda alguna de nuestra gente, eran asombrosamente buenos. Escribí al director de la fábrica y le exigí que parara o haría que lo metieran en la cárcel cien años.

«Y, por cierto», añadí, «¿le gustaría trabajar para nosotros?»

Firmé un contrato con su fábrica en verano de 1977. Esto detuvo momentáneamente el problema de las imitaciones y, lo que era más importante, nos dio la capacidad de trasladar la producción a grandes distancias si era necesario.

También acabó de una vez por todas con nuestra dependencia de Japón.

Me di cuenta de que los problemas no iban a cesar nunca, pero por el momento teníamos más fuerza que dificultades. Aprovechando la inercia, pusimos en marcha una nueva campaña publicitaria con un atractivo eslogan: «No hay línea de meta». Fue idea de la nueva agencia de publicidad con la que trabajábamos y de su consejero delegado, John Brown. John acababa de abrir una tienda en Seattle y era joven, brillante y, por supuesto, lo contrario a un deportista, que era lo único que contratábamos por aquel entonces. Aparte de Johnson y de mí, Nike era un refugio para sedentarios. A pesar de ello, fuera deportista o no, Brown logró idear una campaña y un lema que captaban a la perfección la filosofía de Nike. En el anuncio aparecía un corredor en una solitaria carretera rural rodeado de grandes abetos de Douglas. Era Oregón, obviamente. El texto decía: «Ganar a la competencia es bastante fácil. Ganarte a ti mismo es un compromiso eterno».

Quienes me rodeaban consideraban que el anuncio era atrevido y fresco. No se centraba en el producto, sino en el espíritu que había tras él, algo nunca visto en los años setenta. La gente me felicitaba por el anuncio como si hubiéramos conseguido algo trascendental y yo me encogía de hombros. No era modestia. Simplemente, todavía no creía en el poder de la Publicidad. En absoluto. «Un producto tiene que defenderse por sí mismo», pensaba. Al final, lo único que cuenta es la calidad. No creía que una campaña publicitaria fuese a quitarme la razón o a hacerme cambiar de parecer.

Nuestro departamento de Publicidad me decía que estaba completamente equivocado. Pero yo les preguntaba una y otra vez:

—¿Podéis asegurarme que la gente compra Nike gracias a vuestro anuncio? ¿Podéis demostrármelo con cifras?

Silencio.

—No... —respondían—. No podemos afirmarlo de una manera tajante.

—Entonces resulta un poco difícil entusiasmarse, ¿no? —decía yo.

Silencio.

A menudo habría deseado tener más tiempo para replicar y debatir las bondades de la publicidad. Nuestras continuas crisis siempre eran más importantes y acuciantes que el eslogan que debíamos imprimir debajo de una foto de nuestras zapatillas. En la segunda mitad de 1977, el problema fueron nuestros titulares de obligaciones. De repente, exigían una manera de liquidarlas. Con diferencia, la mejor manera de hacerlo sería mediante una oferta pública, algo que, según intentamos explicarles, no teníamos en cuenta. No querían ni oír hablar del asunto.

Recurrí una vez más a Chuck Robinson. En la Segunda Guerra Mundial había servido con distinciones como capitán de corbeta en un acorazado. Había construido la primera planta siderúrgica de Arabia Saudí. Había ayudado a negociar el acuerdo del trigo con los soviéticos. Chuck conocía el mundo de los negocios mejor que nadie y quería que nos asesorara desde hacía bastante tiempo. Pero en los últimos años había sido el lugarteniente de Henry Kissinger en el Departamento de Estado y, por ende, era inalcanzable para mí, según Jaqua. Ahora que Jimmy Carter acababa de ser elegido, Chuck estaba en Wall Street y disponible una vez más para atender consultas. Lo invité a que viniera a Oregón.

Nunca olvidaré su primer día en nuestra oficina. Lo puse al corriente de los acontecimientos de los últimos años y le di las gracias por sus valiosos consejos sobre sociedades mercantiles japonesas. Luego le enseñé nuestro estado contable. Echó un vistazo y se desternilló de risa.

—Compositivamente sois una sociedad mercantil japonesa. ¡Un noventa por ciento de deuda!

—Lo sé.

—No podéis seguir así —advirtió.

—Bueno… Supongo que por eso estás aquí.

Como primera orden del día, lo invité a formar parte de nuestra junta directiva y, para mi sorpresa, aceptó. Luego le pedí su opinión sobre cotizar en Bolsa.

Dijo que hacerlo no era una opción. Era una obligación. Debía resolver aquel problema de flujo de capital, afirmó, atacarlo, derribarlo o, de lo contrario, podía perder la empresa. Escuchar su valoración fue aterrador, pero necesario.

Por primera vez consideré que cotizar en Bolsa era inevitable y me invadió la tristeza. Por supuesto, podíamos ganar mucho dinero. Pero hacernos ricos nunca había influido en mis decisiones, y a los *buttface* les importaba aún menos. Así que cuando planteé el tema en la siguiente reunión y les expuse lo que había dicho Chuck, no pedí discutirlo de nuevo. Me limité a someterlo a votación.

Hayes estaba a favor.

Johnson en contra.

Strasser también.

—Estropeará nuestro espíritu—repetía sin cesar.

Woodell estaba indeciso.

No obstante, si había algo en lo que coincidíamos era en la ausencia de barreras. Nada se interponía en nuestro camino hacia la salida a Bolsa. Las ventas eran extraordinarias, el boca a boca funcionaba bien y las disputas legales eran cosa del pasado. Teníamos deudas, pero por el momento eran asumibles. A principios de la temporada navideña de 1977, cuando aparecieron las llamativas luces de colores de mi barrio, recuerdo que pensé durante una de mis carreras nocturnas: «Todo está a punto de cambiar. Solo es cuestión de tiempo».

Y entonces llegó la carta.

Era pequeño, no imponía. Un sobre blanco normal y corriente. Con el remitente estampado en relieve. «Servicio de Aduanas de EE. UU., Washington, DC.» Lo abrí y empezaron a temblarme las manos. Era una factura por un importe de veinticinco millones de dólares.

La leí y la releí. No le encontraba ni pies ni cabeza. Según pude deducir, el gobierno federal afirmaba que Nike debía los aranceles de los últimos tres años en virtud de algo denominado «precio de venta en Estados Unidos», un antiguo método de valoración de impuestos. ¿Precio de venta qué? Pedí a Strasser que viniera a mi despacho y le lancé la carta. La leyó y se echó a reír.

—No puede ser verdad —dijo, atusándose la barba.

—Esa ha sido justo lo que he pensado —respondí.

Nos fuimos pasando la carta y coincidimos en que tenía que ser un error. Porque, si era cierto, si de verdad debíamos veinticinco millones de dólares al gobierno, tendríamos que cerrar. Así de simple. Todas aquellas conversaciones sobre la salida a Bolsa habían sido una pérdida de tiempo. Todo desde 1962 había sido una pérdida de tiempo. ¿Que no hay línea de meta? Está aquí mismo. Esta es la línea de meta.

Strasser hizo unas cuantas llamadas y se puso en contacto conmigo al día siguiente. Esta vez no se reía.

—Puede que sea cierto —anunció.

Y el origen de todo aquello era siniestro. Nuestros competidores estadounidenses, Converse y Keds, además de algunas fábricas pequeñas —dicho de otro modo, lo que quedaba del sector del calzado estadounidense— estaban detrás. Habían presionado a Washington para frenar nuestro crecimiento, y habían tenido éxito, más del que podían imaginar. Habían logrado convencer a las autoridades aduaneras de que nos pusieran trabas aplicando el precio de venta en Estados Unidos, una ley arcaica que se remontaba a los tiempos del proteccionismo, que precedió —y, según algunos, precipitó— la Gran Depresión.

Básicamente, la ley del Precio de Venta en Estados Unidos estipulaba que los aranceles de los zapatos de nailon debían equivaler a un veinte por ciento del coste de fabricación, a menos que hubiera un «zapato similar» que fuera fabricado por un competidor en Estados Unidos. En ese caso, el impuesto debía ser un veinte por ciento del precio de venta del competidor. Así que lo único que debía hacer la competencia era fabricar unos cuantos modelos en Estados Unidos, conseguir que los declararan «similares», ponerles un precio desorbitado y, ¡bum! Dispararían nuestros aranceles.

Y eso fue justamente lo que hicieron. Era una artimaña y habían conseguido incrementar con carácter retroactivo nuestros aranceles un cuarenta por ciento. Aduanas afirmaba que les debíamos impuestos por valor de veinticinco millones de dólares. Fuera o no una artimaña, Strasser me dijo que en Aduanas no estaban para bromas. Les debíamos veinticinco millones y los querían. Ya.

Apoyé la cabeza en la mesa. Años antes, cuando el enfrentamiento fue con Onitsuka, me dije a mí mismo que el problema obedecía a diferencias culturales. Una parte de mí, condicionada por la Segunda Guerra Mundial, encontraba natural mantener un enfrentamiento con un viejo enemigo. Ahora estaba en la posición de los japoneses, en guerra con Estados Unidos. Con mi propio gobierno.

Era un conflicto que nunca había imaginado y que quería evitar a toda costa y, sin embargo, no podía. Perder significaba la aniquilación. Lo que exigía el gobierno, veinticinco millones de dólares, correspondía casi al total de nuestras ventas en 1977. Y, aunque pudiéramos darles los beneficios equivalentes a un año, no podríamos seguir pagando unos aranceles un cuarenta por ciento más altos.

Así que solo había una posibilidad, dije a Strasser con un suspiro.

—Habrá que combatir esto con todo lo que tengamos.

No sé por qué, pero aquella crisis me afectó más que las otras. Intentaba convencerme de que habíamos pasado malos momentos y de que lo superaríamos.

Pero aquello parecía distinto.

Intenté hablar de ello con Penny, pero me decía que yo no hablaba, que gruñía y miraba hacia otro lado.

—Aquí llega el muro —decía exasperada y un poco asustada.

Debería haberle dicho: «Eso es lo que hacen los hombres cuando luchan. Construyen muros. Levantan el puente levadizo. Llenan el foso».

Pero, protegido por mi imponente muro, no sabía cómo hacerlo. En 1977 perdí la capacidad de hablar. Conmigo, o había silencio o había rabia. A altas horas de la noche, después de hablar por teléfono con Strasser, Hayes, Woodell o mi padre, no veía solución. Tan solo me imaginaba cerrando aquella empresa en la que había trabajado con tanto ahínco. Así que lo pagaba con el teléfono. En lugar de colgar, golpeaba el auricular cada vez más fuerte hasta que se rompía. En varias ocasiones le di una buena paliza.

Después de hacerlo tres o cuatro veces, un día noté que el técnico de la compañía telefónica me observaba. Cambió el teléfono por uno nuevo, comprobó que hubiera línea y, mientras guardaba sus herramientas, dijo muy pausadamente:

—Esto es… muy… inmaduro.

Asentí.

—Se supone que es usted adulto.

Asentí de nuevo.

Si un técnico de la compañía telefónica sentía la necesidad de reprenderme, pensé, probablemente debía modificar mi conducta. Aquel día me hice varias promesas. Prometí que en adelante meditaría, contaría hasta diez, correría doce millas por la noche o haría lo que fuera necesario para guardar las formas.

Una cosa era guardar las formas y otra ser un buen padre. Siempre me había prometido a mí mismo que sería mejor padre para mis hijos de lo que lo había sido el mío, lo cual significaba que les procuraría una aprobación más explícita, más atención. Pero, a finales de 1977, cuando me evalué con honestidad, pensé en el tiempo que pasaba alejado de los chicos y lo distante que era con ellos incluso cuando estaba en casa, así que me puse una mala nota. Ciñéndome estrictamente a los números, solo podía decir que era un diez por ciento mejor que mi padre.

«Al menos soy mejor proveedor», me decía.

Y al menos seguía contándoles un cuento antes de acostarse: «Boston, abril de 1773… Junto con docenas de colonos enfurecidos que protestaban por el aumento de los aranceles de su adorado té, Matt y Travis History subieron a tres barcos anclados en el puerto de Boston y lanzaron todo el té por la borda…».

En cuanto cerraban los ojos, salía de la habitación, me acomodaba en la butaca reclinable y cogía el teléfono. «Hola, papá. Sí. ¿Qué tal?… ¿Yo? No muy bien.»

Durante los últimos diez años, esa rutina había sido mi copa antes de acostarme, mi salvación. Pero ahora la necesitaba más que nunca. Anhelaba cosas que solo podía darme mi padre, aunque me costaba identificarlas.

¿Consuelo?

¿Afirmación?

¿Comodidad?

El 9 de diciembre de 1977 lo recibí todo de golpe. Por supuesto, la causa era el deporte.

Aquella noche, los Houston Rockets se enfrentaban a Los Angeles Lakers. Al comienzo de la segunda parte, Norm Nixon, el alero de los Lakers, erró un lanzamiento, y su compañero de equipo Kevin Kunnert, un larguirucho de dos metros diez originario de Iowa, luchó por el rebote contra Kermit Washington, de Houston. En el forcejeo, Washington tiró de los pantalones de Kunnert, y este contraatacó con un codazo. Entonces, Washington le dio un puñetazo en la cabeza y se desató una pelea. Cuando Rudy Tomjanovich, de Houston, salió en defensa de sus compañeros, Washington se dio la vuelta y le soltó un derechazo devastador que le rompió la nariz y la mandíbula y le separó el cráneo y los huesos faciales de la piel. Tomjanovich se desplomó como si le hubiera dado un tiro con una escopeta. Su enorme cuerpo golpeó el suelo con un ruido horrendo y el eco llegó hasta lo más alto del L. A. Forum. Durante unos segundos, Tomjanovich permaneció allí tumbado, inmóvil, en un charco de sangre cada vez más grande.

Yo no me había enterado de nada hasta que hablé con mi padre aquella noche. Se le entrecortaba la respiración. Me sorprendió que hubiera visto el partido, pero aquel año en Portland todo el mundo andaba loco con el baloncesto, porque los Trail Blazers estaban dándolo todo en el campeonato de la NBA. Aun así, no era el partido lo que le hizo agitarse. Tras contarme lo de la pelea, me dijo:

—Buck, Buck, ha sido una de las cosas más increíbles que he visto en mi vida. —Hubo una larga pausa y añadió—: La cámara iba acercándose y se veía claramente… en las zapatillas de Tomjanovich… ¡El logo! No dejaban de enfocar el logo.

Nunca le había detectado ese orgullo en la voz. Sí, Tomjanovich se encontraba en un hospital debatiéndose entre la vida y la muerte y, sí, los huesos faciales le flotaban por la cabeza, pero el logo de Buck Knight había estado bajo los focos de todo el país.

Es posible que aquella noche el logo se convirtiera en algo real para él. En algo respetable. Lo cierto es que no utilizó la palabra «orgulloso», pero al colgar el teléfono tenía la sensación de que lo había hecho.

«Casi hace que todo esto merezca la pena», me dije a mí mismo. Casi.

Año tras año, las ventas habían aumentado progresivamente desde que vendí los primeros centenares de mi modelo Valiant. Pero al cierre de 1977... era una locura. Casi setenta millones de dólares. Así que Penny y yo decidimos comprarnos una casa más grande.

En mitad de una batalla apocalíptica con el gobierno era una decisión extraña, pero me gustaba actuar como si las cosas fueran a salir bien.

El que no se arriesga no gana, y todo eso.

También me gustaba hacer un cambio de escenario.

Pensaba que quizá eso propiciaría que nuestra suerte diera un vuelco.

Nos apenaba dejar la antigua casa, por supuesto. Los dos niños habían dado sus primeros pasos allí, y a Matthew le apasionaba aquella piscina. Nunca se sentía tan en paz como cuando retozaba en el agua. Recuerdo a Penny sacudiendo la cabeza y diciendo:

—Una cosa está clara: ese niño no se ahogará nunca.

Pero se estaban haciendo mayores y necesitaban espacio, y la casa nueva tenía mucho. Eran dos hectáreas en lo alto de Hillsboro, y todas las estancias eran grandes y aireadas. Desde la primera noche supimos que habíamos encontrado nuestro hogar. Incluso había una hornacina para mi butaca reclinable.

En honor a nuestra nueva casa, a nuestro nuevo comienzo, me propuse llevar otros horarios. A menos que estuviese fuera de la ciudad, intentaría asistir a todos los partidos de baloncesto y fútbol juveniles, y también a los encuentros de la Little League. Me pasaba los fines de semanas enseñando a Matthew a batear, aunque ambos nos preguntábamos por qué. Se negaba a dejar quieto el pie trasero. No me escuchaba. Discutía conmigo continuamente.

—Si la pelota se mueve, ¿por qué no voy a hacerlo yo?

—Porque así es más difícil batear.

Nunca le convenció este argumento.

Matthew era más que rebelde. Y más que un inconformista. No podía tolerar la autoridad, y creía que esta acechaba en cada esquina. Cualquier oposición a su voluntad la consideraba una opresión y, por ende, una llamada al combate. Jugaba al fútbol como un anarquista, por ejemplo. No luchaba tanto contra el oponente como con las normas, con la estructura. Si el mejor jugador del otro equipo se dirigía hacia él tras superar a todos los defensas, Matthew se olvidaba del partido, se olvidaba de la pelota e iba directo a las espinillas. El jugador caía, los padres saltaban al campo y se desataba el caos. Durante una melé provocada por Matthew, lo miré y me di cuenta de que ni él ni yo queríamos estar allí. No le gustaba el fútbol. Es más, no le interesaba el deporte. Él jugaba y yo le veía jugar por obligación.

Con el tiempo, su conducta tuvo un efecto supresor en su hermano pequeño. Aunque Travis tenía talento y le encantaba el deporte, Matthew le quitó las ganas de practicarlo. Un día, el pequeño Travis lo dejó. No pensaba jugar con ningún otro equipo. Le pedí que lo reconsiderara, pero lo único que tenía en común con Matthew, y tal vez con su padre, era la testarudez. De todas las negociaciones, las que he entablado con mis hijos han sido las más difíciles.

La Nochevieja de 1977 estaba apagando las luces de la nueva casa cuando sentí una especie de grieta en el fondo de mi existencia.

Mi vida giraba en torno al deporte, mi negocio giraba en torno al deporte, mi vínculo con mi padre giraba en torno al deporte, y ninguno de mis dos hijos quería saber nada de él.

Como el precio de venta en Estados Unidos, todo parecía muy injusto.

1978

Strasser era nuestro general de cinco estrellas y estaba dispuesto a seguirlo en cualquier refriega, en cualquier tiroteo. En nuestro enfrentamiento con Onitsuka, su indignación me había reconfortado y sostenido, y su mente había sido un arma formidable. En esta nueva refriega con las autoridades federales estaba doblemente indignado. «Bien», pensaba yo. Recorría la oficina como un vikingo cabreado, y sus pisotones eran música para mis oídos.

Sin embargo, ambos sabíamos que la ira no bastaría. Strasser no estaba solo. Íbamos a enfrentarnos a Estados Unidos. Necesitábamos algunos aliados, así que Strasser se puso en contacto con un abogado de Portland, un amigo suyo llamado Richard Werschkul.

No recuerdo que llegaran a presentármelo. Ni que nadie me pidiera que me reuniera con él o lo contratara. Solo que de repente era extremadamente consciente de su presencia, en todo momento, igual que uno es consciente de que tiene un gran pájaro carpintero en el patio de casa. O posado en su cabeza.

En buena medida, Werschkul era bienvenido. Poseía ese dinamismo que tanto nos gustaba y las credenciales que siempre andábamos buscando. Estudiante de Stanford, Universidad de Derecho de Oregón. También tenía una personalidad y una presencia cautivadoras. Oscuro, delgado, sarcástico y con gafas, tenía una voz de barítono inusualmente profunda y afectada, como un Darth Vader acatarrado. En general, daba la impresión de tener un plan, y ese plan no incluía rendirse o dormir.

Por otro lado, también era un poco excéntrico. Todos lo éramos, pero Werschkul tenía lo que mamá Hatfield habría llamado «pelo de loco». Siempre había algo en él que no acababa de… encajar. Por ejemplo, aunque había nacido en Oregón, desprendía un incomprensible aire de la Costa Este. Blazers azules, camisas rosas, pajaritas. A veces, su acento denotaba veranos en Newport, el equipo de remo de Yale y caballos de polo. Resultaba más que extraño tratándose de un hombre que sabía orientarse en el valle de Willamette. Y, aunque podía ser muy ingenioso, incluso hacer el tonto, en un abrir y cerrar de ojos podía ponerse aterradoramente serio.

No había nada que le pusiera más serio que el tema de Nike contra Aduanas de EE. UU.

En Nike, a algunos les preocupaba su seriedad, temían que cayera en la obsesión. A mí me parecía bien. Los obsesivos son los únicos que valen para el trabajo. Los únicos que me valen a mí. Algunos cuestionaban su estabilidad.

—Pero, en cuestiones de estabilidad —decía yo—, ¿quién de nosotros puede tirar la primera piedra?

Además, a Strasser le caía bien, y yo confiaba en Strasser. Así que, cuando este propuso que ascendiéramos a Werschkul y lo trasladáramos a Washington, D. C., donde estaría más cerca de los políticos que necesitábamos de nuestra parte, no vacilé. Y, por supuesto, Werschkul tampoco.

Más o menos cuando enviamos a Werschkul a Washington mandé a Hayes a Exeter para que comprobara cómo iban las cosas en la fábrica y cómo se llevaban Woodell y Johnson. También figuraba en su agenda la compra de algo denominado laminadora de goma. Supuestamente, eso nos ayudaría a dictar mejor la calidad de nuestras suelas exteriores y entresuelas. Además, Bowerman la quería para sus experimentos, y mi política seguía siendo LQQB: Lo Que Quiera Bowerman.

—Si Bowerman pide un tanque Sherman, no preguntes. Llama al Pentágono —le dije a Woodell.

Pero cuando Hayes le preguntó a Woodell por «esos artilugios, las laminadoras de goma» y dónde podía encontrar una, este se encogió de hombros. Nunca había oído hablar de ellas. Woodell le aconsejó que contactara con Giampietro, que, por supuesto, sabía todo lo que merecía la pena saber sobre laminadoras de goma y, días después, Hayes estaba paseándose con él por el Maine rural en dirección a la pequeña población de Saco, donde se celebraba una subasta de material industrial.

Hayes no pudo encontrar una laminadora en la subasta, pero se enamoró del lugar, una vieja fábrica de ladrillo rojo situada en una isla del río Saco. Parecía salida de un libro de Stephen King, pero eso no lo amedrentó. Sentía una conexión con ella. Supongo que era de esperar que un hombre que tenía una pasión fetichista por las excavadoras se enamorara de una fábrica oxidada. Lo sorprendente era que la fábrica estaba en venta por quinientos mil dólares. Hayes le ofreció al dueño cien mil y finalmente acordaron doscientos mil.

—Felicidades —dijeron Hayes y Woodell cuando llamaron aquella tarde.

—¿Por qué?

—Por un precio ligeramente superior al de una laminadora de goma eres el orgulloso propietario de una puñetera fábrica —anunciaron.

—¿De qué coño estáis hablando?

Me explicaron lo sucedido. Igual que Jack hablándole a su madre de las habichuelas mágicas, balbucearon al llegar a la parte del precio y el hecho de que la fábrica necesitara decenas de miles de dólares en reparaciones.

Noté que habían bebido y más tarde Woodell confesaría que, después de pasar por una enorme tienda de licores de oferta en New Hampshire, Hayes exclamó:

—¡Con precios como este un hombre no puede permitirse no beber!

Me levanté de la silla y me puse a gritar.

—¡Imbéciles! ¿Para que necesito una fábrica que no funciona en Saco, Maine?

—¿Como almacén? Y algún día podría complementar la fábrica de Exeter.

Al más puro estilo John McEnroe grité:

—¡No lo diréis en serio! ¡No os atreváis!

—Demasiado tarde. Ya la hemos comprado.

Colgaron.

Me senté. Ni siquiera estaba enfadado. Estaba demasiado preocupado para enfadarme. El gobierno federal me pedía un reembolso de veinticinco millones de dólares que no tenía y mis hombres andaban por el país extendiendo cheques por valor de centenares de miles de dólares sin tan siquiera consultarme. De repente me calmé. Estaba casi en estado comatoso y me dije: «¿Qué más da? Cuando intervenga el gobierno, cuando lo expropien absolutamente todo, a ver qué hacen con una fábrica inactiva en Saco, Maine».

Más tarde, Hayes y Woodell me llamaron de nuevo y me dijeron que habían bromeado sobre la compra de la fábrica.

—Te estábamos tomando el pelo —dijeron—. Pero tienes que comprarla, de verdad.

—De acuerdo —dije con desgana—. Lo que os parezca mejor, idiotas.

En 1979 íbamos camino de alcanzar los ciento cuarenta millones de dólares en ventas. Y, además, nuestra calidad mejoraba con rapidez. La gente del sector escribía artículos y nos alababa por sacar «por fin» unas zapatillas mejores que Adidas. Personalmente, pensaba que los expertos del sector llegaban tarde a la fiesta. Al margen de algunos tropiezos, nuestra calidad había sido excelente durante años y nunca nos habíamos quedado rezagados en materia de innovación (además, teníamos en proyecto las suelas con aire de Rudy).

Aparte de nuestra guerra con el gobierno, estábamos en buena forma. Lo cual era como decir: estamos en el corredor de la muerte, pero la vida es fantástica.

Otra buena señal: la central se nos seguía quedando pequeña. Ese año volvimos a trasladarnos a un edificio propio de tres mil setecientos metros cuadrados en Beaverton. Mi despacho era elegante y enorme, más grande que nuestras primeras oficinas situadas junto al Pink Bucket.

Y estaba vacío. La interiorista se decantó por un estilo minimalista japonés y le dio un toque absurdo que a todo el mundo le pareció hilarante. Creyó que sería gracioso colocar detrás de mi mesa una silla de cuero con forma de guante de béisbol gigante.

—Ahora puedes sentarte ahí cada día y pensar en tus… cosas de deportes —dijo.

Me senté en el guante, como una pelota mugrienta, y miré por la ventana. Debería haber disfrutado del momento, degustado el humor y la ironía. Ser expulsado del equipo de béisbol del instituto había sido una de las situaciones más dolorosas de mi vida, y ahora estaba sentado en un guante gigante, en una oficina ostentosa, presidiendo una empresa que vendía «cosas de deportes» a jugadores de béisbol profesionales. Pero en lugar de disfrutar de lo lejos que habíamos llegado, solo veía lo lejos que debíamos llegar. Mi ventana daba a un hermoso pinar y, sin duda, el bosque me impedía ver los árboles.

En aquel momento no entendía lo que estaba sucediendo, pero ahora sí. Los años de estrés me estaban pasando factura. Cuando solo ves problemas, no ves con claridad. Justo en el momento en que debía ser más avispado, estaba al borde de consumirme.

Inauguré el último Buttface de 1978 con un discurso alentador, tratando de arengar a las tropas, pero sobre todo a mí mismo.

—Caballeros, nuestro sector está integrado por Blancanieves y los siete enanitos. Y el año que viene… por fin… ¡uno de los enanos le bajará las bragas a Blancanieves! —dije.

Por si la metáfora requería más explicaciones, precisé que Adidas era Blancanieves.

—¡Y nuestro momento se acerca! —grité.

Pero primero teníamos que empezar a vender ropa. Además de que Adidas vendía más prendas que calzado, la ropa les otorgaba ventaja psicológica. Les ayudaba a captar a deportistas más importantes con contratos de patrocinio más atractivos. «Mirad todo lo que podemos daros», decía Adidas a los atletas, señalando sus camisetas, pantalones y otras prendas. Y podían decir lo mismo cuando se sentaban a hablar con tiendas de material de deporte.

Por añadidura, si algún día resolvíamos nuestro enfrentamiento con los federales y queríamos cotizar en Bolsa, Wall Street no nos profesaría el respeto que merecíamos siendo solo una empresa de calzado. Debíamos diversificarnos, lo cual significaba desarrollar una línea consistente de ropa, y a su vez buscar a alguien muy bueno que la dirigiera. En el Buttface anuncié que ese alguien sería Ron Nelson.

—¿Por qué él? —preguntó Hayes.

—Bueno —respondí—, para empezar es contador público autorizado…

Hayes agitó los brazos por encima de la cabeza.

—Justo lo que necesitamos. Otro contable —dijo.

Tenía razón. Parecía que solo contrataba a contables. Y abogados. No es que sintiera un extraño afecto por los contables y los abogados; simplemente, no sabía dónde buscar talento. Le recordé a Hayes, y no por primera vez, que no había escuelas ni universidades del calzado donde pudiéramos ir a reclutar. Teníamos que contratar a gente sagaz, esa era nuestra prioridad, y los contables y los abogados al menos habían demostrado que podían dominar un tema difícil y aprobar un examen complejo.

La mayoría de ellos habían dado muestras también de una competencia básica. Cuando contratabas a un contable, sabías que podía llevar la contabilidad. Cuando contratabas a un abogado, sabías que podía hablar. Cuando contratabas a un experto en mercadotecnia o a un desarrollador de productos, ¿qué sabías? Nada. No podías predecir lo que sabía hacer o si sabía hacer algo. ¿Y el típico licenciado en Empresariales? No querían empezar vendiendo zapatillas. Además, carecían de experiencia, así que te la jugabas basándote solo en la entrevista. No teníamos suficiente margen de error para lanzar los dados por nadie.

Además, en lo que a contables respecta, Nelson era sobresaliente. Se había convertido en director en solo cinco años, lo cual era increíblemente rápido. Había obtenido las mejores calificaciones en su instituto (por desgracia, no descubrimos hasta más tarde que fue al instituto en el este de Montana; en su clase había cinco alumnos).

Como punto flaco, al haber accedido tan rápido a la profesión, Nelson era joven. Tal vez demasiado para gestionar algo tan grande como el lanzamiento de una línea de ropa. Pero me convencí de que esto no sería un factor crucial, ya que esa tarea era relativamente fácil. Al fin y al cabo, no requería tecnología ni conocimientos científicos. Tal como comentó Strasser en una ocasión:

—No hay pantalones cortos con cámara de aire.

Entonces, durante una de mis primeras reuniones con Nelson, justo después de contratarlo, me di cuenta de que no tenía el menor sentido de la estética. Cuanto más lo miraba, de arriba abajo y de lado a lado, más me daba cuenta de que quizá era la persona peor vestida que había conocido jamás. Peor que Strasser. Incluso su coche: un día lo vi en el aparcamiento y era de un tono marrón espantoso. Cuando se lo mencioné, se echó a reír, y se atrevió a jactarse de que todos los automóviles que había tenido eran de ese mismo color.

—Es posible que me haya equivocado con Nelson —confesé a Hayes.

Yo no era un figurín, pero sabía llevar un traje decente. Y, puesto que mi empresa iba a lanzar una línea de ropa, empecé a prestar más atención a lo que llevábamos yo y los que me rodeaban. En el segundo caso estaba horrorizado. Banqueros e inversores, representantes de Nissho y toda clase de gente a la que debíamos impresionar pasaban por nuestros nuevos pasillos y, siempre que veían a Strasser con sus camisas hawaianas o a Hayes con su atuendo de conductor de excavadora, miraban tres veces. En ocasiones, nuestra excentricidad resultaba divertida (un directivo de Foot Locker nos dijo: «Os consideramos dioses... hasta que vemos vuestros coches»), pero la mayoría del tiempo resultaba vergonzosa. Y podía ser perjudicial. De manera que por la época de Acción de Gracias de 1978, instituí un estricto código de vestimenta en la empresa.

La reacción no fue excesivamente entusiasta. «Chorradas corporativas», murmuraban muchos. Se mofaban de mí. Casi todos me ignoraban. No hacía falta fijarse demasiado para darse cuenta de que Strasser había empezado a vestir peor. El día que apareció con unas bermudas anchas, como si estuviese paseándose por la playa con un contador Geiger, no pude tolerarlo. Aquello era insubordinación.

Lo intercepté en el pasillo y le dije:

—¡Tienes que llevar americana y corbata!

—¡No somos una empresa de americana y corbata! —replicó.

—A partir de ahora sí.

Y se marchó.

En días posteriores, siguió vistiendo con una informalidad estudiada y beligerante, así que le multé. Le indiqué al contable que dedujera setenta y cinco dólares de su siguiente nómina.

Strasser montó en cólera, por supuesto. Y conspiró. Días después, él y Hayes vinieron a trabajar con americana y corbata. Pero eran ridículas. Rayas y tartán, cuadros con lunares, todo de rayón, poliéster... ¿y arpillera? Pretendía ser una farsa, pero también una protesta, un gesto de desobediencia civil, y no estaba de humor para aguantar dos Gandhi de la moda disfrazados, así que no los invité al siguiente Buttface. Después les ordené que se fueran a casa y no volvieran hasta que aprendieran a comportarse y a vestir como adultos.

—¡Y volveré a multarte! —grité a Strasser.

—¡Pues estás jodido! —respondió.

En ese preciso instante me di la vuelta y vi que se acercaba Nelson, vestido peor que todos los demás. Pantalones acampanados de poliéster y una camisa de seda rosa abierta hasta el ombligo. Una cosa eran Strasser y Hayes, pero ¿cómo se atrevía el nuevo a protestar por mi código de vestimenta cuando acababa de contratarlo? Señalé la puerta y lo mandé a casa. Por su mirada de confusión y espanto me di cuenta de que no estaba protestando. Era hortera por naturaleza.

Mi nuevo director de productos textiles.

Me retiré a la silla-guante de béisbol y miré por la ventana un buen rato. Cosas de deportes.

Sabía qué sucedería. Y sucedió.

Semanas después, Nelson nos presentó formalmente la primera línea de ropa Nike. Henchido de orgullo, sonriendo de emoción, desplegó las nuevas prendas sobre la mesa. Pantalones de deporte manchados, camisetas rasgadas y sudaderas arrugadas: cada putrefacta prenda parecía una donación o recogida de un cubo de la basura. Para rematar el asunto, Nelson las sacó de una sucia bolsa de papel marrón que también parecía contener su almuerzo.

Al principio nos quedamos en shock. Nadie sabía qué decir. Finalmente, alguien se echó a reír. Es probable que fuera Strasser. Le siguieron unas tímidas carcajadas. Woodell, quizá. Luego estallaron las risas. Todos se desternillaban, balanceándose adelante y atrás, cayéndose de la silla. Nelson se dio cuenta de que había metido la pata y, aterrorizado, empezó a guardar la ropa en la bolsa de papel, que se rompió, ante lo cual todos se rieron aún más. Yo me reía más que nadie, pero me parecía que iba a romper a llorar en cualquier momento.

Poco después trasladé a Nelson a un departamento de Producción creado recientemente, donde su considerable talento como contable le ayudó a desempeñar una gran labor. Más tarde fui destinando poco a poco a Woodell a la sección de ropa. Como de costumbre, realizó un trabajo impecable y creó una línea que despertó interés y respeto inmediatos en el sector. Me preguntaba por qué no dejaba a Woodell que se encargara de todo.

Incluido mi trabajo. A lo mejor podía volver al este y quitarme al gobierno federal de encima.

En medio de aquel caos, en medio de aquella incertidumbre por el futuro, necesitábamos levantar el ánimo, y lo conseguimos a finales de 1978, cuando finalmente estrenamos las Tailwind. Desarrolladas en Exeter y fabricadas en Japón, la creación de M. Frank Rudy era algo más que una zapatilla. Era una obra de arte posmoderna. Grandes, brillantes, de un llamativo plateado y con las suelas con aire patentadas por Rudy, incluían doce innovaciones. Hubo un gran despliegue publicitario con una ostentosa campaña, e hicimos coincidir el lanzamiento con el maratón de Honolulú, donde las llevarían muchos corredores.

Viajamos todos a Hawái para la presentación, que se convirtió en una bacanal de alcohol y en una especie de coronación de Strasser. Estaba haciéndole abandonar el departamento Legal para que se dedicara a tareas mercadotécnicas, sacándolo de su zona de confort, como me gustaba hacer con todos de vez en cuando para impedir que se estancaran. Las Tailwind fueron el primer gran proyecto de Strasser, así que se sentía como el rey Midas.

—Lo he bordado —decía continuamente.

¿Quién podía reprocharle que sacara pecho? Tras un debut muy exitoso, las Tailwind se convirtieron en un monstruo de ventas. A los diez días creímos que podrían eclipsar a la zapatilla de gofre.

Entonces empezó a llegar un goteo de quejas. En manada, los clientes estaban devolviendo las zapatillas quejándose de que se hinchaban y se rompían en pedazos. Las autopsias practicadas a las Tailwind devueltas revelaron un grave error de diseño. Los fragmentos de metal de la pintura plateada rozaban la capellada y actuaban como cuchillas microscópicas que rajaban y hacían jirones el material. Pedimos que las retiraran de las tiendas y ofrecimos un reembolso total, y la mitad de la primera generación de las Tailwind acabó en cubos de reciclaje.

Lo que empezó como un soplo de energía acabó convirtiéndose en un batacazo que aminoró la confianza de todos. Cada uno reaccionó a su manera. Hayes daba vueltas como un loco en una excavadora. Woodell pasaba cada día más horas en la oficina. Yo me iba aturdido del guante de béisbol a la butaca reclinable.

Con el tiempo, decidimos fingir que no pasaba nada. Habíamos aprendido una valiosa lección: no hagas doce innovaciones en un mismo modelo. Exígele mucho a la zapatilla, por no hablar del equipo de diseño. Nos recordamos que era honroso decir: «Volvamos a la mesa de dibujo». Recordamos las muchas gofreras que Bowerman había estropeado.

«El año que viene», dijimos. «Ya lo veréis. El año que viene. El enano conseguirá a Blancanieves.»

Pero Strasser no lo superaba. Empezó a beber y llegaba tarde al trabajo. Su atuendo era el menor de mis problemas en aquel momento. Aquel podía ser nuestro primer fracaso real y siempre recordaré aquellas grises mañanas de invierno, viéndolo arrastrarse hasta mi despacho con la última mala noticia sobre sus zapatillas. Reconocí ciertas señales. Él también estaba al borde del colapso.

El único que no estaba deprimido por las Tailwind era Bowerman. De hecho, su catastrófico estreno le ayudó a salir de la depresión en la que se hallaba sumido desde la jubilación. Tal como le encantaba decirme a mí y a todos:

—Os lo advertí.

Las fábricas de Taiwan y Corea trabajaban a buen ritmo y ese año abrimos varias más en la ciudad inglesa de Heckmondwike y en Irlanda. Los observadores del sector destacaban nuestras fábricas y ventas y afirmaban que éramos imparables. Pocos imaginaban que estábamos arruinados. O que nuestro jefe de mercadotecnia tenía depresión. O que nuestro fundador y presidente estaba sentado con cara de pocos amigos en un guante de béisbol gigante.

El agotamiento se extendió por toda la oficina como si fuera mononucleosis. Y mientras nosotros estábamos agotados, nuestro hombre en Washington ardía.

Werschkul había hecho todo lo que le habíamos pedido. Había acorralado a políticos. Había pedido, presionado, suplicado apasionadamente por nuestra causa, aunque no siempre con cordura. Día tras día recorría los pasillos del Congreso regalando pares de Nike. Modernas, con el logo en el lateral (sabedor de que los congresistas estaban obligados por ley a informar de cualquier regalo por un valor superior a treinta y cinco dólares, Werschkul incluía siempre una factura de 34,99). Pero todos los políticos le decían lo mismo:

—Dame algo por escrito, hijo, algo que pueda estudiar. Facilítame un desglose de vuestro caso.

Así que Werschkul se pasó meses redactando un desglose y, durante el proceso, sufrió una crisis nerviosa. Lo que se suponía que debía ser un resumen, un informe, se había convertido en una historia exhaustiva, el declive y caída del Imperio Nike, que ocupaba centenares de páginas. Era más largo que una novela de Proust o de Tolstoi, pero mucho menos legible. Incluso tenía título. Sin un ápice de ironía, Werschkul lo bautizó: *Werschkul sobre el precio de venta en Estados Unidos, volumen I.*

Si lo pensabas con detenimiento, lo verdaderamente aterrador era lo de «volumen I».

Envié a Strasser al este para que metiera en cintura a Werschkul y lo obligara a ingresarse en un psiquiátrico si era necesario.

—Tranquilízalo —le dije.

La primera noche fueron a un pub de Georgetown a tomar un par o tres de cócteles y esto no sirvió para que Werschkul se tranquilizara, sino más bien para lo contrario. Se subió a una silla y soltó un discurso a la clientela en plan Patrick Henry.

—¡Dadme Nike o dadme muerte!

Los clientes parecían inclinarse por lo segundo. Strasser intentó convencerlo de que se bajara de la silla, pero Werschkul solo estaba calentando.

—¿No os dais cuenta de que es la libertad la que está siendo juzgada? ¡La libertad! ¿Sabíais que el padre de Hitler era inspector de Aduanas? —gritó.

Como no hay mal que por bien no venga, Werschkul asustó tanto a Strasser que este volvió en sí. Cuando regresó parecía el de siempre y me habló de los problemas mentales de Werschkul.

Ambos nos reímos. Fueron unas risas terapéuticas. Luego me entregó una copia de *Werschkul sobre el precio de venta en Estados Unidos, volumen I.* Werschkul incluso lo hizo encuadernar. En piel.

Miré el título. Era perfecto. Muy Werschkul.

—¿Piensas leerlo? —preguntó Strasser.

—Esperaré a que salga la película —dije, y lo tiré encima de la mesa.

En aquel momento supe que tendría que viajar a Washington, D. C. y encarar aquel combate yo mismo. No había otro remedio.

Y entonces tal vez podría curarme de mi agotamiento. Quizá la cura para el agotamiento, pensé, fuera trabajar más duro.

1979

Tenía un diminuto despacho en el departamento de Hacienda, un lugar más o menos igual de grande que el armario de ropa blanca de mi madre. Apenas había espacio para la mesa gris metálica facilitada por el gobierno, por no hablar de la silla a juego para las infrecuentes visitas.

Señaló ese asiento.

—Siéntese —dijo.

Me senté y miré a mi alrededor con incredulidad. ¿Aquella era la base de operaciones del hombre que no paraba de enviarnos facturas por un importe de veinticinco millones de dólares? Me quedé mirando a aquel burócrata de ojos pequeños y brillantes. ¿A qué criatura me recordaba? A un gusano no. No, a algo más grande. A una serpiente tampoco. No era tan simple. Entonces caí en la cuenta. Al pulpo de Johnson. Recordé a Stretch arrastrando al indefenso cangrejo a su guarida. En efecto, aquel burócrata era un kraken. Un microkraken. Un burokraken.

Asfixiando aquellos pensamientos, enterrando toda mi hostilidad y temor, forcé una sonrisa e intenté explicarle amablemente que todo aquello era un malentendido. Incluso los colegas del Departamento de Hacienda del burokraken estaban de nuestra parte. Le entregué un documento.

—Aquí tiene un informe que asegura que el precio de venta en Estados Unidos no es aplicable a las zapatillas Nike —dije—. El informe fue realizado por Hacienda.

—Ummm —dijo el burokraken. Lo leyó y me lo devolvió—. Eso no sirve en Aduanas.

«¿Que no sirve?» Apreté los dientes.

—Pero todo esto no es más que una jugarreta de nuestros competidores. Están castigándonos por tener éxito —repliqué.

—Nosotros no lo vemos así.

—¿A quiénes se refiere con «nosotros»?

—Al gobierno de EE. UU.

Me costaba creer que aquel... hombre... hablara en nombre del gobierno de EE. UU., pero no lo dije.

—No entiendo por qué el gobierno querría reprimir el libre comercio —dije—. Que el gobierno de Estados Unidos quiera formar parte de este engaño. Que quiera amedrentar a una pequeña empresa de Oregón. Señor, con el debido respeto, he viajado por todo el mundo. He visto a políticos corruptos en países subdesarrollados actuar de este modo. He visto a matones avasallar a empresas con arrogancia e impunidad, y no me puedo creer que mi propio gobierno se comporte de esa manera.

El burokraken no medió palabra y esbozó una tímida sonrisa. De repente me di cuenta de que era grotescamente infeliz, como todos los funcionarios. Cuando empecé a hablar otra vez, su infelicidad se manifestó en una energía incansable y desenfrenada. Se levantó y echó a andar. Bailó de un lado para otro detrás de la mesa. Luego se sentó. Y volvió a hacerlo. No eran los andares de un pensador, sino la agitación de un animal enjaulado. Tres pasos afeminados a la izquierda, tres pasos vacilantes a la derecha.

Cuando se sentó de nuevo, me interrumpió a media frase y me explicó que no le importaba lo que yo dijera o pensara, o si todo aquello era «justo» o «estadounidense» (hacía el gesto de las comillas con sus «dedos» huesudos). Él solo quería su dinero. ¿Su dinero?

Me crucé de brazos. Desde que empecé a sentirme agotado, estaba recuperando aquel viejo hábito. En 1979, a menudo parecía que intentara no saltar por los aires, que no se derramara el contenido de mi cuerpo. Quería esgrimir otro argumento, refutar algo que acababa de decir el burokraken, pero ya no confiaba en mí mismo. Temía que empezaran a flaquearme las extremidades, ponerme a chillar. Comenzar a golpear su teléfono. Formábamos una extraña pareja; él con sus frenéticos andares y yo con mis delirantes brazos cruzados.

Estaba claro que nos hallábamos en un callejón sin salida. Tenía que hacer algo. Así que empecé a hacerle la pelota. Le dije que respetaba su postura. Tenía un trabajo que hacer. Muy importante. No debía de ser fácil imponer cuantiosas multas y soportar quejas continuamente. Observé su despacho-celda, como mostrándome comprensivo. Sin embargo, si Nike se veía obligada a pagar esa suma desorbitada, tendríamos que cerrar, le dije.

—¿Y? —dijo.

—¿Y? —respondí yo.

—Sí —dijo—. ¿Y qué? Señor Knight, es mi responsabilidad cobrar aranceles en nombre del Departamento de Hacienda. Para mí eso lo resume todo. Que suceda lo que tenga que suceder.

Me crucé de brazos con tanta intensidad que debía de parecer que llevaba una camisa de fuerza invisible.

Luego los descrucé y me puse en pie. Despacio, cogí el maletín. Le dije al burokraken que no pensaba aceptar su decisión y que no me rendiría. Si era necesario visitaría uno por uno a todos los congresistas y senadores y me defendería en privado. De repente sentía la mayor de las empatías por Werschkul. No era de extrañar que estuviera desquiciado. «¿Sabíais que el padre de Hitler era inspector de Aduanas?»

—Haga lo que tenga que hacer —dijo el burokraken—. Que pase un buen día.

Y volvió a fijar su atención en sus carpetas. Consultó el reloj. Eran casi las cinco. No faltaba mucho para que terminara la jornada y antes había que arruinarle la vida a otro.

Empecé a ir de manera más o menos frecuente a Washington. Cada mes me reunía con políticos, activistas de grupos de presión, asesores, burócratas y cualquiera que nos pudiese ayudar. Me sumergí en aquel extraño submundo político y leí todo lo que pude sobre Aduanas.

Incluso hojeé *Werschkul sobre el precio de venta en Estados Unidos, volumen I*.

Nada funcionaba.

A finales del verano de 1979, Werschkul me consiguió cita con Mark O. Hatfield, uno de los senadores por Oregón. Hatfield, un hombre muy respetado y con numerosos contactos, era presidente del Comité de Apropiaciones del Senado. Con una llamada podía conseguir que los jefes del burokraken solucionaran la discrepancia de los veinticinco millones de dólares. Así que me pasé varios días preparándome y estudiando para las reuniones, y hablé varias veces con Woodell y Hayes.

—Hatfield tiene que verlo desde nuestro punto de vista —comentó Hayes—. Lo respetan a ambos lados del pasillo. Algunos lo llaman San Marcos. No quiere ni oír hablar de los abusos de poder. Se enfrentó a Nixon por el Watergate. Y peleó como un jabato a fin de conseguir financiación para construir presas en Columbia.

—Parece nuestra mejor opción —dijo Woodell.

—Puede que sea la última —respondí.

La noche que llegué a Washington, Werschkul y yo quedamos para cenar y ensayamos. Como dos actores interpretando diálogos, repasamos los posibles argumentos que podía esgrimir Hatfield. Werschkul no dejaba de hacer referencia a *Werschkul sobre el precio de venta en Estados Unidos, volumen I*. A veces mencionaba incluso el volumen II.

—Olvídalo —le dije—. Simplifiquemos.

A la mañana siguiente subimos lentamente la escalera del Senado de Estados Unidos y contemplamos aquella magnífica fachada, las columnas, el mármol brillante y la gran bandera que ondeaba sobre nosotros, y tuve que detenerme. Pensé en el Partenón, el templo de Niké. Sabía que aquel también sería uno de los momentos cruciales de mi vida. Con independencia de lo que ocurriera, no quería dejarlo pasar sin tomar conciencia de ello. Así que observé las columnas. Admiré la luz reflejándose en el mármol. Me quedé allí un buen rato…

—¿Vienes? —dijo Werschkul.

Era un día de verano asfixiante. Tenía la mano con la que sostenía el maletín cubierta de sudor. El traje empapado. Parecía que me hubiera visto sorprendido por una tormenta. ¿Cómo iba a reunirme con un senador de Estados Unidos en aquel estado? ¿Cómo iba a estrecharle la mano?

¿Cómo iba a pensar con claridad?

Entramos en el despacho de Hatfield, y una de sus ayudantes nos condujo a una sala de espera. Pensé en el nacimiento de mis dos hijos. En Penny. En mis padres. En Bowerman. En Grelle. En Pre. En Kitami. En James el Justo.

—El senador les recibirá ahora mismo —dijo la ayudante.

Nos llevó a una sala grande y fresca, y Hatfield se levantó de la mesa. Nos dio una cálida bienvenida como conciudadanos de Oregón y nos acompañó a una zona de descanso situada junto a la ventana. Nos sentamos. Hatfield y Werschkul sonrieron. Mencioné a Haftield que éramos parientes lejanos. Según creía, mi madre era prima tercera suya. Hablamos un poco sobre Roseburg.

Luego, nos aclaramos la garganta y el aire acondicionado empezó a zumbar.

—Bien, senador, la razón por la que hemos venido a verle hoy…

Hatfield levantó una mano.

—Conozco su situación. Mis empleados han leído *Werschkul sobre el precio de venta en Estados Unidos, volumen I* y me han puesto al corriente. ¿En qué puedo ayudarles?

Estaba atónito. Me volví hacia Werschkul, cuyo rostro estaba del mismo color que su pajarita rosa. Habíamos pasado tanto tiempo ensayando aquella negociación, preparándonos para convencer a Hatfield y llevarlo a nuestra causa, que no estábamos listos para la posibilidad de… triunfar. Nos acercamos el uno al otro y, medio susurrando, debatimos cómo podía ayudarnos Hatfield. Werschkul creía que debíamos escribir una carta al presidente de Estados Unidos o tal vez al director de Aduanas. Yo quería que llamara por teléfono. No nos poníamos de acuerdo y empezamos a discutir. El aire acondicionado parecía reírse de nosotros. A la postre, hice callar a Werschkul, hice callar al aire acondicionado, y me volví hacia Hatfield.

—Senador, no pensábamos que fuese a mostrarse tan servicial hoy. Lo cierto es que todavía no tenemos claro cómo puede ayudarnos. Volveremos a ponernos en contacto con usted.

Salí de allí sin comprobar si Werschkul venía detrás.

Llegué a casa a tiempo para presidir dos momentos cumbre. En el centro de Portland inauguramos un establecimiento de trescientos veinticinco metros cuadrados que se abarrotó al instante. Las colas para pagar eran interminables. La gente pedía a gritos probárselo… todo. Tuve que ponerme a ayudar. Por un momento regresé al salón de mis padres, donde medía pies y calzaba a los corredores. Fue una pasada, y un oportuno recuerdo de por qué estábamos en el negocio.

Luego volvimos a cambiar de oficina. Necesitábamos aún más espacio, y lo encontramos en un edificio de cuatro mil trescientos metros cuadrados con todos los servicios: sauna, biblioteca, gimnasio y tantas salas de reuniones que no podía contarlas. Al firmar el contrato de alquiler recordé aquellas noches volviendo en coche con Woodell. Sacudí la cabeza. Pero no tenía sensación de victoria.

—Mañana puede desaparecer todo —susurré.

Éramos grandes, eso era innegable. Para cerciorarnos de que no se nos subían los humos, como habría dicho mamá Hatfield, nos trasladamos como siempre lo hacíamos. Los trescientos empleados vinieron el fin de semana y metieron sus pertenencias en su coche. Les ofrecimos pizza y cerveza, y unos mozos de almacén cargaron el material más pesado en furgonetas. Luego, enfilamos lentamente la carretera.

Pedí a los mozos de almacén que dejaran allí la silla-guante de béisbol.

En el otoño de 1979 fui a Washington para reunirme por segunda vez con el burokraken. En esa ocasión no lo vi tan enérgico. Hatfield se había puesto en contacto con él, al igual que otro senador por Oregón, Bob Packwood, presidente del Comité de Finanzas del Senado, que tenía competencias en Hacienda.

—Estoy harto de tener noticias de sus amigos de las altas esferas —dijo el burokraken, señalándome con uno de sus tentáculos.

—Lo lamento —respondí—. No debe de ser divertido, pero seguirá teniendo noticias mientras esta situación no se resuelva.

—¿Se da cuenta de que no necesito este trabajo? —preguntó enojado—. ¿Sabe que mi mujer… tiene… dinero? No necesito trabajar.

—Me alegro por usted. Y por ella.

«Cuanto antes se jubile, mejor», pensé.

Pero el no se jubilaría nunca. En los próximos años seguiría trabajando para administraciones republicanas y demócratas. Sin parar. Como la muerte y los impuestos. De hecho, un día, en un futuro lejano, formaría parte de la pequeña camarilla de burócratas que dieron la desastrosa autorización para que los agentes federales irrumpieran en el complejo de Waco.

Ahora que el burokraken estaba inquieto, pude desviar momentáneamente mi atención hacia nuestra otra amenaza existencial: la producción. Las mismas condiciones que hundieron a Japón —divisa fluctuante, aumento del coste de mano de obra, inestabilidad gubernamental— empezaban a confluir en Taiwan y Corea. Una vez más, había llegado el momento de buscar nuevas fábricas y países. Había llegado la hora de pensar en China.

La cuestión no era cómo entrar en ese país. Al final lo haría una u otra empresa de calzado y luego la seguirían todas las demás. La cuestión era cómo llegar los primeros. Quien lo hiciera gozaría de una ventaja competitiva que podía prolongarse durante décadas, no solo en el sector de la producción china, sino también en sus mercados y con sus líderes políticos. Sería un golpe maestro. En nuestras primeras reuniones para tratar este tema siempre decíamos: «Mil millones de personas. Dos. Dos mil millones de pies».

En nuestro equipo teníamos un experto en China muy fiable: Chuck. Además de haber trabajado con Henry Kissinger, formaba parte de la junta directiva de Allen Group, un fabricante de recambios para coches con algunos diseños en el mercado chino. Su consejero delegado era Walter Kissinger, el hermano de Henry. Chuck nos dijo que Allen, en sus exhaustivas investigaciones sobre el país, había descubierto a un impresionante trabajador chino llamado David Chang. Chuck conocía China, y conocía a gente que la conocía, pero nadie sabía tanto de China como David Chang.

—Digámoslo de otro modo —explicaba Chuck—. Cuando Walter Kissinger quería entrar en China y no podía, no llamaba a Henry. Llamaba a Chang.

Me abalancé sobre el teléfono.

La dinastía Chang no entró con buen pie en Nike. Por lo pronto, era pijo. Creía que Werschkul era pijo hasta que conocí a Chang. Blazer azul, botones dorados, camisa a cuadros muy almidonada y corbata a rayas. Y lo llevaba todo despreocupadamente. Sin avergonzarse. Con su corazón de cachemir, era el hijo de Ralph Lauren y Laura Ashley.

Le enseñé la oficina, le presenté a todos y él mostró un asombroso talento para hacer siempre el comentario inadecuado. Conoció a Hayes, que pesaba ciento cincuenta kilos, a Strasser, que pesaba ciento cuarenta y cinco, y a Jim Manns, nuestro nuevo director financiero, que estaba a una chocolatina de los ciento sesenta. Chang hizo una broma sobre la «media tonelada de directiva».

—¿Tanto peso en una empresa de material de deporte? —comentó.

A nadie le hizo gracia.

—Quizá sea tu manera de expresarte —le dije, y me lo llevé de allí.

En el pasillo nos encontramos con Woodell, a quien había hecho venir hacía poco de la Costa Este. Chang se agachó y le estrechó la mano.

—¿Un accidente de esquí? —dijo.

—¿Qué?

—¿Cuándo te levantarás de esa silla? —preguntó Chang.

—Nunca, imbécil.

Suspiré.

—Bueno, a partir de ahora la cosa solo puede ir a mejor —le dije a Chang.

1980

Nos congregamos en la sala de reuniones y Chang nos detalló su biografía. Había nacido en Shangai y se crio en la opulencia. Su abuelo era el tercer fabricante de salsa de soja más importante del norte de China y su padre el tercer miembro más destacado del Ministerio de Asuntos Exteriores chino. Pero cuando era adolescente llegó la revolución. Los Chang huyeron a Los Ángeles, donde él asistió al instituto Hollywood High. A menudo, Chang y sus padres pensaban que volverían. Mantenían contacto con sus amigos y familiares en su país, y su madre era íntima de Soong Ching-ling, la madrina de la revolución.

Entre tanto, Chang estudió arquitectura en Princeton y se trasladó a Nueva York. Consiguió un trabajo en un buen despacho de arquitectos, donde participó en el proyecto Levittown. Luego creó su propia empresa. Ganaba bastante dinero y era un buen trabajo, pero se aburría como una ostra. No se divertía ni consideraba que estuviera consiguiendo nada real.

Un día, un amigo de Princeton se quejó de que no podía conseguir un visado para Shangai. Chang le ayudó a obtenerlo, le puso en contacto con gente y descubrió lo que le gustaba. Ser emisario, intermediario, era una manera más adecuada de aprovechar su tiempo y su talento.

Incluso con su ayuda, advirtió Chang, entrar en China era extremadamente difícil. El proceso era laborioso.

—Uno no puede pedir permiso para visitar China —explicó—.

Hay que solicitar formalmente que el gobierno te invite. La palabra «burocracia» ni se acerca a describir el proceso.

Cerré los ojos e imaginé, en la otra punta del mundo, una versión china del burokraken.

También pensé en los exsoldados que me explicaron lo que debía tener en cuenta para negociar con los japoneses cuando tenía veinticuatro años. Había seguido su consejo al pie de la letra y nunca me arrepentí de ello. Así que, atendiendo a las directrices de Chang, redactamos una presentación.

Era larga, casi tanto como *Werschkul sobre el precio de venta en Estados Unidos, volumen I*. También la llevamos a encuadernar.

A menudo nos preguntábamos si alguien llegaría a leerla.

—Bueno, Chang dice que hay que hacerlo así —concluíamos.

Lo enviamos a Pekín sin esperanza alguna.

En el primer Buttface de 1980 anuncié que, si bien le llevábamos la delantera a los federales, el caso podía eternizarse si no hacíamos algo atrevido, algo extravagante.

—He pensado mucho en esto y creo que lo que tenemos que hacer es… aplicarnos a nosotros mismos el precio de venta en Estados Unidos —dije.

Los *buttface* se carcajearon.

Después, se miraron unos a otros.

Nos pasamos el fin de semana dándole vueltas al tema. ¿Era posible? No, no podía ser. ¿Lo conseguiríamos? En absoluto. Pero quizá…

Decidimos intentarlo. Lanzamos una nueva zapatilla de atletismo con capellada de nailon y la bautizamos One Line. Era una imitación baratísima con un logo sencillo, y la hicimos en la vieja fábrica de Hayes en Saco. Las vendíamos casi a precio de coste. Ahora las autoridades de Aduanas tendrían que utilizar este «competidor» como un nuevo punto de referencia para establecer nuestros aranceles.

Ese fue el golpe inicial. Lo hicimos para llamar su atención.

Luego les soltamos el gancho. Creamos un anuncio de televisión que narraba la historia de una pequeña empresa de Oregón que luchaba contra el malvado gobierno. Empezaba con un hombre corriendo por una solitaria carretera mientras una voz grave ensalzaba los ideales del patriotismo, la libertad y el estilo de vida americano. Y la lucha contra la tiranía. Enardeció bastante a la gente.

Entonces asestamos el golpe directo. El 29 de febrero de 1980 presentamos una demanda antimonopolio de veinticinco millones de dólares en el tribunal del distrito sur de Nueva York, alegando que nuestros competidores y varias empresas de caucho, por medio de prácticas turbias, habían conspirado para dejarnos fuera del negocio.

Nos sentamos a esperar. Sabíamos que no pasaría mucho tiempo, y así fue. El burokraken estalló. Amenazó con una guerra nuclear, significara lo que significase. No nos importaba. Nos daba igual. Sus jefes, y los jefes de sus jefes, ya no querían seguir con aquel combate. Nuestros competidores y sus cómplices del gobierno se dieron cuenta de que nos habían subestimado.

Iniciaron de inmediato las negociaciones para llegar a un acuerdo.

Nuestros abogados llamaban cada dos días. Desde una oficina del gobierno, desde un bufete de abogados de primer nivel, desde una sala de reuniones de la Costa Este, me anunciaban la última oferta que el otro bando había planteado y yo la rechazaba con rotundidad.

Un día, me dijeron que podíamos solucionarlo todo, sin escándalos, sin dramas en los tribunales, por la considerable cifra de veinte millones de dólares.

—Ni de broma —respondí.

Otro día me dijeron que podríamos hacer un trato por quince millones.

—No me hagáis reír.

A medida que se reducía la cifra, mantuve varias conversaciones acaloradas con Hayes, Strasser y mi padre. Querían que aceptara y acabara con aquello.

—¿Cuál es la cifra que propones? —me preguntaban.

—Cero —respondía yo.

No quería pagar un centavo. Incluso un centavo sería injusto. Pero Jaqua, el primo Houser y Chuck, que me asesoraban en el caso, me hicieron sentarme un día y me explicaron que el gobierno necesitaba algo para salir bien parado. No podían abandonar aquella pelea con las manos vacías. Cuando las negociaciones se interrumpieron, me reuní con Chuck, que me recordó que hasta que el enfrentamiento quedara atrás, no podríamos plantearnos salir a Bolsa y, si no lo hacíamos, corríamos el riesgo de perderlo todo.

Me puse petulante. Me quejé de aquella injusticia. Hablé de resistir. Dije que quizá no quería cotizar en Bolsa… nunca. Una vez más, me mostré temeroso de que eso cambiara a Nike o acabara con ella. ¿Qué pasaría con el espíritu de Oregon Track, por ejemplo, si estaba sujeto al voto de los accionistas o a las exigencias de los tiburones de las finanzas? Habíamos atisbado ese escenario con el pequeño grupo de obligacionistas. Crecer y dejar entrar a miles de accionistas sería mil veces peor. Por encima de todo, no podía soportar la idea de que un titán comprara acciones y se convirtiera en un gigante en la junta.

—No quiero perder el control —le confesé a Chuck—. Ese es mi mayor temor.

—Bueno… hay una forma de cotizar en Bolsa sin perder el control —respondió.

—¿Qué?

—Podrías emitir dos clases de acciones: las de clase A y las de clase B. El público compraría las de clase B, que supondrían un voto por acción. Los fundadores, el círculo más próximo y tus titulares de obligaciones convertibles obtendrían las de clase A, lo cual les permitiría nombrar a tres cuartas partes de la junta directiva. Dicho de otro modo: recaudas unas enormes sumas de dinero y disparas tu crecimiento, pero te garantizas el control.

Me quedé mirándolo boquiabierto.

—¿De verdad podemos hacer eso?

—No es fácil. Pero *The New York Times*, *The Washington Post* y un par más lo han hecho. Creo que tú también podrías.

Puede que no fuese *satori*, o *kensho*, pero sí una iluminación instantánea. En un abrir y cerrar de ojos. Lo que llevaba años buscando.

—Chuck, ese parece... el camino.

En el siguiente Buttface expliqué el concepto de clase A y clase B, y todo el mundo tuvo la misma reacción: por fin. Pero advertí que, fuera o no la solución, debíamos hacer algo sin más demora, resolver nuestro problema de flujo de capital de una vez por todas, porque nuestra ventana estaba cerrándose. De repente veía una recesión en el horizonte. En seis meses, un año a lo sumo. Si esperábamos, si intentábamos salir a Bolsa entonces, el mercado nos daría mucho menos de lo que valíamos.

Pedí una votación a mano alzada. Salir a Bolsa... ¿todos a favor?

Por unanimidad.

En cuanto resolviéramos nuestra prolongada guerra fría con la competencia y el gobierno federal, iniciaríamos el proceso.

Las flores de primavera habían brotado cuando nuestros abogados y las autoridades gubernamentales pactaron una cifra: nueve millones de dólares. Seguía pareciéndome excesivo, pero todo el mundo me aconsejó que pagara. «Acepta el acuerdo», me decían insistentemente. Me pasé una hora mirando por la ventana y reflexionando. Las flores y el calendario decían que era primavera, pero aquel día las nubes desfilaban grises como el agua de fregar ante mis ojos y el viento era frío.

Gruñí. Cogí el teléfono y llamé a Werschkul, que había adoptado el papel de negociador principal.

—De acuerdo.

Pedí a Carole Fields que preparara el cheque y me lo trajo para que lo firmase. Nos miramos y, por supuesto, ambos recordamos el momento en que extendí aquel cheque por valor de un millón de dólares que no podía cubrir. Ahora estaba extendiendo un cheque de nueve millones de dólares y era imposible que nos lo devolvieran. Miré la línea de puntos.

—Nueve millones —susurré.

Todavía recordaba cuando vendí mi MG de 1960 con neumáticos de competición y dos árboles de levas por mil cien dólares. Igual que ayer. «Llévame de lo irreal a lo real.»

La carta llegó a principios de verano. «El gobierno chino se complacerá en que le hagan una visita…»

Me pasé un mes decidiendo quién lo haría. «Tiene que ser el Equipo A», pensé, de modo que me senté con una libreta en el regazo y confeccioné una lista, la taché y empecé otras nuevas.

Chang, por supuesto.

Strasser, naturalmente.

Hayes, claro.

Les pedí a los que se iban que pusieran en orden su documentación, pasaportes y asuntos varios. Después, me pasé los días previos a nuestra partida leyendo y empapándome de historia china. La revelión de los Bóxers. La Gran Muralla. Las guerras del Opio. La dinastía Ming. Confucio. Mao.

Y no iba a ser el único estudiante. Preparé un temario para todos mis acompañantes.

En julio de 1980 cogimos un avión. «Pekín, allá vamos.» Pero antes, Tokio. Pensé que sería una buena idea hacer una parada allí, solo para ver cómo estaban las cosas. Las ventas empezaban a aumentar de nuevo en el mercado japonés. Además, Japón sería una buena manera de prepararnos para China, que nos supondría un desafío. Pasito a pasito. Penny y Gorman: había aprendido la lección.

Doce horas después, mientras paseaba solo por las calles de Tokio, no dejaba de rememorar 1962. Mi idea descabellada. Ahora estaba de vuelta, a punto de llevarla a cabo en un gigantesco mercado nuevo. Pensé en Marco Polo. En Confucio. Y también en todos

esos partidos que había visto a lo largo de los años —fútbol, baloncesto, béisbol— en los que el equipo que llevaba una amplia ventaja se relajaba en los últimos segundos. O se ponía nervioso. Y, por
tanto, perdía.

Me dije que debía dejar de mirar atrás, que debía enfocarme en
el futuro.

Disfrutamos de unas cenas japonesas maravillosas y visitamos a
viejos amigos y, al cabo de dos o tres días, ya descansados, estábamos
listos para partir. Nuestro vuelo a Pekín salía a la mañana siguiente.

Comimos juntos por última vez en el Ginza y lo aderezamos con
varios cócteles. Luego, nos acostamos temprano. Me di una ducha
caliente, llamé a casa y me metí en la cama. Unas horas después me
despertaron unos frenéticos golpes en la puerta. Miré el reloj de la
mesita. Eran las dos.

—¿Quién es?

—¡David Chang! ¡Ábreme!

Fui a la puerta y vi que Chang estaba fuera de sí. Agobiado,
llevaba la ropa arrugada y la corbata a rayas torcida.

—¡Hayes no va! —dijo.

—¿De qué estás hablando?

—Está en el bar y dice que no puede hacerlo, que no puede
subirse a ese avión.

—¿Por qué no?

—Tiene un ataque de pánico o algo así.

—Sí, tiene fobias.

—¿Qué clase de fobias?

—Todas.

Empecé a vestirme para bajar al bar. Entonces recordé con quién
estábamos tratando.

—Vete a la cama. Hayes estará allí por la mañana.

—Pero…

—Vendrá.

A primera hora de la mañana, somnoliento y pálido como un
muerto, Hayes se encontraba en el vestíbulo.

Por supuesto, había hecho acopio de suficientes «medicamentos» para cuando le diera el siguiente ataque. Unas horas después, al pasar por el control de aduanas de Pekín, oí una gran conmoción detrás de mí. En la sala había unas particiones de contrachapado y, al otro lado de una de ellas, varios funcionarios chinos estaban gritando. Al ir allí vi a dos agentes muy nerviosos señalando a Hayes y su maleta, que estaba abierta.

Strasser, Chang y yo nos acercamos. Encima de la gigantesca ropa interior de Hayes había unos doce litros de vodka.

Nadie dijo nada en un buen rato. Entonces, Hayes suspiró.

—Es para mí —dijo—. Tendréis que iros solos.

Durante los doce días siguientes viajamos por toda China en compañía de responsables gubernamentales. Nos llevaron a la plaza de Tiananmen y se cercioraron de que nos deteníamos un buen rato delante del enorme retrato del presidente Mao, que había fallecido cuatro años antes. Nos llevaron a la Ciudad Prohibida. Nos llevaron a las tumbas Ming. Estábamos fascinados, por supuesto, y sentíamos mucha curiosidad. Demasiada. Incomodábamos enormemente a los acompañantes con nuestras preguntas.

En una parada miré a mi alrededor y vi a centenares de personas con trajes Mao y endebles zapatos negros que parecían de cartulina. Pero varios niños llevaban zapatillas de tela. Eso me dio esperanza.

Obviamente, lo que queríamos ver eran las fábricas. Nuestros acompañantes aceptaron con renuencia. Nos llevaron en tren a varias ciudades situadas lejos de Pekín, donde vimos enormes y aterradores complejos industriales, pequeñas metrópolis de fábricas, a cada cual más vetusta. Aquellas fábricas, viejas, oxidadas y decrépitas, hacían que la anticuada Saco de Hayes pareciera vanguardista.

Sobre todo estaban sucias. Los zapatos salían de la cadena de montaje con una mancha o una huella de mugre y nadie hacía nada al respecto. No tenían sentido de la limpieza ni un verdadero control de calidad. Cuando señalábamos un zapato defectuoso, los gerentes se encogían de hombros y decían:

—Perfectamente funcional.

La estética no importaba. Los chinos no entendían por qué el nailon o la tela de unas zapatillas debían ser del mismo color en la izquierda y la derecha. Era algo habitual que un zapato izquierdo fuera azul claro y el derecho azul oscuro.

Nos reunimos con decenas de directores de fábricas, políticos locales y dignatarios diversos. Brindaron con nosotros, nos agasajaron, nos interrogaron, nos controlaron, se mostraron conversadores y casi siempre nos procuraron una cálida acogida. Comimos kilos y kilos de erizo de mar y pato asado, y en muchas paradas nos sirvieron huevos de mil años de antigüedad. Pude degustar todos y cada uno de esos mil años.

Por descontado, nos ofrecieron muchos Mao Tais. Después de todos mis viajes a Taiwan estaba preparado. Tenía el hígado habituado. Para lo que no estaba listo era para ver lo mucho que le gustaban a Hayes. Después de cada trago se relamía y pedía otro.

Hacia el final de nuestra visita emprendimos un viaje de diecinueve horas en tren hasta Shangai. Podríamos haber ido en avión, pero insistí en ir en tren. Quería ver y estar en la China rural. Al cabo de una hora todos me estaban maldiciendo. Hacía un día asfixiante y no teníamos aire acondicionado.

En un rincón del vagón había un viejo ventilador, cuyas aspas apenas conseguían mover el polvo caliente. Para refrescarse, los pasajeros chinos no tenían reparos en quedarse en ropa interior, y Hayes y Strasser consideraron que ello les daba licencia para hacer lo propio. Aunque llegue a los doscientos años de edad, no olvidaré la imagen de esos dos leviatanes recorriendo el vagón en camiseta y calzoncillos. Los hombres y las mujeres chinos que viajaban aquel día en el vagón tampoco.

Antes de abandonar China teníamos que hacer un par cosas en Shangai. La primera era cerrar un acuerdo con la Federación de Atletismo china. Eso significaba pactar con el Ministerio de Deporte.

A diferencia del mundo occidental, donde todos los atletas cerraban sus propios acuerdos, China negociaba los contratos de patrocinio de todos sus deportistas. Así que Strasser y yo nos reunimos con el representante ministerial en el aula de una antigua escuela de Shangai que contenía muebles de setenta y cinco años de antigüedad y un gran retrato del presidente Mao. Durante los primeros minutos, el representante pronunció un sermón sobre las bondades del comunismo. No dejaba de insistir en que a los chinos les gustaba hacer negocios con «personas de ideas afines». Strasser y yo nos miramos. «¿Ideas afines?» ¿Qué estaba pasando? El sermón terminó abruptamente. El representante se acercó y, con una voz que me recordó a la versión china del superagente Leigh Steinberg, preguntó bajando el tono:

—¿Cuánto ofrecen?

En dos horas teníamos cerrado un trato. Cuatro años después, en Los Ángeles, el equipo chino de atletismo entraba en un estadio olímpico por primera vez en casi dos generaciones, enfundado en unas zapatillas y unos calentadores estadounidenses.

Zapatillas y calentadores Nike.

La última reunión la tuvimos con el Ministerio de Comercio Exterior. Al igual que en las anteriores, hubo varios discursos largos, pronunciados sobre todo por funcionarios. El primero aburrió a Hayes. Cuando íbamos por el tercero, tenía ganas de suicidarse. Empezó a jugar con los hilos sueltos de la parte delantera de su camisa de poliéster. De repente le molestaban. Sacó el encendedor. Mientras el viceministro de Comercio Exterior nos alababa por considerarnos unos socios valiosos, levantó la cabeza y vio que Hayes se había prendido fuego. Este consiguió apagar la llama a manotazos, no sin antes estropear el momento y el magnetismo del orador.

No importaba. Justo antes de subirnos en el avión de vuelta a casa, firmamos contratos con dos fábricas chinas, y oficialmente nos convertimos en el primer fabricante de calzado estadounidense que en veinticinco años recibía autorización para hacer negocios en China.

Sería un error denominarlo «negocio». Calificar esos días de ajetreo y esas noches en vela, aquellos magníficos triunfos y batallas desesperadas, con un término tan insulso y genérico: «negocio». Lo que estábamos haciendo era mucho más. Cada día aparecían cincuenta problemas nuevos, cincuenta decisiones difíciles que había que tomar allí mismo, y siempre éramos muy conscientes de que un paso en falso, una mala determinación, podía significar el fin. El margen de error era cada vez más pequeño y la inversión iba siempre al alza, y ninguno dudaba de que «inversión» no equivalía a «dinero». Para algunos, el negocio es la búsqueda total de beneficios, y punto. Pero, para nosotros, radicaba en ganar dinero del mismo modo que el hecho de ser humano implicaba fabricar sangre. Sí, el cuerpo necesita sangre. Fabricar glóbulos rojos y blancos y plaquetas y repartirlos de manera equitativa, lentamente, en los lugares y momentos adecuados. Pero ese negocio cotidiano del cuerpo no es nuestra misión como seres humanos. Es un proceso básico que permite objetivos más elevados, y la vida siempre intenta trascender los procesos básicos. En algún momento de finales de los años setenta, yo también lo hice. Redefiní la idea de ganar, la llevé más allá de mi definición original de no perder, de seguir con vida. Ya no bastaba con sostenernos a mí o a mi empresa. Como les ocurre a todas las grandes compañías, queríamos crear, contribuir, y nos atrevíamos a decirlo en voz alta. Cuando haces algo, cuando lo mejoras, cuando lo ofreces, cuando aportas una cosa o un servicio nuevos a la vida de un desconocido y consigues que este sea más feliz y esté más sano, seguro o mejor, y si además lo haces con cuidado e inteligencia, como debería hacerse todo, aunque rara vez ocurra, estás participando de manera más activa en el gran teatro de la humanidad. Más que limitarte a vivir, estás ayudando a otros a vivir más plenamente y, si eso es negocio, de acuerdo, entonces llamadme empresario.

Quizá llegue a imponerse esta idea.

No había tiempo para deshacer las maletas. Ni para recuperarnos del intenso jet lag del viaje a China. Cuando regresamos a Oregón, nuestra salida a Bolsa estaba en pleno proceso. Había que tomar grandes decisiones. Sobre todo, determinar quién gestionaría la oferta.

Las ofertas públicas no siempre triunfan. Por el contrario, si se gestionan mal, acaban en desastre. Así que desde el principio era una decisión crucial. Chuck, que había trabajado en Kuhn, Loeb, seguía manteniendo fuertes lazos con su gente, y creía que serían los mejores. Entrevistamos a cuatro o cinco empresas más, pero a la postre decidimos guiarnos por el instinto de Chuck. Todavía no nos había llevado por el mal camino.

Luego teníamos que crear una propuesta. Necesitamos como mínimo cincuenta borradores para que pareciera lo que nosotros queríamos.

Al final del verano, entregamos toda la documentación a la Comisión de Bolsa y Valores y a principios de septiembre realizamos el anuncio formal. Nike lanzaría veinte millones de acciones de clase A y treinta de clase B. El precio de las acciones, dijimos al mundo, oscilaría entre los dieciocho y los veintidós dólares, a falta de confirmación.

De cincuenta millones de acciones, casi treinta quedarían reservados y alrededor de dos millones de clase B se venderían al público. De unos diecisiete millones de acciones de clase A restantes, los accionistas ya existentes, es decir, Bowerman, los obligacionistas, los *buttface* y yo seríamos propietarios de un cincuenta y seis por ciento.

Yo me quedaría con un cuarenta y seis por ciento aproximadamente. Tenían que ser tantas, coincidimos todos, porque la empresa debía ser dirigida por una persona que hablara con una voz firme y constante pasase lo que pasase. No podía haber posibilidad de alianzas o facciones separatistas, ni tampoco de luchas por el control. Visto desde fuera, el reparto de acciones podía resultar desproporcionado, desequilibrado e injusto. Para los *buttface* era una necesidad. No hubo una sola palabra de discrepancia o una queja. Jamás.

Nos echamos a la carretera. Días antes de lanzar la oferta pública, fuimos a vender a posibles inversores la valía de nuestro producto, de nuestra empresa, de nuestra marca. De nosotros mismos. Después de China no nos apetecía hacer más viajes, pero no teníamos alternativa. Debíamos embarcarnos en lo que Wall Street denomina un *dog-and-pony show*. Ir a doce ciudades en siete días.

El primer destino fue Manhattan. Una reunión matinal con un montón de banqueros de mirada implacable que representaban a miles de potenciales inversores. Hayes fue el primero en levantarse y pronunciar unas palabras a modo de introducción. Resumió las cifras de manera sucinta. Fue bastante bueno. Contundente y sobrio. Luego se levantó Johnson y habló de las zapatillas, de lo que las hacía diferentes y especiales, y de cómo habíamos logrado ser tan innovadores. Nunca lo había hecho mejor.

El último fui yo. Hablé de los orígenes de la empresa, de su alma y carácter. Llevaba una tarjeta con unas cuantas palabras anotadas, pero no la consulté. Tenía muy claro lo que quería decir. No sé si habría podido hablar de mí en una sala llena de desconocidos, pero no tuve problemas para explicar qué era Nike.

Empecé por Bowerman. Les conté que corrí con él en Oregón y que, cuando tenía unos veinticinco años, nos asociamos. Hablé de su inteligencia, de su valentía y de su gofrera mágica. Hablé de su buzón con trampa. Era una historia divertida, y siempre arrancaba unas carcajadas, pero la contaba con una intención. Quería que aquellos neoyorquinos tuvieran claro que, aunque éramos de Oregón, no podían tratarnos a la ligera.

«Los cobardes se quedaban y los débiles morían por el camino.» Eso, señoras y caballeros, nos dejaba a nosotros. A nosotros.

Aquella primera noche hicimos la misma presentación en una cena formal en el Midtown ante el doble de banqueros. Antes nos sirvieron unos cócteles. Hayes bebió demasiado. Esta vez, cuando se levantó para dirigirse a los asistentes, decidió improvisar.

—Llevo mucho tiempo con estos señores —dijo entre risas—. Podríamos decir que son el núcleo de la empresa. Y he venido a contarles, jaja, que son unos inútiles rematados.

Se oyeron unas toses secas.

Alguien carraspeó al fondo de la sala.

Chirrió un solitario grillo. Y después murió.

A lo lejos, alguien se rio como un bobo. A día de hoy sigo creyendo que era Johnson.

El dinero no era un tema de risa para aquella gente, y una oferta pública de semejante envergadura no era motivo de bromas. Suspiré y miré mis notas. Aunque Hayes hubiera metido una excavadora en la sala no habría sido peor. Aquella noche me lo llevé aparte y le dije que era mejor que no volviera a hablar. Johnson y yo nos encargaríamos de las presentaciones formales. Pero aun así lo necesitábamos para los turnos de preguntas y respuestas.

Hayes se me quedó mirando y parpadeó una vez. Lo entendía.

—Pensaba que ibas a mandarme a casa.

—No, tienes que formar parte de esto —respondí.

Después fuimos a Chicago, Dallas, Houston y San Francisco. Luego a Los Ángeles y más tarde a Seattle. Cada vez estábamos más cansados, casi llorosos de fatiga, sobre todo Johnson y yo. Nos embargaba un extraño sentimentalismo. En el avión, en los bares de los hoteles, hablábamos de nuestros años mozos. De sus cartas interminables. «Por favor, mándame unas palabras de aliento.» De mi silencio. Hablamos de cómo le vino el nombre de Nike en un sueño. Hablamos de Stretch, de Giampietro, del Hombre Marlboro y de los momentos en que lo había llevado de un lado a otro del país. Hablamos del día en que casi me ahorcan sus empleados de Exeter cuando les devolvieron los cheques.

—Después de pasar por todo eso, ahora somos las estrellas de Wall Street ——dijo un día Johnson en la parte trasera de una limusina camino de la siguiente reunión.

Me lo quedé mirando. «Todo cambia menos él.» Metió la mano en la bolsa, sacó un libro y se puso a leer.

La gira terminó la víspera de Acción de Gracias. Recuerdo vagamente un pavo, arándanos y a mi familia. También que se celebraba algún aniversario. Fui por primera vez a Japón el día de Acción de Gracias de 1962.

Durante la cena, mi padre me hizo mil preguntas sobre la oferta pública. Mi madre ninguna. Dijo que siempre supo que ocurriría, desde el día que compró unas Limber Up de siete dólares. Como es comprensible, estaban pensativos, congratulatorios, pero los hice callar rápidamente y les rogué que no adelantaran acontecimientos. El partido no había terminado. La carrera seguía.

Elegimos una fecha para lanzar la oferta: el 2 de diciembre de 1980. Lo único que quedaba era establecer un precio.

La noche de antes, Hayes vino a mi despacho.

—La gente de Kuhn, Loeb recomienda veinte dólares por acción —dijo.

—Es muy poco. Me parece insultante.

—No puede ser excesivamente alto —advirtió—. Queremos vender las dichosas acciones.

El proceso era una locura, porque era impreciso. No existía una cifra mejor que otra. Era todo una cuestión de opinión, de intuición, de venderse. Esto último era lo que había hecho buena parte de los últimos dieciocho años y ya estaba harto. No quería vender más. Nuestras acciones valían veintidós dólares. Esa era la cifra. Nos lo habíamos ganado. Merecíamos estar en la parte alta de la horquilla de precios. Una empresa llamada Apple también salía a Bolsa esa semana y vendía las acciones a veintidós dólares. Nosotros valíamos tanto como ellos, le dije a Hayes. Y si Wall Street no lo veía así, estaba dispuesto a rechazar el acuerdo.

Me quedé mirando a Hayes. Sabía lo que estaba pensando. «Ya estamos otra vez. Pagad primero a Nissho.»

A la mañana siguiente, Hayes y yo fuimos al bufete de abogados, situado en el centro de la ciudad. Un empleado nos llevó al despacho del socio principal. Un asistente jurídico llamó a Kuhn, Loeb en Nueva York y pulsó el botón de un altavoz que había en el centro de una mesa grande de nogal. Hayes y yo nos quedamos mirándolo. Unas voces incorpóreas llenaron la estancia. Una de ellas se hizo más fuerte y clara.

—Caballeros… Buenos días.

—Buenos días —dijimos.

La voz más fuerte tomó las riendas. Ofreció una larga y exhaustiva explicación sobre el razonamiento de Kuhn, Loeb para proponer el precio de las acciones, lo cual no era más que cotorreo.

—Así que no podemos superar los veintiún dólares —dijo la voz.

—No —repuse—. Nuestra cifra son veintidós.

Oímos un murmullo. Llegaron hasta veintiuno con cincuenta.

—Me temo que es nuestra última oferta —añadió la voz principal.

—Caballeros, nuestra cifra son veintidós.

Hayes me miró fijamente y yo contemplé el altavoz.

Un silencio demoledor. Oíamos respiraciones fuertes, golpes y arañazos. Estaban moviendo papeles. Cerré los ojos y dejé que me invadiera aquel ruido blanco. Reviví todas las negociaciones de mi vida.

«Papá, ¿recuerdas esa idea descabellada que tuve en Stanford…?»

«Caballeros, represento a Blue Ribbon Sports, de Portland, Oregón.»

«Dot, quiero a Penny. Y ella me quiere a mí. Y, si las cosas siguen así, nos veo construyendo una vida juntos.»

—Lo siento —dijo la voz con enojo—. Tendremos que volver a llamarles.

Clic.

Nos quedamos allí sentados sin decir nada. respiré hondo. El rostro del empleado se iba derritiendo lentamente.

Transcurrieron cinco minutos.

Quince.

A Hayes le caía el sudor por la frente y el cuello.

Sonó el teléfono. El empleado nos miró para asegurarse de que estábamos listos. Asentimos y pulsó el botón del altavoz.

—Caballeros, hay trato. Lo sacaremos al mercado este viernes.

Me fui a casa. Recuerdo que los niños jugaban fuera y Penny estaba en la cocina.

—¿Qué tal el día? —dijo.

—Ummm. Bien.

—Perfecto.

—Han aceptado el precio.

Penny sonrió.

—Pues claro que sí.

Salí a correr un buen rato.

Luego me di una ducha muy caliente.

Más tarde cené algo rápido.

Metí a los niños en la cama y les conté un cuento: «Corría el año 1773. Los soldados Matt y Travis luchaban bajo las órdenes del general Washington. Tenían frío, estaban cansados y hambrientos y sus uniformes hechos jirones. Acamparon para pasar el invierno en Valley Forge, Pensilvania. Dormían en las cabañas de madera que había entre las dos montañas: el monte Alegría y el monte Tristeza. Desde la mañana hasta la noche, el cortante viento invernal surcaba las montañas y se colaba por las rendijas de las cabañas. La comida escaseaba; solo un tercio de los hombres tenía zapatos. Siempre que salían, dejaban huellas sangrientas en la nieve. Murieron por millares, pero Matt y Travis resistieron. Finalmente llegó la primavera. Las tropas se enteraron de que los británicos se habían retirado y los franceses acudirían en ayuda de los colonos. Los soldados Matt y Travis supieron desde entonces que podrían superar cualquier cosa. El monte Alegría. El monte Tristeza».

Fin.

—Buenas noches, chicos.

—Buenas noches, papá.

Apagué la luz y me senté delante del televisor con Penny. Ninguno de los dos le prestaba atención. Ella leía un libro y yo realizaba cálculos mentales.

La semana siguiente a esas horas, Bowerman valdría nueve millones de dólares.

Cale, seis con seis.

Woodell, Johnson, Hayes y Strasser unos seis cada uno.

Eran números de mentira. Números que no significaban nada. Ignoraba que los números pudieran significar tanto y tan poco a la vez.

—¿Vamos a la cama? —preguntó Penny.

Asentí.

Apagué las luces de la casa y comprobé que las puertas estaban cerradas. Luego me acosté. Estuvimos un buen rato despiertos en la oscuridad. No se había acabado. Ni mucho menos. «Hemos dejado atrás la primera parte, pero es solo es eso, la primera parte», me dije.

Me pregunté: «¿Qué sientes?».

No era alegría. No era alivio. Si sentía algo, era… ¿arrepentimiento?

«Dios mío. Sí, es arrepentimiento.»

Porque, sinceramente, habría deseado volver a empezar.

Dormí unas horas. Al despertar hacía un día frío y lluvioso. Me acerqué a la ventana y los árboles estaban empapados. La niebla lo envolvía todo. El mundo era igual que el día anterior, que siempre. Nada había cambiado, y menos para mí. Y, sin embargo, mi valor era de ciento setenta y ocho millones de dólares.

Me duché, desayuné y fui en coche al trabajo. Me puse a trabajar antes que nadie.

Noche

Nos encanta ir al cine. Siempre nos ha gustado. Pero esta noche tenemos un dilema. Hemos visto todas las películas de acción, que son las que más le gustan a Penny, así que tendremos que salir de nuestra zona de confort y probar algo distinto. Una comedia tal vez.

Hojeo el periódico.

—¿Qué te parece *Ahora o nunca*, con Jack Nicholson y Morgan Freeman? La echan en el Century.

Penny frunce el ceño.

—Bueno.

Es la Navidad de 2007.

Ahora o nunca es cualquier cosa menos una comedia. Es una película sobre la muerte. Dos hombres, Nicholson y Freeman, padecen un cáncer terminal y deciden pasar el resto de sus días haciendo todas las cosas divertidas y alocadas que siempre habían deseado hacer, aprovechar el tiempo al máximo antes de estirar la pata. Al cabo de una hora ya no hay risas.

También hay muchos paralelismos extraños e inquietantes entre la película y mi vida. Para empezar, Nicholson siempre hace que me acuerde de *Alguien voló sobre el nido del cuco*, que a su vez me recuerda a Kesey, y esto me devuelve a mis tiempos en la Universidad de Oregón. Por otro lado, uno de los mayores deseos del personaje que interpreta Nicholson es ver el Himalaya, lo cual me transporta a Nepal.

Pero lo más llamativo es que Nicholson contrata a un asistente personal —una especie de hijo adoptivo— que se llama Matthew e incluso se parece un poco a mi hijo. Lleva la misma perilla desaliñada.

Cuando termina la película y se encienden las luces, Penny y yo nos sentimos aliviados de levantarnos y volver a la luminosidad de la vida real.

El cine es un nuevo coloso con dieciséis pantallas situado en el corazón de Cathedral City, justo a las afueras de Palm Springs. Últimamente pasamos casi todo el invierno allí para huir de las frías lluvias de Oregón. Al llegar al vestíbulo, esperando a que nuestros ojos se adapten, vemos dos rostros conocidos. Al principio no las reconocemos. Todavía tenemos a Nicholson y Freeman en la retina. Pero esas caras son igual de conocidas y famosas. Ahora caemos: son Bill y Warren. Gates y Buffett.

Nos acercamos.

No son lo que denominaríamos amigos íntimos, pero hemos coincidido en varias ocasiones en actos sociales y conferencias. Y tenemos motivaciones e intereses comunes, amén de varios conocidos en común.

—¡Me alegro de veros! —digo.

Entonces me ruborizo. ¿Realmente he dicho eso? ¿Es posible que todavía me sienta tímido e incómodo en presencia de las celebridades?

—Justamente estaba pensando en vosotros —dice uno de ellos.

Nos damos la mano y hablamos sobre todo de Palm Springs. «¿No es maravilloso este lugar? ¿No es fantástico alejarse del frío?» Hablamos de familias, negocios y deporte. Detrás de nosotros, oigo a alguien susurrar:

—Mira, son Buffett y Gates. ¿Quién es el otro?

Sonrío. Como debe ser.

No puedo evitar hacer unos cálculos mentales. En ese momento tengo un valor de diez mil millones millones de dólares, y esos dos hombres de cinco o seis veces más cada uno. «Llévame de lo irreal a lo real.»

Penny les pregunta si les ha gustado la película.

—Sí, aunque es un poco deprimente —dicen ambos mirándose los zapatos.

Estoy a punto de preguntar qué les gustaría hacer antes de morir, pero no lo hago. Gates y Buffett parecen haber hecho todo lo que querían en esta vida. Seguro que no les queda ningún deseo por cumplir.

Lo cual me lleva a preguntarme: ¿y yo?

En casa, Penny coge las agujas de bordar y yo me sirvo una copa de vino. Cojo una libreta y consulto mis notas y listas para mañana. Por primera vez en una temporada… está vacía.

Nos sentamos a ver las noticias de las once, pero tengo la cabeza en otra parte. A la deriva, flotando, viajando en el tiempo. Últimamente es una sensación habitual.

Soy propenso a pasar largos momentos del día recordando mi infancia. Por alguna razón, pienso mucho en mi abuelo, Bump Knight. No tenía nada; menos que nada. Y, sin embargo, consiguió apretarse el cinturón y ahorrar dinero para comprar un Model T nuevo, en el que llevó a su mujer y sus cinco hijos desde Winnebago, Minnesota, hasta Colorado y después Oregón. Me contó que no se había molestado en sacarse el carnet. Simplemente fue. Cuando descendía por las montañas Rocosas en aquel traqueteante trozo de lata, lo regañaba repetidamente: «¡Eh, eh, hijo de puta!». Le oí tantas veces aquella historia a mi abuelo y a mis tías, tíos y primos, que tengo la sensación de haber estado allí. En cierto modo lo estaba.

Más tarde, Bump compró una camioneta, y le encantaba subir a sus nietos en la parte trasera y llevarnos a la ciudad a hacer recados. Por el camino siempre paraba en Sutherlin Bakery y nos compraba una docena de rosquillas glaseadas… para cada uno. Me basta con mirar al cielo azul o el techo blanco (cualquier pantalla vacía sirve) para verme a mí mismo con los pies descalzos colgando de la plataforma de la camioneta, sintiendo el viento fresco en el rostro y lamiendo el azúcar de una rosquilla caliente. ¿Habría sido capaz de arriesgar tanto, de ser tan atrevido, de caminar por el filo del mundo empresarial entre la seguridad y la catástrofe sin los tempranos cimientos de esa sensación, ese gozo de seguridad y alegría? No lo creo.

Después de cuarenta años, he dimitido como consejero delegado de Nike. Creo que dejo la empresa en buenas manos y, confío, en buena forma. Las ventas en 2006 fueron de dieciséis mil millones de dólares (las de Adidas, de diez mil millones, pero, ¿quién lleva la cuenta?). Nuestro calzado y ropa están en cinco mil tiendas de todo el mundo, y contamos con diez mil empleados. Solo nuestra fábrica de Shangai tiene setecientos trabajadores (y China, nuestro segundo mercado más importante, es ahora nuestro mayor productor de zapatillas. Supongo que ese viaje en 1980 compensó).

Los cinco mil empleados de la central de Beverton se alojan en un idílico campus universitario con ochenta hectáreas de bosques y ondulantes riachuelos y salpicadas de prístinos campos de juegos. Los edificios llevan el nombre de los hombres y mujeres que nos han dado más que su nombre y sus patrocinios: Joan Benoit Samuelson, Ken Griffey Jr., Mia Hamm, Tiger Woods, Dan Fouts, Jerry Rice, Steve Prefontaine... Han conformado nuestra identidad.

Como presidente, sigo yendo a la oficina casi a diario. Cuando contemplo los edificios, no es eso lo que veo, sino templos. Todo edificio puede ser un templo si quieres. Pienso a menudo en ese viaje crucial que hice cuando tenía veinticuatro años. Me imagino en lo alto de Atenas, contemplando el Partenón, y siempre percibo el tiempo plegándose sobre sí mismo.

En medio de los edificios del campus, en los caminos, hay pancartas enormes: fotos de los superdeportistas, las leyendas, los gigantes y los titanes que han convertido Nike en algo más que una marca.

Jordan.

Kobe.

Tiger.

De nuevo, no puedo evitar pensar en mi viaje por todo el mundo.

El río Jordán.

La mística Kobe, en Japón.

Esa primera reunión en Onitsuka, implorando a los directivos el derecho a vender Tiger...

¿Será coincidencia?

Pienso en las innumerables oficinas de Nike repartidas por todo el mundo. En cada una de ellas, sea cual sea el país, el teléfono termina en 6453, que deletrea Nike en el teclado. Pero, por puro azar, de izquierda a derecha también es el mejor tiempo de Pre en una milla: 3.54,6.

Digo «por puro azar», pero ¿lo es? ¿Puedo pensar que algunas coincidencias son algo más? ¿Se me puede perdonar el hecho de creer o esperar que el universo, o algún daimón, ha estado animándome, dándome aliento? ¿O simplemente jugando conmigo? ¿Es posible que no sea más que una casualidad geográfica que los zapatos más antiguos jamás descubiertos sean unas sandalias con nueve mil años de antigüedad... descubiertas en una cueva de Oregón?

¿Es irrelevante que fueran descubiertas en 1938, el año en que nací?

Siempre siento placer, una oleada de adrenalina, cuando llego con el coche a la intersección de las dos calles principales del campus, las cuales llevan el nombre de dos de los padres fundadores de Nike. Todo el día, a diario, el guardia de seguridad de la puerta principal ofrece a los visitantes las mismas indicaciones: «Debe tomar Bowerman Drive hasta Del Hayes Way...». También me encanta pasar junto al oasis situado en el centro del campus, los jardines japoneses Nissho Iwai. En cierto sentido, nuestro campus es un mapa topográfico de la historia y el crecimiento de Nike. En otro, es un diorama de mi vida. Y por último, es la encarnación de esa emoción humana tan vital, tal vez la más esencial de todas después del amor: la gratitud.

Los empleados más jóvenes de Nike la sienten. Mucho. Se interesan sobremanera por los nombres de las calles y los edificios y por el pasado. Igual que Matthew cuando suplica su cuento antes de acostarse, ellos claman por escuchar las viejas historias. Abarrotan la sala de reuniones cuando Woodell o Johnson nos visitan. Incluso han formado un grupo de debate, un comité de expertos informal, para preservar ese sentido original de innovación. Se denominan El Espíritu del 72, lo cual me llena de alegría.

Pero no solo los jóvenes de la empresa honran su historia. Recuerdo el mes de julio de 2005. En mitad de un acto, no recuerdo cuál, LeBron James me pide que hablemos en privado.

—Phil, ¿podemos charlar un momento?

—Por supuesto.

—Cuando firmé con vosotros no sabía gran cosa sobre la historia de Nike, así que he estado informándome —dijo.

—¿Ah, sí?

—Eres el fundador.

—Bueno, cofundador. Sí. Muchos se sorprenden.

—Y Nike se fundó en 1972.

—Bueno… Supongo que sí.

—Correcto. Así que he ido a mi joyería y les he pedido que buscaran un Rolex de 1972.

Me lo entregó, y este llevaba grabadas las palabras: GRACIAS POR ARRIESGAROS CONMIGO.

Como de costumbre, no dije nada. No sabía qué decir.

Pero él no fue un riesgo, sino una apuesta bastante segura. No obstante, tenía razón. Podríamos decir que todo ha girado en torno a arriesgarnos con la gente.

Voy a la cocina y me sirvo otra copa de vino. Al volver a la butaca reclinable, observo un rato a Penny bordar y las imágenes se me agolpan en la mente cada vez más rápido. Es como si estuviera bordando recuerdos.

Veo a Pete Sampras aplastar a todos sus oponentes en uno de sus numerosos Wimbledon. Tras el punto final, lanza la raqueta a la grada. ¡A mí! (se pasa de largo y golpea al hombre que tenía detrás, quien, por supuesto, presenta una demanda).

Veo al archienemigo de Pete, Andre Agassi, ganar el U. S. Open sin ser cabeza de serie, y venir a mi palco tras el último golpe y decir entre lágrimas:

—¡Lo conseguimos, Phil!

¿Conseguimos?

Sonrío cuando Tiger asesta el último golpe en Augusta. ¿O era Saint Andrews? Me da un abrazo mucho más largo de lo que esperaba.

Retrocedo hasta los numerosos momentos íntimos que he compartido con él, y con Bo Jackson y Michael Jordan. Hospedándome en casa de Michael en Chicago, cojo el teléfono que hay junto a la cama del cuarto de invitados y descubro que hay una voz al otro lado. «¿En qué puedo ayudarle?» Es el servicio de habitaciones. Un verdadero servicio de habitaciones las veinticuatro horas del día para satisfacer cualquier deseo que tuvieras.

Colgué el teléfono boquiabierto.

Son todos como hijos y hermanos. Familia. Nada más y nada menos. Cuando murió Earl, el padre de Tiger, en la iglesia de Kansas cabían menos de cien personas, y tuve el honor de ser incluido entre los asistentes. Cuando el padre de Jordan fue asesinado, fui a Carolina del Norte para asistir al funeral y descubrí asombrado que me habían reservado un asiento en primera fila.

Lo cual me lleva, por supuesto, a Matthew.

Pienso en su larga y difícil búsqueda de respuestas e identidad. De su padre. Me sentía identificado con su búsqueda, pese a que él no tenía mi suerte o mi capacidad de concentración. Tampoco mi inseguridad. Quizá si hubiera sido un poco más inseguro…

En su búsqueda de sí mismo, abandonó la universidad. Experimentó, se aventuró, se rebeló, se enfadó y huyó. Nada funcionó.

Al fin, en 2000, parecía disfrutar de su condición de marido, padre y filántropo. Colaboraba con Mi Casa, Su Casa, una organización benéfica que estaba construyendo un orfanato en El Salvador. En una de sus visitas, tras varios días de duro y satisfactorio trabajo, se tomó un descanso. Fue con dos amigos a bucear a Ilopango, un lago de gran profundidad.

Por alguna razón, decidió comprobar hasta dónde podía llegar. Decidió correr un riesgo que ni siquiera su padre, una persona adicta al peligro, habría corrido nunca.

Algo salió mal. A cuarenta y cinco metros de profundidad, perdió el conocimiento.

Si pensara en los últimos momentos de Matthew, intentando respirar, creo que mi imaginación me permitiría saber cómo se sintió. Después de los miles de millas que he corrido, conozco la sensación de luchar por la siguiente inspiración. Pero jamás dejaré que mi imaginación llegué hasta ahí.

Aun así, he hablado con los dos amigos que estaban con él. He leído todo lo que he podido sobre accidentes de buceo. Según tengo entendido, cuando las cosas se complican, el buceador siente algo denominado «efecto martini». Cree que todo va bien. Es más, se siente eufórico. Me digo a mí mismo que eso es lo que debió de sucederle a Matthew, porque en el último segundo se quitó la boquilla del regulador. Elijo creerme este escenario de euforia, creer que mi hijo no sufrió. Que mi hijo era feliz. Lo elijo porque es la única manera que tengo de seguir adelante.

Penny y yo estábamos en el cine cuando nos enteramos. Habíamos ido a la sesión de las cinco a ver *Shrek 2*. A mitad de la película, nos dimos la vuelta y vimos a Travis en el pasillo. Travis. ¿Travis?

—Tenéis que venir conmigo —susurró en la oscuridad.

Recorrimos el pasillo y salimos del teatro. De la oscuridad a la luz. Una vez fuera, dijo:

—Me acaban de llamar de El Salvador…

Penny se desplomó y Travis la ayudó a levantarse. Rodeó a su madre con el brazo y yo me fui tambaleándome hasta el final del pasillo, llorando desconsolado. Recuerdo incluso las siete extrañas palabras que me venían a la mente una y otra vez, como si fueran el verso de un poema: «De modo que es así como termina».

A la mañana siguiente, la noticia estaba en todas partes. Internet, la radio, los periódicos y la televisión aireaban los hechos. Penny y yo echamos las cortinas, cerramos las puertas a cal y canto y perdimos el mundo de vista. Pero no antes de que nuestra sobrina Britney se instalara con nosotros. A día de hoy sigo creyendo que nos salvó la vida.

Todos los deportistas de Nike me escribieron, enviaron correos electrónicos o telefonearon. Todos y cada uno de ellos. Pero el primero fue Tiger. Llamó a las siete y media de la mañana. Nunca lo olvidaré. Ni toleraré que nadie hable mal de él en mi presencia.

Otro de los primeros en llamar fue Alberto Salazar, un corredor de larga distancia tremendamente competitivo que ganó tres maratones de Nueva York seguidos con unas Nike. Siempre lo querré por muchas cosas, pero sobre todo por esa muestra de preocupación.

Ahora es entrenador y recientemente llevó a unos cuantos corredores a Beaverton. Estaban realizando un entrenamiento suave en mitad de Ronald Field cuando alguien se dio la vuelta y lo vio en el suelo intentando respirar. Era un infarto. Estuvo legalmente muerto durante quince minutos, hasta que los paramédicos lo reanimaron y lo llevaron a Saint Vincent's.

Conozco bien ese hospital. Allí nació mi hijo Travis y murió mi madre, veintisiete años después que mi padre. A quien, en sus últimos seis meses de vida, me llevé a hacer un largo viaje, para enterrar la eterna pregunta de si se sentía orgulloso de mí y demostrarle que yo lo estaba de él. Recorrimos el mundo entero, encontramos Nike en todos los países que visitamos y, cada vez que veía el logo, le brillaban los ojos. El dolor de su impaciencia y su hostilidad hacia mi idea descabellada se habían apagado. Habían desaparecido hacía mucho tiempo. Pero el recuerdo no.

Entre padres e hijos las cosas han sido así desde los albores de los tiempos.

—Mi padre hizo todo lo que pudo por disuadirme de ser golfista profesional —me confesaba un día Arnold Palmer en el Masters.

Sonreí.

—Nadie lo diría.

Al entrar en el vestíbulo de Saint Vincent's para visitar a Alberto, me dieron la bienvenida unas visiones que tuve de mis padres. Los notaba en el codo, en la oreja. Creo que la suya era una relación difícil. Como un iceberg, casi todo estaba debajo de la superficie. En su casa de Claybourne Street, la tensión se escondía, y la calma y la razón prevalecían casi siempre por su amor hacia nosotros. No se expresaba con palabras ni se exteriorizaba, pero allí estaba siempre. Mis hermanas y yo nos criamos sabiendo que nuestros padres, aun siendo muy diferentes de nosotros, nos querían. Ese es su legado. Esa, su perdurable victoria.

Fui a la unidad cardíaca y vi el habitual cartel en la puerta: PROHIBIDO EL PASO. Lo ignoré, enfilé el pasillo y busqué la habitación de Alberto, quien levantó la cabeza de la almohada y consiguió esbozar una sonrisa dolorida. Le di una palmada en el brazo y hablamos un buen rato. Luego vi que se sentía cansado.

—Nos vemos pronto —dije.

Extendió la mano y me agarró la mía.

—Si me pasa algo, prométeme que cuidarás de Galen.

Su deportista. Al que había estado entrenando. Era como un hijo para él.

Lo entendía. Vaya si lo entendía.

—Por supuesto —respondí—. Por supuesto. Galen. Dalo por hecho.

Salí de la habitación sin oír apenas los pitidos de las máquinas, las risas de las enfermeras y el paciente que gemía al fondo el pasillo. Pensé en aquella frase: «Son solo negocios». Nunca son solo negocios. Nunca lo serán. Si alguna vez se trata solo de negocios, significará que es uno muy malo.

—Es hora de acostarse —dice Penny mientras guarda sus agujas de bordar.

—Sí. Voy en un minuto.

Sigo pensando en una frase de *Ahora o nunca*: «Uno se mide por la gente que se mide por ti». No recuerdo si la decía Nicholson o Freeman. La frase es muy, muy cierta. Y me transporta a Tokio, a las oficinas de Nissho. Fui de visita allí recientemente. Sonó el teléfono.

—Es para usted —dijo el recepcionista japonés, que me tendió el auricular.

—¿Para mí?

Era Michael Johnson, el tres veces medallista de oro y dueño del récord mundial en doscientos y cuatrocientos metros. Lo consiguió todo llevando nuestras zapatillas. Casualmente estaba en Tokio y se había enterado de que yo también.

—¿Te apetece que cenemos juntos? —preguntó.

Me sentí halagado, pero le dije que no podía. Nissho iba a celebrar un banquete en mi nombre. Le invité a asistir. Horas después estábamos sentados en el suelo delante de una mesa cubierta de shabu-shabu brindando una y otra vez con sake. Nos reímos, lanzamos hurras, chocamos los vasos y algo pasó entre nosotros, lo mismo que me sucede con la mayoría de los deportistas con los que trabajo. Una química, una camaradería, una especie de conexión. Es breve, pero ocurre casi siempre, y sé que es una de las cosas que estaba buscando cuando di la vuelta al mundo en 1962.

Estudiar el yo es olvidar el yo. Mi casa, su casa.

La unidad, de algún modo o forma, es lo que han estado buscando todas las personas que he conocido.

Pienso en los que no han llegado hasta aquí. Bowerman murió la Nochebuena de 1999 en Fossil. Había vuelto a su ciudad natal, como siempre sospechamos que haría. Todavía tenía una casa en la cima de una montaña que coronaba el campus, pero decidió dejarla y trasladarse con la señora Bowerman a una residencia de ancianos de Fossil. Necesitaba volver al lugar donde había empezado. ¿Se lo dijo a alguien o me lo estoy imaginando murmurándoselo a sí mismo?

Recuerdo que cuando era estudiante de segundo año de universidad, teníamos una doble competición con el estado de Washington en Pullman, y Bowerman pidió al conductor del autobús que pasara por Fossil para enseñárnoslo. Cuando me enteré de que se acostó y no volvió a despertarse recordé de inmediato aquel sentimental desvío.

Fue Jaqua quien llamó. Estaba leyendo el periódico mientras el árbol de Navidad no dejaba de brillar. Uno siempre recuerda los detalles más extraños de esos momentos. Se me entrecortaba el habla.

—Te llamo más tarde —le dije.

Fui a mi guarida en el piso de arriba y apagué las luces. Con los ojos cerrados, reproduje un millón de momentos, entre ellos aquella lejana cena en el hotel Cosmopolitan.

«¿Trato hecho?»

«Trato hecho.»

Pasó una hora hasta que pude volver al piso de abajo. Aquella noche, renuncié a los pañuelos de papel y me eché una toalla al cuello, algo que había aprendido de otro querido entrenador: John Thompson.

Strasser también falleció de forma repentina. Sufrió un infarto en 1993. Era muy joven. Fue una tragedia, sobre todo porque sucedió justo después de que tuviéramos una discusión. Strasser había sido fundamental para fichar a Jordan, para construir su marca alrededor de las suelas con aire de Rudy. Air Jordan cambió Nike, nos llevó al siguiente nivel, y al siguiente, pero también cambió a Strasser. Creía que ya no debía acatar las órdenes de nadie, incluidas las mías. Sobre todo las mías. Tuvimos demasiados enfrentamientos y terminó yéndose.

Tal vez no habría pasado nada si solo se hubiera marchado, pero empezó a trabajar para Adidas. Fue una traición intolerable. Nunca le perdoné (aunque, recientemente, con gran alegría y orgullo, contraté a su hija Avery. Tiene veintidós años, trabaja en Acontecimientos Especiales, y me dicen que está progresando. Es una bendición ver su nombre en el directorio de la empresa). Me habría gustado que Strasser y yo solucionáramos las cosas antes de su muerte, pero no sé si habría sido posible. Ambos éramos competidores natos y se nos daba mal perdonar. Para los dos, la traición era una kriptonita ultrapotente.

Tuve la misma sensación de traición cuando Nike se vio atacaba por las condiciones de nuestras fábricas en el extranjero, la tan cacareada controversia por los talleres clandestinos. Cuando los periodistas decían que una fábrica no era aceptable, nunca mencionaban que era mucho mejor que cuando llegamos. Ni mencionaban lo mucho que habíamos trabajado con nuestros socios para mejorar las condiciones, y que fuera más segura y limpia. Nunca decían que no eran nuestras, que solo éramos arrendatarios, uno de tantos. Simplemente buscaban hasta que encontraban un trabajador con quejas sobre las condiciones y lo utilizaban para vilipendiarnos, solo a nosotros, sabiendo que nuestro nombre generaría más publicidad.

Por supuesto, mi manera de gestionar la crisis no hizo sino empeorar las cosas. Enfadado y herido, a menudo reaccionaba con condescendencia, petulancia e ira. En cierto modo, sabía que mi reacción era tóxica y contraproducente, pero no podía evitarlo. No es fácil mantener el equilibrio cuando te despiertas un día pensando que estás creando puestos de trabajo, ayudando a los países pobres a modernizarse y permitiendo que los deportistas alcancen la excelencia, y descubres una efigie tuya en llamas delante de la tienda insignia de nuestra ciudad natal.

La empresa reaccionó igual que yo: de forma visceral. Todo el mundo iba dando tumbos. Muchas noches, las luces estaban encendidas en Beaverton, y en las salas de reuniones y los despachos se mantenían conversaciones introspectivas. Aunque sabíamos que muchas de las críticas eran injustas, que Nike era un símbolo, un chivo expiatorio y no el verdadero culpable, daba igual. Teníamos que reconocer que podíamos hacer mejor las cosas.

Nos dijimos a nosotros mismos que debíamos hacerlo mejor.

Entonces le dijimos al mundo: observa. Convertiremos nuestras fábricas en ejemplos a seguir.

Y lo hicimos. En los años transcurridos desde los titulares negativos y las exclusivas sensacionalistas, hemos aprovechado la crisis para reinventar la empresa de arriba abajo.

Por ejemplo, uno de los aspectos más negativos de una fábrica de zapatos era la sala de gomas, donde se cosen las capelladas y las suelas. El humo resulta asfixiante y tóxico y provoca cáncer, así que inventamos un agente unificador compuesto de agua que no desprende humo, y gracias a esto conseguimos eliminar el noventa y siete por ciento de los carcinógenos del aire. Luego ofrecimos ese invento a la competencia o a quien lo quisiera.

Lo quisieron todos. Casi todos lo utilizan en la actualidad.

Es uno de los muchos ejemplos.

Hemos pasado de tener como objetivo el ser reformadores a convertirnos en un actor dominante en el movimiento de reforma de la industria. Hoy en día, las fábricas que se encargan de nuestros productos figuran entre las mejores del mundo. Una autoridad de Naciones Unidas así lo decía recientemente: «Nike es el baremo con el que evaluamos a todas las fábricas textiles».

De la crisis de los talleres clandestinos surgió también Girl Effect, una enorme iniciativa de Nike para romper los ciclos generacionales de pobreza en las zonas más desfavorecidas del mundo. Junto con Naciones Unidas y otros socios empresariales y gubernamentales, Girl Effect está invirtiendo millones de dólares en una campaña global inteligente y dura para educar, conectar y potenciar a las niñas. Los economistas y los sociólogos, por no hablar de nuestro corazón, nos dicen que, en muchas sociedades, las niñas son el sector demográfico más vulnerable y vital en el plano económico. Por tanto, ayudarlas nos ayuda a todos. Ya sea luchando por acabar con el matrimonio infantil en Etiopía, creando espacios seguros para las adolescentes de Nigeria o lanzando una revista y un programa de radio con mensajes potentes e inspiradores para los jóvenes de Ruanda, Girl Effect está transformando millones de vidas, y los mejores días de la semana, el mes y el año para mí son aquellos en que recibo informes optimistas desde la primera línea del frente.

Haría cualquier cosa por volver atrás y cambiar muchas decisiones, lo cual podría haber evitado o no la crisis de los talleres clandestinos. Pero no puedo negar que dicha crisis desembocó en un cambio milagroso, tanto dentro como fuera de Nike. Debo sentirme agradecido por ello.

Por supuesto, siempre estará la cuestión de los salarios. La paga de un trabajador de una fábrica en el tercer mundo resulta tremendamente baja para los estadounidenses, y lo entiendo. Aun así, debemos trabajar dentro de los límites y estructuras de cada país y economía; no podemos pagar lo que queramos. En un país que no mencionaré, cuando intentamos aumentar los salarios, nos llevamos una reprimenda, nos citaron en el despacho de un miembro del gobierno y nos ordenaron que desistiéramos. Estábamos alterando la economía de la nación, dijo.

«No está bien ni es factible que un trabajador de una fábrica de calzado gane más que un médico», insistió.

El cambio nunca llega tan rápido como queremos.

Pienso continuamente en la pobreza que vi cuando recorría el mundo en los años sesenta. Entonces ya sabía que la única respuesta a esa pobreza eran los trabajos no especializados. Muchos. Esta teoría no la elaboré yo solo. Se la oí a todos los profesores de Economía que tuve, tanto en Oregón como en Stanford, y todo lo que he visto y leído después la respalda. El comercio internacional siempre, siempre, beneficia a los dos países implicados.

Otra cosa que decían a menudo esos mismos profesores era la vieja máxima: «Cuando un producto no cruza las fronteras internacionales, lo hacen los soldados». Aunque es de todos sabido que he definido el negocio como una guerra sin balas, en realidad es un maravilloso baluarte contra el conflicto bélico. El comercio es el camino de la coexistencia y la cooperación. La paz se alimenta de prosperidad. Por eso, torturado como estaba por la guerra de Vietnam, siempre juré que algún día Nike tendría una fábrica en Saigón o cerca de allí.

En 1997 teníamos cuatro.

Me sentía muy orgulloso. Y cuando me enteré de que el gobierno vietnamita iba a reconocernos como uno de los cinco máximos generadores de divisa extranjera del país, creí que tenía que visitarlo.

Fue un viaje doloroso. No sé si era consciente del odio que abrigaba hacia la guerra de Vietnam hasta que volví veinticinco años después de que se firmara la paz y estreché la mano a nuestros viejos antagonistas. Un día, mis anfitriones tuvieron la gentileza de preguntarme qué podían hacer por mí, qué podía convertir mi viaje en algo especial o memorable. Se me hizo un nudo en la garganta. Les dije que no quería causar molestias.

Pero insistieron.

—De acuerdo —dije—. De acuerdo. Me gustaría reunirme con el general Võ Nguyên Giáp, de ochenta y seis años, el MacArthur vietnamita que derrotó él solo a los japoneses, los franceses, los estadounidenses y los chinos.

Mis anfitriones me miraron anonadados. Poco a poco, se levantaron y se dirigieron a un rincón, donde conversaron en frenético vietnamita.

Volvieron a los cinco minutos.

—Mañana —dijeron—. Una hora.

Hice una gran reverencia y me puse a contar los minutos que faltaban hasta el gran encuentro.

En lo primero que me fijé cuando el general Giáp entró en la sala fue en su estatura. Aquel combatiente brillante, aquel genial estadista que había organizado la ofensiva del Tet, que había planeado las millas y millas de túneles subterráneos, aquel gigante de la historia, me llegaba al hombro. Medía, quizá, un metro sesenta y cinco. Y era humilde. Giáp no llevaba pipa de mazorca de maíz.

Recuerdo que llevaba un traje oscuro como el mío. Que sonreía cuando yo lo hacía, tímidamente, con incertidumbre. Pero irradiaba fuerza. Había visto esa confianza reluciente en los grandes entrenadores y líderes empresariales, la élite de la élite. Nunca la vi delante del espejo.

Sabía que tenía preguntas que hacerle, y esperó a que las formulara.

Me limité a decir:

—¿Cómo lo hizo?

Vi que le temblaban las comisuras de los labios. ¿Era una sonrisa tal vez?

Pensó. Y pensó.

—Era un profesor de la jungla —respondió.

Pensar en Asia siempre me recordaba a Nissho. ¿Dónde estaríamos sin Nissho? ¿Y sin Masuro Hayami, su antiguo consejero delegado? Llegué a conocerlo bien cuando Nike salió a Bolsa. No podíamos evitar estrechar lazos: yo era su cliente más rentable y su alumno más ávido. Y él era quizá el hombre más sabio que había conocido.

A diferencia de muchos sabios, su sabiduría le procuraba una gran sensación de paz, y yo me alimentaba de ella.

En los años ochenta, siempre que iba a Tokio, Hayami me invitaba a pasar el fin de semana en su casa de la playa, situada cerca de Atami, la riviera japonesa. Salíamos de Tokio a última hora del viernes en tren y tomábamos un coñac por el camino. Una hora después estábamos en la península de Izu, donde hacíamos un alto en un maravilloso restaurante para cenar. A la mañana siguiente jugábamos al golf, y el sábado por la noche celebrábamos una barbacoa de estilo japonés en su patio. Resolvíamos todos los problemas del mundo, o yo le contaba los míos y él los solucionaba.

En uno de mis viajes, terminamos la velada en el jacuzzi de Hayami. Recuerdo, por encima del agua espumosa, el sonido del lejano océano lamiendo la orilla. Recuerdo el olor del viento entre los árboles, miles y miles de árboles de la costa, docenas de especies que no se encuentran en los bosques de Oregón. Recuerdo a los cuervos de la jungla graznando en la distancia mientras hablábamos de lo infinito. Y luego de lo finito. Me quejé de mi negocio. Incluso después de cotizar en Bolsa seguía teniendo muchos problemas.

—Tenemos muchas oportunidades, pero nos está costando una barbaridad contratar a directores que puedan aprovecharlas. Probamos gente de fuera, pero no funciona, porque nuestra cultura es muy diferente.

El señor Hayami asintió.

—¿Ve esos bambúes de ahí arriba? —preguntó.

—Sí.

—El año que viene… cuando venga… habrán crecido treinta centímetros.

Los observé. Lo entendía.

Cuando volví a Oregón intenté cultivar y hacer crecer al equipo de directivos que teníamos. Lentamente, con más paciencia, con la mirada puesta en la formación y en la planificación a largo plazo. Amplié miras y funcionó. Cuando volví a ver a Hayami se lo conté. Él se limitó a asentir una vez, *hai*, y volvió la cabeza.

Hace casi tres décadas, Harvard y Stanford empezaron a estudiar a Nike y a compartir su investigación con otras universidades, lo cual ha generado numerosas oportunidades para que visite diferentes facultades, participe en estimulantes debates académicos y siga aprendiendo. Siempre disfruto paseando por un campus; además de resultarme vigorizante; considero que los estudiantes de hoy en día son mucho más inteligentes y competentes que los de mi época, aunque también los encuentro mucho más pesimistas. A veces preguntan desanimados: «¿Hacia dónde va Estados Unidos? ¿Hacia dónde va el mundo?». O: «¿Dónde están los nuevos emprendedores?». O: «¿Estamos condenados como sociedad a un futuro peor para nuestros hijos?».

Les hablo del Japón devastado que vi en 1962. Les hablo de los escombros y las ruinas que gestaron a hombres sabios como Hayami, Ito y Sumeragi. Les hablo de los recursos, naturales y humanos, no explotados que el mundo tiene a su disposición, de las múltiples maneras que existen de resolver sus numerosas crisis. Lo único que debemos hacer, les digo a los estudiantes, es trabajar y estudiar, estudiar y trabajar, tanto como podamos.

Dicho de otro modo: todos debemos ser profesores de la jungla.

Apago las luces y me voy a la cama. Me acurruco con un libro a su lado, pero Penny se ha quedado dormida. Esa química, esa sensación de sincronización desde el primer día, Contabilidad 101, sigue ahí. Los conflictos que tenemos se han centrado sobre todo en cuestiones de trabajo y familia. Encontrar el equilibrio. Definir la palabra «equilibrio». En nuestros momentos más difíciles, hemos conseguido emular a los deportistas que más admiro. Hemos resistido. Hemos seguido adelante.

Me deslizo cuidadosamente bajo el edredón para no despertarla y pienso en otros que han resistido. Hayes vive en una granja en el valle de Tualatin, cuarenta y tres hectáreas ondulantes con una increíble colección de excavadoras y material pesado (la niña de sus ojos es un John Deere JD-450C. Es amarillo chillón, como los autobuses escolares, y tiene las dimensiones de un piso de una habitación). Padece algunos problemas de salud, pero sigue adelante con lo que le gusta.

Woodell vive con su mujer en el centro de Oregón. Durante años pilotó un avión privado y dedicó una peineta a todos los que aseguraban que sería incapaz de hacerlo (sobre todo, porque un avión privado significaba no tener que preocuparse de que una aerolínea le perdiera la silla de ruedas).

Es uno de los mejores narradores de la historia de Nike. Mi

anécdota favorita, naturalmente, es una sobre el día que salimos a Bolsa. Pidió a sus padres que se sentaran y les dio la noticia.

—¿Qué significa eso? —preguntaron.

—Significa que el préstamo de ocho mil dólares que le hicisteis a Phil ahora vale un millón seiscientos mil dólares.

Se miraron el uno al otro y después a Woodell.

—No lo entiendo —dijo su madre.

«Si no puedes confiar en la empresa en la que trabaja tu hijo, ¿en quién vas a confiar?»

Cuando abandonó Nike, Woodell se convirtió en director del puerto de Portland, donde gestionaba todos los ríos y aeropuertos. Un hombre inmovilizado guiando todo aquel movimiento. Precioso. También es el principal accionista y director de una exitosa cervecera artesanal. Siempre le gustó la cerveza.

Pero cuando quedamos para cenar me dice, claro, que su máximo motivo de felicidad y orgullo es Dan, que irá a la universidad.

Johnson, el viejo antagonista de Woodell, vive en medio de un poema de Robert Frost, en algún lugar del New Hampshire rural. Ha convertido un viejo establo en una mansión de cinco plantas, que él denomina su «fortaleza de soledad». Se ha divorciado en dos ocasiones y ha abarrotado el lugar con docenas de butacas para leer y miles y miles de libros, y los clasifica utilizando un extenso catálogo de fichas. Todos los libros tienen numeración y una ficha que incluye autor, fecha de publicación, sinopsis y su localización exacta en la fortaleza.

Por supuesto.

Por la finca de Johnson corretean y brincan innumerables pavos silvestres y ardillas rayadas, a la mayoría de los cuales ha bautizado. Los conoce a todos tan bien, tan íntimamente, que sabe decirte cuándo alguno empieza tarde la hibernación. A lo lejos, en una extensión de hierba alta y arces oscilantes, ha construido un segundo establo, sagrado, que ha pintado, barnizado, amueblado y llenado con el exceso de su biblioteca personal, además de varios palés de libros de segunda mano que compra en remates de librerías. A esta utopía literaria la denomina Horders, y está abierta las veinticuatro horas del día de forma gratuita para quien necesite un lugar donde leer y pensar.

Es el empleado a tiempo completo número uno.

Me han dicho que en Europa hay camisetas que rezan: ¿DÓNDE ESTÁ JEFF JOHNSON? Como la famosa frase inicial de Ayn Rand: «¿Quién es John Galt?». La respuesta es: ahí justo donde debe estar.

Cuando el dinero empezó a entrar a raudales, nos afectó a todos. No mucho, y no por mucho tiempo, porque no era la motivación de ninguno de nosotros. Pero esa es la naturaleza del dinero. Lo tengas o no, lo quieras o no, te guste o no, definirá tu día a día. Nuestra labor como seres humanos es no permitir que lo haga.

Me compré un Porsche. Intenté comprar Los Angeles Clippers y acabé en un pleito con Donald Sterling. Llevaba gafas de sol en todas partes, en interiores y al aire libre. Hay una foto mía con un gran sombrero de cowboy gris. No sé dónde, ni cuándo ni por qué. Tenía que sacarlo de dentro. Ni siquiera Penny era inmune. Compensando en exceso la inseguridad de su infancia, se paseaba con miles de dólares en el bolso. Compraba centenares de productos básicos, por ejemplo, rollos de papel higiénico, de una tacada.

No tardamos en volver a la normalidad. Ahora, en la medida en que ambos pensamos en el dinero, centramos nuestros esfuerzos en varias causas. Donamos cien millones de dólares al año y, cuando no estemos, daremos casi todo lo que quede.

En este momento estamos construyendo un reluciente campo de baloncesto en la Universidad de Oregón, el Matthew Knight Arena. El logotipo del círculo central será el nombre de Matthew con forma de una puerta *torii*. «De lo profano a lo sagrado…» También estamos ultimando la construcción de unas nuevas instalaciones deportivas que planeamos dedicar a Dot y Lota, nuestras madres. Una placa situada a la entrada llevará la inscripción: PORQUE LAS MADRES SON NUESTROS PRIMEROS ENTRENADORES.

Quién sabe lo distintas que habrían sido las cosas si mi madre no hubiera impedido que el podólogo me extirpara aquella verruga y me hubiera dejado renqueante una temporada entera. O si no me hubiera dicho que podía correr «rápido». O si no hubiera puesto a mi padre en su sitio cuando me compró el primer par de Limber Up.

Siempre que vuelvo a Eugene y paseo por el campus pienso en ella. Siempre que estoy delante de Hayward Field pienso en la carrera silenciosa que corrió. En las numerosas carreras que todos hemos corrido. Me apoyo en la valla, contemplo la pista y escucho el viento, pensando en Bowerman con su corbata de cordón al aire. Pienso en Pre, Dios lo tenga en su gloria. Cuando me doy la vuelta, me da un vuelco el corazón. Al otro lado se encuentra la escuela de derecho William Knight. Es un edificio de aspecto muy serio. Nadie hace el tonto allí.

No puedo dormir. No puedo parar de pensar en esa maldita película, *Ahora o nunca*. Tumbado en la oscuridad, me pregunto una y otra vez: «¿Qué hay en tu lista de deseos?».

¿Pirámides? Hecho.

¿Himalaya? Hecho.

¿Ganges? Hecho.

Entonces... ¿nada?

Pienso en las pocas cosa que quiero hacer. Ayudar a un par de universidades a cambiar el mundo. Colaborar en la búsqueda de una cura para el cáncer. Aparte de eso, no son tantas las cosas que quiero hacer como las que quiero decir. Y tal vez no decir.

Estaría bien contar la historia de Nike. Todos los demás lo han hecho, o lo han intentado, pero, con suerte, siempre exponen la mitad de lo que aconteció y el espíritu está totalmente ausente. O a la inversa. Podría empezar la historia, o terminarla, con los remordimientos. Los centenares o tal vez miles de malas decisiones. Yo soy quien dijo que Magic Johnson era «un jugador sin posición que nunca llegará a la NBA». Yo soy quien afirmó que Ryan Leaf era mejor *quarterback* de la NFL que Peyton Manning.

Es fácil reírse de esas equivocaciones. Otras son más profundas. No haber llamado a Hiraku Iwano cuando se fue. No renovar a Bo Jackson en 1996. A Joe Paterno.

No ser un director lo bastante bueno para evitar los despidos. Tres veces en diez años, un total de mil quinientas personas. Todavía me persigue.

Evidentemente, por encima de todo, me arrepiento de no haber pasado más tiempo con mis hijos. Si lo hubiera hecho, tal vez habría resuelto el código encriptado de Matthew Knight.

Y, aun así, sé que estos chocan con otro remordimiento secreto: que no puedo empezar otra vez.

Dios, cómo me gustaría revivirlo todo. A falta de eso, me gustaría compartir la experiencia, los altibajos, para que algún joven que, en algún lugar, esté pasando por las mismas tribulaciones pueda sentirse inspirado o reconfortado. O reciba una advertencia. Algún joven emprendedor, quizá, algún deportista, pintor o novelista podría continuar.

Es el mismo impulso. El mismo sueño.

Sería bonito ayudarles a evitar el desaliento. Les diría que pulsaran el botón de pausa y pensaran largo y tendido cómo quieren pasar el tiempo y con quién durante los próximos cuarenta años. Diría a los hombres y las mujeres de veinticinco años que no se conformaran con un trabajo o una profesión. Que buscaran algo que les llame. Aunque no sepáis lo que significa eso, buscadla. Si seguís vuestra llamada, la fatiga será más fácil de soportar, las decepciones serán combustible y los momentos álgidos serán lo mejor que hayáis sentido nunca.

Me gustaría advertir a los mejores, a los iconoclastas, a los innovadores, a los rebeldes que siempre llevarán una diana en la espalda. Cuanto mejores sean, más grande será la diana. No es la opinión de un hombre; es la ley de la naturaleza.

Me gustaría recordarles que Estados Unidos no es el Shangri-La empresarial que la gente cree. El libre comercio siempre irrita a los troles que viven para bloquear, para frustrar, para decir «no, lo siento, no». Y siempre ha sido así. Los emprendedores siempre han luchado en inferioridad de condiciones. Siempre han combatido cuesta arriba y la cuesta nunca ha sido más pronunciada. Estados Unidos está volviéndose menos emprendedor, y no a la inversa. Recientemente, un estudio de la Escuela de Negocios de Harvard clasificaba a todos los países del mundo según su espíritu emprendedor. Estados Unidos quedó por detrás de Perú.

¿Y los que alientan a los emprendedores a no rendirse nunca? Charlatanes. A veces hay que rendirse. A veces hay que saber cuándo hacerlo e intentar otra cosa, eso es una genialidad. Rendirse no significa parar. No os detengáis nunca.

La suerte desempeña un papel fundamental. Sí, me gustaría reconocer públicamente el poder de la suerte. Los deportistas la tienen, los poetas la tienen y las empresas la tienen. Trabajar duro es esencial, un buen equipo es esencial, el cerebro y la determinación son de un valor incalculable, pero la suerte puede decidir el resultado. Algunos quizá no lo llamarían suerte. Quizá lo llamarían *tao*, *logos*, *Jñāna* o *dharma*. O espíritu. O Dios.

Digámoslo así: cuanto más duro trabajes, mejor será tu *tao*. Y, puesto que nadie ha definido adecuadamente el *tao*, intento ir regularmente a misa. Yo les diría: ten fe en ti mismo, pero también ten fe en la fe. No como la definen los demás, sino como la definas tú. En tu corazón.

¿En qué formato quiero decir todo esto? ¿Unas memorias? No, unas memorias no. No me imagino cómo podría encajarlo todo en una narración unificada.

Una novela a lo mejor. O un discurso. O una serie de discursos. Quizá solo una carta a mis nietos.

Contemplo la oscuridad. ¿Es posible que todavía quede algo en mi lista de deseos?

Otra idea descabellada.

De repente, el cerebro me va a mil. Gente a la que debo llamar, cosas que debo leer. Tendré que ponerme en contacto con Woodell. Debería preguntarle si tiene copias de las cartas de Johnson. ¡Había tantas! En casa de mis padres, donde sigue viviendo mi hermana Joanne, debe de haber una caja con las diapositivas de mi vuelta al mundo.

Queda tanto por hacer... Tanto por aprender. Tanto que desconozco sobre mi propia vida.

Ahora sí que no puedo dormir. Me levanto y cojo una libreta de la mesa. Voy al salón y me siento en la butaca reclinable.

Me invade una sensación de quietud, una inmensa paz.

Miro la luna, que brilla al otro lado de la ventana, la misma luna que inspiró a los ancestrales maestros zen a no preocuparse por nada. Bajo la luz intemporal y clarificadora de esa luna, empiezo a confeccionar una lista.

Agradecimientos

Me he pasado casi toda la vida endeudado. Cuando era un joven emprendedor, me familiaricé, no sin inquietud, con esa sensación de acostarse cada noche y despertar cada mañana debiendo a mucha gente una suma muy superior a la que podía pagar.

Sin embargo, nada me ha generado tantas deudas como escribir este libro.

Del mismo modo que mi gratitud no tiene fin, no parece haber un lugar adecuado y lógico para empezar a expresarla. Así pues, en Nike me gustaría dar las gracias a mi ayudante, Lisa McKillips, por hacerlo todo —absolutamente todo— a la perfección, con buen humor y siempre con una sonrisa deslumbrante; a mis viejos amigos Jeff Johnson y Bob Woodell por traerme a la mente recuerdos, y por ser pacientes cuando yo los recordaba de otra manera; al historiador Scott Reames por separar hábilmente los hechos de los mitos; y a Maria Eitel por aplicar su experiencia a las cuestiones más relevantes.

Por supuesto, mi agradecimiento más grande y empático a los sesenta y ocho mil empleados que Nike tiene en todo el mundo por su esfuerzo y dedicación diarios, sin los cuales no habría libro, ni autor, ni nada.

De la gente de Stanford me gustaría dar las gracias al genio loco y talentoso profesor Adam Johnson por ser el vivo ejemplo de lo que significa ser escritor y amigo; a Abraham Verghese, que enseña igual que escribe: con discreción y naturalidad; y a los innumerables estudiantes de posgrado a los que conocí cuando me sentaba en la última fila de las clases de escritura. Todos ellos me inspiraron con su pasión por el lenguaje y su destreza.

De Scribner, gracias a la legendaria Nan Graham por su apoyo incondicional; a Roz Lippel, Susan Moldow y Carolyn Reidy por su entusiasmo vigorizante; a Kathleen Rizzo por llevar a cabo siempre con una calma sublime la producción; sobre todo, gracias a mi editora, Shannon Welch, una persona extremadamente talentosa y perspicaz que me dio la seguridad que necesitaba, en el momento oportuno, sin que ninguno de los dos apreciara del todo cuánto la necesito. Su temprana nota de elogio, análisis y sabiduría precoz fue fundamental para mí.

Sin seguir ningún orden en particular, gracias a los muchos amigos y compañeros que se mostraron tan generosos con su tiempo, talento y consejo, incluido el superagente Bob Barnett, la extraordinaria poeta y administradora Eavan Boland, Andre Agassi, el cronista de los Grand Slam, y el artista de los números Del Hayes. Un agradecimiento especial y profundo al biógrafo-novelista-periodista-cronista deportivo-musa-amigo J. R. Moehringer, en cuya generosidad, buen humor y envidiables dotes narrativas me apoyé para hacer los numerosos borradores de este libro.

Por último, quisiera dar las gracias a mi familia, a todos, pero en especial a mi hijo Travis, cuyo apoyo y amistad lo fueron —y son— todo para mí. Y, por supuesto, un agradecimiento a los cuatro vientos y de todo corazón a mi Penelope, que esperó. Y esperó. Esperó mientras viajaba y esperó mientras me perdía. Esperó noche tras noche mientras emprendía mi camino exasperantemente lento hacia casa —por lo general tarde, con la cena ya fría— y esperó los últimos años mientras lo revivía todo, en voz alta, y en mi cabeza o en las hojas, pese a que había episodios que ella no quería revivir. Desde el principio, y durante medio siglo, esperó, y ahora por fin puedo enseñarle estas arduas páginas y decir sobre ellas, sobre Nike, sobre todo: «Penny, no lo habría conseguido sin ti».